OLDENBOURG GRUNDRISS DER GESCHICHTE

OLDENBOURG
GRUNDRISS DER
GESCHICHTE

HERAUSGEGEBEN
VON
JOCHEN BLEICKEN
LOTHAR GALL
HERMANN JAKOBS

BAND 10

REFORMATION UND GEGEN-REFORMATION

VON

HEINRICH LUTZ

4. Auflage,
durchgesehen und ergänzt von Alfred Kohler

R. OLDENBOURG VERLAG
MÜNCHEN 1997

Die Deutsche Bibliothek – CIP-Einheitsaufnahme

Oldenbourg Grundriss der Geschichte / hrsg. von Jochen Bleicken... – München : Oldenbourg.

NE: Bleicken, Jochen [Hrsg.]; Grundriss der Geschichte

Bd. 10. Lutz, Heinrich: Reformation und Gegenreformation. – 4. Aufl. / durchges. und erg. von Alfred Kohler. – 1997

Lutz, Heinrich:
Reformation und Gegenreformation / von Heinrich Lutz. – 4. Aufl. / durchges. und erg. von Alfred Kohler. – München : Oldenbourg, 1997
(Oldenbourg Grundriss der Geschichte ; Bd. 10)

ISBN 3-486-49584-4
NE: Kohler, Alfred [Bearb.]

Satz: primustype Robert Hurler GmbH, Notzingen
Druck und Bindung: R. Oldenbourg Graphische Betriebe GmbH, München

ISBN 3-486-49584-4 brosch

VORWORT DER HERAUSGEBER

Die Reihe verfolgt mehrere Ziele, unter ihnen auch solche, die von vergleichbaren Unternehmungen in Deutschland bislang nicht angestrebt wurden. Einmal will sie – und dies teilt sie mit manchen anderen Reihen – eine gut lesbare Darstellung des historischen Geschehens liefern, die, von qualifizierten Fachgelehrten geschrieben, gleichzeitig eine Summe des heutigen Forschungsstandes bietet. Die Reihe umfaßt die alte, mittlere und neuere Geschichte und behandelt durchgängig nicht nur die deutsche Geschichte, obwohl sie sinngemäß in manchem Band im Vordergrund steht, schließt vielmehr den europäischen und, in den späteren Bänden, den weltpolitischen Vergleich immer ein. In einer Reihe von Zusatzbänden wird die Geschichte einiger außereuropäischer Länder behandelt. Weitere Zusatzbände erweitern die Geschichte Europas und des Nahen Ostens um Byzanz und die Islamische Welt und die ältere Geschichte, die in der Grundreihe nur die griechisch-römische Zeit umfaßt, um den Alten Orient und die Europäische Bronzezeit. Unsere Reihe hebt sich von andern jedoch vor allem dadurch ab, daß sie in gesonderten Abschnitten, die in der Regel ein Drittel des Gesamtumfangs ausmachen, den Forschungsstand ausführlich bespricht. Die Herausgeber gingen davon aus, daß dem nacharbeitenden Historiker, insbesondere dem Studenten und Lehrer, ein Hilfsmittel fehlt, das ihn unmittelbar an die Forschungsprobleme heranführt. Diesem Mangel kann in einem zusammenfassenden Werk, das sich an einen breiten Leserkreis wendet, weder durch erläuternde Anmerkungen noch durch eine kommentierende Bibliographie abgeholfen werden, sondern nur durch eine Darstellung und Erörterung der Forschungslage. Es versteht sich, daß dabei – schon um der wünschenswerten Vertiefung willen – jeweils nur die wichtigsten Probleme vorgestellt werden können, weniger bedeutsame Fragen hintangestellt werden müssen. Schließlich erschien es den Herausgebern sinnvoll und erforderlich, dem Leser ein nicht zu knapp bemessenes Literaturverzeichnis an die Hand zu geben, durch das er, von dem Forschungsteil geleitet, tiefer in die Materie eindringen kann.

Mit ihrem Ziel, sowohl Wissen zu vermitteln als auch zu selbständigen Studien und zu eigenen Arbeiten anzuleiten, wendet sich die Reihe in erster Linie an Studenten und Lehrer der Geschichte. Die Autoren der Bände haben sich darüber hinaus bemüht, ihre Darstellung so zu gestalten, daß auch der Nichtfachmann, etwa der Germanist, Jurist oder Wirtschaftswissenschaftler, sie mit Gewinn benutzen kann.

Die Herausgeber beabsichtigen, die Reihe stets auf dem laufenden Forschungsstand zu halten und so die Brauchbarkeit als Arbeitsinstrument über eine längere Zeit zu sichern. Deshalb sollen die einzelnen Bände von ihrem Autor oder einem anderen Fachgelehrten in gewissen Abständen überarbeitet werden. Der Zeitpunkt der Überarbeitung hängt davon ab, in welchem Ausmaß sich die allgemeine Situation der Forschung gewandelt hat.

Jochen Bleicken Lothar Gall Hermann Jakobs

INHALT

VORWORT ZUR ERSTEN AUFLAGE

Im Rahmen der vorliegenden Reihe die Epoche der Reformation und Gegenreformation in einem knappen Bande zu behandeln, stellte sich im Verlaufe der Arbeit als ein Abenteuer heraus, das vielleicht nur zum Teil gelingen konnte. Es wurden hinsichtlich der Stoffökonomie in allen drei Teilen des Bandes einschneidende, raumsparende Optionen erforderlich, deren Begründungen dem Leser nicht vorenthalten werden sollen.

Im ersten Teil ging es um die Gewichtung und Gestaltung eines narrativen Textes, der ja nicht nur Wissen, sondern Einsichten bieten will und nicht nur die Geschichte Mitteleuropas, sondern auch den Westen und Osten des Kontinents mit Ausblicken auf die außereuropäische Welt behandeln soll. Die Abgrenzung gegenüber dem vorausgehenden Band von Erich Meuthen wurde eindeutig geklärt und durchgeführt: der Renaissance-Humanismus als solcher, die Geschichte der frühen Entdeckungen und des Beginns der iberischen Kolonialbereiche wie die Aetas Maximilianea mit den Problemen der Reichsreform blieben dem Band über das 15. Jahrhundert vorbehalten, so daß das vorliegende Werk mit Luthers Auftreten und dem Kaisertum Karls V. (also etwa um 1520) einsetzt. Diese in praktischer Hinsicht sinnvolle Absprache ist das eine; das andere ist der Unterschied in der Behandlung von Bildung und Kultur, Kirche und Frömmigkeit in den beiden Bänden. Für das 15. Jahrhundert konnten diese Bereiche selbständig entfaltet werden, für das 16. Jahrhundert war dies nicht möglich. Der Vorrang der politisch-sozialen Dynamik, die das frühneuzeitliche Europa von Beginn an – auch und gerade in der konfessionellen Epoche – charakterisiert, mußte auch in der Darstellungsweise, der Gliederung und der Stoffgewichtung dieses Bandes zur Geltung kommen.

Eine weitere Option war hinsichtlich der jeweiligen Behandlung des 16. und 17. Jahrhunderts zu treffen. Über die Bedeutung des Westfälischen Friedens als Abschluß der hier behandelten Epoche ist in den einschlägigen Textabschnitten einiges gesagt. Nicht darum ging es, sondern um die angemessene Darstellung der ersten Hälfte des 17. Jahrhunderts, die soviel Neues bringt und doch noch von soviel Problemen und Ausgangspositionen des 16. Jahrhunderts bestimmt erscheint. Nicht nur dem Schwergewicht der eigenen Forschungen, sondern auch dem Stand der heutigen internationalen Diskussion folgend wurde ein Verfahren gewählt, das der Entstehung und Entfaltung der Probleme eines politisch und konfessionell sich entfaltenden Europas mehr Bedeutung einräumt als den späteren Entwicklungen. Eine gleichmäßigere Behandlung hätte dagegen zur Sprengung des Bandes und zum Postulat eines zweiten Teilbandes geführt.

Ähnliche Fragen der Gewichtung und Auswahl stellten sich im zweiten Abschnitt des Buches, wo Grundprobleme und Tendenzen der Forschung zu behandeln waren. Der Leser kann sehen, wie hier einige Kapitel im Zuge der notwendigen Kürzungen stark komprimiert bzw. mit anderen, ursprünglich selbständigen Abschnitten zusammengefaßt wurden. Was der Leser nicht sieht, sind die ganz weggebliebenen Problemerörterungen und Forschungsberichte, die ich gern gebracht hätte: über kirchlich-theologische und kulturelle Entwicklungen, über ökonomische und soziale Wandlungen, Völkerrechte und Diplomatie, Türkenfrage, Propaganda und öffentliche Meinung. Deutlich sichtbar ist dagegen die unterschiedliche Anlage und Durchführung der Kapitel dieses zweiten Teiles, wobei einmal die Forschungs- und Interpretationsgeschichte, ein andermal ein Querschnitt der Sachfragen oder methodologische Erörterungen im Vordergrund stehen.

Auch in der Bibliographie stellte sich bei jedem Titel die Frage nach dem Vorrang des Wichtigen und nach den Kriterien dieses Wichtigen. Die Auswahl orientiert sich vor allem an drei Gesichtspunkten: dem Benutzer soll die Vielfalt der Sachbereiche und der Forschungsebenen gezeigt werden (wobei die Quelleneditionen und in ihrem Rahmen die alphabetisch angeordnete Auswahl von „Personaleditionen“ besonders hervorgehoben seien, siehe S. 220 ff.); die angegebenen Werke sollen der weiterführenden Orientierung dienen, und sie zeigen die Internationalität der Forschung.

Dem Verlag und Herrn Kunisch als Herausgeber sei für Verständnis und Geduld, Rat und Hilfe aufrichtig gedankt. Für wertvolle Hinweise, Ergänzungen und Berichtigungen habe ich den Kollegen Erich Meuthen und Volker Press, die das Manuskript bzw. die Fahnen durchsahen, sehr herzlich zu danken. Mehrere Mitarbeiter des Instituts für Geschichte der Universität Wien haben mir in dieser und jener Weise bei der Arbeit geholfen. Herrn Dr. Moritz Csáky, Herrn Dr. Johannes Dörflinger, Herrn Dr. Peter Eppel, Herrn Dr. Alfred Kohler und Herrn Friedrich Skol sei auch insofern ganz besonders gedankt, als dieses Buch aus langjährigen gemeinsamen Erfahrungen im akademischen Unterricht erwachsen ist.

(1979) Heinrich Lutz

VORWORT ZUR VIERTEN AUFLAGE

Wie bei den früheren Neuauflagen wurden auch diesmal am Text der Darstellung (Teil I) nur geringfügige Änderungen vorgenommen. Wichtig waren hingegen die Ergänzungen und Erweiterungen in Teil II, wo die wichtigsten Neuerscheinungen und Diskussionsbeiträge zu berücksichtigen waren. Dementsprechend ist auch Teil III auf über 1100 Titel angewachsen, dessen Redaktion allerdings schon im März 1995 abgeschlossen war.

Mein besonderer Dank gilt Frau Mag. Martina Fuchs für die Erstellung des Registers.

Wien, im September 1996 Alfred Kohler

I. Darstellung

A. Einleitung

1. Zum Verständnis der Epoche

Spezialforschung und Gesamtinterpretation

Die Geschichtswissenschaft verfügt heute im Bereich der Erforschung des 16. und 17. Jahrhunderts über eine Fülle gesicherter und zum Teil auch zusammenhängender Resultate und Einsichten. Auf ihnen beruht die folgende Darstellung. Anders sieht es im Bereich der Gesamtinterpretationen dieser Epoche aus. Dem hohen Spezialisierungsgrad in den einzelnen Disziplinen und Forschungsansätzen entspricht heute keine befriedigende Methodik der Zusammenarbeit und Zusammenschau. Damit hängt eine weitere schwierige Besonderheit der Forschungslage zur Frühneuzeit zusammen, die gerade im Umkreis der Reformation und Gegenreformation auf Schritt und Tritt spürbar wird: die Unsicherheit hinsichtlich der unser Zeitalter übergreifenden interpretativen Perspektiven. Dies gilt mutatis mutandis wohl ebenso für die sogenannte „bürgerliche" Wissenschaft wie für viele am Marxismus orientierte Forscher. Gewiß möchte kein seriöser Historiker diesen Zustand etwa gegen rasche, „sinnträchtige" Totaldeutungen eintauschen, die Zuflucht gegen eine szientistische Verunsicherung und zugleich möglichst noch lebensweltliche Gewißheiten böten. Solche Wünsche oder, besser gesagt, Traumvorstellungen wären nicht nur unvereinbar mit der Grundeinsicht von der Unabgeschlossenheit der Geschichte, sondern verstießen auch gegen die Grundregeln geschichtswissenschaftlicher Arbeit. Das positive Gegenteil der eben diagnostizierten *Unsicherheit* ist also nicht auf der Ebene gesamtgeschichtlicher *Gewißheiten* anzielbar, sondern im Bereich dessen, was man etwa als *Herstellung weltgeschichtlicher Rahmenbezüge* für die Geschichte der Reformation und Gegenreformation bezeichnen könnte.

Fragen nach dem Sonderweg Europas

Dies läßt sich am Stoff unserer Epoche etwas näher erläutern. Schon die Stichworte von Aufstieg, Krise (und Ende) der Neuzeit, von der europäischen Sonderentwicklung, der neuzeitlichen Expansion und der Europäisierung der Welt deuten an, wo heute so vieles in Streit gestellt ist. Vergleicht man diese heutige historiographische Situation mit dem Selbstbewußtsein der europäischen Historiker vor dem Ersten Weltkrieg, so wird das Ausmaß des Wandels sofort sichtbar. (Ein Unterschätzen dieses Wandels kann u. a. die Gefahr mit sich bringen, durch Reproduktion älterer Consensvorstellungen das Ausmaß des heute Strittigen – und damit die Chancen der Erarbeitung und des offenen Sich-Messens zeitgemäßer Interpretationsmuster – einzuschränken). Denn nicht mehr wie zu Zeiten RANKES, BURCKHARDTS, DILTHEYS oder TROELTSCHS geht es heute um die Fragen nach den Anfängen einer Moderne, die uns schlechthin als Maßstab des Menschen und der Gesellschaft gilt. Die Konfrontation mit den Erfahrungen des 20. Jahrhunderts, mit Außereuropa und mit den „Grenzen des Wachstums" hat historische Grundfragen wachgerufen, denen nur um den Preis eines Absinkens in geschichtslose „Hilfswissenschaften" ausgewichen werden kann: Wo liegen die eigentlichen Beiträge, Werte und Ziele der europäischen Neuzeit im Kontext des globalen Schicksals der Menschheit? Wie ist der Sonderweg der europäischen Gesellschaft und Kultur, der im 16. und 17. Jahrhundert weltweit aus dem „Schlaf der Welt" herausgeführt hat, zu sehen, zu erklären und einzuschätzen?

Gesellschaftsgeschichte als Gesamtgeschichte?

Hand in Hand mit dieser interpretativen Unsicherheit geht heute ein methodischer Dissens, der zwar in Detailfragen bereits produktiv wird, im ganzen aber vielleicht noch gar nicht zureichend artikuliert ist, um herausfordernd und erhellend zu wirken. Hat es einen guten Sinn, die Geschichte des 16. und 17. Jahrhunderts – und im Grunde die Geschichte aller Zeit – zuvörderst als Gesellschaftsgeschichte zu fassen, in die sich Politik, Kultur, Religion, Wirtschaft als untergeordnete Sektoren einordnen lassen? Oder haben wir ein anderes Einheitsprinzip zu suchen, das eine zutreffendere Rekonstruktion und Integration ermöglicht? Oder sollen wir uns überhaupt mit sektorial begrenzten Geschichtserkenntnissen begnügen und jeden weitergehenden Anspruch als ideologieverdächtig oder als privates Hobby abtun? Obwohl diese letztere Variante in mancher Hinsicht das heutige Nebeneinander von erfolgreicher Spezialforschung und weiterreichender Skepsis am besten abdeckt, kann sie doch vor einer umfassenden Methodenreflexion wohl nicht bestehen. Daß andererseits die methodische Kardinalfrage nach der „Gesellschaftsgeschichte als Gesamtgeschichte" eine Fülle von unterschiedlich gelagerten Dissensproblemen enthält, wird bei der Durchsicht der konkreten Forschungslage sofort deutlich.

Darstellungsweise und Objektivität

Im Horizont solcher allgemeiner Fragen und Unsicherheiten versteht sich die folgende Darstellung. Einerseits empfiehlt die Forschungslage eine zurückhaltende und abwägende Vorgangsweise. Doch diese Zurückhaltung bedeutet nicht den Verzicht auf tiefergreifende und weiterreichende Fragen, erst recht nicht die Beschränkung auf eine chronikalische Zusammenstellung einhellig für wichtig befundener Daten und Fakten. Der Schein einer möglichen, faktenmäßig gesicherten Enzyklopädie des historischen Wissens kann nicht deutlich genug abgewiesen werden. Auch der manchmal geäußerte naive Wunsch nach einer Scheidung des „gesichert" Wißbaren von perspektivisch bedingter Einsicht kann von der Wissenschaft in dieser Weise nicht ernstgenommen werden. Bekanntlich ist jedes historische Wissen bedingt und erst die Einsicht in die jeweilige Bedingtheit dieses Wissens (in Auswahl, Verknüpfung, Benennung und Bewertung) öffnet den Weg zu den erreichbaren Stufen geschichtswissenschaftlicher Objektivität. In diesem Sinne geht es im folgenden um eine erzählende, aber gleichzeitig problemorientierte Präsentation und Ordnung dessen, was die Forschung in unterschiedlichen Perspektiven heute anzubieten hat. Der Zwang zu einer überaus gestrafften Darstellungsweise im ersten Teil konnte durch die Problemerörterungen und Forschungsberichte im zweiten Teil etwas ausgeglichen werden.

Epochenspezifische Konflikte

Vorbemerkungen dieser Art sind von besonderer Bedeutung angesichts eines Zeitalters, das in ungewöhnlich hohem Maße von Konflikten geprägt ist, die bis heute nachwirken. Wenn wir heute vom Zeitalter der Reformation und der Gegenreformation sprechen, darf nicht übersehen werden, daß die gleiche Epoche neben den kirchlich-konfessionellen Konflikten aufs stärkste von politischen und sozialen Gegensätzen geprägt war. Häufig haben wir es mit Überlagerungen und Verklammerungen von Konfliktfeldern unterschiedlicher Art zu tun. Solche „gemischte" Konflikte erfordern hinsichtlich ihrer Voraussetzungen, Verlaufsmuster und Folgen eine besonders sorgfältige Betrachtungsweise. Dazu kommen die neuartigen Konfrontationen zwischen Europa und Außereuropa, die in ihrem Ausmaß und in ihrer Bedeutung für die Werdeprozesse der frühneuzeitlichen Welt weit über die mittelalterliche Begegnung mit dem Islam hinausreichen.

Abgrenzungen in Zeit und Raum

Die zeitliche Begrenzung des vorliegenden Bandes ist durch die traditionellen Epochengrenzen des Zeitalters der Reformation und Gegenreformation gegeben; mit dem Sinn solcher Grenzen und der diesbezüglichen Diskussion beschäftigt sich ein eigenes Kapitel des zweiten Teils (S. 111 ff.). Über den europäischen Raum führt ein Kapitel zur Geschichte der Expansion und der Koloniegründungen hinaus (S. 58 ff.) sowie eine Reihe von spezifischen Hinweisen in beiden Teilen des Werkes. Der europäische Raum als solcher bedarf für unsere Epoche einer Erläuterung hinsichtlich seiner östlichen Abgrenzung. Das Osmanenreich bildet – auch hinsichtlich seiner europäischen Gebiete – im Bewußtsein der Zeitgenossen und für den Historiker von heute keinen Bestandteil der europäischen Welt. Anders sieht es mit Rußland bzw. dem Großfürstentum Moskau aus. Für den durchschnittlichen Europäer des 16. Jahrhunderts lagen Staat und Kultur der Moskowiter sehr am Rande. Dessenungeachtet ist im 16. und 17. Jahrhundert – nicht zuletzt im Zeichen der gegenreformatorischen Interessen – eine zunehmende Einbeziehung Rußlands in die politischen, kulturellen und wirtschaftlichen Bezüge Europas festzustellen. Im übrigen verwendeten die Europäer dieser Epoche zur Bezeichnung ihrer Gemeinsamkeiten (deren Summe stets vage und doch recht wirksam blieb) weniger den Namen Europa; er blieb damals eher dem geographischen Bereich vorbehalten. Allgemein sprach man von Christenheit, Christendom, Chrétienté usw. – eine Bezeichnung, die über die Geographie hinaus die Gemeinsamkeit von Lebensformen und Werten aussprach.

»Soziokultureller Status« und religiöse Parteinahme

Die Gliederung der historischen Geschehnisse nach Zeit und Raum versteht sich von selbst. Um den spezifischen Konfliktmustern und Prozeßverläufen des konfessionellen Zeitalters näher zu kommen, empfiehlt sich die Beachtung eines dritten Ordnungsprinzips neben Zeit und Raum. Wir können es den *soziokulturellen Status* von einzelnen oder Gruppen nennen. Damit ist gesagt, daß in dieser

Epoche keineswegs nur ökonomische Bedingungen oder soziale Zugehörigkeit ausreichen, den Status oder die „Rolle“ von einzelnen oder Gruppen zu bestimmen. Dies gilt natürlich in gewisser Weise auch für die vorausgehende und die nachfolgende Epoche. Doch gerade im Zeitalter der Reformation und Gegenreformation beanspruchen die ganz oder teilweise jenseits der sozioökonomischen und politischen Bedingungen wirksamen kulturellen Faktoren größte Aufmerksamkeit, ebenso die spezifischen Formen ihrer Wirksamkeit. Dazu gehören in erster Linie die Elemente kirchlich-religiöser Parteinahme und Motivation. Die Geschichtsmächtigkeit dieser Faktoren in der Bildung von Persönlichkeiten und Gruppen und in dem Austrag von Konflikten macht wesentlich den besonderen Charakter dieser Epoche aus. Wie solche kulturellen Faktoren (und damit der jeweilige soziokulturelle Status) entstehen und erklärt werden können, bleibt eine Frage für sich. Festzuhalten ist, daß gerade die Analyse der für unser Zeitalter bezeichnenden „gemischten“ Konflikte die Beachtung der spezifischen Tragweite kultureller Faktoren voraussetzt.

2. Europa um 1520: Wirtschaft und Gesellschaft

Bevölkerungszunahme und Preisrevolution

Die wirtschaftlichen und sozialen Lebensbedingungen und Lebensformen des 16. Jahrhunderts beruhen auf der langsamen, kontinuierlichen Entwicklung der vorausgehenden Epoche. Durch das Zusammenwirken verschiedener Faktoren setzt seit dem Ende des 15. Jahrhunderts eine Dynamisierung und Differenzierung ein; die spätestens seit 1470 spürbare starke Bevölkerungszunahme hält bis ins 17. Jahrhundert an. Ebenso wie der dauernde Preisanstieg („Preisrevolution“), hinter dem das Ansteigen der Löhne meist zurückbleibt, hat diese demographische Entwicklung jedoch sehr uneinheitliche Folgen, wobei insbesondere starke Unterschiede zwischen dem westlichen und dem östlichen Europa zu beachten sind. Die sinkende Kaufkraft traf allgemein die unteren Bevölkerungsschichten besonders schwer. Ein Bauarbeiter in Augsburg konnte bei fünfköpfiger Familie 1500 von seinem Lohn den 1,5fachen, 1530 nur mehr den einfachen Mindestbedarf bestreiten. Der Ausbau der atlantischen Handelswege begann sich zugunsten der westeuropäischen Gebiete (erst Spanien und Portugal, dann Frankreich, England, Niederlande) bemerkbar zu machen; der sozioökonomische Niedergang des Südens (Problem der „decadenza“) wirkte sich erst gegen Ende des 16. Jahrhunderts in stärkerem Maße aus.

Gesellschaftliche Gliederung

Die europäische Bevölkerung bleibt weiterhin geburtsständisch strukturiert. Der einzelne lebt in gruppenmäßigen Bindungen – von der Familie über Klientelverhältnisse engerer und weiterer Art (Hausgemeinschaft, Schutzverbände etc.) bis zu Berufs- und Standeskorporationen mit eigener Rechtssphäre. Der vom Mittelalter überkommenen Adelsgesellschaft, die hierarchisch gestuft ist, nach außen zur Abschließung tendiert und das Land besitzt, steht nicht etwa ein horizontaler „Bürgerstand“ gegenüber, sondern nur inselartig strukturierte Städte, die verschiedene Formen der kommunalen Autonomie entwickelt haben. Tendenzen zur Rechtsgleichheit der Bürger, rationale Organisation in Versorgung, Verwaltung, Steuer- und Polizeiwesen können als moderne Züge des Städtelebens gelten. Das Verhältnis des landbesitzenden Adels zu den Städten und die Abhängigkeitsformen der Städte von den flächenstaatlich organisierten politischen Einheiten sind sehr unterschiedlich. Die italienischen Kommunen sind schon fast in allen Fällen zu fürstlichen Residenzen bzw. zu Hauptstädten oder Provinzstädten in Territorien mit nicht mehr urbanen Herrschaftsformen geworden (Venedig, Genua).

Der soziale Aufstieg ist nur in sehr begrenzter Weise möglich: Übertritt vom Land in die Stadt („Stadtluft macht frei"), kirchliche Laufbahn (mit Verzicht auf direkte Fortsetzung infolge des Zölibats, doch mit der indirekten Aufstiegsprolongierung durch Nepotismus), Kapitalakkumulation durch Handel und Gewerbe, juristische und literarische Bildung, oft mit Eintritt in den Fürstendienst. Nobilitierungen der bürgerlichen Aufsteiger spielen eine erhebliche Rolle; sie erweisen die bleibende und im Laufe des 16. Jahrhunderts wieder zunehmende Geltung des Adels, so unterschiedlich dessen wirtschaftlicher und rechtlicher Status im einzelnen auch ist.

Vom Mittelalter her sind „staatliche" Grenzen in mehrfacher Hinsicht sekundär und durchlässig. Die europäische Gesellschaft behält ihre horizontale Strukturiertheit bis zum Ende des Ancien Régime. Doch hat bereits jetzt eine vertikale Neuorientierung der Bevölkerung eingesetzt, die sich von der Ausbildung des frühmodernen zentralisierenden Staates herleitet; eine Umformung älterer regionaler Identifizierungen in Richtung einer dynastisch-staatlichen Zugehörigkeit findet statt, die zum Teil schon Elemente nationalen Bewußtseins einschließt.

Demographische Schätzwerte

Bevölkerung. Nach den Rezessions- und Stagnationsphasen des 14. und 15. Jahrhunderts ist um 1520 und in der Folgezeit ein starkes und kontinuierliches Wachstum der Gesamtbevölkerung festzustellen. Die Zahlen, über die wir verfügen, sind sehr unvollständig und mit großer Vorsicht zu benutzen. Doch die Gesamttendenz ist eindeutig. Für Sizilien wird für 1501 eine Einwohnerzahl von 600000 angenommen, für 1548 sind es 850000, eine Million im Jahre 1570. In Mitteldeutschland hat man detaillierte Berechnungen angestellt. Sie ergeben für den Durchschnitt der Jahre 1520–1530 die sehr hohe jährliche Zunahme von 0,71%, um die Mitte des Jahrhunderts 0,62%, am Ende des Jahrhunderts 0,33%, im Durchschnitt des Zeitraums von 1520–1600 0,55%. Dabei ist die enorme Kindersterblichkeit in Betracht zu ziehen (bis zu 50%). Gleichzeitig begann in vielen Teilen Europas der Anteil der städtischen Bevölkerung anzusteigen; er dürfte aber insgesamt unter 10% geblieben sein, wobei der überwiegend agrarische Charakter vieler kleinerer Städte nicht übersehen werden darf. Die Bevölkerungsdichte ist regional sehr verschieden; für Frankreich werden 35 Einwohner pro qkm gerechnet, für Deutschland 20, für den Osten wesentlich weniger.

Die folgende Übersicht der Bevölkerungsentwicklung Europas gibt Schätzwerte in Millionen an. Die Unklarheiten der geographischen Abgrenzungen liegen auf der Hand. Die Gesamtzahl zeigt die Zunahme der gesamteuropäischen Gesellschaft zwischen 1500 und 1700, die während des 16. Jahrhunderts besonders deutlich ausfiel. Regional betrachtet, lassen sich allerdings große Unterschiede ablesen: Kontinuierliche Steigerungen verzeichneten Frankreich, die Britischen Inseln, die Schweiz, Polen und Rußland. Die Stagnation im 17. Jahrhundert betraf die Iberischen Länder, Italien, Deutschland und Skandinavien.

Europäische Großstädte

Für die regionale und zeitliche Differenzierung des Urbanisierungsprozesses ist die folgende Tabelle aufschlußreich.

	um 1500	um 1600	um 1700
Spanien und Portugal	9,3	11,3	10,0
Italien	10,5	13,3	13,3
Frankreich (mit Lothringen und Savoyen)	16,4	18,5	20,0
Beneluxländer	1,9	2,9	3,4
Britische Inseln	4,4	6,8	9,3
Skandinavische Länder	1,5	2,4	2,8
Deutschland	12,0	15,0	15,0
Donauländer	5,5	7,0	8,8
Schweiz	0,8	1,0	1,2
Polen	3,5	5,0	6,0
Rußland	9,0	13,5	17,5
Balkan	7,0	8,0(?)	8,0(?)
Europa insgesamt	81,8	104,7	115,3

Auffallend ist der Aufstieg in die nächsthöhere Kategorie folgender Städte: Paris, Konstantinopel, Amsterdam und ganz besonders London. Darin kommt der Bedeutungsgewinn Westeuropas („atlantischer Aufstieg") seit dem 16. Jahrhundert zum Ausdruck, während der Mittelmeerraum zurückfällt: Im 17. Jahrhundert stagniert beispielsweise Neapel, und Mailand sinkt sogar ab.

Bauern und Landwirtschaft. Die Lage des Bauernstandes ist zu Beginn des 16. Jahrhunderts durch höchst unterschiedliche rechtliche und faktische Bedingungen gekennzeichnet. Nur ein ganz geringer Teil der Landbevölkerung war frei von persönlicher und/oder sachlicher Abhängigkeit. Die faktische Lage der untertänigen Bauern gegenüber den – meist adeligen oder kirchlichen – Grundherrschaften war vielfach durch die Koppelung von niederer Gerichtsbarkeit, Polizeiaufsicht, Kirchenpatronat und Steuereinhebung auf der Seite des Grundherrn ge-

Kategorien	Beginn 16. Jh.	Ende 16.–Anf. 17 Jh.	Ende 17. Jh.
über 400 000			London Paris Konstantinopel
200 000–400 000		Konstantinopel Neapel Paris	Neapel
150 000–200 000	Konstantinopel Paris Neapel	London Mailand Venedig	Amsterdam
100 000–150 000	Venedig Mailand	Rom Sevilla Amsterdam Lissabon Palermo Antwerpen (1560)	Moskau Rom Venedig Mailand Madrid Wien Palermo

kennzeichnet. Ansätze zu einer Modernisierung der Landwirtschaftstechnik und zur Melioration sind in größerem Ausmaß in Oberitalien und in den Niederlanden zu bemerken. Die Agrarproduktion zeigt länderweise stark differierende Ergebnisse. Das Verhältnis von Aussaat und Ernte wird für die Zeit von 1500 bis 1700 (ohne zeitliche Varianz) folgendermaßen geschätzt: England, Niederlande = 7,0; Frankreich, Spanien, Italien = 6,3 (1500–1820); Deutschland, Skandinavien = 4,2; Osteuropa = 4,1.

Verschlechterung der Lage der Bauern

Das ständige Ansteigen der Getreidepreise im Laufe des 16. Jahrunderts – im Durchschnitt um 300% – kam nur jener Minderheit der bäuerlichen Bevölkerung zugute, wo bei mittleren Betriebsgrößen geringe oder gar keine Belastungen durch Dienste und Abgaben bestanden und gute Absatzmöglichkeiten vorhanden waren. Im allgemeinen verschlechterte sich die rechtliche und wirtschaftliche Lage der Bauern im Laufe des Jahrhunderts. Schon vorhandene persönliche und sachliche Bindungen wurden seitens der Grundherrschaften systematisch ausgebaut (Bindungen an die Scholle, ungemessene Fron etc.). Besonders in den Gebieten östlich der Elbe führte diese Verschlechterung zu weitreichenden, neuen Abhängigkeitsformen, Hand in Hand mit einer Vergrößerung der adeligen Eigenwirtschaft und dem Entstehen geschlossener agrarischer Verwaltungsbezirke in der Hand des Adels (*Gutsherrschaft* im Gegensatz zur mittel- und westeuropäischen *Grundherrschaft*).

Wandel in der Ernährung

Hinter den ansteigenden Getreidepreisen blieben die gleichfalls steigenden Preise für tierische Produkte zurück. Die Teuerung führte weithin zu einer Umschichtung der Ernährungsgewohnheiten. Die für die erste Jahrhunderthälfte kennzeichnende reichliche Fleischnahrung trat zurück gegenüber dem Verzehr von „Mus und Brei". Dies betraf besonders die ärmeren Schichten, die ohnehin nahe am Existenzminimum lebten und bei jeder Verschlechterung der Versorgungslage (Mißernte, plötzliche Teuerung) von Hungersnot und Seuchen bedroht waren.

Im allgemeinen herrscht noch regionale Bedarfsdeckung vor. Doch gibt es bereits größere Bereiche, wo Abhängigkeit von Agrar- und Fleischimporten und somit die Ausbildung marktorientierten Fernhandels mit Lebensmitteln festzustellen ist. Ober- und Mittelitalien importieren Getreide aus dem Norden bzw. aus Sizilien und Südrußland , Spanien insbesondere aus Sizilien, die Niederlande werden aus Polen über Danzig und die Ostsee versorgt. Der Rinderexport aus Ungarn und Polen nach dem Westen erfolgt überwiegend als „Lebendexport", d. h. durch den Landmarsch großer Rinderherden.

Dreifache Bedeutung des Adels

Adel. Dem europäischen Adel der frühen Neuzeit kommt eine dreifache Bedeutung zu: 1) In politischer Hinsicht ist er die wichtigste Gruppe, die in den Ständeversammlungen (Landtage, Reichstage, Etats Géneraux, Parliament etc.) dem Landesfürsten als Verhandlungspartner entgegentritt, ferner Träger der niederen Rechtssprechung und Verwaltung in den Grundherrschaften. 2) Sozialgeschichtlich bildet er die oberste Gruppe in einer hierarchisch-geburtsständisch gegliederten Gesellschaft, mit eigenen Privilegien, Verhaltensweisen und Ehrenkodex. 3) Wirtschaftsgeschichtlich stellt er – noch vor der Kirche – die größte, zum Landbesitz berechtigte Bevölkerungsgruppe dar. Innerhalb des Adels gab es eine verhältnismäßig große Mobilität. Abschließungstendenzen nach außen richten sich sowohl gegen das bürgerliche Stadtpatriziat wie gegen Neuerhebungen in den Adelsstand durch den Landesfürsten. Von dem Rückgang des adeligen Kriegsdienstes in der traditionellen Form des Ritterheeres und von dem Wandel der ökonomischen Bedingungen (Preisrevolution etc.) war vor allem der niedere Adel betroffen. Angehörige des Herrenstandes („Grafen und Herren") konnten sich leichter durch Abrundung und Modernisierung ihres Landbesitzes der neuen Lage anpassen und auch die Kosten für das Stadt- und Hofleben aufbringen; um mit den bürgerlichen Juristen im Dienst der Fürsten konkurrieren zu können, bedurfte es höherer Aufwendungen für die Ausbildung und Lebenshaltung. Die Präsenz des Adels am Hofe prägte neue Verhaltensmuster; der Typus des „Gentiluomo" wurde, von Italien ausgehend, an den europäischen Höfen maßgebend. Doch war der Adel des 16. Jahrhunderts noch keineswegs ausschließlich auf den Hofdienst hin orientiert. Ungebrochenes ständisches Selbstbewußtsein ist noch für viele Zentren der Adelskultur dieser Zeit kennzeichnend.

Adel und konfessionelle Option

Die konfessionellen Optionen, die der europäische Adel im Laufe der Reformation und Gegenreformation trifft, sind durch verschiedene Faktoren bedingt und von großer Bedeutung. Im römisch-deutschen Reich erhielt nicht nur die zur fürstlichen Herrschaft aufgerückte Oberschicht, sondern auch die Vielzahl der reichsunmittelbaren Grafen und Ritter durch den Augsburger Religionsfrieden das „ius reformandi" gegenüber den Untertanen; der landsässige Adel wurde dadurch noch stärker vom Landesherrn abhängig. Außerhalb des Reichs variierten die sozialen und politischen Bedingungen der Konfessionalisierung des Adels; durchgehend war die multiplikatorische Wirkung auf die bäuerlichen Hintersassen.

Städte – Gewerbe. Die Städte waren Zentren von Handel und Gewerbe. Wo auf dem Lande gewerbliche Produktion in größerem Stile auftrat, beruhte dies vielfach auf städtischer Initiative und Kapitalinvestition. (Daneben ist fallweise die Rolle adeliger und geistlicher Grundherren zu beachten.) Die Sozial- und Rechtsstruktur der europäischen Stadt war der Neuzeit vom Mittelalter vorgegeben. Das 16. Jahrhundert war noch eine Zeit wirtschaftlichen Aufstiegs für viele Städte. Die Chancen, im politischen Wettbewerb mit den Fürstenstaaten erfolgreich zu bleiben, wurden gleichzeitig immer geringer und konnten schließlich nur in Randgebieten partiell verwirklicht werden (Eidgenossenschaft, Niederlande). Die Defensive der Städte gegen die Fürsten hatte sehr verschiedene Bedingungen und Formen. Die deutschen Reichsstädte, die im Kampf gegen die „Verdruckung der Stett" zeitweilig beim Kaiser Hilfe suchten, unterschieden sich zu sehr in ihrer sozialen, wirtschaftlichen und dann auch konfessionellen Interessenlage, als daß sie langfristig solidarisch hätten auftreten können. Die Überlegenheit des „institutionellen Flächenstaates" gegenüber dem korporativen Prinzip der Städte zeigte sich besonders im Verlauf der konfessionellen Auseinandersetzungen. Zwar waren die Städte vor allem in den Anfängen der Reformation Zentren der Bewegung. Doch in den weiteren politisch-militärischen Konflikten zwischen den „Religionsparteien" konnten sie sich immer weniger als selbständige Kräfte behaupten.

Wirtschaft und Politik der Städte

Innerstädtische Gruppen- und Klassenkonflikte, in der Regel zwischen Patriziat und Zünften, gab es seit langem. Die Erfolge städtischer Oberschichten in Gewerbe und Handel haben anscheinend im 16. Jahrhundert an vielen Orten zu einer Verschärfung der Gegensätze geführt: Ansteigen der Spitzenvermögen, Konkurrenz zwischen alten und neuen Oberschichten, Zunahme der besitzlosen Unterschichten (in den deutschen Reichsstädten 30% bis 60% der Einwohner). Diese Gegensätze und Prozesse verbanden sich in unterschiedlicher Weise mit dem Kampf für und dem Widerstand gegen die Reformation, wobei grundsätzlich von einer Reziprozität der Wirkungen im kirchlichen und sozialen Konflikt auszugehen ist.

Innerstädtische Konflikte

Die Entwicklung der gewerblichen Produktion zeigt fast überall eine stark expansive Tendenz. Dies gilt für die Textilerzeugung, den Bergbau (Eisen, Kupfer, Silber), die metallverarbeitenden Werkstätten (militärische Erfordernisse), die Bauwirtschaft und den jungen Gewerbezweig des Buchdrucks. An der Spitze der Steigerungsraten rangiert die Silberproduktion (zwischen 1450 und 1540 eine fünffache Steigerung), gefolgt von der Textilbranche. Technologische Neuerun-

Steigerung der gewerblichen Produktion

gen setzten vor allem im Bergbau und Hüttenwesen ein. Die Verwendung wassergetriebener Pumpwerke erlaubte Abteufungen bis 400 Meter. Neue metallurgische Verfahren gingen Hand in Hand mit der Entwicklung der Feinmechanik (Federuhren, astronomische Instrumente) und mit einer Steigerung des Edelmetallumlaufs (auch durch Importe aus Amerika, wo nach 1540 die großen Silbervorkommen erschlossen wurden). Das Verlagssystem als neue Betriebsform wurde von den Kaufleuten marktorientiert aufgebaut; die strenge handwerkliche Zunftverfassung wurde vielfach umgangen bzw. aufgelockert.

Verkehrswege, Welthandel

Verkehr – Handel – Frühkapitalismus. Die Verbesserung der Verkehrswege zu Wasser und zu Lande schritt seit dem Hochmittelalter voran. Die Wasserwege waren beliebt und billig; neue Schiffstypen intensivierten den Verkehr in Nord- und Ostsee. Aber auch der Ausbau des Straßennetzes für den Frachtverkehr (insbesondere auf den Bergstrecken) und der Kanalbau zur Ergänzung der Flußwege machten Fortschritte. Die Konstruktion von Brücken und Schleusen wurde vervollkommnet. Der Postverkehr im staatlichen Zusammenhang (Thurn und Taxis im Dienste Habsburgs seit 1492) wurde großzügig organisiert, und auch die Nachrichtenübermittlung im öffentlichen und privaten Interesse wurde erstmals systematisch ausgebaut. Die spanische und portugiesische Erschließung der Handelswege nach Amerika, Afrika und Asien begründete zum erstenmal ein System des Welthandels. Zwar gelang den Portugiesen keineswegs die völlige Umlenkung des asiatischen Gewürz- und Seidenhandels auf die Afrikaroute; der arabische Zwischenhandel auf den Karawanenrouten zu den Anschlußhäfen am Mittelmeer spielte weiter eine Rolle. Aber die globalen Perspektiven des maritimen Fernhandels bildeten von nun an eine irreversible Herausforderung, der sich bald auch Franzosen, Engländer und Holländer mit Kaperfahrten und Koloniegründungen stellten.

Formen des Frühkapitalismus

Doppelte Buchführung und bargeldloser Zahlungsverkehr (mit Hilfe des Wechsels und ähnlicher Verfahren) ermöglichten großräumige Waren- und Finanzgeschäfte. Ähnlich wie italienische Firmen des Quattrocento (Medici), aber nun in weiterführender Zusammenarbeit mit den unter ständiger Finanznot leidenden großen Monarchien, entwickelte sich in Oberdeutschland, Oberitalien und in den Niederlanden ein neuer Typus des Frühkapitalismus. Die Fugger und Welser in Augsburg stellen den bekanntesten Fall dar: die Kombination von Warenhandel, Bergbau, Metallverarbeitung, Textilgeschäft und Bank- und Transportleistungen in der Unternehmensform der Familiengesellschaft (offene Handelsgesellschaft mit Depositengeldern) gestattete weitreichende, lukrative Geschäfte mit einem Netz von Niederlassungen und Compagnons in Europa und Übersee. Die langfristige Entwicklung dieser Firmen war eng an die finanzielle Liquidität der Staaten gebunden. Daher endete ihre Blüte mit den großen Staatsbankrotten in der Mitte des Jahrhunderts (Spanien, Frankreich). Ähnliche Unternehmen in der zweiten Jahrhunderthälfte leiten schon über zu neuen Formen des Welthandels und des Kapitalverkehrs, die vor allem in Westeuropa ausgebildet werden (staatlich lizenzierte Handelskompanien, Aktiengesellschaften, Börsengeschäfte, Banco publico etc).

Dieser Weg des Frühkapitalismus hatte sich schon in vorreformatorischer Zeit angebahnt; er hatte von Anfang an heftige Widerstände einer noch überwiegend naturalwirtschaftlich orientierten Umgebung und Öffentlichkeit zu überwinden. Schon vor Luthers Kritik an „Kaufhandel und Wucher“ gab es öffentliche Auseinandersetzungen um die ethisch-rechtliche Erlaubtheit der neuen Geschäftsformen (Monopole, Produktivzins etc.). Gerade das Imperium Karls V. bot einen seit dem Hochmittelalter nicht mehr existenten weiträumigen Wirtschaftsraum, der den Frühkapitalismus begünstigte. Doch verlief dessen weitere Ausbreitung keineswegs geradlinig; in Italien und Deutschland investierten arrivierte Großkaufleute im Laufe des 16. Jahrhunderts ihre Gewinne in Landbesitz und wurden zu Landadeligen. Regression des „kapitalistischen Geistes“ (dessen Bezug zur Reformation umstritten ist) und „ritorno alla terra“ sind Phänomene, die einer eindimensionalen Interpretation des aufsteigenden Bürgertums der Neuzeit im Wege stehen.

3. Europa um 1520: Kultur und Religion

Nicht nur der Bereich des religiös-kirchlichen Lebens, auch das gesamte Ensemble der kulturellen Formen und Voraussetzungen steht in besonderem Maße im Horizont der Frage nach den Ursachen von Reformation und Kirchenspaltung. Sowohl die Bewertungen wie auch die Analysen der einschlägigen Zustände und Tendenzen gehen erheblich auseinander. Auszugehen ist von der Charakteristik des allgemeinen Bildungsstandes (Alphabetisierung, Buch- und Schulwesen, Verhältnis von Bildungselite und Masse der Bevölkerung, Trends der kulturellen und kirchlichen Orientierung und Kritik) in einer Gesellschaft, die zwar das langwährende Bildungsmonopol der Kleriker schon durch die spätmittelalterliche Laienschriftlichkeit überwunden hatte, aber nach wie vor im Rahmen eines christlich normierten und theologisch ausgelegten Weltverständnisses lebte. Insofern sind zunächst die allgemeinen Aspekte von Kultur und Bildung zu behandeln und dann erst die speziellen Fragen, die zur kirchlichen Vorgeschichte der Reformation gehören.

Alphabetisierung und Buchwesen

Über das Ausmaß der Alphabetisierung in Europa zu Beginn der Reformation liegen nur unsichere Schätzungen vor. Man nimmt an, daß zumindest in einigen größeren Gebieten bereits die „revolutionäre Schwelle“ von 10% der Bevölkerung, die Lesen (meist auch Schreiben) können, überschritten ist. Schwerpunkte sind meist die am stärksten urbanisierten Gebiete; das städtische Schulwesen in der Landessprache und auch die Lateinschulen in den Städten und im Verband kirchlicher Institutionen (z. B. Domschulen), die dort ansässig waren, sind führend. Ohne Zweifel hat die Reformation und die durch sie ausgelöste Auseinandersetzung um Glauben, Kirche und Politik die Lese-Motivation verstärkt und den Prozentsatz der Analphabeten gesenkt. Hand in Hand damit stieg die Buchproduktion enorm an, einschließlich kurzer Flugschriften und Einblattdrucke. Die Zahl der im deutschen Sprachbereich im 16. Jahrhundert gedruckten Titel wurde früher auf 100000 geschätzt, heute nimmt man 200000 an. Der Erfolg der Schriften Luthers ist bekannt; von seinem Kleinen Katechismus wurden zwischen 1529 und 1563 über 100000 Exemplare gedruckt. Seine Übersetzung der gesamten Bibel kam 1534 bis 1574 in fünf Auflagen mit insgesamt 100000 Stück heraus.

Vorreformatorischer Humanismus

Das europäische Geistesleben vor der Reformation wird bei kräftigem Weiterleben der scholastischen Schultraditionen doch überwiegend von den verschiedenen Strömungen des Renaissance-Humanismus geprägt. Ausgehend von den italienischen Antizipationen des Quattrocento hatte sich der Humanismus als Bildungsbewegung in der gesamten lateinischen Christenheit etabliert. Die philologisch-antiquarischen Schwerpunkte der neuen Bildung sind eines, ein anderes ist das unaufhaltsame Ausstrahlen des Humanismus in weitere Lebensbereiche, wo die Kritik am mittelalterlichen Verfall und die Orientierung an der klassischen Vergangenheit (auch an den Idealen des frühen Christentums) sehr vieles in Bewegung bringt. Der Übergang von formalen Kulturidealen zu inhaltlichen Reformprogrammen, von der Kritik der Tradition zur Kritik der Institutionen ist in zahlreichen regionalen und individuellen Varianten und in unterschiedlichen Anwendungsfeldern zu beobachten: Pädagogik, Theologie, Sprachpflege, Naturwissenschaften, Recht, Politik. Auch Fragen der Wirtschafts- und Sozialethik werden bereits in den Rahmen eines christlich-rationalen Reformismus einbezogen. Umstritten ist das Ausmaß der inneren Kohärenz dieser Vorgänge – zu unterschiedlich sind die konkreten Stellungnahmen der Humanisten, wenn es zu echten Optionen kommt (siehe die Parteinahme pro und contra Luther). Auch waren sich wohl viele Parteigänger der neuen „Eruditio Christiana“ über das volle Ausmaß des geistigen Umbruchs, den sie eingeleitet hatten, nicht klar. Jedenfalls hat der Historiker hier im Vorfeld der Reformation eine außerordentlich folgenreiche Bildungsbewegung festzustellen, die einerseits zum erstenmal eine gesamteuropäische reformistische Öffentlichkeit schuf, andererseits weit über den Kreis der lateinisch schreibenden (und sprechenden) Bildungselite hinaus in die Gesamtbevölkerung wirkte. Und nicht in paganisierenden, antitheologischen Tendenzen liegt das nachmittelalterlich-vorreformatorisch Neue, sondern in einem weltzugewandten Reformismus, der eine entschiedene Zurückwendung zu den Maßstäben der christlichen „Ursprünge“ mit einem an der vorchristlichen Antike geschulten Engagement zugunsten profaner Aufgaben verband.

Dynamik des humanistischen Reformismus

Die erhebliche Variationsbreite dieses humanistischen Reformismus, die mangelnde theologisch-philosophische Bestimmtheit der humanistischen Rationalität (verglichen mit der Scholastik hier und der Aufklärung dort) und die evolutionäre Vorgangsweise der meisten Humanisten sollten über eines nicht hinwegtäuschen: Schon vor dem Auftreten Luthers und Zwinglis war eine tiefreichende Umgestaltung der überkommenen weltlich-christlichen Symbiose im Gange, die viele Jahrhunderte hindurch die europäische Kultur und Gesellschaft gekennzeichnet hatte. Es ist müßig zu fragen, wohin diese Umgestaltung geführt hätte, wenn sie evolutionär geblieben und nicht in revolutionäre Konflikte gemündet wäre. Festzuhalten bleibt, daß gerade im kulturellen Ensemble des vorreformatorischen Europas Kräfte am Werk waren, die so oder so zu neuen Ufern strebten. Der Sonderweg, den Europa einschlug, war tief in seiner Geschichte begründet. Ausbildung der Individualität, Entdeckung der Geschichtlichkeit, radikale Kritik der Gegenwart anhand einer weit zurückliegenden Vergangenheit, das Christentum als Motiv der Innovation – dies alles war bereits entwickelt, als die Reformatoren ihre Stimme erhoben, um den Stein des Anstoßes in den religiös-kirchlichen Verhältnissen Europas zu zeigen.

Kirchliche Zustände – Ursachen der Reformation

Die religiös-kirchlichen Zustände am Vorabend der Reformation wurden lange Zeit vorwiegend in aktueller Optik gesehen. Befürworter der Reformation – christliche und auch nicht mehr christliche – betonten die Mißstände; Gegner der Reformation verwiesen auf die hellen Seiten und auf den nachfolgenden Verfall. Die heutige Forschung hat sich weithin verständigt: vieles lag im argen, die Dinge drängten auf Änderung. Es fragt sich nur, welche Änderung erwünscht, möglich und dann auch verwirklicht wurde. Davon wird noch ausgiebig zu handeln sein. Für die Analyse der Verhältnisse unmittelbar vor der Reformation ist es schwierig, die objektiven und subjektiven Aspekte zu trennen und jeweils richtig einzuschätzen. Manche kritisierte Mißstände hatte es schon lange zuvor gegeben, es war nur jetzt die Sensibilität gewachsen. Im ganzen kann wohl von einem Syndrom krisenhafter Erscheinungen gesprochen werden, das sich in den letzten Jahrzehnten vor der Reformation bildete. Von der Seite der Laien machte sich der Zweifel an dem Sinn und Recht eines dysfunktionalen klerikalen Systems faktisch und publizistisch geltend. Säkularisierungen kirchlicher Wohltätigkeitsstiftungen (die infolge des Versagens von Orden und Kapiteln in die Regie von Laienbruderschaften oder weltlicher Obrigkeiten übergingen) sind dafür ebenso bezeichnend wie das zunehmende Eingreifen staatlicher Instanzen in die Besetzung und Verwaltung kirchlicher Institutionen (mit oder auch ohne Ermächtigung seitens des Papstes wie in Bayern bzw. Hessen). Ein Versuch der Klassifikation jener Zustände, um deren Summierung im Leben und Bewußtsein der Zeitgenossen es ging, kann etwa folgendermaßen aussehen:

Sozialgeschichtliche Vorgegebenheiten

1. Sozialgeschichtliche Vorgegebenheiten, die den pastoralen Dienst deformieren: Dominanz des Adels in den höheren kirchlichen Stellen, weitgehend mit Beibehaltung profaner Lebensformen (Domkapitel und Klöster als Versorgung für nachgeborene Söhne: „Spital des Adels"). Damit war verbunden die Distanz zwischen hohem und niederem Klerus, auch in finanzieller Hinsicht, der Mangel an theologischer Ausbildung und die weitverbreitete Absenz auch bei Seelsorgspfründen. Der schlechtbezahlte niedere Klerus paßte sich, vor allem auf dem Lande, den Lebensformen seines Milieus an (Konkubinat, Betrieb von Geschäften und Gastwirtschaften) und war andererseits veranlaßt, die Gebühren für kirchliche Verrichtungen rigoros einzutreiben.
2. Verformung und Verdinglichung der kirchlichen Praxis. Dies betraf nicht nur

Fehlentwicklungen in der kirchlichen Praxis

die sogenannte Volksfrömmigkeit mit Aberglauben, Quacksalberei, Wunderheilungen etc. Der Reliquienkult blühte auch an den Fürstenhöfen (siehe Luthers Landsherrn Kurfürst Friedrich). Die Verdinglichung des Sakramentenverständnisses führte zu grotesken Fehlentwicklungen u. a. bei Buße und Eucharistiefeier. Die Elevation der Hostie wurde zur magischen Handlung, die quantitative Aufrechnung des „Gnadenschatzes" des Meßopfers führte bis zum Prestigekampf der Fürsten (wieviel zehntausende Messen werden nach dem Tode des Fürsten gelesen?). Die Verdinglichung im Bereich des Bußsakraments hatte den Ablaßhandel zur Folge.

Fiskalisierung

3. Fiskalisierung und Kommerzialisierung der kirchlichen Verwaltung, insbesondere an der römischen Zentrale. Zusammen mit der Quantifizierung der Vorstellungen und Berechnungen von Gnade und Buße, mit dem gebührenpflichtigen Dispenswesen und mit dem Einsatz von Ablässen zu Zwecken des Bauwesens (u. a. Neu-St. Peter in Rom) entstand ein umfassendes fiskalisches System, das kirchenrechtlich begründbar erschien, aber vor allem in jenen Ländern, die nicht durch Konkordat gegen die Eingriffe der römischen Kurie abgeschirmt waren, starke bis stärkste antirömische Affekte erzeugte wie im Heiligen Römischen Reich.

Theologische Unsicherheit

4. Theologische Unsicherheit und Fehlentwicklungen („Confusio opinionum"). Die Pluralität der spätscholastischen Lehrmeinungen wird heute teilweise wieder positiv bewertet, hatte aber für die Zeitgenossen weithin die Wirkung großer Orientierungslosigkeit. Zentrale ekklesiologische Fragen wie etwa der Vorrang von Papst oder Konzil waren seit den Reformkonzilien (Konstanz, Basel) offenkundig unentschieden. Somit galt für einen großen, vielleicht den größeren Teil der europäischen Bildungsschicht die Stellungnahme des Papsttums gegen Luther als glaubensmäßig irrelevantes Vorgehen einer Seite in einem innerkirchlichen Parteienstreit. Der Augsburger Stadtsyndikus Conrad Peutinger stellte damals fest: „Lutherus in ecclesia est et erit, donec a concilio iuste condemnetur et ejiciatur." Die theologische Orientierungslosigkeit wirkte um so tiefer, wenn andererseits der Mißbrauch des theologischen Instrumentariums im Dienste der profanen Interessen kirchlicher Stellen (politische Opportunität, fiskalische oder zentralisierend-administrative Maßnahmen Roms) zutage trat. Wie groß die individuelle Gewissensnot war, die durch ein Syndrom all dieser Wirkungen entstand, wissen wir aus vielen Zeugnissen der Zeit. Albrecht Dürer will 1519/20 Martin Luther, dessen Werke er las, porträtieren, aus Dank dafür, daß der christliche Mann ihm „aus großen Ängsten geholfen hat".

Problematische Stellung des Papsttums

5. Die Stellung des Papsttums, das die konziliare Krise des 15. Jahrhunderts überwunden hat, ohne die auf den Konzilien geforderte Reform zu leisten. Einerseits hat am päpstlichen Hof die Prunk- und Prestigeideologie der italienischen Renaissancekultur die Oberhand gewonnen. Andererseits war die Kurie als Macht unter Mächten in die Kämpfe um Italien und um die europäische Suprematie verstrickt, die seit 1494 anhalten. Das Zusammentreffen dieser politi-

schen Selbstbehauptung und der neuen kulturellen Selbstdarstellung des Papsttums mit verschärften innerkirchlichen Zentralisierungstendenzen schuf für das Papsttum eine neuartige, folgenreiche Lage, die mit moralisierenden Kategorien wie „Verweltlichung" nicht zulänglich beschrieben werden kann. Die Einsicht, daß es sich vielmehr um strukturell bedingte Funktionslähmungen der kirchlichen Zentrale handelte, nimmt diesem Faktor „Rom" nichts von seinem Gewicht in den nun einsetzenden kirchlichen Entscheidungsprozessen und meist erst recht keine apologetische Entlastung. Sie betont gegenüber einer punktuell wertenden Auffassung, die in der Kirchengeschichte nicht selten ist, den langfristigen, tiefsitzenden Charakter wesentlicher Krankheitsursachen der vorreformatorischen Kirche.

Reformbestrebungen vor der Reformation

Das Bestehen bedeutsamer Reformbestrebungen vor der Reformation wird heute allgemein anerkannt: einzelne Persönlichkeiten, Laien wie Geistliche, Klostergemeinschaften, Gruppen von Klöstern und Laienbewegungen (Windesheimer Kongregation, Devotio Moderna etc.), schließlich auch weltliche Obrigkeiten sind zu nennen. Doch fanden alle diese einzelnen Ansätze an der kirchlichen Zentrale in Rom nie wirklichen Anhalt, oft nur Entmutigung oder Widerstreben. Nur in Spanien, wo das Reformwirken des Kardinals Cisneros, eines bedeutenden Humanisten, Hand in Hand mit der weltlichen Obrigkeit ging, gelang eine wesentliche Verbesserung der kirchlichen Gesamtsituation in organisatorischer und spiritueller Hinsicht. In Frankreich, wo das Konkordat von 1516 die Besetzung fast aller höheren kirchlichen Stellen (120 Bistümer, 600 Abteien) in die Hand des Königs gegeben hatte, war von gesamtheitlichen Reformansätzen nicht die Rede. Ähnlich im Reich, wo indessen das Fehlen solcher monarchischer Vorrechte die kirchlichen Verhältnisse dem weitgehenden Zugriff Roms freigab. Die von den Reichsständen immer wieder vorgebrachten „Gravamina nationis Germanicae contra sedem apostolicam" faßten Beschwerden vielerlei Art zusammen. Schärfer griffen volkstümliche Schriften und humanistische Pamphlete das Papsttum an; durch eine solche Extrapolierung der kirchlichen Mißstände nach Rom hin blieb einstweilen der innerdeutsche Consens geschont. Dies wurde rasch anders, als sich zeigte, daß ein entschiedenes reformatorisches Vorgehen in den kirchlichen Dingen unter den damaligen Verhältnissen zu einer gesamtgesellschaftlichen Krise führte.

4. Europa um 1520: Staat und Staatensystem

Neben oder noch vor den kirchlich-religiösen Entwicklungen gilt der Werdeprozeß des frühneuzeitlichen Staates als folgenreichster Vorgang des 16. und 17. Jahrhunderts. Dieser Vorgang kann einerseits idealtypisch gesehen werden; andererseits bedarf es der konkreten Analyse von Fall zu Fall, da ja die Entwicklung des Einzelstaates nicht isoliert vor sich geht, sondern wesentlich von den Außenbezügen abhängt. Erst recht gilt die Forderung nach einer Bestandsaufnahme der spezifischen Bedingungen und Konstellationen für das europäische Staatensystem, wie es sich in der letzten Generation vor dem Beginn der Reformation entwickelt hatte. Hier ist im Vergleich mit anderen Weltregionen der Sondercharakter Europas zu betonen, wo ein komplexes Spannungsverhältnis von staatlichem Pluralismus (seit dem Hochmittelalter) und politisch-sozialen wie ethisch-normativen Gemeinsamkeiten besteht.

Fürst und Stände

Fast überall in Europa stehen dem Fürsten, der seine Legitimierung meist aus dynastischer Erblichkeit (und kirchlicher Sanktionierung) herleitet, die „Stände" als Vertreter des Landes mit dem Anspruch auf Teilhabe an Regierungsgewalt und Verwaltung, auf Steuerbewilligung etc. gegenüber. Überall geht der Ausbau des „institutionellen Flächenstaates" mit einer zentralisierten Verwaltung, mit einer das Land erfassenden Behördenorganisation, mit der Umbildung von Hofämtern zum Regierungsapparat, mit der Stärkung einer von ständischer Bewilligung unabhängigen fiskalischen Basis, mit den Ansätzen zu einem stehenden Heer Schritt um Schritt voran. Die Fragen nach einer Typologie ständischer Repräsentation werden heute verschieden beantwortet. In der Tat gibt es nicht nur verschiedene Formen von Ständeversammlungen (neben dem Dreikuriensystem mit Geistlichkeit, Adel, Städten ein Vierkuriensystem, wo der höhere Adel – „Grafen und Herren" – eine eigene Gruppe bildet, außerdem etwa das Zweihäusersystem des englischen Parlaments). Es gibt auch sehr unterschiedliche funktionale Vorgangsweisen und Ergebnisse im Zusammen- und Gegenspiel von Fürst und Ständen.

Typologie des europäischen Ständewesens

In England wird das Parlament der Tudorzeit zu einem wesentlichen Instrument nationaler Integration. In den Wahlmonarchien von Polen-Litauen, Ungarn und Böhmen spielt die horizontale Differenzierung des Adels und die politisch-regionale Parteibildung eine große Rolle; aufgrund der sozioökonomischen und verfassungsrechtlichen Gegebenheiten bleibt die Gewalt des Monarchen eingeschränkt. In Frankreich und in den spanischen Königreichen ist die zentralisierte Monarchie am weitesten entwickelt. Hier kann man den Begriff des Frühabsolutismus schon zutreffend anwenden. Die Stände Frankreichs wirken in der ersten Jahrhunderthälfte im Sinne einer Stärkung der staatlichen Einheit; als Gegenpol zum Herrscher und zu seiner Gesetzgebung spielen die „Parlements" als oberste Gerichtshöfe mit dem Recht auf Registrierung der königlichen Akte eine bedeutsame Rolle. Die Cortes von Kastilien und Aragon behaupten eine starke Stellung im Innern, verlieren aber gegenüber dem Spanien übergreifenden Herrschaftssystem Karls V. an gesamtpolitischer Bedeutung. Die Mittel- und Kleinstaaten Italiens weisen meist politische Strukturen abweichender Art auf, die einem politischen Ständewesen wenig Raum lassen und dafür Antizipationen moderner, rationaler Verwaltung bieten. Anders in Nordeuropa, wo die Monarchie sich einem differenzierten Kräftespiel von Adel, Städten und Bauerntum gegenübersieht. Die Auflösung der Kalmarer Union (Dänemark – Norwegen – Schweden) und die Begründung eines nationalen Königtums in Schweden 1523 ist wesentlich aus diesen ständischen Voraussetzungen zu verstehen.

Ganz anders sieht die Stellung der Stände in Verfassungsrecht und -wirklichkeit des Hl. Römischen Reiches aus. Hier spielt sich das Ringen von Fürst und Ständen auf zwei unterschiedlichen Ebenen ab, mit erheblichen Konsequenzen für die politische und soziale Struktur Mitteleuropas bis heute. Das Wahlrecht übten die sieben Kurfürsten aus (Mainz, Köln, Trier, Sachsen, Pfalz, Brandenburg, Böhmen), sie wählten den römischen König, der zum Kaisertitel der Krönung durch den Papst bedurfte (nach Karl V. durch ein päpstliches Schreiben – „erwählter Kaiser" – ersetzt). Die hier und sonst mehrfach verankerte Rechtsbindung des Reiches an das Papsttum wird in der Folgezeit ein weit mehr als formales Problem darstellen. Die in der Goldenen Bulle (1356) und in einer Summe von Gewohnheitsrechten fixierte Reichsverfassung bot der Mitte Europas einen altertümlichen, aber zählebigen föderativen Rahmen. Nur hier hatte sich als Residuum das geistliche Fürstentum erhalten: drei der sieben Kurfürsten und die Mehrzahl der Fürstenkurie waren Erzbischöfe bzw. Bischöfe oder Äbte und waren als solche nicht nur von der Belehnung durch das Reichsoberhaupt, sondern auch von der Konfirmation des Papstes abhängig. Nur im Reich war es der adeligen Oberschicht (Reichsfürstenstand) und einem erheblichen Teil des mittleren und niederen Adels (Grafen und Herren, Reichsritter) gelungen, sich als „reichsunmittelbar" zu etablieren. Diese verfassungsrechtliche Reichsunmittelbarkeit deckte höchst unterschiedliche politische Wirklichkeiten ab: große reichsfürstliche Territorien mit ausgebauter Zentralverwaltung und eigenen Landtagen und eine Fülle kleiner und kleinster Herrschaften, denen ihr nicht in größere Einheiten auflösbares Sonderleben bis zum Ende des alten Reiches gesichert war. Reichsstandschaft im Sinne einer Teilnahme am Reichstag, dem Gesetzgebungs- und Beschlußorgan, das der Kaiser im Benehmen mit den Kurfürsten fallweise einberief und leitete, hatten aber nur die Fürsten, Grafen und Herren, Reichsäbte und -äbtissinnen sowie die Reichsstädte. Die Zahl der Reichsstände mit Reichsstandschaft wird aufgrund der Matrikel von 1521 wie folgt berechnet:

Die Verfassung des römisch-deutschen Reiches

Zusammensetzung des Reichstages

Kurfürstenrat: 7 Kurfürsten
3 geistliche Kurfürsten: Mainz (Erzkanzler), Köln (Erzkanzler durch Italien), Trier (Erzkanzler durch Gallien und das Königreich Arelat).
4 weltliche Kurfürsten: Pfalz (Erztruchseß), Sachsen (Erzmarschall), Brandenburg (Erzkämmerer), Böhmen (Erzschenk, seit 1526 beim Haus Habsburg, in der Folgezeit ruhte meist die Ausübung der Kur). Von den seit dem Mittelalter existierenden, meist bei der Römischen Königswahl aktivierten Ehren-(Erz-)ämtern war nur das des Mainzer Erzkanzleramtes von politischer Bedeutung.

Fürstenrat: 4 Erzbischöfe (Magdeburg, Salzburg, Besançon, Bremen)
46 Bischöfe (u. a. Bamberg, Würzburg, Augsburg, Regensburg, Passau, Speyer, Worms, Straßburg, Basel, Trient, Brixen, Mün-

ster, Osnabrück, Lüttich, Utrecht, Toul, Metz, Verdun, Naumburg, Meißen, Merseburg)
83 Prälaten (Äbte, Äbtissinnen, Ordensballeien)
24 weltliche Fürsten (u. a. Bayern, Österreich, Württemberg, Baden, Hessen, Geldern, Jülich-Kleve, Holstein, Braunschweig, Mecklenburg, Pommern, Sachsen, Lothringen, Savoyen)
145 Grafen und Herren (Wetterauische-, Schwäbische-, Fränkische und Westfälische Grafen)

Städtebank: 85 Reichsstädte (u. a. Frankfurt am Main, Aachen, Köln, Nürnberg, Regensburg, Augsburg, Speyer, Worms, Straßburg, Heilbronn, Eßlingen, Memmingen, Konstanz, Ulm, Nördlingen)

Den Vorsitz innerhalb des Fürstenrates führten alternierend Salzburg und Österreich.

Virilstimmen (Einzelstimmen) besaßen nur die geistlichen und weltlichen Fürsten. Den Vorsitz auf der Städtebank führte die Reichsstadt, in welcher der Reichstag stattfand. Die Reichsritterschaft war am Reichstag nicht vertreten.

Reichsreform, Antagonismus Kaiser – Stände

Die Reichsreformbestrebungen unter Maximilian I. waren unentschieden ausgegangen. Die Errichtung des Reichskammergerichts (1495, erklärtes Ende des Fehderechts) bedeutete eine bleibende Errungenschaft; es handelte sich um eine gemischte, vom Kaiser und den Reichsständen nach Schlüsselzahlen besetzte Institution. Ebenso blieb die Einteilung des Reiches in zehn Kreise (seit 1512) dauernd bestehen; die Kreise spielten eine immer bedeutendere Rolle in der Wahrung des Landfriedens und als koordinierende Organe. Der Antagonismus zwischen Kaisertum und Ständen – hie Ausbau der zentralen Kompetenzen, dort Sicherung der ständischen Freiheiten (Ausbau der Territorialstaaten) – war zum offenen Austrag gekommen in der Frage des „Reichsregiments“, das heißt in dem Ringen um die Ausgestaltung einer zentralen Regierungsbehörde für das Reich. Maximilian wollte es als eine monarchische Instanz, die Stände als Föderativorgan. Im Streit der Stände mit dem Kaiser hatte sich das maximilianische Reichsregiment bald wieder aufgelöst. Ebenso blieben die Ansätze zu einer Reichssteuer und sonstige Modernisierungsprojekte in diesem Streit auf der Strecke. Mit dem Regierungsantritt Karls V. trat das Ringen zwischen Kaiser und Ständen um die Zukunft der Reichsverfassung in ein neues, verschärftes Stadium. Die außerdeutschen Machtpositionen und Engagements des Kaisers konnten für die einzelstaatlichen Interessen der Stände Bedrohung oder auch Entlastung bedeuten. Anders stand es mit den Interessen kleinerer Reichsstände und auch vieler Reichsstädte; sie gingen mit den monarchischen Tendenzen des Kaisers streckenweise konform. Die neuen Konfliktfelder der kirchlichen Krise sind auf dem Hintergrund dieses prinzipiellen Antagonismus von Kaiser und ständischem Territorialstaat zu sehen.

Der deutsche Territorialstaat

Innerhalb der deutschen Territorialstaaten wiederholte sich auf einer zweiten Ebene der Gegensatz von Fürst und Ständen. Die landsässigen Geistlichen (in Mittel- und Norddeutschland auch einzelne Bistümer) und Adeligen und die reichsmittelbaren Städte waren die Partner der Landesfürsten im Ausbau einer modernen Staatlichkeit, die sich zunehmend gegenüber der Ingerenz der Reichsorgane abzuschließen suchte. Dennoch blieb auch die innere Entwicklung der Territorien noch lange in hohem Maße von der Gesamtsituation des Reiches abhängig. Eine systematische Erforschung des Ineinandergreifens dieser verschiedenen Faktoren (etwa in der Korrelation von Reichstag und Landtagen, von Reichs- und Landesgesetzgebung) wird erst in jüngster Zeit in Angriff genommen. Die Tatsache, daß die moderne deutschsprachige Staatlichkeit (Preußen-Deutschland, Österreich, rheinbündische Tradition in der Bundesrepublik) aus territorialstaatlicher Wurzel und nicht aus der Reichstradition erwuchs, hat lange nachgewirkt.

Das europäische Staatensystem der Neuzeit

Das europäische Staatensystem, wie es sich in der Generation vor 1520 ausgebildet hatte, kann zunächst im Hinblick auf einige durchgehende Strukturelemente gekennzeichnet werden. Ohne eine gemeinsame übergeordnete Instanz existierte – mit dem Anspruch auf volle Souveränität – eine Mehrzahl von Staaten, die ihre Beziehungen untereinander auf der Basis eines theoretisch noch nicht voll entwickelten, aber regulativ wirkenden Völkerrechts ordneten. Dem Kaiser als Oberhaupt des römisch-deutschen Reiches wurden nur zeremonielle Vorrechte eingeräumt. Ernster war die Tatsache zu nehmen, daß der größte Teil Ober- und Mittelitaliens dem Reich zugehörte (ausgenommen der venezianische Festlandsbesitz und der Kirchenstaat). Diese sehr altertümlichen „iura imperialia" in Italien versuchte schon Maximilian I. zu aktivieren; erst unter Karl V. wird hier durch die Kombination realer spanischer Herrschaft mit längst verblaßtem Reichsrecht eine neue Situation entstehen. In Italien und im Westen (Niederlande, Lothringen, Franche-Comté, Savoyen) wird sich zeigen, welche neue Bedeutung den in der Reichsverfassung erhaltenen Resten eines übernationalen Bezugssystems zukommen konnte. Der Papst als „pater communis Christianitatis" versuchte in wechselnden Konstellationen seine geistliche Autorität als normierende, ordnende, friedensstiftende Kraft gegenüber der Staatenwelt geltend zu machen. Als hemmend erwies sich dabei die eigene Verstricktheit des Kirchenstaates und des Papsttums in das europäische Kräftespiel. Dazu kam im Fortgang der Reformation die Ablehnung der päpstlichen Autorität durch die protestantischen Staaten; damit wurden späterhin die neuen überstaatlichen Aktionsmöglichkeiten des durch die tridentinische Reform in seiner Autorität gekräftigten Papsttums meist auf den katholisch gebliebenen Rest Europas eingeschränkt (Türkenabwehr etc.).

Dynastische Politik

Das dynastische Phänomen war ein konstitutives Element der Politik. Die Bedeutungssteigerung dynastischer Politik führte zu einer höheren Bewertung des dynastischen Prinzips überhaupt. Das Prekäre daran lag aber in der Unberechenbarkeit menschlicher, physischer und psychischer Faktoren (Fertilität, Sterilität und Mortalität). Im Rahmen der Internationalen Beziehungen Europas erfuhr das dynastisch-hereditäre Konfliktfeld eine besondere Akzentuierung. So dienten dynastische Ehen häufig der Vertiefung des gegenseitigen Einvernehmens von

Fürstenhäusern und der politischen Konvergenz von Staaten; auf diese Weise wurden Menschen zum politischen Unterpfand. Dynastische Politik war aber auch mit neuen Kriegsrisiken, neuen Kriegsvorwänden und -legitimationen, vor allem mit Erbfolgekriegen, verbunden. Erbansprüche dienten auch als Legitimation für offensive Gewaltanwendung, auch für die Verteidigung der angestammten Dynastie eines Landes waren sie höchst bedeutsam. Es ist problematisch, familien- und erbrechtliche Begründungen als friedliche und politische am ehesten berechtigte Herrschaftsansprüche sehen zu wollen und die Legitimität des fürstlichen Erbrechts unbefragt zu akzeptieren.

Anfänger der neuzeitlichen Diplomatie

Der Verkehr der Fürstenhöfe wie die Praxis der zwischenstaatlichen Beziehungen erhält durch die Anfänge der neuzeitlichen Diplomatie eine neue Form. Man kann, wie Miguel Ochoa Brun, die Umwandlung der zweckbestimmten, zeitlich limitierten Missionen in ständige Gesandtschaften als „die größte Mutation in der Geschichte der Diplomatie überhaupt" verstehen (in: 1064, 55). Die Entwicklung ständiger, auf Gegenseitigkeit beruhender diplomatischer Vertretungen hatte zuerst Italien im 15. Jahrhundert entwickelt. Denn der Friede von Lodi (1454) hatte hier zur ständigen Kontaktnahme und gegenseitigen Beobachtung der den Frieden garantierenden Pentarchie geführt. Am weitesten entwickelt – unter Einbringung älterer Erfahrungen – war neben dem kurialen Nuntiatursystem das venezianische Gesandtenwesen, für das eine intensive Berichterstattung – in Form der dispacci und relationi – typisch wurde. Besonders die für jeden – in der Regel nach zwei Jahren – zurückkehrenden Diplomaten vorgeschriebene Finalrelation, ein stundenlanger Vortrag vor dem Dogen und dem Rat, der auch schriftlich abgefaßt wurde, war der Ausdruck der politischen Verantwortlichkeit eines republikanischen Systems.

Im Unterschied zur Republik Venedig wurde in den frühneuzeitlichen Fürstenstaaten Europas eine derartige Berichterstattung nicht zur Einrichtung. Gerade deshalb sollte Spaniens auch schon im 15. Jahrhundert entwickeltes Gesandtenwesen für den frühneuzeitlichen Fürststaat von großer Bedeutung werden. „Spanien stellt einen besonderen Fall in der Entwicklung der internationalen Beziehungen jener Zeit dar. Erstens, weil es damals zum ersten Mal auf der Bühne der Außenpolitik Europas als ein einheitlicher Staat, nach dem Erlangen der nationalen Einheit durch die Katholischen Könige, auftrat. Zweitens, weil das Einschreiten in Italien auch die Verwicklungen in die europäische Politik implizierte; drittens wegen der klugen und frühen Anpassung der spanischen Diplomatie an die neuen Möglichkeiten der ständigen Vertretungen, die Ferdinand der Katholische, als der erste Nichtitaliener, zu gebrauchen wußte, und zum letzten, weil die spätere Regierung Kaiser Karls V. die spanische Diplomatie in eine ‚imperiale' Diplomatie umwandeln sollte." (Ochoa Brun in: 1064, 53) Das damit verbundene „Teamwork", die Wichtigkeit der Multinationalität bei der Auswahl und sein großer Wirkungskreis ließen dieses Modell für die Zukunft wirkungsvoller erscheinen – im Hinblick auf Gesandtenrecht, auch über die kirchliche Spaltung hinweg – als das italienische.

Gleichgewicht und Hegemonie

Der in der italienischen Staatenwelt des Quattrocento entwickelte Gedanke der „bilancia" (Gleichgewicht) als regulatives Prinzip des staatlichen Zusammenlebens gewann für das europäische System des 16. und 17. Jahrhunderts Bedeutung. Er kann aber nicht für sich allein gewürdigt werden, sondern nur im Zusammenhang mit den Hegemoniebestrebungen, welche den eigentlichen Schlüssel zum Verständnis der zwischenstaatlichen Veränderungen und auch mancher innerstaatlicher Entwicklungen bieten. Die politische Theorie der Zeit steht in recht unterschiedlichen Bezügen zur politischen Realität und zur christlich-normativen Vorstellungswelt der Zeitgenossen. Machiavellis Ideen waren auf die Kleinwelt der italienischen Politik mit dem Vorwalten ephemerer, aus usurpatorischer Wurzel entstandener Herrschaftssysteme bezogen. Die Radikalität seiner Abwendung von der christlich-humanistischen Normativität politischer Tugendlehre fand vor allem in der Folgezeit ein weites Echo, als sich europäische Großstaaten im circulus vitiosus eines Hegemoniekampfes vor immer neue Entscheidungszwänge gestellt sahen. Die christliche Friedensidee, wie sie Erasmus und seine humanistischen Gesinnungsgenossen vertraten, war als kritischer Beitrag sehr bedeutsam. Sie bestritt grundsätzlich den Fürsten die legitimierende Berufung auf das „bonum commune" und versuchte, die Politik der Fürsten als bloße Wahrnehmung ihrer „privata commoda" zu denunzieren. Die antiimperialistische Konzeption der erasmianischen Friedensidee sah beispielsweise Grenzgarantien, ein obligatorisches Schiedsgericht oder das Verbot dynastischer Heiraten vor. Schon 1515 hatte Eramus von Rotterdam im Umfeld der habsburgischen Herrschaft in den Niederlanden eine Bilanz der dynastischen Politik der europäischen Herrscherhäuser gezogen. In seinem Karl V. und Ferdinand I. gewidmeten Fürstenspiegel „Institutio Principis Christiani" kritisierte er die „hochgejubelte" Heiratspolitik des Hauses Habsburg, beispielsweise die Vermengung von fürstlichen Privatinteressen und dem öffentlich-allgemeinen Wohl: „Die Ehe der Herrscher ist ihre persönliche Angelegenheit, aber wir sehen, daß sie oft der Knotenpunkt der Geschichte genannt werden kann, so daß es uns so ergeht, wie es den Griechen und Trojanern mit Helena erging." Erasmus' Ideen wurden in der europäischen Öffentlichkeit zwar beachtet, doch stießen sie auf eine doppelte Schwierigkeit: Einerseits wurde sie von der Kompromittierung und Krise der christlichen Einheitsidee, an die sie appellierte, in Mitleidenschaft gezogen; andererseits blieben die institutionellen Gegenvorschläge des humanistischen Pazifismus hinter den Konfliktzwängen zurück, die im damaligen Staatensystem langfristig angelegt waren. So zeichnete sich ein Weg ab, der in eine Epoche unvermittelter staatlicher Konfrontation führte, mit einer neuartigen Dichotomie von großen, nicht mehr mittelalterlich „gezähmten" Kriegen hier und einer fortbestehenden christlich-völkerrechtlichen Normwelt dort. Ein weiteres Element der Rechtskrise und der Radikalisierung von Gewaltmitteln zwischen den Staaten und im Bürgerkrieg wird dann der sogenannte Glaubenskrieg bringen.

Politische Theorien, die humanistische Friedensidee

Dauerkonflikt zwischen Frankreich und Habsburg

Der beherrschende Konflikt innerhalb des europäischen Staatensystems dieser Zeit war der Hegemoniekampf zwischen Frankreich und Habsburg. Dabei sollten weder die aus dem 15. Jahrhundert stammenden Anlässe – Kampf um das burgundische Erbe und Kampf um die Vorherrschaft in Italien – isoliert gesehen werden noch sollte ein Erklärungsmodell, das eine universale, mittelalterliche Kaiseridee auf seiten Karls V. einer modernen, nationalstaatlichen Konzeption in Frankreich gegenübergestellt, als ausreichend gelten. Es kann deutlich gemacht werden, wie dem antagonistischen Auftreten Frankreichs und Habsburgs zu Beginn der Neuzeit eine Reihe von gemeinsamen, strukturellen Bedingungen zugrunde liegt. Die Mobilisierbarkeit staatlicher Macht eröffnete neue Perspektiven weiträumigen politischen Handelns. Die neuen Techniken und Möglichkeiten im Finanz-, Transport-, Kriegs- und Nachrichtenwesen ließen offenbar sowohl Franz I. wie Karl V. die Chance einer europäischen Hegemonie erfassen. Beide konnten, gestützt auf eine „modern" organisierte Staatlichkeit – hier Frankreich, dort Spanien und die Niederlande – in den Kampf um die politische Kleinwelt Italiens und des Reiches eintreten, um damit dem alten Traumbild der Karlskrone, also einer politischen Einheit der Christenheit, nahezukommen. Frankreich wurde erst durch die Wahlniederlage gegen Karl 1519 längerfristig in die Rolle des Verteidigers der europäischen (und deutschen) Freiheit gegen die habsburgische „Tyrannei" gedrängt. Im Grunde aber war die französische Politik – das zeigt sich wieder aufs deutlichste bei Heinrich II. ab 1551 – in einer kaum lösbaren Kombination defensiver und offensiver Ziele auf die Zerstörung des habsburgischen Imperiums und damit auf die eigene Hegemonie in Europa orientiert.

Radikalität des Hegemoniekampfes

Daß dieser Konflikt zu einem so langfristigen und wesentlichen Strukturelement der europäischen Politik wurde, liegt wohl in den Anfängen begründet. 1516 hatte Erasmus den Anbruch der aurea Aetas des europäischen Friedens gefeiert: In Italien schien mit der französischen Herrschaft über Mailand und der spanischen über Neapel–Sizilien ein dauerhaftes Gleichgewicht eingekehrt zu sein. Die burgundisch-niederländischen Territorialfragen, die aus dem Erbe der Großeltern stammten, hatte der junge Karl von Burgund 1516 in dem Vertrag von Noyon mit Franz I. bereinigt; er wollte ungestört das ihm durch dynastische Schickungen – drei Todesfälle präsumptiver Erben – zugefallene Spanien in die Hand nehmen. Wenige Jahre später stehen die Zeichen wieder auf Sturm. Der plötzliche Tod Maximilians I. am 12. Januar 1519 hat die Rivalität Karls und des französischen Königs zur Folge. Der Kampf um die Wahl zum Oberhaupt des Reiches wird von beiden Seiten mit größter Anstrengung geführt. Die überlegene Finanzkraft des oberdeutschen Frühkapitalismus und der deutsche Reichspatriotismus entscheiden die Wahl der Kurfürsten für den Habsburger. Karl als Sieger kann nun die Macht und die Ansprüche des Reiches (auch in Italien, auch in Südfrankreich) mit Spanien verbunden ins Feld führen. Sein Großkanzler Gattinara ist Exponent einer offensiven antifranzösischen Politik, die sich gegen die frankophile Tradition des burgundischen Hochadels durchsetzt. Karl ist – so argumentiert Gattinara – zur Weltherrschaft berufen, „um die ganze Welt unter einem Hirten zu vereinigen"; nur die Einheit des Weltreiches kann der Welt den Frieden bringen.

B. EUROPA IM ZEITALTER DER REFORMATION UND KARLS V.

5. Die Anfänge der reformatorischen Bewegung: Martin Luther, Huldrych Zwingli und ihr Echo

Luther und die „Systemkrise“

Angesichts des enormen Auseinanderklaffens von Anspruch und institutioneller Wirklichkeit des Christentums sowie des kräftigen Auftretens der humanistischen Kritik und Reformprogramme stellt sich die Frage, warum nicht schon früher, als es dann seit Luther geschah, der Umschlag von einer evolutionären in eine revolutionäre Entwicklung erfolgte. Offenbar bedurfte es des Zusammentreffens vieler Umstände, bis das individuelle Ringen um einen gnädigen Gott und das Suchen nach den „reineren Formen des Christentums“ die Schranken traditioneller kirchlich-weltlicher Einheitsprinzipien überschreiten wollte und konnte. Fragt man dabei nach dem „inneren Zusammenhang der Krisenelemente“ (B. Moeller), so läßt sich ein solcher in der Umwelt Martin Luthers ohne weiteres ausmachen, wenn man die über den eigentlich kirchlichen Rahmen hinausreichenden politischen und soziokulturellen Aspekte im Sinne einer allgemeinen „Systemkrise“ einbezieht. In dieser Sicht verliert das Zusammenwirken sehr unterschiedlicher Faktoren den Anschein des Zufälligen, ohne daß andererseits der ereignishafte Charakter des Ganzen und die unwiederholbare personale Dimension verwischt werden.

Das Auftreten charismatischer Führer war für den Beginn und Verlauf der reformatorischen Bewegung ebenso bezeichnend wie das Vorhandensein eines aufgestauten Bewegungspotentials.

Zur Biographie Luthers

Martin Luther, 1483 in Eisleben geboren, entstammte einer Familie bäuerlicher Herkunft. Sein Vater hatte den Hof verlassen und war im Mansfelder Kupferbau vom Grubenarbeiter zum Kleinunternehmer aufgestiegen. Der väterliche Aufstiegswille wünschte für den Sohn ein Jus-Studium; statt dessen trat Luther 1505 nach dem vorbereitenden Abschluß an der Artistenfakultät der Universität Erfurt in das dortige Kloster der Augustinereremiten ein. Auf die Profeß 1506 folgte im Frühjahr 1507 die Priesterweihe, danach ein theologisches Studium in Erfurt und an der eben neugegründeten kursächsischen Landesuniversität Wittenberg. 1512 erhielt der Augustinermönch den Wittenberger Lehrstuhl für Altes und Neues Testament, den er bis zu seinem Tode 1546 innehatte. Der tiefgreifende theologische und seelische Wandlungsprozeß der folgenden Jahre wird in der Römerbriefvorlesung von 1515/16 faßbar. Von den philosophisch-theologischen Schultraditionen her (occamistische Spätscholastik und Augustinismus) vollzieht Luther einen Durchbruch, der einerseits in den Geltungsanspruch einer neuen Wittenberger paulinisch-augustinischen Theologie gegenüber den verschiedenen miteinander in Konkurrenz liegenden Universitätstheologien des Spätmittelalters mündet. Andererseits bedeutet die neue Überzeugung von der ausschließlichen Kraft des inneren Glaubens und der göttlichen Gnade anstelle aller Zurechenbarkeit der „äußeren Werke" bereits einen sprengenden Ansatz, der über die institutionellen Schranken der klösterlichen Lebensform (Kernstück der mittelalterlichen, gestuften Symbiose von Christentum und Gesellschaft) und über die bisherige Verklammerung von individueller Heilsgewißheit und sichtbarer Rechtseinheit der Kirche hinauswies.

Der Ablaßhandel 1517

Ob und wie dieser Ansatz die potentiellen Wirkungen – auf Luthers Existenz und auf die Gesamtexistenz der abendländischen Christenheit – entfalten würde, war eine Frage sukzessiver persönlicher Entscheidungen und allgemeiner Konstellationen. Das Eingreifen des Wittenbergers in den Ablaßhandel von 1517 zeigt in erhellender Weise die innere und nicht zufällige Verflochtenheit sehr unterschiedlicher Konfliktfaktoren, die seiner ersten bewegenden Begegnung mit der deutschen Öffentlichkeit zugrundelag. Wenn der nachgeborene Hohenzollernprinz Albrecht, Erzbischof von Magdeburg und Administrator von Halberstadt, sich um den eben wieder vakant gewordenen Mainzer Erzbischofsstuhl bewarb, so war dies nicht bloß ein Routinevorgang in der deutschen Adelskirche, sondern zugleich ein gezielter Schachzug in dem Wettbewerb der zwei Fürstenhäuser von Brandenburg und Sachsen (deren Konkurrenz durch keine starke Zentralgewalt im Reich gebremst war). Wenn das Mainzer Hochstift im Hinblick auf die Zahlungen an Rom, die bei jedem Wechsel fällig waren, infolge mehrerer kurzfristig folgender Sedisvakanzen in Albrecht einen Kandidaten suchte, der die Romzahlungen selbst übernahm (dazu die Dispensgebühren für die kirchenrechtlich verbotene Kumulierung mehrerer Bischofssitze), so kam damit routinemäßig das fiskalische System Roms ins Spiel. Wenn dann der ehrgeizige, aber finanzschwache Albrecht ein Arrangement mit Rom und der Firma Fugger über eine Bevorschussung der fälligen Zahlungen einging, so entsprach dies dem frühkapitalistischen Bankbetrieb. Wenn die Kurie vorschlug, jene 29 000 geliehenen Goldgulden dadurch abzutragen, daß der Erzbischof für acht Jahre den eben erneuerten Ablaß für den Neubau der Peterskirche verkünden und davon die Hälfte behalten durfte, war dies ein kulantes Vorgehen, das freilich die weltgeschichtliche Folge hatte, einen weiteren belastenden Faktor im vorreformatorischen Syndrom der Mißbräuche einzuführen bzw. sichtbar zu machen.

Politische Komponenten, Luthers Eingreifen

Der vorletzte Faktor ist wieder politisch-territorial: Der sächsische Kurfürst Friedrich der Weise, Luthers Landesherr, war zwar selbst ablaßgläubig, verbot aber Albrechts Ablaßpredigern (die nun schon mit Fuggerschen Bankbeamten – je ein Schlüssel für die zwei Schlösser des Ablaß-Geld-Kastens – durchs Land reisten) das Auftreten und Kassieren in Kursachsen. Er wollte den Abfluß des Geldes in die Hohenzollernsche Finanzaktion verhindern; aber Einwohner Wittenbergs gingen über die Grenze ins Brandenburgische, um dort den St.-Peters-Ablaß für sich und ihre verstorbenen Angehörigen zu erwerben. Nun setzte Luther ein; er wandte sich am 31. Oktober 1517 an Erzbischof Albrecht von Mainz und führte Klage, daß die Ablaßprediger „durch erlogene Märchen und Versprechungen vom Ablaß das Volk in Sicherheit und Furchtlosigkeit wiegen". Die theologische Prinzipienfrage wird deutlich in den 95 Thesen über den Ablaß, die nun an die Öffentlichkeit kommen. Die kommerzielle Ausbeutung einer deformierten kirchlichen Lehre über den Nachlaß zeitlicher Sündenstrafen verstieß zutiefst gegen Luthers Glaubens- und Bußbewußtsein; seine erste These sagte: „Unser Herr und Meister Jesus Christus hat mit seinem Wort ‚Tuet Buße' gewollt, daß das ganze Leben der Gläubigen eine Buße sei." Der Angriff auf die Ablaßpraxis fand nicht nur im humanistischen Publikum, sondern auch in breiteren Schichten Deutschlands starkes Echo. Wenn man in Betracht zieht, daß der für Wittenberg zuständige Bischof von Brandenburg Luthers „Resolutiones", d. h. seinem Kommentar zu den Thesen das Placet erteilte, nimmt es nicht Wunder, daß auch viele spätere Luthergegner damals die Thesen als innerhalb der kirchlichen Lehrmeinung stehend und förderlich begrüßten.

Der theologische Durchbruch 1518/20

Weder dem Augustinermönch noch der breiten Schicht von Humanisten, Theologen und fürstlichen Räten, bald auch Handwerksmeistern und Gastwirten, die nun seine Schriften zu lesen und zu verbreiten begannen, konnten damals schon die möglichen Folgen einsichtig sein. Niemand dachte an Kirchenspaltung oder an die Errichtung einer „zweiten Kirche". In einem grandiosen Mißverständnis wandte sich der überwiegende Teil der öffentlichen Meinung Deutschlands Luther zu, bei dem man die eigenen – bildungspolitischen, antirömischen oder schon national gefärbten – Reformwünsche, kraftvoll und bald in großartiger deutscher Sprache formuliert, vorfand. Kaum einer begriff die Tiefe und Radikalität von Luthers Theologie, wie sie sich nun in vielen Schriften entfaltete. Die äußeren Stationen sind bezeichnet durch den römischen Glaubensprozeß gegen Luther, der 1518 eröffnet, dann aber aus rein politischen Gründen für eineinhalb Jahre auf Eis gelegt wurde: Papst Leo X. suchte die Hilfe des sächsischen Kurfürsten gegen die Kandidatur des Habsburgers Karl für die Kaiserwahl, die 1519 fällig wurde. Immerhin kam es noch 1518 in Augsburg zu einem Verhör Luthers durch den päpstlichen Legaten Cajetan, nach dessen Abschluß Luther „vom schlecht beratenen Papst an den besser zu informierenden Papst" appellierte. Während der anschließenden „Atempause" erfolgten entscheidende Schritte in Luthers öffentlicher Stellungnahme. Die Leipziger Disputation gegen Johann Eck (Juni 1519) wurde nicht nur dadurch höchst folgenreich, daß Luther sich zu der These bekannte, daß auch Konzilien geirrt hätten. Insgesamt trat die enge Verklammerung seiner individuellen Fassung der Glaubensgewißheit mit einer scharfen Kritik der päpstlichen Primatialgewalt und des kirchlichen Rechtssystems als „Menschensatzung" rasch und deutlich hervor. Mit den großen Reformschriften des Jahres 1520 („An den christlichen Adel deutscher Nation", „De captivitate Babylonica ecclesiae", „Von der Freiheit eines Christenmenschen") war ein neuer, revolutionärer Standpunkt errungen. Die humanistisch-historische Kritik am Papsttum und an der scholastischen Philosophie wurde weit überschritten durch eine apokalyptische Enthüllungsbotschaft: Der Papst in Rom ist der Antichrist. Luther kam bis 1520 zu der Überzeugung, „das in den letzten Jahrhunderten in fast der ganzen lateinischen Kirche verdunkelte Evangelium sei nun durch Gottes Wirken neu wie die Sonne durch die Wolken hindurchgebrochen und habe den römischen Antichrist und sein ganzes pseudochristliches Kirchenwesen, also eine antichristliche *Struktur* in der Kirche, enthüllt und damit zum Zusammenbruch reif gemacht. Der theologische Reformer von 1517 verstand sich also 1520 als Werkzeug einer gottgewirkten Revolution" [502: K.-V. SELGE, 596].

Luther und Karl V. in Worms 1521

Nach der Wiederaufnahme des römischen Prozesses erfolgte noch 1520 die Bannandrohung mit Widerrufsfrist; seit Anfang 1521 war Luther im Kirchenbann. Der Wormser Reichstag 1521, die erste Begegnung Kaiser Karls V. mit der deutschen Fürstenrepublik und Öffentlichkeit, war vielleicht nicht so sehr für Luthers inneres Geschick als für die fernere Konstellation der Kräfte von höchster Bedeutung. Daß der Kaiser im Rahmen der überkommenen kirchlich-staatlichen Rechtsverklammerung dem Kirchenbann die Reichsacht folgen lassen werde, stand außer Frage, sobald Luther die mit seiner Vorladung nach Worms verbundene Widerrufsforderung abgelehnt hatte. Aufschlußreich waren die Sonderverhandlungen vor und nach Luthers Auftreten. Der Beichtvater des Kaisers, der Franziskaner Glapion, versuchte den sächsischen Hof davon zu überzeugen, daß Karl V. selbst, der bis zum Erscheinen der Schrift „De captivitate Babylonica" an Luthers Werken „etzlicher maß auch gefallen gehabt", mit dem Kurfürsten Friedrich und einem verständig einlenkenden Luther gemeinsam für die „endreformacio sancte Ecclesie" eintreten werde. Und noch nach der berühmten Erklärung des Kaisers gegen Luther vom 19. April – die übrigens ganz konziliaristisch argumentiert und vom päpstlichen Primat schweigt – gestattete der Kaiserhof weitere Verhandlungen der Reichsstände mit Luther, die auf eine Beilegung des kirchlich-staatlichen Autoritätskonfliktes durch ein kaiserlich-ständisches Schiedsgericht, ein Generalkonzil oder eine Gelehrtenkommission im Sinne der Vorschläge des Erasmus abzielten. Zwischen dem standhaften Luther (dessen Schriften zur Zeit des Reichstages wohl schon in über 500 000 Exemplaren verbreitet waren) und dem kurialen Standpunkt gab es also ein breites Spektrum von Meinungen.

Polarisierung der Kräfte und »Via media«

Es zeigte sich schon hier, daß im Reich (und dann in Europa) langfristig nicht etwa mit *zwei*, sondern mit *drei* Gruppierungen kirchlich-politischer Kräfte zu rechnen war: Nach dem römischen Urteil, nach der Stellungnahme des Kaisers (die im Mai 1521 im sogenannten „Wormser Edikt" ihre vom päpstlichen Nuntius betriebene, weit über die persönliche Verhängung der Reichsacht hinausgehende und alle Anhänger Luthers betreffende Rechtsform erhalten hatte) begannen sich die Geister in dreifacher Weise zu scheiden: eindeutige Anhänger Luthers (dabei die Mehrzahl der jüngeren Humanisten; der eigentliche Anschluß von Reichsständen – Fürsten und Städten – erfolgte erst in den Folgejahren), eindeutige Gegner der reformatorischen Bewegung und Verteidigung des Papsttums tale quale (als erster weltlicher Territorialstaat wird sich Bayern 1522 in dieser

Richtung festlegen, allerdings mit einem ernsthaften Programm kirchlicher Reform), schließlich eine Mittelgruppe, die in ihrer Hoffnung auf Erhaltung der Einheit in einer von Mißbräuchen gereinigten Kirche sich gegenüber Luther und seinen Anhängern eklektisch verhielt und weithin im Zeichen eines erasmianischen Humanismus stand.

Radikales Echo und Verhalten der Obrigkeit 1522/25

Die bündige Erklärung des Kaisers gegen Luther und seine Anhänger wurde in ihrer Wirkung außerordentlich beeinträchtigt durch die Tatsache, daß Karl V. das Reich alsbald verließ und bis 1529 seine Kräfte im Hegemoniekampf gegen Frankreich engagierte. Das Reich geriet dadurch in einen Zustand stark geminderter Kontrolle. Dies bewirkte, zusammen mit den außertheologischen Konsequenzen der Reformationsbewegung, für die 20er Jahre einen Prozeß gesamtgesellschaftlicher Destabilisierung, wie sie ihn später nicht mehr gab. In Luthers Umwelt machte sich diese Destabilisierung geltend, als er nach dem Wormser Reichstag im Zuge einer konsequenten sächsischen Schutzpolitik auf die Wartburg verbracht wurde. Während seiner Abwesenheit von Wittenberg setzte sich dort ein radikaler Änderungswille durch (Andreas Bodenstein, genannt Karlstadt); mittels der städtischen Obrigkeit schritt man zu sofortigen Maßnahmen in Gottesdienst und Kirchenorganisation. Mit Luthers Rückkehr an die Universität (Februar 1522) setzte eine Beruhigung ein, die sich auf die kurfürstliche Verwaltung stützen konnte. Die radikalen Bewegungen wirkten jedoch weiter. Luthers Konzeption, die auf das spontane Wachsen der neuen christlichen Gemeinden hoffte, wurde einerseits durch das vorsichtige Operieren des Landesherrn und das zurückhaltende, konfliktscheue Vorgehen der Nürnberger Reichstage (1522/24) nicht direkt widerlegt. Andererseits führte die doppelte Frontstellung im Umkreis Wittenbergs – altgläubige Widerstände, Radikalismus der „Schwärmer" – bereits jetzt zu Tendenzen zwangskirchlicher Art. Luther und seine Anhänger glaubten dem Prinzip des von menschlicher Satzung befreiten Gewissens treu zu bleiben, auch wenn sie nun begannen, die äußerlich regulierende und vereinheitlichende Zwangsgewalt der Obrigkeit in Anspruch zu nehmen. Luther schreibt 1525: „Unsere Fürsten zwingen nicht zu Glauben und zum Evangelium, sondern sie unterdrücken die äußeren Greuel."

Zwinglis Reformation

In mehrfacher Hinsicht anders verlief Werdegang und Wirkung Huldrych Zwinglis. Er gilt als Reformator der Schweiz, doch hatte der Zwinglianismus zeitweilig großen Einfluß auch auf die reformatorische Bewegung in Südwestdeutschland. Es bleibt dahingestellt, wie sich die Dinge im Reich entwickelt hätten, wäre nicht Zwingli in der Schlacht von Kappel 1531 im Kampf gegen die katholischen Urkantone gefallen. Sein pastoraler und politischer Erfahrungsraum war nicht wie bei Luther Universität und Territorialstaat, sondern der Stadtstaat Zürich und die föderative Politik der Eidgenossenschaft. Er war als Mensch und Theologe ein Mann anderen Gepräges als Luther. Als Feldprediger hatte er zweimal an den Italienzügen seiner Schweizer Landsleute teilgenommen. Die Begegnung mit dem Humanismus, insbesondere mit der Zeit- und Kirchenkritik und mit dem Friedensgedanken des Erasmus wirkte tief auf Zwingli. Politisches Denken und theologische Erneuerung bildeten für ihn eine Einheit. Seit 1518 als Prediger am Großmünster in Zürich, war er ohne Zweifel von Luthers Schriften beeinflußt. Sein Durchbruch aus dem humanistischen Reformismus und Biblizismus zum radikalen Reformator hat in gewisser Weise Luthers Vorgehen zur Voraussetzung. Aber Zwinglis Theologie und sein reformatorisches Wirken zeigen eigene, nicht ableitbare Züge. Aus der theologischen Reflexion der Allmacht Gottes und der Ohnmacht des Menschen erwächst bei Zwingli und seinen Anhängern in starker Betonung des Prädestinationsgedankens unmittelbar ein religiöser, kirchenpolitischer und politischer Gestaltungswille. 1522/23 gewann er mit seinen Anhängern in Zürich die Oberhand. Die städtische Obrigkeit begann alsbald in seinem Sinne die Neugestaltung des kirchlichen und kommunalen Lebens in die Hand zu nehmen, mit starker Ausstrahlung auf die urbanen Zentren der Ostschweiz und Südwestdeutschlands. Eine deutsche Agende für Taufe, Trauung und Beerdigung, eine Armenordnung zur Ablösung des altkirchlichen Stiftungswesen, eine Ehegerichtsordnung und der Beginn einer theologischen Lehranstalt bezeichnen schon 1525 die praktischen Wege der Ausgestaltung. Nicht eine obrigkeitlich regulierte Landeskirche, sondern eine synodale Kirchenverfassung gemäß der Selbstverwaltung der Städte ist das Ergebnis der zwinglischen Reformation, die es im übrigen an Härte gegen Andersgläubige und an politisch gezielter Expansionskraft nicht fehlen läßt. Weit über Zwingli und die Eidgenossenschaft hinaus zeichnen sich hier Perspektiven der westeuropäischen Reformation ab, deren politisch-soziale Dynamik innerhalb des Reiches nie ganz zur Entfaltung kommen wird.

Synodale Kirchenverfassung in Zürich

Aufstand der Ritter – altkirchliche Defensive 1524

Politisches Mißtrauen herrschte im Reich ohnehin gegen die Eidgenossenschaft, und schon vor der Reformation fürchtete man auf habsburgischer Seite ein Übergreifen ihrer genossenschaftlichen politischen Organisationsprinzipien nach Süddeutschland. Ein aktives Zusammenwirken Zwinglis mit den politisch-sozialen Bewegungskräften im Reich in der ersten Hälfte der 20er Jahre kam nicht zustande. Der Aufstand von Teilen der Ritterschaft unter der Führung von Sickingen und Hutten 1522/23 (Krieg um Trier) ist aus der Krisensituation des niederen Adels zu verstehen, der durch Luthers Lehre sich zur Säkularisierung des „Pfaffengutes" ermutigt fühlte. Die schlecht geführte Revolte wird im Zusammenwirken des Fürsten und der Reichsstädte bald niedergeworfen; Hutten hatte ergebnislos an eine Solidarität der Städte und des Adels gegen die „Mächtigen" appelliert. Folgenreicher im Ausbau der neuen politischen und kirchlichen Parteibildungen wurde der 1524 in Regensburg verabredete katholische Bund. Ferdinand, dem Karl V. 1521/22 die österreichischen Erblande übergeben hatte sowie das Recht zu seiner Stellvertretung im Reich während seiner Abwesenheit, faßte mit Unterstützung des päpstlichen Legaten Campeggio erstmals eine Gruppe süddeutscher Fürsten und Bischöfe zu einem Abwehrbund gegen die reformatorische Bewegung zusammen. Prohibitivmaßnahmen sollten Hand in Hand mit innerkatholischer Reform gehen. Die Regensburger Verabredung hat freilich die langanhaltende Schwäche der altkirchlichen Positionen eher beleuchtet als überwunden: die Fortdauer der strukturellen Mißstände in der alten Pastoralorganisation und das Ausbleiben überzeugender Reformimpulse angesichts der Haltung der Bischöfe und der Kurie. Dazu kam die defensive Schwäche der publizistischen und theologischen Verteidiger des alten Systems, die auf keine Reform der Papstkirche verweisen konnten. – Die Forderung nach einem allgemeinen Konzil war in Deutschland weit verbreitet. Als die Reichsstädte schließlich für den Herbst 1524 eine Art von Nationalkonzil planten – immer noch in der Vorstellung, eine Spaltung in „Religionsparteien" hintanhalten zu können – kam aus Spanien ein Veto des Kaisers. Er konnte wohl das Nationalkonzil verbieten, aber die voranschreitenden Basisprozesse, die zur weitgehenden Auflösung bzw. Umformung des alten Kirchensystems führten, keineswegs aufhalten.

Fortgang der Reformation in den Städten

Ranke hat in diesen Vorgängen „den Ursprung der Spaltung in der Nation" gesehen. Es ist aber mehr als fraglich, ob damals nur durch das Hereinwirken „äußerer Mächte" (Papsttum, Karl V.) den Deutschen der Weg zur reformatorischen Einheit abgeschnitten wurde. Zwar griff die Bewegung in den Städten, wo ein latenter Antiklerikalismus und ein breites Lesepublikum vorhanden waren und die Predigt im neuen Sinne des reinen Schriftprinzips und der Befreiung von den „Menschensatzungen" wirken konnte, unaufhaltsam um sich; die städtische Obrigkeit veranstaltete theologische Disputationen und zog mehr oder weniger rasch die Folgerungen aus dem Drängen der proreformatorischen Bevölkerung, der die altgläubigen Gruppen meist wenig entgegenzusetzen hatten. „Schrift, schrift wille wi hören" – so setzte sich in Hamburg die evangelische Forderung durch (1528). Um im gleichen Jahr stellte das große Reformationsmandat des Berner Rates u. a. fest, was die Bischöfe angehe, so sei beschlossen „ir beschwerlich joch ab unsern und üwern schultern ze werfen und also ir eigennützig gewerb abzestellen". Insofern kann man für diesen frühen Zeitabschnitt der These von A. Dickens zustimmen, daß die deutsche Reformation „ein städtisches Ereignis war". Beim Adel und in den Territorien sah es nicht so eindeutig aus. Nur eine Minderheit von deutschen Fürsten schloß sich in der Folgezeit der Reformation an; daß Anhänger der „via media" (etwa Kurpfalz, Kurbrandenburg) schließlich der Augsburger Konfession beitraten, war eine späte Entwicklung, die u. a. bestimmte Verläufe der Reichs- und Konzilspolitik zur Voraussetzung hatte, von denen noch zu handeln ist.

6. Habsburg gegen Frankreich: Der Beginn des europäischen Hegemoniekampfes (1521–1529)

Die Anfänge Karls V. – ein doppelter Konflikt

Die Erneuerung des Gedankens der Universalmonarchie durch Karl V. als Erben der spanischen und habsburgisch-burgundischen Lande hatte sich im Wahlkampf 1519 in der Konfrontation mit den gleichfalls hegemonialen Absichten Franz' I. vollzogen. Als die deutschen Kurfürsten den damals erst 19jährigen Habsburger zum Oberhaupt des Reiches wählten, versuchten sie durch eine restriktive Wahlkapitulation die föderative Eigenständigkeit des Reiches gegen eine monarchische Umbildung abzusichern. Es war für die deutsche wie die europäische Geschichte von höchster Bedeutung, daß aus der Wahl von 1519 eine doppelte Konfliktsituation entstand (die sich dann vielfach mit der kirchlichen Krise als dritter Konfliktsebene überschnitt): Wollte der Kaiser das ihm vor allem von Gattinara nahegebrachte Programm des Dominium mundi verwirklichen – jenes Programm, das seinem zusammengewürfelten Erbe in Europa und Übersee eine innere Kohärenz verleihen sollte – so konnte er sich weder mit der starken Stellung der deutschen Reichsstände noch mit der selbständigen Stellung Frankreichs abfinden. Mit den deutschen Fürsten machte er die Sache zunächst kurz ab: Der Wormser Reichstag 1521 endete in den Fragen der zentralen Reichsbehörden – Reichsregiment und Reichskammergericht – mit Kompromissen zwischen monarchischem Anspruch und ständischer Fronde. Alles weitere sollte die Zukunft entscheiden; für jetzt überließ Karl die deutschen Dinge seinem Bruder Ferdinand, der als Statthalter an die Spitze des Reichsregiments trat und im übrigen die österreichischen Erblande seit 1526 (Tod Ludwigs II. in der Schlacht von Mohács) mit den Kronen von Böhmen und Ungarn vereinigte.

Gattinaras antifranzösische Weltreichskonzeption

Es war ein Erfolg für die zum Krieg gegen Frankreich drängende Partei am Kaiserhof, daß noch während des Wormser Reichstages ein Bündnis mit Papst Leo X. gegen Frankreich zustande kam. Fast gleichzeitig starb Chièvres, der stärkste Exponent der altburgundischen, profranzösischen Politik in Karls Umgebung. Unblutige, sanfte Herrschaft über Italien war nach Gattinaras Auffassung die zentrale Bedingung der Monarchie des Kaisers. Letztes Ziel war „die Herbeiführung des allgemeinen Friedens, welche sich nicht ohne die Monarchia erreichen läßt". Doch wie konnte der Kaiser friedlich über Italien herrschen, solange dort Frankreich im Besitz von Mailand mächtig war? Die langwierigen Verhandlungen, die noch im Herbst 1521 unter dem Vorsitz des englischen Kardinals und Kanzlers Wolsey zwischen dem Kaiser und Frankreich geführt wurden, zeigen die Ziele des folgenden Krieges: abgesehen von den alten Forderungen aus dem burgundischen Erbe (Sommestädte, Herzogtum Burgund, Lösung von Artois und Flandern aus dem französischen Lehensverband) ging es der kaiserlichen Seite um Südfrankreich: Frankreich soll die Provence als altes Reichslehen herausgeben; Languedoc wird als früheres Lehen des Königreichs Aragon zurückgefordert. Man sieht das Ziel, Frankreich als maßgebende politische Potenz auszuschalten und die Landbrücke zwischen Spanien, Italien (und Deutschland) herzustellen: neuer Universalismus gegen das Erbe mittelalterlicher Eigenstaatlichkeit.

Scheitern der radikalen Pläne gegen Frankreich

Der Krieg, der mit Unterbrechungen über den Tod des Kaisers hinaus bis zum Frieden von Cateau-Cambrésis 1559 dauern wird, war gewiß nicht nur das Ergebnis des Kriegswillens auf habsburgischer Seite. Auch Franz I. regte sich und ließ zunächst durch Parteigänger in Navarra und an der niederländischen Grenze losschlagen. Der Kaiser siegte 1522 in Mailand, verbündete sich mit England, das in Nordfrankreich einfallen sollte, und gewann an Karl von Bourbon, dem ersten

Würdenträger Frankreichs, einen Verbündeten, dem die Hand von Karls V. Schwester Eleonore und ein Satellitenkönigreich in Südfrankreich zugesagt wurde. Doch der Aufstandsversuch Bourbons scheiterte an der monarchischen Loyalität des französischen Adels. Auch als er im folgenden Jahr an der Spitze eines kaiserlichen Heeres von Italien aus in Frankreich einmarschierte und sich in Aix zum Grafen der Provence ausrufen ließ, lag die Entscheidung auf militärischer Ebene. Vor Marseille scheiterte die Invasion des Jahres 1524. Frankreich nützte erfolgreich den Vorteil der inneren Linie. Vor Ende des Jahres trat Papst Clemens VII. auf die Seite Frankreichs über; die habsburgische Kriegführung und Politik hatte in Italien zu einem tiefen Stimmungsumschwung geführt. Das Entstehen eines antihabsburgischen Patriotismus durchkreuzte die ghibellinischen Italienpläne Gattinaras.

Der Friede von Madrid 1526 als Kompromiß

Schließlich entscheidet im Februar 1525 das Eintreffen einer Entsatzarmee aus Tirol den Krieg; in der Schlacht von Pavia wird Franz I. mit seinem Ritterheer durch die deutschen und spanischen Fußknechte besiegt und gefangen. Die Dramatik der Szene, als der umzingelte König seinem Gegner, dem kaiserlichen Kommandanten Charles de Lannoy, den Panzerhandschuh aushändigt, ist bekannt. Aufschlußreicher sind die Auseinandersetzungen im kaiserlichen Staatsrat in Spanien, wo es um die politische Entscheidung nach dem Sieg geht. Gattinara beharrt auf dem radikalen Programm der Zerstückelung Frankreichs; er hätte am liebsten den Tod des gefangenen Königs gesehen. Er konnte sich jedoch gegen die Exponenten des burgundischen und kastilischen Hochadels nicht durchsetzen. Sie mißtrauten dem rationalen Staatsdenken des Juristen. So kam eine Kompromißlösung zustande, unter Schonung der monarchischen Solidarität gegenüber Franz I., aber in den Forderungen immer noch viel zu weitgehend für das Selbstbewußtsein und Sicherheitsbedürfnis der französischen Seite. Der Friede von Madrid (14. 1. 1526) verpflichtete Franz I. zur Restitution des Herzogtums Burgund und zum Verzicht auf Mailand, Genua, Neapel und die Lehenshoheit über Artois und Flandern. Die Schwester des Kaisers, zuvor dem Connétable von Bourbon zugedacht, soll nun mit Franz I. vermählt werden. Der Kaiser verstand den Frieden als Versöhnung und als Etappe zum gemeinsamen Kampf gegen die Ungläubigen und die Häretiker. Gattinara unterzeichnete nicht und sagte die Undurchführbarkeit des Friedens voraus.

Franz I. erneuert den Kampf mit Hilfe italienischer Verbündeter

Er behielt recht; Franz I. erklärte sogleich nach der Entlassung aus der Gefangenschaft den Vertrag für erpreßt und ungültig. Er konnte bereits am 22. Mai 1526 mit Clemens VII., Mailand, Venedig und Florenz zu Cognac eine Liga gegen den Kaiser bilden. Karl V. reagierte darauf mit dem Angebot eines Zweikampfes an Franz I.; der Krieg begann von neuem. Der habsburgisch-französische Dauerkonflikt zog immer weitere Kreise. Das Osmanenreich, das unter Sultan Suleiman II. im Mittelmeer und in Südosteuropa offensiv vorging (1521 Fall Belgrads, 1522 Eroberung von Rhodos, 1526 Sieg in Ungarn), begann die habsburgische Macht von Osten zu bedrohen (1529 Belagerung Wiens) und den Gegenkönig Johann Zápolya in Ungarn gegen Ferdinand zu unterstützen. Frankreich suchte die Verbindung mit der Pforte und war ebenso am polnischen Hof, in Skandinavien und in England um Bundesgenossenschaft gegen Karl V. bemüht. Die Entscheidungen fielen jedoch auch diesmal wieder in Italien. Nach Anfangserfolgen der französisch-italienischen Koalition, an deren Spitze Clemens VII. stand, brachte im Mai 1527 der „Sacco di Roma" eine Wende. Das kaiserliche Heer in Oberitalien, ohne Soldzahlung in einem Zustande halber Meuterei, hatte sich unter Führung des Connétable von Bourbon eigenmächtig und ohne Rücksicht auf einen kaiserlich-päpstlichen Waffenstillstand den Weg nach Rom gebahnt. Am Morgen des 6. Mai durchbrachen deutsche Landsknechte und spanische Truppen den Befestigungsgürtel der Stadt. Der Papst floh in die Engelsburg. In der Stadt begann eine Plünderung größten Stils, die das Ende der römischen Renaissancekultur bedeutete und von einsichtigen Prälaten als gerechte Strafe Gottes und Mahnruf zur Reform gewertet wurde.

Der „Sacco di Roma" und seine Folgen

Zwei Jahre nach der Gefangennahme des Königs von Frankreich war der Papst als Kriegsgegner in die Hand des Kaisers geraten. Noch radikaler stellten sich nun die Entscheidungsfragen. Was sollte mit dem Papst, was mit dem Papsttum geschehen? Was vielen Zeitgenossen als ein apokalyptisches Ereignis erschien – die Strafe an der Hure Babylon – ist in heutiger historischer Sicht als ein weiterer Schritt der Destabilisierung des europäischen Systems zu bewerten. Aus Rom schrieb Bartolomeo Gattinara, der Bruder des Großkanzlers, an Karl V.: „Wir erwarten die schleunigen Anordnungen Ew. Majestät über die Regierung Roms, ob nämlich in dieser Stadt irgendeine Art von Apostolischem Stuhl bleiben solle oder nicht." Der Entscheidungsprozeß am Kaiserhof wird beleuchtet durch eine autobiographische Aufzeichnung des Großkanzlers selbst (die in der dritten Person gehalten ist):

Karl V. gegen das Papsttum?

„Als Mercurinus [sc. Gattinara] diese Neuigkeiten [Sacco di Roma] vernommen hatte, forderte er... sogleich den Kaiser auf, einen der folgenden zwei Wege einzuschlagen, um jeden Schatten eines Makels von sich abzuwenden und die christlichen Könige und Fürsten zu beschwichtigen, damit sie nicht, durch dies so gewaltige Ereignis veranlaßt, einen Krieg gegen den Kaiser und seine Reiche unternähmen: Entweder solle er die Taten der Seinen gutheißen und verkünden, er habe die Waffen ergriffen nicht gegen den Hirten der Kirche, sondern gegen einen Räuber, einen Störenfried und Feind der Christenheit; er sei zur Verteidigung gezwungen worden gegen einen ärgerniserregenden, unverbesserlichen Pseudopapst, der den gesamten Bestand der Christenheit bedrohe und das wiederholt erbetene Generalkonzil verweigere. Oder, wenn der Kaiser diese Härte nicht aufbringen und die Taten der Seinen nicht gutheißen wolle, so möge er den Fürsten durch seine Schreiben mitteilen, wie schmerzlich er betroffen sei von dem Ausgang dieses Ereignisses, daran jedoch der Kaiser keine Schuld trage. Er wünsche, daß diesen Kriegen und Unglücksfällen durch einen allgemeinen Frieden ein Ende gesetzt werde und daß zu diesem Behuf die Berufung eines Generalkonzils verlangt werde, dessen Entscheidung alle Streitigkeiten weltlicher wie geistlicher Natur, aus denen diese Kriege entstanden sind, unterworfen werden. Er, der Kaiser, werde – soweit es ihn betreffe – sich der Konzilsentscheidung rückhaltlos unterwerfen."

Auch die habsburgische Familienkorrespondenz und die propagandistischen Äußerungen des Kaiserhofes nach dem Sacco sind voll weitgespannter Pläne. Ferdinand riet dringend, die Gefangenschaft des Papstes zur Versammlung eines Generalkonzils zu benutzen. Diese einzigartige Gelegenheit zur Wiederherstellung des katholischen Glaubens darf Karl als „chief de la chrétienté“ nicht vorbeigehen lassen. Und Alonso de Valdés, einer der führenden spanischen Humanisten am Kaiserhof, ließ die scharf antipäpstliche Flugschrift „Dialogo de las cosas occurridas en Roma“ nach dem Aufruf zur kaiserlichen Kirchenreform prophetisch ausklingen: „Dann wird es bis ans Ende der Welt heißen: Jesus Christus hat die Kirche gegründet und Karl V. hat sie wiederhergestellt.“

Habsburgs Sieg in Italien – Friede mit Papst und Frankreich

Doch ähnlich wie nach Pavia kam es nicht zu radikalen Konsequenzen, sondern zu vielfach bedingten Kompromissen, die dann weder das Konzil noch die Kirchenreform noch den europäischen Frieden zu bewirken vermochten. Die nach dem Sacco di Roma nicht entmutigte, sondern verstärkt weiterkämpfende Anti-Habsburg-Koalition konnte in Italien erst besiegt werden, als die genuesische Flotte unter Andrea Doria zu Karl V. überging. Clemens VII. (und das Papsttum) blieb unangetastet; man zog ihn vielmehr durch eine Familienverbindung und durch die Wiederherstellung der 1527 gestürzten Mediciherrschaft in Florenz ins habsburgische Interesse (freilich ohne jede Garantie hinsichtlich des Konzils und der Kirchenreform). Im Sommer 1529 konnte der Kaiser durch zwei Friedensverträge den Kampf um Italien und um die Hegemonie siegreich beenden und den Weg zum Krönungszug nach Italien freimachen.

Im Frieden von Cambrai (3. 8. 1529) verzichtete Franz I. zum zweitenmal auf alle italienischen Ansprüche. Aber diesmal sprach auch Karl V. einen Verzicht aus: auf das Herzogtum Burgund. Der Weg für eine Kooperation der beiden mächtigsten Fürsten der Christenheit auf der Basis eines eingeschränkten habsburgischen Hegemonieprogramms zur Lösung vordringlicher europäischer Probleme – Türkenkrieg, Kirchenreform, Glaubensfrage – schien frei. Der Friede von Barcelona (29. 6. 1529) mit Clemens VII. brachte die Anerkennung der habsburgischen Hegemonie durch das Papsttum mit weitgehenden konkreten Zusagen (Verfügung über kirchliche Finanzquellen, Kaiserkrönung, Defensivallianz). Anläßlich der Krönung in Bologna (24. 2. 1530) versuchte Karl vom Papst Zusagen hinsichtlich einer baldigen Konzilsberufung zu erhalten – ohne wirklichen Erfolg; abgesehen von der systembedingten Konzilsscheu des Papsttums fürchtete der Medici-Papst im Hinblick auf seine uneheliche Geburt die Absetzung durch das Konzil. Das war ein erheblicher Faktor; man kann ihn kontingent, aber im Gesamtbild der Zeit wohl nicht zufällig nennen.

Kriegführung und Staatsfinanzen

Organisation und Finanzierung von Kriegswesen, Verwaltung und Diplomatie in so weitgespannten Konflikten sind für die Forschung von hohem Interesse, aber noch kaum systematisch untersucht. Die vorwiegend mit Soldtruppen geführten Feldzüge erforderten außerordentlich hohe Finanzmittel, die auf französischer wie auf habsburgischer Seite teils durch Anleihen am Kapitalmarkt (mit Verpfändung von Bergwerksrechten, Zöllen etc.), teils durch Mobilisierung kirchlicher Einkünfte, teils durch ständische Bewilligungen aufgebracht wurden. Die fortgesetzte Finanzhilfe des oberdeutschen Kapitalismus wurde seitens des Kaiserhofes auch dadurch honoriert, daß die Antimonopolbestrebungen des deutschen Reichstages und die Monopolklage des Reichsfiskals von 1523 im Jahre

1525 durch kaiserliche Rechtsakte abgewehrt wurden. Das Reich, das als solches nicht kriegführend gegen Frankreich war, trug nur die 1521 bewilligten sogenannten „Römermonate“ zum Krönungszug des Kaisers nach Italien bei. Frankreich hatte in Verwaltung, Strategie und Logistik die Vorteile der „inneren Linie“, litt aber u. a. unter dem Mangel einer sowohl im Atlantik wie im Mittelmeer einsetzbaren Marine (daher die Bedeutung der genuesischen Flotte).

Probleme der Regierung eines Weltreiches

Auf seiten des Kaisers gab es zahlreiche Probleme hinsichtlich der politischen, administrativen und sozialen Integration des verstreuten Länderbesitzes mit ganz unterschiedlichen Rechts- und Regierungsformen. Gattinaras ursprüngliche Vorschläge (unitarisches Programm auch nach „innen“: gemeinsame Münze, Zollordnung, Gesetzgebung etc.) setzten sich nicht durch. Unter seiner Leitung als Großkanzler (Titel aus der burgundischen Behördentradition) arbeiteten nebeneinander ein spanisches Sekretariat (das auch für Italien zuständig war) und ein burgundisches Sekretariat, dem die Reichskanzlei mit dem Reichsvizekanzler zugeordnet, faktisch aber untergeordnet war. Formale Ratsbehörden, in denen alle habsburgischen Gebiete vertreten und stimmberechtigt waren, wurden nicht gebildet. Nach Gattinaras Tod (1530) blieb die Stelle eines Großkanzlers unbesetzt. Der aus der Freigrafschaft stammende Nicolas Perrenot Granvella und ab 1551 sein Sohn Antoine, Bischof von Arras, führten als „premiers sécretaires“ die Geschäfte. Dieser institutionelle Verfall an der Spitze begünstigte die Kabinettsregierung des Kaisers; erst unter Philipp II. setzte sich eine rationale Organisation der obersten Behörden, nun freilich unter Ausschluß des römisch-deutschen Reiches, durch.

Imperiale Einheit und nationale Identifikation

Die Fragen einer Integration der jeweiligen Oberschichten als Bedingung von imperialer Einheit oder zentrifugaler Entwicklung sind noch nicht näher verfolgt worden. Es gab anscheinend im spanisch-niederländischen und spanisch-deutschen Bereich wenig Connubium, anders im spanisch-italienischen Bezugsfeld (wo freilich ältere, aragonesische und ghibellinische Anknüpfungen vorlagen). Hinsichtlich der Ausbildung „nationaler“ Identifikation im Verlauf der Kriege ist im Falle Frankreichs die positive Wirkung der habsburgischen „Einkreisung“ zu betonen (siehe das Scheitern des Connétable von Bourbon). Auf der Seite Karls V. bedeuteten die 20er Jahre mit dem langen Aufenthalt in Spanien, der Hochzeit mit Isabella von Portugal (1526) und der Geburt des Infanten Philipp (1527) erstmals eine stärkere Verbindung mit dem spanisch-nationalen Element des Weltreiches. Die Rolle des niederländischen Adels am Kaiserhof und in der Diplomatie bleibt weiter bedeutend; in Verwaltung, Finanzwesen und Heerwesen dringen die Spanier vor. Das deutsche Element am Hof und in der Verwaltung ist von Anfang an schwach. Hier liegt der Ansatz für die späteren Gravamina gegen die „Ausländer“ in der Reichsregierung.

7. Vom Bauernkrieg zur landeskirchlichen und politischen Konsolidierung des deutschen Protestantismus (1525–1540)

Die aus der reformatorischen Bewegung folgende Krise der Gesellschaft erreicht in dem großen deutschen Bauernkrieg einen Höhepunkt. Die Vorgänge reichten von 1524 bis 1526, erfaßten den größten Teil von Südwestdeutschland, Salzburg, Tirol, Franken, Sachsen und Thüringen. Sie endeten mit der meist grausamen und überall folgenreichen Niederwerfung der bäuerlichen Bewegung, der sich auch einzelne Städte und Adelige angeschlossen hatten. Die faktenmäßige Seite des Bauernkrieges ist heute einigermaßen geklärt, noch keineswegs seine Beurteilung und die weiterreichenden Perspektiven.

Ziele und Motive der bäuerlichen Bewegung

Die vielfach überlieferten Beschwerden und Forderungen der Bauern lassen die sehr unterschiedlichen wirtschaftlichen, sozialen und politischen Verhältnisse ebenso erkennen wie eine durchgehende Grundstimmung: Widerspruch gegen eine Verschlechterung der Lebensbedingungen auf den verschiedensten Gebieten (Dienste, Abgaben, Steuer, Nutzung an Wald und Land, Jagd- und Fischereirechte). Adressaten waren sowohl die Grundherrschaften wie die Territorialfürsten und ihre Verwaltungen. Die Sprecher und Anführer der Bewegung entstammten vor allem den mittleren und wohlhabenden Bauernschichten. Fast überall machte sich gegenüber den traditionellen Begründungen bäuerlicher Beschwerden – Rückgriff auf das „alte Recht" – nun eine neue Argumentation geltend: das „göttliche Recht", gemeint als Recht des Evangeliums, als Bezugnahme auf die Predigt der „Freiheit eines Christenmenschen" wurde begründend angeführt. Zugleich wurden Programmpunkte der reformatorischen Bewegung in die bäuerlichen Forderungskataloge aufgenommen: Wahl der Pfarrer durch die Gemeinde, Predigt des reinen Evangeliums etc. Das alles unterschied die Bewegungen, die seit 1524 in Gang kamen, deutlich von den spätmittelalterlichen Bauernrebellionen, deren Tradition im Symbol des „Bundschuhs" weiterlebte. So verschieden die Zusammensetzung und die Ausgangsbasis der einzelnen Bauernheere zwischen Elsaß und Kärnten, Schwaben und Thüringen war, so rasch drang überall das religiöse Ferment in den Vordergrund. Die „zwölf Artikel der Bauernschaft", im März 1525 in Memmingen in Zusammenarbeit des Kürschners Sebastian Lotzer mit dem Stadtprediger Christoph Schappeler ausgearbeitet, wurden rasch gedruckt und als gemeinsames Manifest der sonst wenig koordinierten Bewegung verbreitet. Die Einleitung sprach den Willen Gottes an: „Wer will seiner Majestät widerstreben! Hat er die Kinder Israels zu ihm schreiend erhört und aus der Hand Pharaonis erledigt, mag er nicht noch heut die Seinen erretten? Ja er wirds erretten, und in einer Kürz." Damit artikulierte sich die Bauernbewegung als Teil der reformatorischen Bewegung; nun wurde der Bauernkrieg zum „Flächenbrand" (B. Moeller).

Erfolge und Niederwerfung der Bauern

Der Ausfall der politischen Zentralgewalt – Kaiser und Reichsregiment – erlaubte den großen, aber meist schlecht geführten und nicht zentral organisierten Bauernheeren erhebliche Anfangserfolge. Es kam einerseits zu unblutigen Vereinbarungen mit starken Zugeständnissen auf seiten der Grundherren und Fürsten, andererseits zu blutigen Übergriffen und Plünderungen zahlreicher Klöster und Schlösser (vgl. Kloster Weingarten und Schloß Weinsberg). Ansätze zu einem gesamtheitlichen politischen Reformprogramm auf Reichsebene (Rekurs auf den Kaiser gegen die Zwischengewalten, neue Rechts- und Steuerregelungen etc.) und Vorbereitungen zu einem Bauernparlament in Heilbronn wurden überrollt durch das erfolgreiche militärische Eingreifen der Truppen des Schwäbischen Bundes. Gegen Vermittlungsversuche von reichsstädtischer Seite setzte sich fast überall die Niederwerfungs- und Vernichtungsstrategie des Bundes (im Sinne der von Leonhard v. Eck geführten bayerischen Politik) durch. Zahlreiche Bauern fanden den Tod; Brandschatzungen und Rechtsverschlechterungen drückten das Niveau des bäuerlichen Lebens, auch wenn in nicht wenigen Fällen im Sinne künftiger Konfliktvermeidung nicht alle Möglichkeiten der Unterdrückung ausgeschöpft wurden. Im Alpengebiet dauerten die Aufstände noch bis 1526, im übrigen Reichsgebiet herrschte im Sommer 1525 wieder Ruhe.

Thomas Müntzer und Luther

Thomas Müntzer hatte sich von 1524 an in Thüringen an die Spitze einer radikalen politisch-eschatologischen Bewegung gestellt, die dann in den allgemeinen Bauernaufstand mündete. Die heftige Gegnerschaft zwischen ihm und Luther und mehr noch die allgemeine Sorge, die Reformation werde durch den Bauernkrieg in den Augen der Herrschenden kompromittiert, wurden für die Stellungnahme des Wittenbergers wichtig. Nach anfänglichen Ausgleichsmahnungen suchte er in schärfster Weise seine Sache von der Sache der Aufständischen zu trennen, wobei er auf schon früher entwickelte theologische Positionen vom bürgerlichen Gehorsam und der Verwerflichkeit jeder „Empörung" zurückgriff. Diese Entscheidung hatte weitreichende Folgen. Die reformatorische Bewegung überlebte die Niederwerfung der Bauern, war aber von nun an – jedenfalls in der an Luther orientierten Richtung – stärker auf die weltliche Obrigkeit angewiesen. In der neuen Situation nach 1525 stimmten Luther und seine Mitarbeiter durchaus mit dem ordnenden Eingreifen des Fürsten als „Notbischof" überein.

Beginn der landeskirchlichen Organisation

An die Stelle der ursprünglichen Konzeption, daß die Erneuerung der Kirche sich möglichst aus der eigenen Kraft der Gemeinden heraus vollzöge [493: Holl, 350 ff.] trat Schritt um Schritt ein ausgearbeitetes System obrigkeitlicher Landeskirchen. Visitationen, die von fürstlichen Amtsleuten und Theologen gemeinsam durchgeführt wurden, ordneten die Pfarrorganisation im neuen Sinne. Die bischöfliche Jurisdiktion wurde nicht mehr anerkannt, Klöster aufgehoben (soweit sie sich nicht schon selbst aufgelöst hatten) und über das anfallende Kirchengut vom Landesfürsten verfügt. Im allgemeinen wurde ein großer Teil des Säkularisierungsgewinns für kirchliche und schulische Zwecke verwendet (vgl. die Gründung der Universität Marburg an der Lahn durch Landgraf Philipp von Hessen im Jahre 1527); der Adel hatte unterschiedlichen Anteil. In jedem Fall wuchs durch diese Besitzveränderungen und Verwaltungsmaßnahmen die Verfügungsgewalt des Fürsten außerordentlich an, meist ohne daß die neue Kirchenorganisation Ansprüche im Sinne kirchlicher Autonomie entwickeln konnte. Schon die richtungsweisende sächsische Visitation von 1527/28 zeitigte Ergebnisse, die nicht mehr von dem Aushilfscharakter des staatlichen Eingreifens bestimmt waren.

Ständischer Partikularismus als Stütze der Reformation

Zwar gelang es auch dem Eingreifen des früh für die Reformation gewonnenen Landgrafen Philipp von Hessen nicht, durch ein theologisches Colloquium die Lehrdifferenzen zwischen Zwingli und Luther auszugleichen (Marburger Gespräch 1529), doch entwickelte sich trotz fortbestehender Gegensätze zwischen Zürich und Wittenberg die reformatorische Bewegung in den Jahren bis 1530 kräftig weiter. Der Speyrer Reichstag 1526 hatte – zu einer Zeit, wo der Kaiser ganz mit dem erneuerten Krieg gegen Frankreich und den Papst beschäftigt war – eine milde Formel in Sachen der Glaubensfrage beschlossen: Bis zu einem Konzil sollten sich die Stände in der Frage des Wormer Edikts so verhalten, „wie ein jeder solches gegen Gott und kaiserliche Majestät hofft und vertraut zu erhalten". Diese Bestimmung bedeutete wohl keine Rechtsbasis für die Errichtung eines evangelischen Kirchenwesens seitens der Reichsfürsten oder Reichsstädte – sie ermöglichte aber diesen Weg und – vor allem – sie machte in folgenreicher Weise den beginnenden kirchlichen Pluralismus in Deutschland am Partikularismus der Reichsstände fest. Nicht um das Prinzip individueller Gewissens- oder Kultfreiheit ging es von nun an im Reich, sondern vor allem um das kirchliche Optionsrecht der fürstlichen oder reichsstädtischen Obrigkeit.

Von der »Protestation« 1529 zum ständisch-konfessionellen Widerstandsrecht

Als sich 1529 die internationale Lage entspannte und Friede in Sicht war, griff die kaiserliche Zentralmacht erstmals seit 1521 schärfer ein. Der kompromißlerische Reichsabschied von 1526 sollte auf dem Speyrer Reichstag 1529 kassiert, das Wormser Edikt eingeschärft werden. Die katholische Mehrheit war dafür. Dagegen wandte sich eine Gruppe von evangelischen Ständen: können profane Rechtsordnungen und politische Mehrheitsbeschlüsse in Glaubensfragen bindend sein? So kam es zu dem weltgeschichtlich wirkenden Protest von fünf Fürsten und vierzehn Reichsstädten gegen den Beschluß der katholischen Reichstagsmehrheit, die milde Bestimmung von 1526 aufzuheben. Sie protestierten gegen diesen Mehrheitsentscheid, da „in Sachen Gottes Ehre und der Seelen Seligkeit belangend ein jeglicher Stand für sich selbst vor Gott stehen und Recht geben muß". Zu der Minderheit der „Protestanten" zählte von den Kurfürsten nur Sachsen, weiterhin Philipp von Hessen, Markgraf Georg von Brandenburg-Ansbach, Ernst von Lüneburg und Wolfgang von Anhalt. Immerhin gab es nun eine auch politisch profilierte Gruppe von protestantischen Reichsständen; sie mußten sich weiter zusammenschließen, um der jetzt allen drohenden Gefahr der Reichsacht zu begegnen. Sie mußten ferner eine Rechtstheorie ausarbeiten, die ihre fortbestehende Loyalität zu Kaiser und Reich mit der reichsrechtlich ungedeckten kirchlichen Lage vereinbarte. Diese Theorie wurde von der Definition des Reiches als ständischer Aristokratie her entwickelt. Den Reichsständen wurde das Recht zugesprochen, sich gegenüber dem von ihnen gewählten Kaiser in Sachen der Religion ihrer Untertanen zu behaupten. Auch Luther hat sich schließlich dieser Lehre angeschlossen; auf dem Umwege über die Verdoppelung des Begriffes der Obrigkeit war man zu einem ständischen Widerstandsrecht gelangt. Freilich blieben bei den Schutz- und Bündnisverhandlungen der evangelischen Stände noch weitere Schwierigkeiten. Der Abendmahlsstreit zwischen Luther und Zwingli verhinderte weiterhin eine politische Zusammenfassung aller Kräfte der deutschsprachigen Reformation. Insbesondere Kursachsen und Luther wachten sehr darüber, daß nur Bündnispartner mit gleichem Bekenntnis zugelassen wurden.

Die Täuferbewegung

Die Konsolidierung des neuen Kirchenwesens in Fürstenstaaten und Städten war von einer scharfen Abgrenzung gegen die Täuferbewegung begleitet. Täufergemeinden bildeten sich seit 1525 an vielen Orten Süddeutschlands, der Schweiz und Österreichs, dann auch in den Niederlanden und in Nordwestdeutschland. Spiritualistische Deutung des Evangeliums und endzeitliche Heilserwartung, Kritik an den neu etablierten reformatorischen Zwangskirchen, schwärmerischer sozialer Radikalismus und märtyrerhaftes Bestehen auf der urchristlichen Forderung nach individueller Glaubensentscheidung – all dies charakterisiert in unterschiedlichen Mischungen die verschiedenen Gruppen. Die politischen Instanzen – katholische wie evangelische – gingen fast überall mit Schärfe gegen die Täufer vor. Die spätere Terrorherrschaft der Täufer in Münster (1534/35), die von katholischen und evangelischen Fürsten gemeinsam niedergeworfen wurde, kann gewiß nicht zum Ausgangspunkt einer Beurteilung gemacht werden. Die Divergenz heutiger Wertungen in der Täuferforschung erklärt sich u. a. aus der großen Vielgestalt der theologischen und sozialen Aspekte. Die tief religiösen und irenischen Züge, die in eine von obrigkeitlichem Glaubenszwang freie Zukunft wiesen, werden heute zunehmend gewürdigt.

Augsburger Reichstag 1530

Auf die Destabilisierung der 20er Jahre waren in mehrfacher Hinsicht Ansätze zur Restabilisierung gefolgt. Freilich war damit die Bahn zur Formation zweier politisch verfaßter „Religionsparteien" betreten. Dennoch blieb noch länger die Frage offen, wie stark die Kräfte des Ausgleichs sich geltend machen konnten. Der Kaiser selbst, der nach der Krönung in Bologna im Juni 1530 den Augsburger Reichstag eröffnete, versuchte zunächst eine vermittelnde Stellung zwischen und über den Parteien einzunehmen. Er hoffte auf eine theologische Concordia, auch im Sinne einer politischen Konsolidierung im Reiche gegenüber der Türkengefahr und dem fortdauernden Interesse Frankreichs an deutschen Konfliktsituationen. Das bedeutendste Anfangsergebnis des Reichstages war die Vorlage der Confessio Augustana durch eine Gruppe evangelischer Stände. Sie war von Melanchthon in versöhnlichem, ausgleichsbereiten Geist formuliert worden. Doch die katholische Antwort („Confutatio") ergab keine Ausgleichsbasis. Nach ausgiebigen theologischen Verhandlungen, die zu keiner Einigung führten, sah sich der Kaiser aus der Rolle des Vermittlers auf die katholische Mehrheitspartei zurückgeworfen. Die Alternative Konzil oder Ketzerkrieg war schon vor dem Reichstag erörtert worden. Zum Ketzerkrieg waren die katholischen Stände (die

die Macht des Kaisers fürchteten) nicht bereit; das Konzil, das Karl V. von Clemens VII. jetzt wiederum forderte, wurde von Rom nicht ernstlich in Aussicht genommen.

Schmalkaldischer Bund und Nürnberger Religionsfrieden

Schließlich mußte der Kaiser 1532 unter dem Druck der Türkengefahr den Protestanten in Nürnberg zum ersten Mal einen befristeten Religionsfrieden gewähren, das heißt man schloß ein Moratorium mit gegenseitiger Rechts- und Friedensgarantie für den gegenwärtigen konfessionellen Besitzstand. Schon 1531 hatte sich der Schmalkaldische Bund gebildet, als politisch-militärisches Schutzbündnis evangelischer Fürsten und Städte ein auf Zuwachs angelegter Staat im Staate. Die Schmalkaldischen Fürsten, unter denen der sächsische Kurfürst und Philipp von Hessen führend hervortraten, fanden weitere Verbündete gegen einen eventuellen Angriff des Kaisers. Am 24. 10. 1531 schlossen sie ein Bündnis mit dem katholischen Bayern, auf der Basis eines gemeinsamen Protestes gegen die Anfang 1531 von Karl V. durchgesetzte Wahl seines Bruders Ferdinand zum römischen König. Am 26. 5. 1532 wurde in Scheyern ein Allianzvertrag zwischen den Schmalkaldenern, Bayern und Frankreich abgeschlossen. So wurde der protestantische Bund zeitweilig zu einem Kristallisationskern der überkonfessionellen antihabsburgischen Opposition im Reich und in Europa.

Indessen löste sich in den Folgejahren diese Verbindung von protestantischer und katholischer Opposition. Bayern vertrug sich 1534 im Vertrag von Linz mit Ferdinand; die konfessionelle Solidarität gewann Bedeutung gegenüber dem Anwachsen des deutschen Protestantismus (Protestantisierung Württembergs nach der siegreichen Rückkehr Herzog Ulrichs 1534). Der Schmalkaldische Bund dehnte sich zwar im Reich aus; die Beziehungen zu Frankreich, das von 1536 bis 1538 wieder im offenen Kampf gegen Habsburg stand, litten jedoch unter der antiprotestantischen Innenpolitik Franz' I. Die defensive Grundhaltung Kursachsens ermöglichte eine Wiederannäherung an den Kaiser. Karl V. verfolgte einerseits eine Politik der „harten Hand“ im Reich, indem er ein katholisches Gegenbündnis gegen die Schmalkaldener ermunterte (Nürnberger Bund seit 1538). Andererseits ließ er sich auf weitgehende Konzessionen an die Protestanten ein (Frankfurter Anstand von 1539 als Erneuerung der Regelungen von 1532). Unsicherheit und Verwirrung auf katholischer Seite, wo man Jahr um Jahr vergebens auf das von Rom versprochene Konzil wartete, waren begleitet von einem fortschreitenden Verfall der altkirchlichen Institutionen. Zwar machte sich über die Täufergruppen hinaus der Widerspruch gegen die neue reformatorische Kirchlichkeit im Auftreten mystisch-spiritualistischer Denker geltend (Sebastian Franck, Kaspar v. Schwenckfeld), doch konnte der deutsche Protestantismus, innerlich gefestigt durch die Wittenberger Konkordie von 1536 (mit Butzer und den Oberdeutschen) im systematischen Ausbau von Buch- und Schulwesen, Universitäten, Kirchenlied, volkssprachlicher Liturgie etc. nun weit über die Reichsgrenzen hinauswirken.

Politische Defensive, kirchliche Erfolge der Reformation

8. Die Reformation ausserhalb des Reiches (bis 1540)

Quer durch Europa hatte die humanistische Bewegung sich mit den kirchlichen Mißständen befaßt, quer durch Europa gab es vor Luther Ansätze zu Reformen. In manchen Gebieten lebten ältere heterodoxe Traditionen weiter (Hussiten, Waldenser). Das Auftreten Luthers und Zwinglis und die großen Erfolge der reformatorischen Bewegungen wirkten bald über den deutschen Sprachraum hinaus und trafen dort auf unterschiedliches Echo.

Spanien In *Spanien* kam es, wohl auch infolge der reformistischen und staatskirchlichen Situation, zu keinen evangelischen Gemeindebildungen. Der starke Einfluß des Erasmus und eine „aufgeklärte" staatlich-kirchliche Situation waren für die 20er Jahre bestimmend. Die 30er Jahre zeigen einen Umschwung; die Humanisten büßten zunehmend den Schutz des Kaiserhofes ein, die Inquisition begann alle der Heterodoxie verdächtigen Personen und Kreise zu verfolgen. Es gab nur wenige, die sich von der Kirche trennten und emigrierten. Auch Persönlichkeiten wie der Erasmianer Juan Valdes (1500–1541), der großen Einfluß auf den italienischen Evangelismus hatte, waren eher Vertreter der via media als erklärte Gegner des Bestehenden.

Italien *Italien*, wo einerseits der Druck des kurialen Systems so spürbar war, andererseits ein hohes kulturelles Selbstbewußtsein mit wesentlich anderer sozialer Basis als in Deutschland vorlag, zeigt bis zum Beginn der 40er Jahre eine erhebliche geistige Unruhe mit wenig klaren Fronten. Es lag u. a. an dem meist aristokratischen Charakter der religiösen Bewegungen Italiens und an dem Fehlen des volkstümlichen, national antipäpstlichen Element, daß hier die Dinge bis zu dem Einsetzen schärferer Repressivmaßnahmen (Neugründung der römischen Inquisition, 1542) weitgehend unentschieden blieben. Humanistischer Kritizismus und biblisch-spiritualistische Elemente waren verbreitet, Frauen aus dem hohen Adel spielten eine Rolle (Vittoria Colonna, Giulia Gonzaga u. a.). Unter dem Sammelnamen des „Evangelismus" kann eine differenzierte, mehr auf Abwarten und Einheitshoffnung abgestellte Summierung von Einzelgruppen und Persönlichkeiten verstanden werden, deren Wege sich erst nach 1540 deutlich schieden. Theologisch und literarisch wirkende Männer, wie etwa der Generalvikar des Kapuzinerordens, Bernardino Ochino, oder der frühere päpstliche Nuntius Pier Paolo Vergerio verließen Italien und fanden im Ausland neue Wirkungsstätten. Diese Emigration wurde wichtig auch für die Verbreitung radikaler, antitrinitarischer Lehren (Sozinianismus). Andere Persönlichkeiten, die aus einem ähnlichen spirituellen Milieu kamen, stellten sich in den Dienst der katholischen Reform, so etwa die Kardinäle Contarini, Morone und Reginald Pole. Nur in Oberitalien, vor allem in Venedig, konnten sich evangelische Gemeinden bilden.

Frankreich Für *Frankreich* war das Vorhandensein wirkkräftiger Zentren eines biblisch-humanistischen Reformismus (Faber Stapulensis, Guillaume Briçonnet) ebenso kennzeichnend wie die ausschlaggebende Rolle der monarchischen Führung. Obwohl die Schwester Franz' I., Margarete von Navarra, in ihren spirituellen Neigungen nahe an den Protestantismus rückte und der Antiklerikalismus der Laien sich kräftig artikulierte (vgl. François Rabelais), haben der König und die ihn umgebende Führungsschicht nicht ernsthaft daran gedacht, das politische Interesse an dem Schmalkaldischen Bund durch eine reformatorische Kirchenpolitik zu untermauern. Seit der „Affaire des placards" (1534) ging man scharf gegen den Protestantismus vor. Unter den damals emigrierenden Intellektuellen befand sich Jean Cauvin (Calvin), der in den folgenden Jahren von Genf und von Straßburg aus die Halbheiten der deutschen Reformation kritisierte und zunehmend Einfluß auf die Dinge in Frankreich gewann. Die protestantische Zukunft des Landes orientierte sich nicht mehr an Wittenberg, sondern an Genf, das Calvin zur Hochburg des neuen Glaubens ausbaute.

England

In *England* lagen die Voraussetzungen zunächst ähnlich, nur daß dort das persönliche Eingreifen Heinrichs VIII. die Entwicklung bestimmte und in eine antipäpstliche Richtung führte. Obwohl der König theologisch stets konservativ blieb, trieb ihn eine komplexe Eheaffaire (Fehlen des männlichen Thronerben, Gewissenszweifel an der Gültigkeit seiner Ehe mit Katharina von Aragon, die zuvor mit seinem Bruder verheiratet war, Forderung seiner Favoritin Anne Boleyn nach Scheidung von Katharina etc.) zum Bruch mit Rom. Der König ließ seine Ehe von einem englischen Kirchengericht für ungültig erklären und heiratete Anne. Das Parlament beschloß 1534 die „Sukzessionsakte" (Nachfolgerecht nur für die Thronerben aus der neuen Ehe) und die „Suprematsakte", die besagte, daß der König „justly and rightfully is and ought to be Supreme Head of the Church of England". Die Anerkennung der Trennung von Rom durch Eidesleistung wurde gefordert und mit Überredung und Gewalt durchgesetzt. Unter den Todesopfern befand sich auch Thomas Morus, der frühere Kanzler des Königs.

Die Säkularisation des Kirchenguts hatte erhebliche Folgen für Staat und Gesellschaft. Der nunmehr führende Staatsmann Thomas Cromwell setzte diese verändernden Maßnahmen mit dem Ziele einer Modernisierung und Reform durch und stand auch dem Eindringen evangelischer Ideen in die organisatorisch kaum veränderte englische Kirche mit Sympathie gegenüber. Nach Cromwells Hinrichtung (1540) folgte ein Zurücklenken. Erst nach Heinrichs Tod (1547), als eine Vormundschaft für den damals 10jährigen Eduard VI. eingesetzt wurde, griffen die reformatorischen Einflüsse stark um sich. Mit anderen Glaubensflüchtlingen kam damals Butzer aus Straßburg nach England, der die Ideen der oberdeutschen Reformation verbreitete. – Insgesamt stellte das englische Schisma für die katholische Öffentlichkeit Europas und für die beiden katholischen Monarchen Karl V. und Franz I. ein neuartiges und schwieriges Problem dar. Für beide war England ein gesuchter Bundesgenosse im politischen Kampf. Die Staatsräson der beiden Herrscher siegte über die päpstliche Forderung eines gemeinsamen Eingreifens in England zur Wiederherstellung der kirchlichen Einheit Europas.

Skandinavien

Wieder anders und sehr unterschiedlich lagen die Dinge in den *skandinavi-*

schen Ländern. Norwegen und Schweden mit Finnland und Island waren zunächst noch in der Kalmarer Union mit Dänemark vereinigt. Der dänische König Christian II. (1513–1523), ein begabter, ehrgeiziger Mann, wollte durch die Begünstigung der Reformation seine Macht gegen den Adel ausbauen. Er scheitert zuerst in Schweden, wo seit 1521 Gustav Wasa als Reichsvorsteher selbständig auftritt. 1523 wird Gustav von den Ständen zum König gewählt (Ende der Union). In Dänemark selbst zwingt der Widerstand von Adel und Bischöfen Christian 1523, das Land zu verlassen. Nachfolger wird sein Onkel, König Friedrich I. (gest. 1533). Er begünstigt das Luthertum, aber erst 1536 erklärt der dänische Reichstag unter Friedrichs Sohn Christian III. das Luthertum zur Staatsreligion (Verhaftung der widerstrebenden Bischöfe, Beschlagnahme des Kirchengutes). Der Lutherschüler Johann Bugenhagen wird nach Kopenhagen berufen, und seine „Kirchenordinanz“ wird 1539 offiziell als Zwischenlösung bis zur Entscheidung der Religionsfrage durch ein Konzil angenommen.

In Schweden war der neue volkstümliche König Gustav Wasa an theologischen Fragen wenig interessiert, viel mehr an der Ausweitung der zentralen Autorität über Kirche und Kirchengut. Der entscheidende Schritt geschah auf dem Reichstag 1527, wo die weltlichen Stände die Kirche der Verfügung des Königs anheimstellten. Seitdem ging trotz des Weiterlebens vieler gottesdienstlicher Mischformen der Ausbau einer am Luthertum orientierten Landeskirche konsequent voran, begünstigt auch durch den neuen, volkssprachlichen Zugang zur christlichen Lehre und zum Gottesdienst. 1531 wurde Laurentius Petri ohne Mitwirkung Roms zum Erzbischof von Uppsala bestellt, der seine Ausbildung in Wittenberg erhalten hatte. – In Norwegen gab es Widerstand gegen die aus Dänemark importierte Reformation. Der Erzbischof von Trondheim versuchte, mit der römisch-katholischen Kirchlichkeit einen Rest norwegischer Selbständigkeit gegen Kopenhagen zu verteidigen. Doch er mußte 1537 in die Niederlande fliehen. Darauf folgte die Durchführung der Reformation nach dänischem Vorbild; im Volk blieb altes Glaubensgut und Brauchtum noch lange erhalten. Noch dramatischer verliefen die Dinge im entlegenen Island, wo 1550 der katholische Bischof von Hólar, Jan Arason, ein Dichter, Staatsmann, Heerführer und Kirchenfürst mit sechs Kindern, den protestantischen Bischof im Süden der Insel gefangen nahm. Doch auf der Rückkehr nach dem Norden geriet der siegreiche Bischof in einen Hinterhalt seiner Gegner, wurde zum Tode verurteilt und mit zweien seiner Söhne, die Priester waren, hingerichtet. Damit war der Sieg des Protestantismus besiegelt.

In Finnland, in Ostpreußen und im Baltikum verbreitete sich in den 20er Jahren die Lehre Luthers. Mikael Agricola (1508–1557), den der Erzbischof von Åbo, Marten Skytte, mit anderen jungen Männern zum Studium nach Wittenberg geschickt hatte, wurde nach seiner Rückkehr 1539 Leiter der Domschule und 1554 Nachfolger Skyttes, der selbst noch nicht mit Rom gebrochen hatte. Agricola wurde nicht nur der Reformator Finnlands, er begründete auch die finnische Schriftsprache und Literatur. 1548 veröffentlichte er die Übersetzung des Neuen

Testaments. Auch hier wird die tiefe Wirkung sichtbar, die von dem volkssprachlichen Durchbruch der Reformation ausging. – In Ostpreußen hatte schon 1525 der Hohenzoller Albrecht, Hochmeister des Deutschen Ordens, den Ordensstaat entsprechend dem Rate Luthers in ein weltliches Herzogtum verwandelt. Politisch wurde dies Vorgehen durch den Lehenseid gegenüber dem polnischen König abgedeckt. Bereits im Sommer 1525 heiratete der größte Teil der Ordensherren und der Geistlichen. Eine Landesordnung und eine Kirchenordnung im Wittenberger Geist befestigten den neuen Stand der Dinge. Ähnlich, aber mit einigen Verzögerungen, verlief die Entwicklung in den deutschen Städten und in den Gebieten des Deutschen Ordens im Baltikum. Überall setzte sich die evangelische Predigt und bald auch der Gottesdienst nach dem Wittenberger Vorbild durch.

Ostpreußen, Baltikum

Insgesamt waren die Vorgänge, die im Norden Europas die Reformation zum Siege führten, von ähnlichen Faktoren bestimmt: das besondere Interesse an den Kirchengütern, die in wirtschaftlich wenig entwickelten Gebieten Zentren des Reichtums und einer modernen Wirtschaftsführung waren; der Bildungsstand der Bevölkerung in entlegenen Gebieten, wo das Bewußtsein der kirchlichen Unterschiede wenig ausgeprägt war und ein Weiterleben kirchlicher Mischformen sich von selbst verstand. Dazu traten die hier wie auch sonst in Europa gegebenen Voraussetzungen: Anknüpfungen der Reformation in sachlicher und personaler Hinsicht an die vorausgehenden Bestrebungen der humanistischen Reform und das fortgesetzte Versagen Roms gegenüber den Reform- und Konzilsforderungen – gerade auch in den 20er und 30er Jahren.

Polen – Litauen

In *Polen-Litauen* begann die Reformation während der Regierung Sigismund I. (1506–1548) langsam einzudringen. Das Luthertum galt als eine Sache der Deutschen und wirkte über das deutsche Stadtbürgertum im Westen kaum hinaus. Erst die Einwanderung der durch Ferdinand aus ihrer Heimat vertriebenen Böhmischen Brüder 1548 und das Eindringen des Calvinismus, der im Adel Anhänger fand, veränderten das Bild. Der Höhepunkt des reformatorischen Einflusses wurde nach der Jahrhundertmitte erreicht. Ähnliches gilt für *Ungarn*, wo allerdings die politischen Voraussetzungen wesentlich komplizierter lagen. Nach dem Tode Johann Zápolyas hatten 1541 die Türken Mittelungarn besetzt, von Buda aus wurde das Land durch einen Pascha regiert. Die Dreiteilung des Landes – habsburgische Herrschaft in West- und Oberungarn, das Fürstentum Siebenbürgen unter türkischem Einfluß (mit selbständiger Innen- und Kirchenpolitik) und der mittlere Teil unter direkter türkischer Herrschaft – blieb trotz vorübergehender Erfolge Wiens in Siebenbürgern für eineinhalb Jahrhunderte bestehen. Diese Teilung bestimmte auch weitgehend die Wirkungen der Reformation. Im habsburgischen Teil konnte sich das Luthertum vor allem in den deutschsprachigen Städten etablieren, mit Ausstrahlung auf die slowakische Bevölkerung. In Siebenbürgen herrschte unter Fürsten, die dem Protestantismus angehörten oder wohl wollten, ein erstaunlicher Zustand rechtlich gesicherter Toleranz. Als Humanist und Reformator wirkte von Kronstadt aus Johannes Honterus im Sinne des Luthertums unter der deutschen Bevölkerung. Lutheraner, Calvinisten und

Ungarn

Antitrinitarier verfügten über ein selbständiges Kirchenwesen. Die führenden Schichten des ungarischen Adels innerhalb und außerhalb Siebenbürgens wandten sich dem Calvinismus zu.

9. Das Papsttum und die beginnende Erneuerung der katholischen Kirche

Schuldbekenntnis Hadrians VI.

Auf den Medicipapst Leo X., der die Bannbulle gegen Luther erlassen hatte, war 1522 der Niederländer Hadrian VI. gefolgt, der einstige Erzieher Karls V. Von ihm erwarteten viele den Beginn der Reform der Kirche „in capite et membris". Er hatte durch den zum Nürnberger Reichstag 1522/23 entsandten Nuntius Chieregati vor den deutschen Ständen ein bewegendes Schuldbekenntnis ablegen lassen: „Die Heilige Schrift verkündet laut, daß die Sünden des Volkes in den Sünden der Geistlichkeit ihren Ursprung haben... Wir wissen wohl, daß auch bei diesem Heiligen Stuhl schon seit manchem Jahr viel Verabscheuungswürdiges vorgekommen ist: Mißbräuche in geistlichen Dingen, Übertretungen der Gebote, ja daß alles sich zum Ärgeren verkehrt hat. So ist es nicht zu verwundern, daß die Krankheit sich vom Haupt auf die Glieder, von den Päpsten auf die Prälaten verpflanzt hat. Wir alle, Prälaten und Geistliche, sind vom Wege des Rechtes abgewichen, und es gab schon lange keinen einzigen, der Gutes tat (Ps. 13, 3)..." Der Nuntius versprach im Namen des Papstes, daß dieser alle Mühe an die Besserung der römischen Kurie setzen wolle. Doch diesen Worten hätten überzeugende Taten folgen müssen, wenn das Papsttum als Institution kirchlicher Einheit das verlorene Vertrauen zurückgewinnen wollte. Hadrian drang in Rom nicht durch, er starb nach einer Regierungszeit von 13 Monaten.

Der nächste Papst, Clemens VII., regierte von 1523 bis 1534. Er war wieder ein Medici, ein feingebildeter Freund der Künstler und Humanisten. Aber von Reform und Konzil war unter ihm nur insoweit die Rede, als es um diplomatische Behandlung der dringenden Aufrufe und Mahnungen ging, die aus Deutschland, von Karl V. und auch von einzelnen kirchlichen Persönlichkeiten im Umkreis der Kurie kamen. Erst das Pontifikat Pauls III. (1534–1549) brachte für Rom und die Christenheit eine neue Situation. Alessandro Farnese, der im Alter von 66 Jahren den Stuhl Petri bestieg, legte von der Kurie her die Grundlagen für jene innere Erneuerung und Wandlung der katholischen Kirche, die ihr als Konfessionskirche zunächst das Überleben und in den folgenden Jahrzehnten eine kraftvolle Ausstrahlung ermöglichten. Der Werdegang des einer alten römischen Familie entstammenden Papstes war noch nicht unter dem Vorzeichen einer Kirchenreform erfolgt. Seine Erhebung zum Kardinal erfolgte durch Papst Alexander VI., der zuvor der Liebhaber von Farneses schöner Schwester Giulia war. Die Kinder, die Alessandro Farnese von einer in seinem Hause lebenden Dame der römischen Aristokratie hatte, wurden alsbald vom Papst legitimiert. Dies hinderte die Kar-

Werdegang und Persönlichkeit Pauls III.

riere des Kardinals (der erst viel später die Priesterweihe erhielt) in der kurialen Verwaltung keineswegs. Später war Farnese zu jener Kardinalsgruppe zu rechnen, die ein Bewußtsein von der kirchlich-religiösen Verantwortung Roms angesichts der Vorgänge im Norden entwickelte und kirchliche Reformmaßnahmen befürwortete. Als Papst folgte er der Einsicht, daß nur innerkirchliche Reformen die tiefgesunkene moralische und politische Autorität des Papsttums heben können. Daß dieses Programm der Linie des päpstlichen Zentralismus entsprach (und daß damit die von Deutschland und vom Kaiser geforderte Konzilsberufung in ihren Möglichkeiten von vornherein eingeschränkt war), ist ebenso zu beachten wie der zähe Widerstand, den das kuriale System selbst diesem Papst – einem der ihren – entgegensetzte, wenn es um effektive Reformen „in capite" ging. Das kompromittierende Erbe kurialer „Weltlichkeit" konnte Paul III. auch im engsten Familienkreise nicht überwinden. Der päpstliche Nepotismus blühte wie eh und je. Die Einsicht in die politisch-soziale Funktion des Nepotismus unter den damaligen gesellschaftlichen Verhältnissen ist das eine; das andere ist der krasse Gegensatz zwischen Anspruch und Wirklichkeit, wenn der Vicarius Christi in der Sorge für Kinder und Enkel so hervortrat. Paul III. hat das Heil der Kirche mit familiärer Interessenpolitik belastet. So zeigt sein Pontifikat den Charakter eines Übergangs.

Reformtendenzen in Rom

Die Reformtendenzen in Rom, Italien und Europa, in den Orden, bei manchen Bischöfen und auch in Laienkreisen fanden nun erstmals Förderung an der römischen Zentrale. Paul III. versuchte u. a. durch Berufung bedeutender Persönlichkeiten, die als Männer der Reform ausgewiesen waren, in das Kardinalskollegium, Rom sichtbar zum Mittelpunkt der katholischen Reform zu machen. Dabei handelte es sich nicht um einheitliche Konzeptionen. Das kann an zwei Fällen verdeutlicht werden. Der neuernannte Kardinal Gian Pietro Caraffa, der spätere Papst Paul IV., stammte aus neapolitanischem Adel. Der damals schon 60jährige verkörperte eine ältere Linie der katholischen Reformhaltung, die ihre Wurzeln noch im 15. Jahrhundert hatte, von den Fragen um Luther im Kern unberührt war und die Beseitigung des „Schmutzes der Kirche" vor allem von einem sittlich-disziplinären Rigorismus erwartete. Gegenüber den Anliegen der Reformation kannte Caraffa nur Mißtrauen, ebenso gegenüber der Kirchenpolitik und Politik Karls V. Er wurde ab 1542 der Motor der neu errichteten römischen Inquisition. Er verfolgte auch andere Kardinäle, wie etwa Pole und Morone, die dem „liberalen" Flügel der Reform angehörten, mit Verdächtigungen.

Ganz anders der bedeutendste Exponent der „Liberalen", der Venezianer Gasparo Contarini. Er war als Laie zum Kardinalat berufen worden, hatte zuvor als Gesandter der Serennissima gedient und 1521 in Worms das Auftreten Luthers miterlebt. Aber schon vor Luther hatte er eine innere Bekehrung erlebt (im Sinne eines augustinischen Buß- und Gnadebewußtseins). Er verfügte über die Bildung des christlichen Humanismus. Im Gegensatz zu Caraffa war Contarinis Reformwillen von dem Ideal der Urkirche und der Kirchenväter geprägt. Unerbittlich im Ringen um eine institutionelle Erneuerung des Bestehenden, war er stets, wie viele der italienischen „Spirituali", an der Hoffnung orientiert, durch eine entschiedene Reform das Gros der Protestanten für eine Wiedervereinigung mit der Papstkirche zu gewinnen.

Contarinis Reformprogramm, die Konzilsfrage

Contarini wurde in Rom rasch zum Mittelpunkt der Reformbestrebungen. Aus den von ihm geleiteten Arbeiten einer Studienkommission ging im Frühjahr 1537 die für den Papst bestimmte Denkschrift „Consilium de emendanda ecclesia" hervor. Hier war in ungewöhnlicher Offenheit ein Programm der Reform „an Haupt und Gliedern" entwickelt. Das Consilium zeigt das Bild einer erneuerten Kirche und die Wege zur Behebung einer Vielzahl von Mißständen. „Mit unerhört kühnem Stoße eröffnet es die Offensive der Reformbewegung gegen die Zitadelle der römischen Kurie, von deren Eroberung das Schicksal der Kirche abhing" [572: Jedin, 1, 341]. Ob freilich über das Überleben eines erneuerten Katholizismus als konfessionelle Teilkirche hinaus damals noch Chancen für eine allgemeine Concordia bestanden, ist durchaus umstritten. Die Probe aufs Exempel unterblieb damals insofern, als noch acht weitere Jahre vergingen, bis in Trient endlich das Konzil eröffnet werden konnte (Dezember 1545). Damals war Contarini schon tot und die fortwirkende Enttäuschung an Rom hatte weiter zur Verfestigung der protestantischen Front und zu ihrer Absage an die römische Konzilseinladung beigetragen. Auch bei Paul III. war der ursprüngliche Reformelan je länger desto mehr infolge politischer und familienpolitischer Rücksichten zurückgetreten. Dennoch bleibt festzuhalten, daß die Grundzüge der tridentinischen Reform, wie sie seit den 60er Jahren einsetzte, durch jenes „Consilium" im Winter 1536/37 erarbeitet worden sind. Gleichzeitig begannnen auch andere Entwicklungen, die das Gesicht der katholischen Kirche langfristig veränderten.

Aus kleinen Anfängen erwuchsen durch Gründungen neuer Orden und Erneuerung älterer monastischer Gemeinschaften Möglichkeiten weltweiter kirchlicher Regeneration, wie sie das frühere Papsttum und die mittelalterliche Kirche nicht besessen hatten. Luther hatte mit der persönlichen und theologischen Kampfansage an das Ordenswesen den Stoß gegen das mittelalterliche System „gestufter" christlicher Vollkommenheitsforderungen geführt; jeder Christ sollte gleich und frei vor Gott stehen. Dementsprechend gehörte das Ringen um Ordensreform und neue Orden zu den zentralen Anliegen einer katholischen Antwort auf Luther. Im übrigen sind die soziokulturellen Aspekte des neuen Ordenswirkens überaus beachtenswert. Man kann sie um so weniger als anachronistisch abtun, als heute die Forschung beginnt, sie als bemerkenswerte Träger der neuzeitlichen Umformung von Kultur und Gesellschaft zu würdigen. Den wichtigsten Platz in diesem Umkreis nimmt die Gründung des Ignatius von Loyola ein, der im Winter 1536 mit seinen ersten Gefährten von Paris zu Fuß nach Rom aufgebrochen war.

Ignatius und die Gesellschaft Jesu

Iñigo de Loyola (1491?–1558) stammte aus einer baskischen Adelsfamilie, gab nach einer Verwundung vor Pamplona 1521 seine Offizierslaufbahn auf und erfuhr in der Höhle von Manresa eine innere Erweckung. Anders als Luther stand er damals außerhalb der europäischen Bildungstradition und der theologischen

Diskussion der Zeit. Nach Jahren des Wanderns und des Suchens (wiederholt in Konflikt mit kirchlichen Behörden, die ihn als Genossen der „Alumbrados“, der spanischen Schwarmgeister, verdächtigten) studierte er in Paris Philosophie und Theologie. Seine Orientierung an der spätmittelalterlichen Frömmigkeit blieb bestehen; von Luther hat Loyola wohl nie etwas gelesen. Ihn interessierte kein theologischer Parteienstreit. Er will Christus neue Kampfgefährten zuführen, zunächst denkt er an die Mission im Orient, nicht an den Protestantismus. Als die Überfahrt aus Venedig nach Palästina nicht gelingt, läßt sich Loyola mit seinen Genossen in Rom nieder, wo Contarini ihm 1539/40 zu einer Approbation seiner neuartigen Gründung verhilft: ein Orden ohne Ordenstracht, ohne festen Ort, ohne Chorgebet, mit scharfer Unterordnung unter einen lebenslang gewählten Oberen, vor allem aber mit einem zusätzlichen Gelübde zu uneingeschränktem Gehorsam gegenüber dem Papst.

Vieles an dieser Gründung ist heute in seiner anthropologischen und theologischen Bedeutung klar zu fassen: wie die mittelalterliche Askese und Weltverachtung in ein neues Pathos aktivistischer, gottgewollter Tätigkeit in der Welt gewendet wird; wie die individuelle Spiritualität der spätmittelalterlichen Erbauungsschrift „De imitatione Christi“ in eine disziplinierte Mystik des gemeinschaftlichen, rückhaltlosen Eingreifens umgeformt wird; wie dann diese anthropologische Formung durch die „Geistlichen Übungen“ nicht nur in der Gemeinschaft selbst, sondern auch in der pastoralen und pädagogischen Wirkung nach außen – mit Hunderten von Kollegien und Schulen, mit Druckereien und Wirtschaftsbetrieben rings um die Welt – zum Zuge kommt. Fragen, die nicht erst von einem heutigen Kirchenverständnis aus, sondern schon von Zeitgenossen gestellt wurden, betreffen vor allem die extreme Form der Gehorsamspflicht und mehr noch das rigorose Ineinssetzen der sichtbaren Kirche mit Gott. Ihr muß man – so sagt Loyola – gehorchen wie Gott und Christus: „Indem wir jedes eigene Urteil beiseitesetzen, müssen wir stets bereit und willig sein, in allen Stücken der wahren Braut Christi, unseres Herrn, zu gehorchen, die da ist unsere heilige Mutter, die hierarchische Kirche.“ Eine Überprüfung solcher Prinzipien an der Praxis des Ordens wie des Papsttums führt tief in einige ekklesiologische Grundprobleme des erneuerten Katholizismus.

Wirkungen des neuen Ordens

Für den Historiker sind die kirchlichen, kulturellen und politischen Wirkungen der Jesuiten von höchstem Intresse. Der Orden griff über Portugal und Spanien nach Afrika, Asien und Amerika und engagierte sich ebenso in der Mission wie an der „Konfessionsfront“ wie in der innerkatholischen Erneuerung. Die Inhalte seiner Pastorale und Pädagogik waren meist wenig neuartig. Das Neue und Wirkungsvolle lag in den Formen und Methoden. Viele bedeutende Vorkämpfer der katholischen Sache wurden in jungen Jahren durch Jesuiten zur Konversion aus dem Protestantismus gewonnen. Der „Weltlichkeit“ der Familie (damit konnte Protestantismus oder Indifferenz gemeint sein) trat – vergröbernd ausgedrückt – die spirituelle und kulturelle Werbekraft eines katholischen „Männerbundes“ entgegen. In welchem Ausmaß dieses selektive Vorgehen zu einer Veränderung des überkommenen Familienprimats in Alteuropa geführt hat, wäre erst noch festzustellen. Gewiß bedeutete die neue Aktivität der Orden eine bedeutende Erweiterung der Wirkweise der kirchlichen Zentrale auf die Gesellschaft. Die alte Bischofsorganisation war ja stark in die Abhängigkeit von staatlichen Instanzen bzw. regionalen Gruppen geraten. Hier traten die Wirkungen des neuen Bischofsideals, das die Reformer erarbeitet hatten, nur langsam ein. Orden wie die Jesuiten arbeiteten zentral, direkt und beweglich. Diese Wirkweise entsprach der steigenden Mobilität und Bildung der europäischen Ober- und Mittelschichten.

10. Karl V. und Europa: Auf dem Weg zur Monarchia Universalis?

Neuer Krieg mit Frankreich

Der Kaiser hatte nach einem wenig erfolgreichen Türkenfeldzug 1532 Mitteleuropa wieder den Rücken gekehrt. Ein spektakulärer Erfolg der kaiserlichen Marine gegen die Raubflotten der Barbareskenstaaten war 1535 unter persönlicher Führung Karls V. gelungen (Eroberung von Tunis). Aber auch das fortgesetzte Engagement Habsburgs im Mittelmeer und in Südeuropa konnte die verstärkte Zusammenarbeit des maghrebinischen Islam mit dem Osmanenreich und die Bündnisbestrebungen Frankreichs in Richtung Konstantinopel (Ersatz für die genuesische Flottenhilfe) nicht verhindern. Sobald 1536 mit dem Tod des letzten Sforza der Kampf um Mailand und damit um Italien von Franz I. wiederaufgenommen wurde, appellierte der Kaiser an das Schiedsrichteramt (und damit an die Unterstützung) des Papstes. Paul III. trat zunächst so wenig aus der Neutralität heraus wie Venedig. Er versuchte im Interesse der Konzilseröffnung und seiner Familie (Mailand an das Haus Farnese?) Frieden zu vermitteln. Die Beunruhigung durch das nun von Frankreich erstmals mit dem Osmanenreich abgeschlossene Bündnis führte schließlich Rom und Venedig näher an Habsburg heran (Türkenliga vom Februar 1538). Der Krieg ging diesmal ohne Friedensschluß, nur mit dem Waffenstillstand von Nizza und dem anschließenden Familientreffen der beiden Monarchen in Aigues-Mortes zu Ende (Juni/Juli 1538). Man besprach eine künftige Zusammenarbeit in der Türken- und Glaubensfrage; indessen blieben das im Krieg besetzte Savoyen und Piemont in französischer Hand. Das große Unternehmen gegen Algier im Herbst 1541, das trotz erheblicher Kräftekonzentration und der Teilnahme des Kaisers mit einem Mißerfolg endete, war die letzte Etappe in einer stärker auf Südeuropa gerichteten habsburgischen Politik. Ob das Ausbleiben einer wirkungsvollen spanisch-französisch-italienischen Solidarität gegen den Islam (die auf dem Wege über die Kreuzzugsidee die Führungsposition des Kaisers faktisch und ideell bestätigt hätte) oder die steigende Bedeutung des Protestantenproblems in Mitteleuropa mehr zu dieser langfristigen Umorientierung beigetragen hat, steht dahin.

Jedenfalls trat von 1539/40 an das Problem der „pacification d'Allemaigne" immer stärker in den Vordergrund. Auf der Basis des Frankfurter Anstandes (1539, siehe oben S. 39) berief der Kaiser im Einverständnis mit einer am friedlichen Ausgleich interessierten Mittelgruppe von Reichsfürsten (Kurpfalz, Kurbrandenburg) 1540 ein Religionsgespräch nach Hagenau, dann nach Worms ein, das schließlich auf den Regensburger Reichstag 1541 transferiert wurde. Ausgleichsbereite Theologen beider Seiten (Butzer, Gropper) leisteten wesentliche Vorarbeiten („Regensburger Buch"); es gelang, Paul III. zur Entsendung des auch bei den Protestanten angesehenen Kardinals Contarini als Legaten nach Regensburg zu veranlassen. Der leitende Minister des Kaisers, der Erasmianer Granvella, war von der theologischen und politischen Lösbarkeit der Aufgabe überzeugt. Geschickte Ausnutzung des Bigamiefalles des Landgrafen von Hessen – seit 1540 führte er eine aufgrund eines „Beichtrates" Wittenberger Theologen (worunter sich auch Luther befand) gutgeheißene Doppelehe mit seiner Gattin und mit dem Hoffräulein Margarethe von der Sale – zog den aktivsten der Schmalkaldischen Fürsten auf die kaiserliche Seite.

Die »Concordia« im Reich als kirchliches und politisches Problem

Die Anfänge des theologischen Colloquiums, das im offiziellen Rahmen des Regensburger Reichstages veranstaltet wurde, schienen hoffnungsvoll. Sogar in der seit zwei Jahrzehnten umstrittenen Kernfrage der Rechtfertigung gelang durch persönliches Eingreifen Contarinis ein akzeptabel scheinender Ausgleich. Die Widerstände, die schließlich zum Scheitern führten, kamen von verschiedenen Seiten und hatten unterschiedliche Motive. Eine katholisch-intransigente Gruppe deutscher Fürsten (Bayern, Mainz) opponierte von Anfang an, warf der kaiserlichen Ausgleichspolitik Verrat des Glaubens vor und drohte bei Konzessionen an die Protestanten mit einer katholischen Gegenfront unter Einbeziehung Frankreichs und Roms. An der Kurie gab es viele Gegner jener „liberalen" Reformlinie, deren Führer Contarini war. Mit Hilfe einer von Regensburg über Paris gehenden politischen Intrige wurde im Konsistorium zu Rom seine Haltung am Colloquium desavouiert. Auch Luther war gegen den Regensburger Ausgleich, ähnlich wie auf der Gegenseite Johann Eck: Keine Verwässerung der Positionen sollte die Fronten aufweichen. So endete der Reichstag statt mit einem hoffnungsvollen Bündnis der Ausgleichsfreunde mit offenem Konflikt und versteckten Kompromissen. In Geheimdeklarationen machte der Kaiser den Protestanten und den Katholiken Konzessionen, die einander letztlich ausschlossen. Das Verfahren war auf Zeitgewinn angelegt; gleichzeitig verabredete Karl V. mit Contarini und der Kurie eine neue Konzilsinitiative.

Das Scheitern des Religionsgesprächs 1541

Wieweit die kaiserliche Politik der Jahre nach Regensburg von einer kohärenten Linie, einem „großen Plan" (K. Brandi) bestimmt war, wird bis heute unterschiedlich beurteilt. In der Tat gelang es dem Kaiserhof, mit diplomatischer Überlegenheit und mit dem Einsatz erheblicher Finanzmittel (Edelmetallimporte aus Amerika) in den folgenden Jahren die gegnerischen Gruppen Zug um Zug zu überspielen und bis 1547 – zuletzt mit dem Mittel des lange vermiedenen Krieges in Deutschland – eine imponierende Machthöhe zu erreichen. Verfolgt man diesen Weg zu einer monarchischen Einheit in Europa, wie sie seit Karl dem Großen nicht mehr gelungen war, so stellen sich bei jedem Schritt die Fragen nach den Methoden, Zielen und Chancen eines solchen Weges, der aus dynastischer Wurzel ebenso den alten politischen wie den neuen kirchlichen Polyzentrismus der Christenheit überwinden wollte.

Siege über Kleve und Frankreich

Auf die Niederlage von Algier (siehe oben S. 48) folgte 1542 der Wiederausbruch des Krieges mit Frankreich, das eine große Offensivallianz zum endgültigen Sturz Habsburgs führen wollte: wieder Zusammenarbeit mit der türkischen Flotte im Mittelmeer, an der niederländischen Front die Bundesgenossenschaft mit dem mächtigen Herzog von Kleve, der mit Karl V. wegen des Erbes von Geldern in Streit stand, im Norden Hilfe bei Schottland, Dänemark und Schweden. Während das von Paul III. nach Trient berufene Konzil infolge des Krieges nicht zustandekam, entschieden die Waffen. Der Kaiser, der von nun bis zur Resignation 1556 Mitteleuropa nicht mehr verließ, schlug zunächst den Herzog von Kleve, nahm ihm Geldern ab (das die Niederlande territorial abrundete) und verpflichtete ihn, seinen protestantischen Neigungen abzusagen. Der Schmalkaldische Bund hatte den Herzog ohne Hilfe gelassen. Es folgte die Offensive des Kaisers gegen Frankreich. Entscheidend wurde die Haltung der Reichsstände. Auf dem Speyrer Reichstag 1544 machte der Kaiser den Protestanten so weitgehende Zugeständnisse, daß ihn das Totum der Stände gegen Frankreich unterstützte. Der militärische Erfolg in Richtung Paris führte im September 1544 zum Frieden von Crépy. Während in der europäischen Öffentlichkeit ein päpstliches Tadelsbreve die kaiserlichen Zusagen an die Protestanten kritisierte, hatte Karl V. die Dinge bereits in eine ganz andere Richtung gelenkt. Geheimbestimmungen des Friedensvertrags verpflichteten Franz I. zur Mitwirkung bei der Kirchenreform, Teilnahme am Generalkonzil und auf Mithilfe zur Brechung eines eventuellen Widerstandes der deutschen Protestanten gegen das Konzil. Mit der Unterstützung der französischen Diplomatie gelang nun auch die Absicherung gegen die Türkengefahr durch einen Vertrag mit Konstantinopel. Die Mitwirkung des Papstes an den kommenden Dingen sicherte sich der Kaiser im Frühsommer 1545 in einer Vereinbarung mit dem Kardinallegaten Alessandro Farnese, dem Enkel Pauls III.: Der Papst wird den bevorstehenden Ketzerkrieg in Deutschland mit Truppen und einer erheblichen Geldsumme unterstützen; er wird das Konzil im Einvernehmen mit dem Kaiser berufen, der für das Erscheinen der Deutschen Sorge trägt. Vom Tadelsbreve war keine Rede mehr.

Konzilspolitik und Ketzerkrieg

Nicht nur, daß auf diese Weise die deutschen Protestanten sich selbst in die Hinterhand gebracht hatten. Auch der Papst bekam den Griff der kaiserlichen Diplomatie zu spüren: Als Karl V. ihm bald nach der Farnese-Vereinbarung mitteilte, daß er heuer noch keinen Krieg führen könne, befand sich Paul III. nicht nur hinsichtlich des Konzils, sondern auch für die Gesamtpolitik der Kurie in einer schwer lösbaren Bindung an die weiteren Initiativen des Kaisers. – Stärke und Schwäche dieses großen diplomatischen Spiels, das der Eröffnung des Schmalkaldischen Krieges im Sommer 1546 vorausging, zeigt sich deutlich in der Behandlung Frankreichs. Hier ist auf den Frieden von Crépy zurückzugreifen, der Franz

I. in das Schlepptau Habsburgs geführt hatte. Aber doch mit Gegenleistungen: So sollte die seit 1521 anstehende Gesamtheit territorialer Streitfragen durch eine dynastische Lösung aus der Welt geschafft werden; dem Herzog von Orléans, Zweitgeborenen des französischen Königs, war mit der Hand einer habsburgischen Prinzessin die Übergabe der Niederlande oder des Herzogtums Mailand als selbständiger Besitz zugesagt worden. Die Entscheidung der Alternative Mailand oder Niederlande behielt der Vertrag von Crépy dem Kaiser vor. Er entschied sich – nach aufschlußreichen innerhabsburgischen Beratungen – für die Herausgabe von Mailand und empfing auch bereits den jungen Orléans am Hofe. Da starb der Heiratskandidat. Frankreich drängte sofort auf ein sinngemäßes Äquivalent für diese zentrale Friedensklausel. Der Kaiser und seine Minister waren über den Tod Orléans' „gerade im rechten Augenblick" erleichtert und betrachteten nach der Rechtsregel „rebus sic stantibus" die Klausel als erledigt. Vielleicht war damit der Hof formal im Recht. Vielleicht hätte auch das Zugeständnis einer äquivalenten Lösung, wie sie Frankreich forderte, Europa nicht vor der Fortsetzung des französisch-habsburgischen Konflikts bewahrt. Im Rückblick ergibt sich jedenfalls der Eindruck, daß vom Kaiser die Bedingungen eines dauerhaften europäischen Friedens, wie ihn Crépy sichern sollte (auch zum Zwecke der „pacification d'Allemaigne"), mißachtet wurden.

Kein dauerhafter Ausgleich mit Frankreich

Ähnlich zwiespältig erscheint die Konzilspolitik des Kaisers. Im Dezember 1545 wurde in Trient mit geringer Beteiligung die so lange erwartete Kirchenversammlung eröffnet. Die Leitung lag in den Händen dreier Kardinäle, von denen zwei sich ganz nach den Wünschen der Kurie richteten. Der dritte, Reginald Pole, schied bald aus; es war ihm nicht gelungen, in der Frage der Rechtfertigungslehre eine vertiefte, augustinisch interpretierende Auffassung durchzusetzen. Der Kaiser verlangte überhaupt, das Konzil solle bis zum Eintreffen der Protestanten nur Reformfragen behandeln und keine dogmatischen Entscheidungen treffen. Das war einerseits konsequent; andererseits waren die Ausgangspositionen so verschieden – hier die antirömische Konzilskonzeption der Protestanten, dort die römische Konzeption, die nicht mehr mit einem Konzil der Wiedervereinigung rechnete, sondern nur die „Festigung der Treugebliebenen" wollte –, daß kaum zu sagen ist, wie der Kaiserhof sich die Überbrückung dieser Differenzen vorstellte.

Probleme des Trienter Konzils zwischen Kaiser und Papst

Der Krieg gegen die im Schmalkaldischen Bund zusammengefaßten protestantischen Fürsten und Städte begann im Sommer 1546. Die Friedenspartei am Kaiserhof war bis zuletzt mächtig (Granvella); die diplomatischen Vorbereitungen waren besser als die militärischen. Die Unterstützung seitens der Kurie war vertraglich gesichert. Mit Bayern kam ein Vertrag zustande, der unter dem Schein der Neutralität dem Kaiser die Hilfe und die strategischen Positionen des Landes zur Verfügung stellte. Der Regensburger Reichstag 1546, der den Hintergrund für die letzten verdeckten Kriegsvorbereitungen abgab, brachte weitere diplomatische Erfolge: Einige jüngere protestantische Fürsten wurden für die Sache des Kaisers gewonnen; am wichtigsten war Herzog Moritz von Sachsen („Judas von Mei-

Der Krieg gegen den Schmalkaldischen Bund

ßen"). Ihm wurden als Preis für den Kampf gegen seine Glaubensgenossen die sächsische Kurwürde und die Kurlande versprochen, die Kurfürst Johann Friedrich infolge der Reichsacht verlieren sollte. Überhaupt bemühten sich der Kaiserhof und die habsburgische Propaganda den nun beginnenden Feldzug nicht als Glaubenskrieg, sondern als reichsrechtliche Exekution gegen die wegen Landfriedensbruch in die Acht erklärten beiden Häupter des Schmalkaldischen Bundes, Kursachsen und Landgraf Philipp von Hessen, hinzustellen.

Die Kämpfe zogen sich zunächst in Süddeutschland, entlang der Donau, hin. Als die Kaiserlichen ihre Verstärkungen aus Italien und den Niederlanden erhalten hatten, konnten sie – mit dem Vorteil einheitlicher Führung – zur Offensive übergehen. Herzog Moritz fiel in die sächsischen Gebiete seines Vetters ein, darauf zog Kurfürst Johann Friedrich nach Norden ab. Im Frühjahr 1547 bildete nach der Kapitulation Süddeutschlands Kursachsen den Kern des Widerstands. Am 24. April wurde der Kurfürst bei Mühlberg entscheidend geschlagen. Er kam in Gefangenschaft, ebenso Philipp von Hessen. In Norddeutschland blieb zwar vereinzelter Widerstand bestehen. Doch den deutschen Protestantismus als organisierte politisch-militärische Kraft gab es nicht mehr. Weder Frankreich noch die protestantischen Mächte England und Dänemark hatten eingegriffen.

Lähmender Konflikt zwischen Kaiser und Papst

Der Kaiser hatte die Höhe der Macht in Deutschland und in Europa erreicht. Die Nutzung dieser Macht war von Anfang an mit Hypotheken belastet. Noch während des Feldzugs war es zu einem Streit mit Paul III. gekommen. Der Papst hatte – formal zu Recht – nach Ablauf der Vertragsfrist im Januar 1547 seine Truppen abberufen. Der Kaiser fühlte sich im Stich gelassen; er faßte die Bedingung des Papstes, den Hilfsvertrag nur zu verlängern, wenn Karl zu einem neuen Ausgleich mit Frankreich bereit wäre, als Erpessung auf. Noch schärfer wurde der Konflikt, als im Frühjahr 1547 in Trient die Mehrheit der Konzilsväter beschloß, die Versammlung ohne Verständigung mit dem Kaiser (aber mit präsumptiver Zustimmung des Papstes) nach Bologna zu verlegen. Damit war der Angelpunkt der kaiserlichen Reichs- und Religionspolitik getroffen: Ein in der päpstlichen Stadt Bologna tagendes Konzil erfüllte nicht mehr die Bedingungen, die der Kaiser den Deutschen seit Jahr und Tag versprochen hatte. Der Höhepunkt des Konflikts war erreicht, als im Oktober 1547 der Sohn des Papstes, Pier Luigi Farnese, Herzog von Parma und Piacenza, von rebellischen Adeligen ermordet wurde. Wie weit die Mitwisserschaft auf der habsburgischen Seite reichte, ist ungeklärt. Jedenfalls lastete Paul III. den politischen Mord dem Kaiser an. So stand es zwischen den beiden Häuptern der katholischen Christenheit, als nach dem Sieg über den Protestantismus eine große Politik der katholischen Seite gefragt war!

11. Das Scheitern der Monarchia Universalis: Politischer und kirchlicher Pluralismus in Deutschland und Europa

Die Vorgänge von 1547/48 bis zur Abreise des Kaisers nach Spanien 1556, in denen sich erst latent, dann offenkundig das Scheitern der politischen und kirchlichen Einheitspläne vollzog, betrafen unmittelbar das Reich, Frankreich, Italien, Ungarn und England, mittelbar auch den Rest der europäischen Staatenwelt. Bei der Analyse des Scheiterns dieser universalen Politik sind die verschiedenen regionalen und sachlichen Faktoren zu würdigen. Je deutlicher dabei der Fortbestand von Grundelementen europäischer Einheit herausgearbeitet wird, desto besser werden sowohl die Gründe des Scheiterns dieses spezifischen Ansatzes wie auch die weiterwirkenden Konsequenzen in der folgenden Geschichte Europas erkennbar. Es liegt an den Bedingungen damaliger Politik und Kirchenpolitik in Europa, daß Prozeßverläufe, bei denen die Schicksale *eines* Monarchen bzw. des von ihm gesteuerten Sysems im Vordergrund stehen, so viele realgeschichtliche Folgen haben.

Nach dem Sieg: Opposition im Reich

Nach dem Schmalkaldischen Krieg erschien Karl V. den Zeitgenossen unbesiegbar; noch mehrere Jahre (bis 1552) blieb die zunehmende innere Krise des habsburgischen Systems verdeckt. Aber schon vor dem Beginn des „geharnischten Reichstages" in Augsburg 1547/48 zeigte sich, daß die Versuche zur reichsrechtlichen Nutzung des Sieges im Sinne einer entschiedenen Stärkung der monarchischen Stellung des Kaisers auf große Schwierigkeiten stießen. Seine Bemühungen, durch Gründung eines „Kaiserlichen Bundes" bei äußerer Schonung der alten Verfassungsform die politische, finanzielle und militärische Verfügung über die Kräfte der Reichsstände auszubauen, scheiterten – auch und vor allem am Widestand der katholischen Reichsstände, die nun zeitweilig die Oppositionsspitze im alten Antagonismus Stände-Kaiser bildeten. Auch jede über die bisherige Personalunion hinausreichende Integration des habsburgischen Weltreiches mußte auf den erbitterten Widerstand der deutschen Fürsten stoßen; Katholiken und Protestanten waren hier solidarisch. Das Bundesprojekt, für das der Kaiser das Gewicht des frischen Sieges in die Waagschale warf, fand nur bei einer Gruppe kleinerer Reichsstände ein positives Echo. Nach dem Scheitern des Bundesprojektes traten Einzelregelungen in den Vordergrund. Der „Burgundische Vertrag" (1548) regelte das Rechtsverhältnis der Niederlande zum Reich im Sinne des Kaisers: weitgehendste politisch-rechtliche Selbständigkeit bei dauernder Schutzpflicht des Reiches. Die Schaffung einer zentralen Kriegskasse, des „Vorrats", wurde gegenüber den Ständen durchgesetzt.

Die »spanische Sukzession«: Opposition in der Dynastie

Schließlich kam größte Bedeutung den innerdynastischen Verhandlungen zu, die jene institutionelle Einheit des habsburgischen Weltreiches familienrechtlich sichern sollten, deren verfassungsrechtliche Fundamentierung am Widerstand der

Reichsstände gescheitert war. Im März 1551 wurden in Augsburg die geheimen Familienverträge unterzeichnet, die bald unter dem polemischen Stichwort „spanische Sukzession“ bekannt wurden. Der Plan des Kaisers, den nach mühsamen Verhandlungen auch die Wiener Linie – Ferdinand und sein Sohn Maximilian – formal anerkannt hatte, war genau durchdacht, aber überaus künstlich; die Verträge führten zu einer bleibenden Entfremdung zwischen den beiden Linien des Hauses und arbeiteten dem Auseinanderbrechen des habsburgischen Gesamtsystems in zwei Teilsysteme – Spanien und Wien – vor, das sie gerade verhindern sollten. Die Kaiserwürde sollte zwischen der spanischen und der Wiener Linie alternieren: Auf Karl sollte als Kaiser Ferdinand folgen (was durch dessen Wahl zum römischen König seit 1531 festlag); nach Ferdinand sollte Karls Sohn Philipp Kaiser werden, erst nach ihm Ferdinands ältester Sohn Maximilian (falls er seinen Vetter überlebte). Eine Zusatzregelung enthielt die dauernde Zusicherung aller Reichsrechte in Italien an Philipp: Italien wird ganz der spanischen Linie zugeschlagen (selbstverständlich auch die Niederlande und die Freigrafschaft Burgund). Auch sollte bereits jetzt die Zustimmung der Kurfürsten für eine Nachfolge Philipps eingeholt werden – hier kam Karl V. eben doch wieder auf die Unumgänglichkeit einer reichsrechtlichen Sanktion für das Gesamtsystem zurück. Gerade hier wurde rasch der innere Riß offenbar; Ferdinand verzichtete auf Widerstand gegen eine Regelung, die Wien tief benachteiligte, doch Maximilian ging in offene Opposition. Sein politisches Widerstreben fand Echo bei den Reichsfürsten, er trat in Verbindung mit Frankreich und mit der sich bildenden Fürstenopposition gegen Karl V.; seine protestantischen Neigungen traten bald deutlich hervor. So war Karls Versuch, die institutionelle Einheit seines Weltreiches über seinen Tod hinaus zu sichern, schon im Kreise der Dynastie in Frage gestellt, noch bevor die deutsche und europäische Opposition sich formierte.

Religionspolitisches Vorgehen

Mindestens ebenso problematisch erwiesen sich die Schritte des Kaisers zur religionspolitischen Sicherung und Nutzung des Sieges über die Schmalkaldener. Die Zusicherungen an die protestantischen Bundesgenossen des Kaisers und die Unterwerfungsverträge mit den besiegten Gegnern liefen nicht etwa auf eine Absage an die Augsburger Konfession, sondern auf Versprechungen der Annahme künftiger Konzilsentscheidungen hinaus. So kam es auf dem Reichstag 1547/48 rasch zu einer für die kaiserlichen Pläne sehr ungünstigen Konstellation, da ja der Konflikt mit dem Papst und die Lähmung des Konzils (Translation nach Bologna) weiter anhielten. Die politische Opposition der Fürsten, die sich vor der Monarchia fürchteten, schlug auf die kirchlichen Fragen zurück, für die ja gleichfalls Beratung und Beschluß innerhalb des Reichstages unumgänglich waren. Wie sollten aus den unterworfenen Protestanten Katholiken werden, wenn kein Konzil verfügbar war und sich die katholischen Fürsten mit den Protestanten dahingehend einigten, jede Mitarbeit an einer provisorischen Kirchenordnung im Reich (bis zum Konzil) zu verweigern? So blieb dem Kaiser nichts anderes übrig, als auf der Basis der ständischen „Anheimstellung“ in eigener Regie mit Hilfe theologischer Fachleute vorzugehen. Das sogenannte „Interim“, eine reichsgesetzliche Kirchenagende und Bekenntnisformel, sollte zunächst nach Karls Absicht für Katholiken und Protestanten gelten. Infolge des Widerstandes der Katholiken wurde dann das Interim nur als Sonderregelung für die protestantischen (oder: noch nicht wieder katholischen) Territorien vorgeschrieben: in der Substanz reformistisch-katholisch, mit den Zugeständnissen der Priesterehe und der Kelchkommunion. Für die Katholiken galt eine reichsrechtliche „Formula Reformationis", die eine brauchbare Zusammenfassung innerdeutscher Reformansätze brachte.

Die Diskrepanz von innerer Reformvernunft (nach dem Maßstab einer „gereinigten" Katholizität) und faktischer Undurchführbarkeit der kaiserlichen Religionspolitik ist beachtenswert. Wie sollte die Durchführung des Interims erzwungen werden, wenn – ganz abgesehen von der Haltung der protestantischen Obrigkeiten – die große Mehrzahl der evangelischen Geistlichen es ablehnte und auch keine katholischen Geistlichen verfügbar waren? Zwar konnte auf der höchsten Ebene der Konflikt mit dem Papsttum und die Konzilsfrage schließlich gelöst werden. Julius III. (1550–1555) entschloß sich zu enger Zusammenarbeit mit dem Kaiser, in Trient wurde im Herbst 1551 das Konzil wiedereröffnet und die ersten protestantischen Delegationen trafen dort ein. Aber im Bereich der „Basisprozesse" und der inneren Überzeugungen des deutschen und europäischen Protestantismus bedeutete dies zunächst noch wenig. Sicher gab es viel abwartende Orientierungslosigkeit quer durch Europa und nicht alle Führer des deutschen Protestantismus waren sich in der Ablehnung der „kaiserlichen Zwischenreligion" einig. Doch Magdeburgs militärischer Widerstand als Symbol protestantischer Glaubenstreue und die Exilsituation evangelischer Theologen (Butzer in England, siehe oben S. 41) bildeten neue Elemente, denen auf katholischer Seite kein Sichtbarwerden opportunitätsfreien Bekennermutes entsprach.

Wiedereröffnung des Konzils

Die Formierung des politisch-militärischen Widerstandes gegen Karls politische und kirchliche Einheitspolitik ist am besten von Frankreich aus zu verfolgen. Heinrich II. war 1547 seinem Vater Franz I. nachgefolgt, zu spät, um die Verbindungen zum Schmalkaldischen Bund kriegsentscheidend zu aktivieren. Er bereitete die große Vergeltung gegen den Kaiser vor. Sein Hof wurde zum Zufluchtsort der deutschen und italienischen Gegner Habsburgs. Die Befreiungsideologie, die Frankreichs Diplomaten und Parteigänger in zunehmender Lautstärke überall in Europa propagierten, nahm politische und kirchliche Motive auf (obwohl der Protestantismus weiter unterdrückt wurde): Die angemaßte Monarchia des Kaisers will die Vernichtung der alten deutschen Freiheiten und der „libertà d'Italia"; die Religionspolitik Habsburgs wird als maskierte Herrschsucht entlarvt.

Heinrich II. und die Formierung des europäischen Widerstandes gegen Habsburg

Im Namen der Freiheit Italiens, der Selbständigkeit des Reiches und des Gemeinwohls der Christenheit wird zum Krieg gegen die „viehische Servitut" des Kaisers aufgerufen. – Als erstes erfolgt die Erneuerung der Offensivallianz mit Sultan Suleiman II., wobei sich freilich sogleich die Schwierigkeit herausstellt, den türkischen Angriff dorthin zu lenken, wo er nicht – wie etwa in Ungarn – die Solidarität mit den künftigen deutsch-protestantischen Partnern im Kampf gegen

Habsburg bedroht. (Das Nichtgelingen der Umorientierung von einer türkischen Landoffensive zu einer großen Flottenaktion im Mittelmeer wird 1552 zum raschen Zerfall der „großen Koalition“ beitragen.) Konspirative Absprachen mit den italienischen Gegnern des Kaisers bereiten den gleichzeitigen Beginn des Krieges in Italien und Deutschland vor. Schwieriger gestalten sich die Verhandlungen mit der deutschen Fürstenopposition, an deren Spitze seit 1551 in Wahrnehmung einer offensiven Selbsterhaltungspolitik der „Überläufer“ Kurfürst Moritz von Sachsen steht, und die zum Vertrag von Chambord (Januar 1552) führen. Frankreich will eigentlich ein religionspolitisch neutrales Bündnis, am liebsten den Beitritt katholischer Reichsfürsten; detaillierte Vorschläge über gemeinsame Münze, gemeinsame Verwaltung und Kriegführung sollen Moritz' Fürstenbund in ein französisch-deutsches Herrschaftssystem einbinden, das mit Neuwahl des Kaisers etc. das Vakuum nach der „entière ruyne“ Habsburgs in Mitteleuropa auszufüllen imstande ist. Moritz entzog sich diesen Festlegungen. Ob er von Anfang an plante, aus der radikalen französischen Konzeption rasch auszuscheren und eine „kleine Lösung“ innerhalb der Reichsverfassung und mit Hilfe Ferdinands anzusteuern, ist schwer zu sagen.

Moritz v. Sachsen und Frankreich

Niederlagen des Kaisers gegen die »Kriegsfürsten« und gegen Frankreich

Die Ergebnisse des neuen Krieges, der im Herbst 1551 von Frankreich begonnen wird, im Frühjahr 1552 mit dem Aufstand der „Kriegsfürsten“ auf Deutschland übergreift, bleiben hinter den Zielen Heinrichs II. zurück, sind aber dennoch von weltgeschichtlicher Bedeutung. Das habsburgische Universalsystem erleidet keine Totalkatastrophe; es kann sich in reduzierter, nun deutlich in zwei Teilsysteme getrennter Form weiter behaupten. Im Reich wird durch die Niederlage und Flucht des Kaisers vor den Kriegsfürsten im April/Mai 1552 der Weg für einen Kompromiß zwischen Ferdinand, Kurfürst Moritz und den „neutralen“ Reichsfürsten auf dem Passauer Ständetag frei. Das Konzil von Trient löst sich im März 1552 auf. Der Passauer Vertrag (Juli 1552) ratifiziert mit einer Laufzeit bis zum nächsten Reichstag den Zusammenbruch der Verfassungs- und Religionspolitik des Kaisers im Reich. Die folgende Niederlage des Kaisers vor dem von Heinrich II. eingenommenen und nun erfolgreich verteidigten Metz (Januar 1553) und das Nichtgelingen einer Niederwerfung Frankreichs auch nach der Einbeziehung Englands in die habsburgische Machtsphäre (Thronfolge Maria Tudors im Juli 1553, Vermählung mit Philipp II. im Dezember) verhindert eine Revision des Passauer Vertrages. Andererseits verändert der Tod des Kurfürsten Moritz in der Schlacht von Sievershausen (11. Juli 1553) die politische Landschaft im Reich.

Ferdinands Sonderpolitik, der Augsburger Religionsfriede 1555

Ferdinand sieht sich als Leiter des Augsburger Reichstages 1555 mit einer kompakten Gruppe protestantischer Fürsten konfrontiert, die von Kurfürst August von Sachsen auf einen defensiven Kurs geführt werden: keine neue Verhandlung über Wege und Mittel der kirchlichen Concordia (wie noch in Passau beschlossen), sondern Ausarbeitung eines reichsrechtlichen Religionsfriedens, der den konfessionellen Status quo von 1552 im Rahmen der Landfriedensordnung mit unbegrenzter Gültigkeit festschreibt. Ferdinand und die katholische Partei vermögen in der zentralen Frage der geistlichen Reichsstände gegen die Protestanten eine Sicherheitsklausel durchzusetzen (Reservatum Ecclesiasticum: Verlust des Amtes bei Übertritt zum Protestantismus). Doch die rechtliche Verbindlichkeit dieser Bestimmung bleibt umstritten; auch andere Regelungen, die aus einer absichtlich „dissimulierenden" Verhandlungsweise hervorgehen, bieten später Konfliktstoffe. Das „ius reformandi" der Landesherren im Sinne der Reichstagstradition seit 1526 wird fixiert. Die individuelle Glaubensfreiheit wird ansatzweise durch das „ius emigrandi" andersgläubiger Untertanen geschützt. Bestehende Bikonfessionalität in Reichsstädten wird durch eine Paritätsregelung abgesichert. Die außerhalb des Reichsabschieds erlassene „Declaratio Ferdinandea" gewährt einem eingeschränkten Bikonfessionalismus in geistlichen Territorien Schutz. – Der Reichsabschied von 1555, der neben dem Religionsfrieden wichtige Bestimmungen über die Landfriedenswahrung und die Reichskreise in föderativem Sinne enthielt, bedeutete verfassungspolitisch den Abschluß des jahrzehntelangen Ringens zwischen Kaiser und Territorialstaaten im Sinne eines weitgehenden Sieges der partikularen Kräfte. Er ebnete gleichzeitig den Weg für ein Weiterbestehen des habsburgischen Kaisertums, das in der Hand der Wiener Linie blieb und nicht mehr in ein habsburgisches Universalsystem eingebunden war.

Karls Abdankung, Nachfolge Philipps II. und Ferdinands I.

Karl V. war nicht bereit, die Endgültigkeit der pluralistischen kirchlichen Regelung im Reich zu ratifizieren. Von Brüssel aus kündigte er Ferdinand noch während des Reichstages seine Rücktrittsabsicht an. Die Abdankungsakte in Brüssel im Winter 1555/56 betrafen den Übergang der spanischen, italienischen und niederländischen Besitzungen an Philipp. Der Gedanke des alternierenden Kaisertums als Klammer zwischen der spanischen und Wiener Linie wurde aufgegeben. Die Pläne, Philipps englisches Königtum durch eine erbrechtliche Zusammenfassung Englands mit den Niederlanden zum Ausgangspunkt einer dritten, nordeuropäischen Linie Habsburgs werden zu lassen, scheiterten an der Kinderlosigkeit der Königin Maria. Der Kaiser zog sich im Herbst 1556 nach Spanien zurück, wo er sich ein Landhaus neben dem Kloster San Jéronimo de Yuste errichten ließ. Erst durch einen Wahlakt der Kurfürsten im Frühjahr 1558 ging die Kaiserwürde auf Ferdinand I. über; Karl V. starb am 21. September 1558.

Politische Bilanz in Europa

Unter dem Einfluß Philipps und der englischen Interessen schien im Frühjahr 1555 ein Ende des unentschiedenen, für beide Seiten verlustreichen Krieges mit Frankreich möglich. Die Friedenskonferenz von Marcq bei Calais tagte im Mai/Juni unter dem Vorsitz des Kardinallegaten Pole; es handelte sich um eine päpstlich-englische Doppelvermittlung. Doch erst im Januar 1556 kam es in Vaucelles zu einem Waffenstillstand, der in gewisser Hinsicht die Ergebnisse des 1559 in Cateau-Cambrésis abgeschlossenen Friedens vorwegnahm. In Italien behauptete sich die spanische Herrschaft; in Spanien und Frankreich standen sich gleichberechtigte Partner gegenüber, mit einem Ausgleichswillen, der nicht nur von der totalen finanziellen Erschöpfung, sondern auch von einer gemeinsamen antiprotestantischen Politik bestimmt war. Abgesehen von England, das nach Marias Tod 1558 einen kirchlichen Weg ging, der u. a. von der negativen Erfahrung einer gewaltsamen Rekatholisierung geprägt wurde, war die kirchliche und politische Zukunft der Niederlande von dem „Systembruch“ zwischen der spanischen und Wiener Linie Habsburgs besonders betroffen. In Ungarn hatten Ferdinands Wiedervereinigungsversuche 1552 einen definitiven Rückschlag erlitten. In der Mitte und im Osten Europas war überall der abnehmende Druck des katholisch-habsburgischen Systems zu spüren. Die Reformation griff weiter, um so mehr als die römische Kurie sich unter Paul IV. wieder tief in politische und sogar militärische Abenteuer einließ, die von Konzil und Reform wegführten.

12. Exkurs: Europa und die aussereuropäische Welt – der Beginn des Kolonialismus

Motive und Faktoren der Expansion

Die europäische Expansion nach Übersee, die im 15. Jahrhundert einsetzte, hatte um 1520 im spanischen und portugiesischen Kolonialreich bereits zu folgenreichen Ergebnissen geführt. Die Bewertung der einzelnen Motive und Faktoren dieser Expansionsbewegung ist bis heute unterschiedlich: Gewürzhandel und Suche nach Edelmetallen, Kreuzzugs- und Missionsidee (beides im Hinblick auf die türkische Handelsbarriere im Mittelmeer), staatliches Gewinn- und Expansionsstreben, wissenschaftlich-nautische Fortschritte, staatliche Disziplinierung der Mannschaften für Expeditionen und Organisationen über ungeheure Distanzen hinweg, militärische Überlegenheit, individuelle Unternehmungslust. Eindeutig ist das Zusammenspiel der staatlichen Regie mit individueller Initiative, das im Falle Portugals wie Spaniens die Frühzeit der Kolonialepoche kennzeichnet. Ebenso klar tritt von Anfang an die Bedeutung des Missionsgedankens hervor. Nicht nur, daß das Papsttum seit dem Schiedsspruch Alexanders VI. von 1493 über die Aufteilung der außereuropäischen Welt zwischen Spanien und Portugal (korrigiert durch den Vertrag von Tordesillas 1494) sich unentwegt für die Missionen in Übersee interessierte und angesichts der Reformationsbewegung eine Kompensation durch den kirchlichen Zuwachs außerhalb Europas erhoffte. Auch die unmittelbare Bedeutung der Missionsarbeit inner- und außerhalb der frühen Kolonialreiche und ihre Rolle in der Begegnung des frühneuzeitlichen Europas mit den außereuropäischen Kulturen sind kaum zu überschätzen. Umstritten ist das Ausmaß der Rückwirkung dieser kolonialen Unternehmungen auf Europa selbst. Sicher hat der Zustrom amerikanischen Edelmetalls die monetäre Situation Europas im Sinne der „Preisrevolution“ beeinflußt und den Aktionsradius spanisch-habsburgischer Politik erweitert. Ob jedoch die Struktur der spanischen Gesellschaft und das Kräfteverhältnis der europäischen Staaten oder das kulturelle Bewußtsein und Verhalten der europäischen Bevölkerung durch die Entdeckungen und Kolonialunternehmungen des 16. Jahrhunderts bereits wesentlich beeinflußt wurden, wird von der Forschung sehr verschieden beurteilt.

Spanier in Mittel- und Südamerika

Das spanische Kolonialreich in Mittel- und Südamerika wurde in der ersten Hälfte des Jahrhunderts durch eine Reihe von spektakulären Unternehmungen einzelner Konquistadoren begründet. Staatsrechtlich als Teil des Königreiches Kastilien geltend, war das Gebiet in zwei Vizekönigreiche (Neu-Spanien 1535, Peru 1542) gegliedert und dem Indienrat in Sevilla unterstellt. Import und Export wurden durch die Casa de Contratación de las Indias (seit 1503) in Sevilla im Sinne eines Staatsmonopols gehandhabt. Die Verpfändung Venezuelas an die Augsburger Welser-Firma 1527 blieb ein Ausnahmefall, ähnliche Projekte für die Fugger in Chile kamen nach 1530 nicht mehr zur Ausführung. Die wirtschaftliche Ausbeutung der riesigen Gebiete, die sich nach der Vernichtung der Hochkulturen des Azteken- und Inkareiches ohne nennenswerten Widerstand in der Hand der spanischen Verwaltung befanden, zerstörte innerhalb weniger Jahrzehnte an vielen Stellen die traditionellen sozialen Strukturen der Eingeborenen. Es setzte ein katastrophaler Bevölkerungsschwund ein, dessen Ursachen sowohl in der Zwangsarbeit (Plantagen, Bergbau), als auch in der mangelnden Resistenz der Bevölkerung gegen die europäischen Krankheiten zu suchen sind. Die Einfuhr von robusteren Negersklaven aus Westafrika erwies sich als kurzfristig wirkungsvolle, langfristig aber sowohl für Amerika wie für Afrika höchst problematische Maßnahme. Der von den spanischen Oberbehörden in verschiedenen Ansätzen versuchte Eingeborenenschutz (Wirken des Dominikaners Bartolomé de Las Casas, „Neue Gesetze" Karls V. von 1542) erwies sich als unzureichend. Gerade der durch den staatlichen Finanzbedarf intensivierte Abbau der riesigen Silbervorkommen in Potosí, ein 1545 im Vizekönigreich Peru – heute Bolivien – in 4000 m Höhe entdeckter Silberberg, und Zacatecas (in Mexiko, seit 1543/48), verschärfte den Prozeß der Zerstörung der ursprünglichen Dorf- und Agrarstruktur.

Probleme der Christianisierung

Die Bemühungen um die Christianisierung der Bevölkerung waren zum Teil mit bemerkenswerten Initiativen zur Schaffung einer christlichen Eingeborenenkultur verbunden. Doch konnten sich diese Ansätze gegenüber der Spirale von Ausbeutung und Bevölkerungsrückgang nur in geringem Maße durchsetzen. In der zweiten Jahrhunderthälfte verschlechterte sich sowohl die sozioökonomische wie die kulturelle Situation. Kennzeichnend ist das Schicksal des kirchlichen Kollegs von Tlatelolco, das 1536 für die höhere Bildung von jungen Eingeborenen gegründet und von den Vizekönigen unterstützt wurde. Später setzte der Verfall ein, 1576 wurde das Kolleg endgültig geschlossen. So folgte an vielen Stellen Amerikas auf eine hochgespannte missionarische Hoffnung – die Masse der Indianer sei berufen, „die beste und gesündeste Christenheit" der gesamten Welt zu werden – Niedergang und Enttäuschung. Kritik und Vorwürfe der Missionare, die sich vielfach als Treuhänder der Indianer fühlten, richteten sich gegen die alltägliche Praxis der spanischen Herren: „Wo immer es Spanier gibt, muß es Gemetzel und Grab für die unglücklichen Indianer geben", schrieb 1567 der Franziskanerprovinzial von Mexiko an Philipp II. Aus diesen Erfahrungen erwuchsen Projekte für eine neue, „herrschaftsfreie" Lebensform christlicher Indios. In den „Reduktionen", die der Jesuitenorden seit Beginn des 17. Jahrhunderts in Paraguay und im heutigen Westbrasilien gründete, fand dieser Gedanke eine großartige Realisierung. Doch konnten diese Bemühungen – auch wenn sie Hunderttausende von Indios erfaßten – gegen die fatale Gesamtentwicklung im spanischen Mittel- und Südamerika wenig ausrichten.

Der portugiesische »Estado da India«

Das portugiesische Kolonialreich hatte andere Strukturen und andere Probleme. Entlang der afrikanischen Küste war es seit der Mitte des 15. Jahrhunderts zur Errichtung befestigter Handelsplätze gekommen. Sie wurden nicht zu Ausgangspunkten von Flächenherrschaft in Afrika. Auch die portugiesischen Niederlassungen in Brasilien hatten im 16. Jahrhundert noch keine große Bedeutung. Der Schwerpunkt portugiesischer Expansion lag im Indischen Ozean, wo die Vizekönige Almeida (1505/10) und Albuquerque (1510/15) die Grundlagen eines maritimen Handelsreiches („Estado da India") legten. Entscheidend war der siegreiche Einbruch in das zuvor schon bestehende, von arabischen Kaufleuten beherrschte Handelssystem, das sich von Aden und Sofala über Indien bis Malakka, Indonesien und China erstreckte.

Die Portugiesen überlagerten gewissermaßen dieses System, indem sie die wichtigsten Stützpunkte in ihre Gewalt brachten, den Handel mit Gewürzen, Seide und sonstigen Luxusgütern aus dem Pazifik über die Afrikaroute nach Lissabon leiteten, sich dabei aber arabischer und eingeborener Seeleute, Lotsen und sonstigen Mitarbeiter bedienten. Zentrum dieses Systems war die Malabarküste in Indien; in Goa befand sich seit 1559 der Sitz des portugiesischen Vizekönigs und des katholischen Erzbischofs für Indien. Zwar gelang es bekanntlich auch in der Blütezeit des „Estado da India" nicht, den arabischen Zwischenhandel durch das Rote Meer und den Persischen Meerbusen ganz auszuschalten. Doch entwikkelte dieses portugiesische Handelsimperium eine erstaunliche Lebensfähigkeit, die u. a. auf der friedlichen Zusammenarbeit mit der eingeborenen Bevölkerung, auf der nautischen Überlegenheit und der Unabhängigkeit von der Heimat (erfolgreicher Schiffbau mit Hölzern von den Philippinen und aus Malakka) und auf der wirtschaftlichen Rentabilität beruhte.

Mission in Asien, Ritenstreit

Für die katholische Mission waren die portugiesischen Kolonien noch in anderer Weise von Bedeutung als das spanische Lateinamerika. Hier hatten es die Missionare mit den alten Hochkulturen in Indien, China und Japan zu tun, die ihre politische Selbständigkeit und ihre soziokulturelle Integrität bewahrt hatten. Die Leistungen der Missionare in den Auseinandersetzungen mit der Gesellschaft und Spiritualität in Süd- und Ostasien – beginnend mit der bedeutenden Gestalt des spanischen Jesuiten Franz Xavier (1506–1552) – bilden ein bedeutendes Kapitel euro-asiatischer Geschichte. Die Missionare hatten nach der einen Seite um die Einsicht in den Eigenwert nichteuropäischer Kultur, nach der anderen Seite um die Entfaltung neuer Formen christlicher Verkündigung zu ringen. Diese Probleme wurden verschärft durch die Eigenart der Tridentinischen Reform, die wohl den Missionseifer beflügelte, aber zugleich die lateinische Uniformität der Kirche stärker als im Mittelalter betonte. Der sogenannte „Ritenstreit" ging um das Ausmaß der Anpassung des kirchlichen Lebens (in Theologie und Liturgie). Er begann nach dem Tode des anpassungswilligen Chinamissionars Matteo Ricci SJ (1610) und dauerte bis ins 18. Jahrhundert.

Die Krise des portugiesischen „Estado da India" wurde vorbereitet durch das Ende der Selbständigkeit Portugals (1580). Die strukturellen Schwächen des weitgespannten Herrschaftsbereiches mit geringem Personal wurden deutlich, sobald seit der Jahrhundertwende Holländer und Engländer mit starken Flottenverbänden im Pazifik auftraten. Die Gründung von Batavia in Westjava durch die holländisch-ostindische Kompanie 1609/18 bezeichnet die Aufrichtung eines neuen, überlegenen Kolonialsystems.

Englische, französische, holländische Unternehmungen

Engländer, Franzosen und Holländer traten schon im 16. Jahrhundert an vielen Stellen als Konkurrenten der alten See- und Kolonialmächte Spanien und Portugal auf. In verschiedenen Formen (Seeräuberei, staatliche Unternehmungen, staatlich lizenzierte Handelskompanien) gelingt der Einbruch in das von Spanien und Portugal als „mare clausum" beanspruchte Weltmeer und in den Kolonialhandel. Auf englischer und holländischer Seite verband sich mit den sonstigen Motiven auch der Widerspruch gegen das katholische Missionsmonopol in Übersee. Französische Niederlassungen in Florida und Fischereiunternehmungen vor Neufundland waren die Vorstufen zu einem dauerhaften Engagement in Nordamerika. 1608 wird von Champlain am St.-Lorenz-Strom Québec gegründet, als Zentrum des Handels mit Pelzen und Fischen. Die Engländer, schon seit Francis Drakes Weltumseglung 1577/80 vielseitig interessiert (Schleichhandel in den Antillen, Suchen nach der Nord-West-Passage, erste Siedlungsversuche in Virginia noch unter Elisabeth I.) gelangen seit dem Anfang des 17. Jahrhunderts zu bleibenden Ergebnissen. 1607 wird in Jamestown die erste erfolgreiche Siedlungskolonie gegründet.

So werden damals die Anfänge der holländischen, englischen und französischen Kolonialreiche geschaffen, die in verschiedener Weise einen neuen Typus europäischer Herrschaft in Übersee darstellen. Die neue völkerrechtliche Theorie des „mare liberum" entspricht dem pluralistischen Wettbewerb kolonialer Bestrebungen. Der Missionsgedanke tritt zurück, wirtschaftliche Interessen im merkantilistischen Sinn und staatliche Machtrivalitäten als Ausstrahlung europäischer Konflikte treten hervor. Es bleiben die Grundfragen, die schon im 16. Jahrhundert die Hypothek der Herrschaft des weißen Mannes bezeichneten: Eingeborene und Einwanderer, Ausbeutung und Erschließung, Europäisierung und autochthone Kultur.

C. DIE KONFESSIONELLEN UND POLITISCHEN KÄMPFE IM ZEITALTER DER SPANISCHEN HEGEMONIE

13. Die neuen konfessionellen Kräfte: Der Calvinismus und die Tridentinische Reform

Konfessionalismus

Der Augsburger Religionsfriede bedeutete nicht das Ende subjektiver Hoffnungen auf eine kirchliche Concordia, er fixierte jedoch – über das Reich hinaus – jene neuartige kirchenpolitische und religionssoziologische Lebensform, die wir heute mit den Begriffen Konfession und Konfessionalismus bezeichnen: nach Lehre, Liturgie und Organisation eindeutig abgegrenzte Teilkirchen, die gegeneinander mit dem Anspruch auf Alleinvertretung der christlichen Wahrheit auftreten. Die staatliche und soziale Verankerung konnte sehr verschieden sein; gemeinsam war der Systemzwang zur Abgrenzung, straffen Organisation und Unduldsamkeit. Der Religionsfriede hatte neben den Katholiken nur die Anhänger der Augsburger Konfession in den Schutz des Reichsrechtes gestellt. Dies bedeutete, zumindest hinsichtlich der reichsrechtlichen Relevanz, auch das Ende jener dritten Strömung – der „Via media" –, die bis 1555 sowohl an der Basis wie an den Fürstenhöfen eine Rolle gespielt hatte (Nachwirkungen gab es mancherorts, auch im Umkreis von Ferdinand I. und Maximilian II.). Die kirchliche Situation Europas seit der Mitte des 16. Jahrhunderts war jedoch nicht durch einen Bikonfessionalismus gekennzeichnet, vielmehr durch die innere Spaltung des Protestantismus, die von Calvin und seinen Anhängern nicht überwunden, sondern schließlich nur verschärft wurde. Der kämpferische, dynamische Protestantismus der zweiten Generation, der sich die Überwindung der „Halbheiten" der Reformation Luthers zum Ziel setzte und andererseits mit den härteren und zunehmend erfolgreichen Gegenwirkungen der erneuerten Papstkirche konfrontiert war, etablierte sich – ohne es ursprünglich zu wollen – als dritte, calvinistische Konfession.

Calvins Lebensweg

Jean Cauvin wurde 1509 in Noyon in Nordostfrankreich als Sohn eines Juristen geboren. Als Student in Paris, Bourges und Orléans machte er sich die juristische und humanistische Bildung der Zeit zu eigen und lernte die Schriften der deutschen Reformatoren kennen. 1534 verzichtet er auf eine kirchliche Pfründe; angesichts der zunehmenden Schärfe der Protestantenverfolgung verläßt er Frankreich, widmet 1535 von Basel aus die erste Ausgabe der „Institutio religionis Christianae" König Franz I., den er für die Reformation zu gewinnen sucht. 1536/38 ist er in Genf mit G. Farel, 1538/41 in Straßburg mit Capito, Butzer und den anderen Vertretern des oberdeutschen städtischen Protestantismus; 1540/41 lernt Calvin bei den Religionsgesprächen in Worms und Regensburg das deutsche Luthertum kennen. Im Herbst 1541 folgt er dem Ruf zurück nach Genf; die Stadt hatte sich schon früher dem Protestantismus zugewandt und wird jetzt bis zu Calvins Tod 1564 zum Mittelpunkt seines reformatorischen Werkes.

Genf als Modell der christlichen Gemeinde

Die „Ordonnances ecclésiastiques" vom November 1541 bieten eine Gemeindeordnung, die nicht nur das gottesdienstliche Leben, sondern vor allem den organisatorischen Aufbau und die Kirchenzucht regelt. Im Gegensatz zu Luther sieht Calvin in der Verbindung von reiner theologischer Lehre und straffster Gemeindezucht den Weg zur Durchsetzung der Ehre Gottes. Die Organe der christlichen Gemeinde – Pastoren, Lehrer, Diakone, Älteste – werden für genau bestimmte Aufgaben gewählt. Mit dem weiterwirkenden Zwinglianismus ist Calvin im Ziel, der totalen Verchristlichung des Gemeinwesens, verbunden: Hauskontrollen, Sittengericht, Verbot von Tanz und Kartenspiel. Aber gegenüber den spätzwinglianischen Tendenzen zu staatskirchlichen Lösungen betonen Calvin und seine Anhängerschaft die Selbständigkeit der kirchlichen Organisation: Theokratie insofern, als die Kirche dem Staat übergeordnet ist; die bürgerliche Obrigkeit hat – ähnlich dem Modell des Alten Bundes – auf die Weisungen der Propheten Gottes zu hören.

Calvinismus in Europa

Das Genfer System kannte keine Toleranz. Es hatte Krisen zu bestehen, bis es seit 1555 fest in der Verfügung Calvins war. 1549 gelang im „Consensus Tigurinus" eine weitgehende Verständigung mit den zwinglianischen Gemeinden in der deutschen Schweiz. Der Zustrom von Glaubensflüchtlingen aus Frankreich, Italien, den Niederlanden und auch aus England (seit 1553) veränderte den Charakter der Genfer Bevölkerung. Die calvinistische Werbung begann durch die Rücksendung von Theologen, die in Genf ausgebildet wurden, quer durch Europa zu wirken. 1559 wurde unter der Leitung von Theodor Béza eine theologische Akademie gegründet. An Genf orientierte sich der französische Protestantismus (1559), die schottische „Confession of faith" (John Knox), die niederländische „Confession des Pays-Bas", die ungarische Nationalsynode von Debrecen (1567) und der Heidelberger Katechismus der Kurpfalz (1563). Die deutschen Protestanten und ihre Kompromißbereitschaft 1552/55 hatte Calvin mit scharfen Worten kritisiert. Dogmatische Differenzen (Calvins Abendmahls- und Prädestinationslehre) und mehr noch die unterschiedliche politisch-kirchliche Konzeption und der Vorwurf politischer Mutlosigkeit spielten dabei eine Rolle. Ab 1556 zeichnete sich eine partielle Wende ab: Angesichts der verschärften Unterdrükkung in Frankreich wandte sich Genf stärker der Werbung in Mittel- und Osteuropa zu (Polen, Ungarn). Die von nun an gesuchte theologische Verständigung mit dem deutschen Protestantismus sollte u. a. die Basis für die Ostmission verbessern. Dennoch ist in den folgenden Jahren und Jahrzehnten nur eine Minderheit, allerdings eine politisch und kulturell aktive Minderheit der deutschen Protestanten für den Calvinismus gewonnen worden (Kurpfalz, Nassau, Anhalt, Lippe, Bremen u. a.). Kursachsen und seine lutherischen Parteigänger widersetzten sich den Genfer Einflüssen, gingen mit Zwang (bis zur Todesstrafe) gegen die „Kryptocalvinisten" vor und suchten die reichsrechtliche Privilegierung der Augsburger Konfession gegen die „Sakramentierer" auszuspielen. So blieb der

Calvinismus im Reich in kirchlichen und politischen Einzelaktionen stecken. Offenbar stand die konservative Struktur der Reichsverfassung nicht nur den theologisch-kirchlichen Anliegen, sondern auch der politisch-sozialen Dynamik des Calvinismus entgegen.

Politische und soziale Wirkungen

Diese Dynamik wird uns noch vielfach begegnen. Ihre Bedeutung im Bereich der Motivation ständischer Widerstandsbewegungen ist unbestritten (Frankreich, Niederlande, England, Böhmen, Ungarn, Österreich). Weniger Consens herrscht bis heute in der Forschung hinsichtlich der sozioökonomischen Perspektiven. Ohne Zweifel hatten die umfangreichen Wanderungsbewegungen westeuropäischer, calvinistischer Glaubensflüchtlinge enorme Bedeutung für Wirtschaft und Gesellschaft der aufnehmenden, meist unterentwickelten Gebiete. Wieweit jedoch generelle Veränderungen der Mentalität und der geistigen Orientierung im „modernen" Sinne (Kapitalismus, Parlamentarismus, Menschenrechte) unmittelbar oder mittelbar aus dem Calvinismus abzuleiten sind, kann nur in differenzierter Forschung geklärt werden.

Abschluß des Trienter Konzils

Auf katholischer Seite kam die Erneuerung und Stabilisierung der Papstkirche erst relativ spät zu einem ersten Abschluß. Das Konzil von Trient hatte von 1545 bis 1547, dann wieder 1551/52 getagt. Der Friede von Cateau-Cambrésis zwischen Spanien und Frankreich (1559) und die Wahl des Papstes Pius IV. im gleichen Jahr schufen die Voraussetzungen für die Wiederaufnahme und das erfolgreiche Ende der Konzilsarbeit in der dritten Sessionsperiode (1562/63). Spanien, Frankreich und Kaiser Ferdinand I. versuchten gemeinsam die Konzilsarbeit zu beeinflussen, um eine Reform der Kirche „an Haupt und Gliedern" durchzuführen. Doch die Gemeinsamkeit der monarchischen Konzilspolitik trug nicht weit genug: Frankreich und das Reich wollten die Hoffnung noch immer nicht aufgeben, trotz der entschiedenen Absage der Protestanten eine so weitgehende konziliare Reform zu erreichen, daß dadurch der Weg zur Concordia offen blieb. Philipp II. war gegen die kurialen Mißstände, aber für die Protestanten hatte er nichts übrig. Es gelang schließlich der Kurie, durch die Entsendung des Kardinals Morone als Konzilspräsidenten, die Krise zu überwinden und mit der Zustimmung der Monarchen das Konzil (mit einem eingeschränkten Reformprogramm) rasch zu Ende zu führen. Am 4. Dezember 1563 schloß die Kirchenversammlung, ihre Tätigkeit, im folgenden Jahr bestätigte Papst Pius IV. alle Konzilsbeschlüsse. Damit ist die neue Konstellation von Kirchenreform und Papsttum bereits bezeichnet, die in den folgenden Jahrzehnten zu einem außerordentlichen spirituellen und organisatorischen Aufschwung der katholischen Sache führte.

Ergebnisse des Konzils

Man kann nicht sagen, daß das Konzil in Sachen des Glaubens und der Reform insgesamt keine Antwort auf die in der Reformation laut gewordenen religiösen Anliegen der Zeit gebracht hätte. Die Dekrete, die nun von einer streng zentralisierten Kirchenführung in die Praxis umzusetzen waren, besserten vieles und räumten vielen Anstoß beiseite: Neue Maßstäbe der Klerikerausbildung, der bischöflichen Pflichten, des pastoralen Dienstes, der Liturgie, des Erziehungswesens waren gesetzt worden. Modernisierung, Rationalisierung und Zentralisierung traten an die Stelle spätmittelalterlichen Wildwuchses und absurder Mißbräuche. Doch nicht nur in dogmatischer, auch in kirchenorganisatorischer und pastoraler Hinsicht war in vielen Fragen, die Luther gestellt oder vom christlichen Humanismus übernommen hatte, das Steuer auf pure Abwehr gestellt: Gegen die Volkssprachen in Liturgie und Heiliger Schrift (die schon vor Luther gefordert waren) stand die Betonung des Lateins, gegen die Aufwertung des Laien in der Kirche (gleichfalls lange vor Luther diskutiert) stand die Betonung der Klerikerkirche, gegen den Abbau der Scholastik (ein Hauptanliegen der Humanisten) ihre Aufwertung, gegen die Vielfalt der Riten und der theologischen Diskussion strenge Uniformität und Zensur. Die Reform „in capite", also in Rom selbst, hatte das Konzil nicht in Angriff genommen. Und auch dort, wo konziliare Beschlüsse vorlagen, aber nicht in das System des römischen Zentralismus paßten – etwa in der Frage des regionalen Synodalwesens – zeigte sich bald die Selektivität der römischen Praxis in der Durchführung der tridentinischen Reform.

Papsttum, Reform und Zentralismus

Nicht als ob diese Reform bloß in einer Stärkung der Zentrale aufgegangen wäre; ihre Wurzeln waren viel tiefer und ihre Ausstrahlung reichte viel weiter. Aber es ist bemerkenswert, wie überall dort, wo Reform und Zentralisierung Hand in Hand gingen, besonders deutliche Resultate erscheinen. Die Päpste nach dem Konzil waren der neuen Situation durchaus gewachsen. Auf Pius IV., der eine Gestalt des Übergangs war, folgte von 1566 bis 1572 Pius V., ein asketischer, frommer Dominikaner. Gregor XIII. (1572–1585) reorganisierte den kurialen Behördenapparat. Die katholischen Länder wurden mit einem Netz von Nuntiaturen überzogen, die über den Fortschritt der Reform und die Durchführung des Konzils zu wachen hatten. Ihm folgte Sixtus V. (1585–1590), als Minoritenmönch aus ärmlichsten Verhältnissen stammend. Zug um Zug erschienen nun auch die neuen, global vorgeschriebenen Buchhilfen der Reform: 1566 der Tridentinische Katechismus (an das deutsche Vorbild des Petrus Canisius – und natürlich – Luthers anknüpfend), 1568 das neue römische Brevier, 1570 das neue Meßbuch. (Die Edition eines autoritativen Bibeltextes unter Sixtus V. zeigte allerdings die neuen Schwierigkeiten, die Abgrenzungen gegen die Reformatoren mit dem Fortschritt der Philologie in Einklang zu halten.) Gleichzeitig erfolgte ein systematischer Ausbau der kirchlichen Studienanstalten in Rom, auch und vor allem für die Ausbildung des ausländischen Priesternachwuchses. Mit großem Elan wurden die Missionsaufgaben in den neuentdeckten überseeischen Gebieten in Angriff genommen. Selbstlose Hingabe im Dienste der christlichen Verkündigung war das eine; das andere waren neue Schwierigkeiten durch die Verkoppelung der Mission mit staatlicher Kolonialpolitik und durch die Festlegung Roms auf eine lateinische Uniformität. Die Kunst der Spätrenaissance wurde in umfassender Weise in den Dienst der neuen Ära gestellt. Rom wandelte sich aus einer Renaissancestadt in einen Mittelpunkt neuer Spiritualität, die ihren künstlerischen Ausdruck bald in dem Überschwang des beginnenden Barock fand.

Gegenreformation, Politik, Kultur

Diese neue Ära von Papsttum und Kirche, wirkend durch Orden, Nuntien, römisch erzogene Bischöfe und römische Kultur, stieß in den einzelnen Ländern

Europas und in den überseeischen Missionsgebieten auf sehr unterschiedliche Möglichkeiten und Schwierigkeiten. Überall ergab sich die Notwendigkeit politischer Optionen und Bündnisse. Katholische Reform mündet in die Gegenreformation im Sinne der Verwendung der „vorhandenen religiösen Kräfte und politischen Machtmittel zum Gegenstoß gegen die Neuerung" (H. JEDIN). Diese machtvollen, vielfältigen Vorgänge haben politische, ethische, soziale und kulturelle Perspektiven, die für den Werdeprozeß des modernen Europas von zentraler Bedeutung sind. Die kulturelle Trennung Europas in einen katholischen und einen protestantischen Bereich hat vor allem für den deutschen Sprachbereich tiefste Wirkungen (hier romanische Formkultur, dort deutsche Schriftkultur). Die Fragen der christlichen Staatsethik stellen sich neu in einer Epoche, die um konfessionelle Kampfbündnisse mit Hilfe einer entschärften, verchristlichten Staatsräson ringt (Giovanni Botero). Die überwiegende Parteinahme der katholischen Theoretiker (Neuscholastik, Neostoizismus, Ragione di Stato) für den fürstlichen Absolutismus und die traditionelle Gesellschaftspyramide wirft Probleme auf, die über die Verfassungsgeschichte hinaus die gesellschaftspolitische Relevanz der Gegenreformation betreffen.

14. Die Spanische Monarchie unter Philipp II.

Ausgangspositionen Philipps II.

Karl V. übertrug Philipp II. 1555/56 nur einen Teil des Weltreiches, das er selbst im Zeichen der Devise „Plus ultra" vereinigt hatte. Der damals neunundzwanzigjährige König erbte die Niederlande, die Freigrafschaft Burgund (beides im Verband des Reiches), die spanischen Königreiche mit den Besitzungen in Nordafrika und in Amerika, die italienischen Vizekönigreiche Neapel, Sizilien und Sardinien, das Herzogtum Mailand und die Herrschaft über Siena. Außerdem hinterließ ihm Karl V. im Herbst 1556 den neuerlich ausgebrochenen Krieg mit Heinrich II., dem sich als neuer Gegner Papst Paul IV. angeschlossen hatte. Die Siege des Herzogs von Alba in Italien und des Herzogs von Savoyen bei St. Quentin entschieden 1557 den Krieg. 1558 verlor Philipp II. durch den kinderlosen Tod seiner zweiten Gattin, Maria Tudor, Titel und Anspruch eines Königs von England. Im Frieden von Cateau-Cambrésis (3. April 1559) verzichtete Frankreich auf alle Rechte in Italien, sicherte dafür seine Westgrenze auf Kosten Englands (Calais) und des Reiches (Metz, Toul, Verdun). Dieser Friede, als „pax catholica" gefeiert, konnte auf französischer Seite die geplante Eröffnung einer gemeinsamen antiprotestantischen Politik nicht gewährleisten, da Heinrich II. bei den Feierlichkeiten zum Friedensschluß durch einen Turnierunfall das Leben verlor. Immerhin kam noch 1559 die Ehe mit Elisabeth von Valois, der Tochter des Verstorbenen, zustande. Philipp II. hatte aus der ersten Ehe mit Maria von Portugal den 1545 geborenen Sohn Don Carlos, der bekanntlich regierungsunfähig war und 1568 starb. Aus der Ehe mit Elisabeth stammte die Infantin Isabella Clara Eugenia (1566–1633), mit deren Hilfe Philipp zeitweilig auf den Erbanfall Frankreichs rechnete. Da ein männlicher Thronerbe, der spätere Philipp III., erst 1578 aus einer vierten Ehe mit der Erzherzogin Anna, einer Tochter Kaiser Maximilians II., geboren wurde, war zeitweilig mit den Wiener Neffen Rudolf (II.) und Ernst als Eventualerben Spaniens und der Nebenlande zu rechnen. Dementsprechend wurden die Wiener Prinzen in Spanien erzogen, was für ihre spätere gegenreformatorische Einstellung von Bedeutung war.

Absolutistischer Regierungsstil

Die Teilung des habsburgischen Weltreiches brachte für die ältere Linie eine straffere Zentralisierung und ein kräftiges Hervortreten des nationalspanischen Elementes. Philipp II. verließ 1559 die Niederlande, das alte burgundische Kernland seines Hauses, und regierte von da an bis zu seinem Tode 1598 von Spanien aus. Zunächst schuf er sich in Madrid ein neues Regierungszentrum, dann ließ er in der Einsamkeit des kastilischen Berglandes den Klosterpalast El Escorial errichten, der zugleich dynastisches Grabmonument, Residenz, Behördensitz und klösterliches Gebets- und Wissenschaftszentrum wurde. Madrid und später der Escorial wurden zum Mittelpunkt einer absolutistischen Bürokratie. Der Regierungsstil wurde durch die bürokratisch-selbstherrliche und dabei immer wieder zögernde und skrupulantenhafte Persönlichkeit des Herrschers geprägt. Immerhin ging die Begründung eines festen Regierungssitzes – den Karl V. nie gekannt hatte – Hand in Hand mit einem systematischen Ausbau der obersten Regierungsorgane: Indienrat, Italienrat, Rat der Niederlande, Rat für Kastilien, für Aragon. Es gab zeitweilig heftige Auseinandersetzungen um eine mehr den föderativen Traditionen Aragons oder dem kastilischen Zentralismus entsprechende Struktur der Verfassung. Nicht nur der Aufstand der Niederlande, auch die erbrechtlich unterbaute Annexion von Portugal (1580) nach dem Tod des letzten Herrschers Sebastian in Afrika (Schlacht von Ksar-el-Kebir 1578) und der Aufstand Aragons (1590/92) wirkten in Richtung einer föderalistischen Lösung.

Wirtschaft und Gesellschaft

Die spanische Bevölkerung wuchs im 16. Jahrhundert trotz der Auswanderung nach Amerika ständig an; doch blieb der Gegensatz zwischen dem Reichtum einer dünnen Oberschicht und der Armut der großen Masse bestehen. Anzeichen von Depression lassen sich nach der Jahrhundertmitte in Landwirtschaft und Gewerbe feststellen. Die Einfuhr von Silber aus Amerika stieg fortgesetzt, sowohl die Privatimporte wie das „Kronsilber", das wesentlich zur Finanzierung von Außenpolitik und Kriegführung diente. Obwohl der Zusammenhang der Preisrevolution mit dem Edelmetallimport unbestritten ist, dürfte eine nur monetäre Erklärung andere Faktoren nicht hinreichend berücksichtigen; es ist zu fragen, warum der Silberzustrom nicht stärker für Investitionen und Produktionssteigerung im eigenen Land genutzt wurde. Die Geschichte der spanischen Staatsfinanzen ist durch die drei Staatsbankrotte von 1557, 1575 und 1596 illustriert, wenn auch nicht erklärt. Beim ersten Bankrott ging es um die von Karl V. hinterlassenen ungeheuren Schulden, beim zweiten u. a. um die Ausgaben für den Krieg in den Niederlanden.

Moriscos

Eine zunehmende Belastung für die innere Lage Spaniens bildete das Problem der Moriscos, der arabisch sprechenden, meist nur oberflächlich christianisierten arabischen Restbevölkerung in Granada. Schon zu Anfang des Jahrhunderts waren, angesichts des Zwanges zur Taufe, von den etwa 1 Million Muslimen in Südspanien etwa 300000 emigriert (ein ähnlich hartes Schicksal traf die jüdische Minderheit, die vom Mittelalter her als Gewerbetreibende eine bedeutende Rolle in der städtischen Wirtschaft spielte). Für die zweite Jahrhunderthälfte hat man berechnet, daß immer noch etwa 16% der spanischen Gesamtbevölkerung auf Moriscos, Juden und „Judíoconversos" (erst kürzlich getaufte Juden) entfielen. Die wirtschaftlich überaus tüchtige Bevölkerungsgruppe der Moriscos wurde von der Inquisition immer schärfer kontrolliert, als mit dem Vordringen der Osmanen in das Westmittelmeer subversive Kontakte nicht nur zu den Muslimen Nordafrikas, sondern auch nach Konstantinopel festgestellt wurden. Ein Edikt von 1567, das die Erlernung des Spanischen verlangte und den Gebrauch des Arabischen verbot, führte zu einem Aufstand (etwa 150000 Teilnehmer), der in zweijährigen Kämpfen mühsam niedergeschlagen wurde. Die Moriscos wurden zunächst ins Landesinnere deportiert; ihre endgültige Vertreibung erfolgte 1609 zum großen Schaden der spanischen Wirtschaft.

Spanische Inquisition

Die prinzipielle Überordnung der Gesichtspunkte kirchlicher Orthodoxie und national-rassischer Zuverlässigkeit fand ihren institutionellen Ausdruck in der Tätigkeit der spanischen Inquisition als einer staatlichen, geheimen Polizei- und Gerichtsbehörde. Ihre Bedeutung stieg mit der systematischen Verfolgung der Anhänger des erasmianischen Humanismus seit etwa 1540. Denunziantentum und öffentliche Urteilsverkündung und Hinrichtung der Beschuldigten gehörten zum Alltag. Man schätzt die Zahl der Todesurteile der Inquisition vom Ende des 15. bis zur Mitte des 17. Jahrhunderts auf 10 bis 15000. Die immer mißtrauischere Überwachung der ethnischen Minoritäten ließ die Forderung nach der „Reinheit des Blutes" (limpieza de sangre) in den Vordergrund treten; auch dies bot ein weites Feld für Anzeigen und Fälschungen.

Kulturelle Blüte

Die kulturelle Blüte Spaniens war von diesen Erscheinungen weniger überschattet, als man nach heutigen Vorstellungen annehmen möchte. Große Gelehrte führten die spanische Neuscholastik zu einer Blüte, die u. a. auf dem Gebiete der Ethik, der Staatstheorie und des Völkerrechts auch von der protestantischen Welt beachtet, teilweise rezipiert wurde (Francisco de Vitoria, Domingo de Soto, Francisco Suárez). Werke hoher Spiritualität, Blüte der kirchlichen Baukunst und Malerei und eine Fülle glänzender literarischer Leistungen ließen das Zeitalter Philipps II. zum „Siglo de Oro" der spanischen Kultur werden. Daran änderten zunächst auch die Symptome beginnender geistiger Stagnation und die immer schärfer werdende Abschließung von der außerkatholischen Kulturwelt wenig. So stark war offenbar der Fundus an geistiger Vitalität aus der unbefangeneren, vorkonfessionellen Epoche; stimulierend wirkte stets von neuem das Bewußtsein einer großen nationalen, christlichen Aufgabe, das sich im Kampf gegen den Islam, in der Erschließung der Neuen Welt und im Widerstand gegen die Macht des Protestantismus artikulierte.

Das einheitliche Selbstverständnis einer nationalbewußten Gesellschaft stellte sich, mit dem Herrscher an der Spitze, in den Dienst der katholischen, gegenreformatorischen Ideale. Der König selbst hatte von Karl V. ein unverbrüchliches Engagement für die kirchliche Einheit im antiprotestantischen Sinne übernommen. Die Zusammenarbeit mit dem Papsttum und den katholischen Mächten war für Philipp II. wie für die öffentliche Meinung des Landes identisch mit den politischen Interessen Spaniens. Diese Identität beruhte nicht zuletzt auf der spanischen Herrschaft – teils direkt, teils indirekt – über Italien. Die Abhängigkeit des Reformpapsttums von Spanien war nicht in Frage zu stellen, um so weniger, als Frankreich durch die langwährende Hugenottenkrise ab 1560 daran gehindert wurde, in Italien und in der europäischen Politik als Partner eines innerkatholischen Gleichgewichts aufzutreten. Dies änderte sich erst gegen Ende des Jahrhunderts, als Heinrich IV. den Wiedereintritt Frankreichs in das europäische Kräftespiel und auch in die politischen Berechnungen des Papsttums vollziehen konnte.

Probleme der gegenreformatorischen Politik Spaniens

Die langfristige Identifizierung von spanischer Politik und katholischer Sache hatte sich aus dem Gang der Geschichte ergeben. Die Deformation der spanischen Gesellschaft durch die Setzung von Prioritäten, die dem ökonomischen Nutzen und der Ausbildung einer produktiven Mittelschicht entgegenwirkten, wurde unter diesen Umständen nicht aufgehalten. Aber auch für die katholische Sache hatte diese langfristige Konstellation ihre bedenklichen Seiten. Philipps Spanien brachte in den Prozeß der Gegenreformation auf der staatlichen Ebene nur jene Methoden ein, die er von Karl V. übernommen hatte: diplomatischer Druck und militärische Intervention als Mittel konfessioneller Strategie. Ob es unter den damaligen Bedingungen – auch von Rom her – erhebliche Alternativen gegeben hätte, kann hier unerörtert bleiben. Festzuhalten bleibt, daß schon Karl V. bei noch weniger festen Fronten und mit flexiblerem Einsatz als Philipp II. mit diesen Mitteln gescheitert war.

15. Das Reich, der Osten und Norden Europas

Nach dem Scheitern Karls V. in Deutschland verlagerte sich die Entscheidungszone nach dem Westen Europas. Erst im 17. Jahrhundert verschob sich der Schwerpunkt der Ereignisse wieder in die Mitte und in den Osten des Kontinents. Das Reich befand sich seit dem Religionsfrieden von 1555 und den habsburgischen Teilungen 1555/58 in einem äußerlich ruhigen Zustand; zu der Erfahrung des durchgestandenen konfessionellen Bürgerkrieges kam der abschreckende Anschauungsunterricht der nicht endenden Kämpfe in Frankreich und in den Niederlanden, dazu die ständig drohende Türkengefahr. Die Reichsverfassung, 1555 im Sinne einer reichsrechtlichen Sicherung, wenn auch nicht völligen Parität der evangelischen Stände modifiziert, schien für ein unkriegerisches Zusammenleben der Konfessionen Raum zu bieten, jedenfalls solange jene Generation von Fürsten und Räten am Ruder war, die die Augsburger Ordnung geschaffen hatte.

Das Reich nach dem Religionsfrieden

Kaiser Ferdinand I. (bis 1564) hoffte noch immer auf eine Concordia und versuchte, freilich vergebens, das Trienter Konzil, die Zusammenarbeit mit Rom und den Jesuiten noch in den größeren Rahmen solcher Ziele einzuordnen. Sein Sohn und Nachfolger Maximilian II. (1564–1576) stellt einen letzten Ausläufer der Via-media-Haltung auf dem Kaiserthron dar. Seine persönliche Glaubenshaltung ist umstritten. Sicher neigte er zeitweilig dem Protestantismus zu; er bekannte sich aber – wohl auch aus familien- und reichspolitischer Opportunität – nie zu einem von Rom abweichenden Credo. Die tatsächlich von ihm durchgeführte bzw. zugelassene Religionspolitik in den Erblanden lief auf ein Nebeneinander von katholischer Reform und Konzessionen an den aufblühenden, reichsrechtlich nicht gedeckten österreichischen Protestantismus hinaus (Religionskonzession 1568, Assekurationsakte 1571). Ihn leitete die Absicht, durch parallele Organisation von Katholizismus und Protestantismus „die allgemeine christliche Reformation und gottselige Vergleichung der Religion in der deutschen Nation' herbeizuführen" [716: Zeeden, 549]. Auf dem Augsburger Reichstag 1566, der vor allem der Hilfe im Türkenkrieg galt, nahm Maximilian mit den katholischen Ständen die Dekrete des Trienter Konzils an; daß ein von Rom damals beabsichtigter Protest wegen angeblicher Unvereinbarkeit der Konzilsbestimmungen mit dem Religionsfrieden durch den päpstlichen Legaten Commendone verhindert werden konnte, kam der Beruhigung der innerdeutschen Lage zugute.

Maximilian II.

Gegensätze zwischen Philipp II. und Maximilian II.

Für die politischen Beziehungen zwischen Philipp II. und Maximilan II. wurden zwei Regionen von zentraler Bedeutung, die als „Bruchzonen" des ehemaligen carolinischen Gesamtsystems bezeichnet werden können und „in denen der Kaiser als Oberhaupt des Reichs oberster Lehensherr, der spanische König aber Vasall des erstgenannten war, somit also jener Gürtel von Territorien unterschiedlicher lehensrechtlicher Qualität, der sich von der friesischen Küste halbkreisförmig bis in die Poebene zog." (1096: Edelmayer, 1). In Reichsitalien war die lehensrechtliche Stellung des Kaisers gegeben, sie wurde von Philipp aber de facto unterlaufen, seit die machtpolitische Dominanz Spaniens in Italien im Frieden mit Frankreich (1559) vertraglich bestätigt worden war. Die Niederlande hingegen koppelten sich vom Reich immer mehr ab, seit der Burgundische Vertrag (1548) dafür die rechtliche Grundlage abgab.

Seit der Mitte der 60er Jahre stellte die osmanische Bedrohung Philipp II. und Maximilian II. vor die Frage einer gemeinsamen Italien- und Mittelmeerpolitik. Ihr maritimes Übergewicht im östlichen Mittelmeer erlaubte den Osmanen eine Reihe von Flottenoperationen im westlichen Mittelmeer; dies hatte das Eingreifen Spaniens zur Folge. Zwei Probleme standen einem Eingreifen Maximilians II. im Weg: die osmanische Bedrohung in Ungarn und die Weigerung der protestantischen Reichsstände, einer Türkenliga mit Spanien und dem Papst näherzutreten.

Im niederländischen Konflikt (siehe unten S. 75 ff.) war es Maximilians Stellung als Reichsoberhaupt, die ihn zur Vermittlungsinstanz der Konfliktparteien werden ließ. Zum Ärgernis Philipps nahm Maximilian seine Vermittlerrolle zunächst auf dem Augsburger Reichstag von 1566 wahr, als eine Gruppe um Wilhelm von Oranien die Abschaffung der Inquisition verlangte, während Philipp Maximilian ersuchte, eine Unterstützung der Niederländer zu vermeiden. Einige protestantische Reichsstände richteten an Maximilian eine Petition, sich bei Margarete und Philipp für die Abstellung der religionspolitischen Maßnahmen Philipps und der damit verbundenen Verfügungen einzusetzen. Dazu war Maximilian bereit, vor einem Einsatz militärischer Mittel schreckte er jedoch zurück. Das entsprang seinem Bestreben, das Reich aus einem religionspolitischen Konflikt unbedingt herauszuhalten.

Konflikte seit Rudolf II.

Mit Rudolf II. (1576– 1612), der in Spanien erzogen worden war und der in seinen letzten Regierungsjahren als Sonderling inmitten von Kunst und Alchemie in Prag residierte, setzte in wechselnder Stärke eine gegenreformatorische Politik ein, die sowohl in den Erblanden wie im Reich eine allgemeine Verschärfung der konfessionellen Konfliktlage zur Folge hatte. Die starke ständisch-protestantische Fronde, die sich langfristig in Österreich gebildet hatte (tonangabend auf den Landtagen, mit eigener Administration, Finanzverwaltung und Schulwesen), stellte Verbindungen mit dem protestantischen Adel in Böhmen und Ungarn und mit der calvinistischen Bewegungspartei im Reich her. In Österreich war nur eine Minderheit der Protestanten calvinistisch (Georg Erasmus v. Tschernembl), noch in Ausnutzung der habsburgischen Staatskrise seit der Spätzeit Rudolfs II. gewann diese aktive Minderheit in der europäischen Konstellation vor 1618 Bedeutung.

Noch Ferdinand I. hatte die Erblande unter seine Söhne in drei Linien geteilt (Maximilian II. erhielt mit der Kaiserkrone, Böhmen, Ober- und Niederösterreich, Ferdinand Tirol und die Vorlande, Karl die Steiermark, Kärnten, Krain und Görz). Die Teilung hatte zur Folge, daß die Residenzen Graz und Innsbruck bald zu Zentren der Gegenreformation wurden. Vor allem die innerösterreichische Linie, mit den Münchner Wittelsbachern verschwägert, verfolgte eine wirkungsvolle antiprotestantische Politik nach innen und außen (in Graz Gründung einer Jesuitenuniversität 1585, Errichtung der Nuntiatur 1580). Außerhalb Österreichs wurde Bayern unter Herzog Albrecht V. (1550–1579) und seinem Nachfolger Wilhelm V. (1579–1595) die Vormacht der Gegenreformation. Protestantische Bestrebungen, insbesondere in den Reihen des Adels, wurden seit 1564 rigoros unterdrückt. Die Förderung der Jesuiten, Stützung der weltlichen und geistlichen Reichsstände im Südwesten, Westen und Nordwesten des Reiches (Bistümer für nachgeborene Prinzen) und eine enge Zusammenarbeit mit Rom auf den verschiedensten Gebieten schufen ein neues Klima.

Fortschritte des Protestantismus

Der Protestantismus im Reich machte auch nach dem Religionsfrieden noch bedeutende Fortschritte. Bis 1566 befanden sich alle Bistümer östlich der Weser in protestantischer Hand, ungeachtet der Bestimmungen des „Geistlichen Vorbehalts". Erst recht wurden Hunderte von Klöstern in evangelischen Territorien säkularisiert, obwohl auch für sie das Normaljahr 1552 schützend hätte gelten sollen. Überall erweiterte und konsolidierte sich der evangelische Besitzstand mit seinen pastoralen und schulischen Einrichtungen, teils durch Einsatz des landesherrlichen „Jus reformandi" und ähnlicher Druckmittel, teils auch durch die anhaltende Werbekraft der reformatorischen Ideen. Die Diskrepanz zwischen Rechtsnorm und faktischer Macht bzw. schon eingetretener Protestantisierung der Bevölkerung, der Domkapitel etc. schuf eine breite Konfliktzone im Bereich des Reichsreligionsrechtes, verschärft durch Lücken und Unklarheiten der Regelung von 1555. Das Ringen um die Interpretation des Religionsfriedens wurde zu einem Hauptthema zwischen den Konfessionen; es betraf die Reichsgerichtsbarkeit (sukzessive Lähmung des Reichskammergerichtes), die Publizistik und die politisch-juristische Theorie der beiden Seiten und führte schließlich zu einer irreversiblen Krise der Reichsverfassung. Dabei spielte die politische und theologische Spaltung des deutschen Protestantismus in einen vom Luthertum geprägten, konservativen Flügel (unter der Führung Sachsens) und in einen calvinistisch geprägten bzw. beeinflußten und antihabsburgischen Flügel (unter der Führung der Kurpfalz) zunächst noch keine ausschlaggebende Rolle. Für die katholische Seite und für die seit den 70er Jahren spürbar steigende Ausstrahlungskraft der tridentischen Reform ergab sich eine deutsche Sondersituation (von der Reform her gesehen auch eine Sonderbelastung): Festhalten an dem Raster von Rechtstiteln, auf deren strikte Auslegung zum Schaden der protestantischen Seite man nicht verzichten wollte oder konnte; Reichsrecht und römisches Kirchenrecht griffen hier ineinander. Trotz weiterbestehender überkonfessioneller Gemeinsamkeiten auch im kulturellen Leben (humanistische Traditionen im Schulwesen, scholastisch-aristotelische Orientierung an den Universitäten) traten unter den gegebenen Umständen die Ansätze zu einem unpolemischen Austausch zurück. Auch die durch den calvinistisch-lutherischen Gegensatz bedingten Verschiebungen („lieber papistisch als calvinistisch") kamen zwar in der politischen Konstellation zeitweilig der katholischen Seite zugute, brachten aber im kulturellen und kirchlichen Bereich keine neue Öffnung, eher eine gemeinsame Abwehrfront gegen zukunftsträchtige geistige Entwicklungen (etwa gegen die antiaristotelische Philosophie des französischen Calvinisten Petrus Ramus [1515–1572], gegen das kopernikanische Weltbild u. a.).

Reichsrecht und konfessioneller Konflikt

Kampf um Kurköln

Die Konfliktfälle und das Klima verschärften sich in den letzten beiden Jahrzehnten des 16. Jahrhunderts. Kennzeichnend sind die Kölner Vorgänge 1582/83. Erzbischof Gebhard Truchseß v. Waldburg, noch ohne höhere Weihen, wollte ein evangelisches Stiftsfräulein heiraten. Ihre Familie beeinflußte Waldburg, statt des Verzichtes auf seine Stelle (wie es der Geistliche Vorbehalt will) die Protestantisierung des Kurfürstentums zu betreiben. Damit drohte nicht nur eine protestantische Mehrheit im Kurfürstenkolleg mit der Gefahr eines protestantischen Kaisertums, sondern auch der Fall der katholischen Eckbastion Köln im Nordwesten des Reiches mit Folgen für die Niederlande. Die katholische Partei in Köln, im Reich und in Rom griff rasch ein: Domkapitel und Landtag Kurkölns erklärten sich gegen Waldburg, Kaiser und Papst sprachen die Absetzung aus, der bayerische Prinz Ernst (schon Bischof von Freising, Lüttich und Hildesheim) wurde mit päpstlicher Dispens (vom tridentinischen Kumulationsverbot) zum neuen

Erzbischof gewählt. Weder die aufständischen Niederlande noch das Gros der deutschen protestantischen Fürsten unterstützten Waldburg, dagegen halfen dem neuen Kurfürsten Ernst ein bayerisches Heer und ein spanisches Kontingent zum Sieg über seinen Vorgänger. Kurköln blieb seitdem als geistliche Sekundogenitur mit Bayern verbunden.

Magdeburg und die Lähmung der Reichsorgane

Das gleiche Grundproblem in anderer Variation zeigte der Magdeburger Sessionsstreit. Das Erzstift Magdeburg war 1582 in der Hand eines evangelischen Administrators aus dem Hause Brandenburg. Prinz Joachim Friedrich beanspruchte auf dem Reichstag dieses Jahres seinen Sitz im Fürstenrat, obwohl er als Protestant weder die kaiserliche Belehnung noch die päpstliche Konfirmation für Magdeburg erhalten hatte. Die katholischen Reichsstände weigerten sich, ihm den Sitz einzuräumen. Als sie mit dem Auszug drohten, verzichtete Joachim Friedrich auf die Teilnahme am Reichstag. Doch 1588 war Magdeburg nach einer alten Turnusregel als Mitglied einer reichsständischen Visitationskommission für das Reichskammergericht an der Reihe. Die Katholiken verweigerten dem Protestanten, der ihrer Interpretation nach kein Recht auf das Erzbistum hatte, die Mitwirkung in der Kommission. Diese konnte daraufhin nie mehr zusammentreten; das oberste Reichsgericht war seitdem ohne reguläre Revisionsinstanz. Seit 1594 versuchte der Reichstag, die Visitations- und Revisionstätigkeit durch einen „Deputationsausschuß", d. h. durch eine vom Reichstag delegierte Kommission, in die Wege zu leiten. Unter ihren Mitgliedern war auch Kurpfalz; da 1600 in einem Rechtsstreit, der vier protestantische Reichsstände (wegen Aufhebung von Klöstern) betraf, ein der katholischen Sache günstiges Revisionsurteil drohte, legte der Pfälzer Kurfürst den Ausschuß durch Austritt endgültig lahm. Auf den Zusammenbruch der Reichsjustiz folgte bald die Sprengung der Beschlußfähigkeit des Reichstages (1603, durch Kurpfalz). Hier war nun die Rolle der calvinistischen, aktivistischen Minderheit deutlich geworden. Sie hatte Ziele, die über eine den Protestanten günstige Modifikation der alten Reichsverfassung hinausreichten. Die Härte der katholischen Gegenwehr ließ nichts zu wünschen übrig; man näherte sich der kriegerischen Auseinandersetzung.

Ungarn

Im Osten und Norden Europas griffen politische und kirchliche Fragen nicht minder stark, aber in anderer Weise ineinander. *Ungarn* erlebte in der zweiten Hälfte des Jahrhunderts ein Ansteigen des Protestantismus, vor allem der Adel wurde weithin vom Calvinismus gewonnen. Man hat errechnet, daß damals von allen der Forschung bekannten ungarischen Schulen nur mehr ein Fünftel katholisch war; vier Fünftel wurden von den verschiedenen protestantischen Richtungen unterhalten (Lutheraner, Calvinisten, Unitarier). Im letzten Viertel des Jahrhunderts setzte von Wien und Rom aus die Gegenreformation ein. Jesuiten gründeten Niederlassungen und Schulen, die habsburgische Regierung unter Rudolf II. versuchte mit politischen Mitteln die Rekatholisierung zu unterstützen. In Siebenbürgen, außerhalb des (unmittelbaren) habsburgischen Machtbereiches, behauptete sich die gesetzlich verankerte Toleranz; der Landtag von Neumarkt 1571 garantierte die „freie Ausübung der vier rezipierten Religionen" (Katholiken und die drei obengenannten protestantischen Richtungen), die orthodoxe Kirche, der die rumänische Bevölkerung angehörte, wurde stillschweigend geduldet. Im habsburgischen Teil Ungarns kam es im Zusammenhang mit dem Wiederausbruch des Türkenkrieges (1593–1606) zu komplizierten Auseinandersetzungen um konfessionelle, ständische und politische Rechte, die auch den Status des Großfürstentums Siebenbürgen betrafen. Zuletzt wurde der Aufstand Stefan Bocskays (1604/6) gegen den Kaiser vom protestantischen Adel (und vom Sultan) unterstützt. Doch söhnte sich Bocskay schon 1606 im Wiener Frieden mit Kaiser Rudolf aus (Religionsfreiheit für Ungarn); im gleichen Jahr kam durch seine Vermittlung der Friede von Zsitva-Torok (bei Komorn) zwischen dem Kaiser und dem Sultan zustande. Einerseits war der konfessionelle Pluralismus mit Rücksicht auf die Türkengefahr weiterhin gesichert; andererseits bedeutete die langfristige Friedensregelung mit der Pforte für Habsburg im Dreißigjährigen Krieg eine wesentliche Entlastung.

Polen

Das Königreich *Polen* geriet zeitweilig in den Mittelpunkt politisch-kirchlicher Interessenkämpfe von überregionaler Bedeutung. Nach dem Tode des letzten Jagellionenfürsten hatte die Warschauer Konföderation (1573) sowohl Calvinisten wie Lutheranern volle Religionsfreiheit zugesichert. Der neugewählte König Stephan Báthory (1575–1586) kam aus Siebenbürgen und war dem Toleranzgedanken verpflichtet. Er verdankte seine Wahl der antihabsburgischen Partei des polnischen Adels. Um so wichtiger wurde für ihn eine enge Verbindung mit Rom; davon versprach er sich Hilfe im Kampf gegen Zar Iwan IV. Dieser hatte durch sein Eingreifen im Baltikum erstmals das orthodoxe Großfürstentum Moskau in das Kräftefeld der europäischen Mächte eingeführt. Auch in die gegenreformatorischen Pläne Roms wurde Rußland nun einbezogen. Es gab Alternativen: mit Polen von außen gegen den orthodoxen Staat anzugehen oder von innen her die Katholisierung Moskaus und seine Einbeziehung in eine antiprotestantische Front im Norden und eine antiosmanische Solidarität nach dem Süden hin zu betreiben.

Gegenreformation in Osteuropa

Diese politischen Aspekte im Umkreis von Polen und Rußland dürfen die bedeutenden kulturellen Perspektiven der gegenreformatorischen Bestrebungen im Osten nicht verdecken. Das Wirken der Jesuiten und die Verbreitung der humanistischen und barocken Kulturformen aus dem Süden in den Osten Europas hatte nachhaltige Folgen im Sinne einer Modernisierung und Verwestlichung. Die gewaltlosen Erfolge der Jesuiten und des Katholizismus im Polen Báthorys und danach sind ebenso in diesem soziokulturellen Kontext zu sehen wie die polnisch-päpstlichen Bestrebungen, die 1596 zur Union von Brest führten: Die Mehrzahl der orthodoxen Bevölkerung des polnisch-litauischen Staatsgebietes schloß sich Rom an. Auch hier machte sich freilich die Problematik der politischen Begleitumstände und der römischen Uniformitäts- und Superioritätstendenzen geltend. Die Wege der Gegenreformation im Osten verdienen ein besonderes Interesse; es reicht über Polen und die Unionsgeschichte weiter zur geistlichen Akademie von Kiew und ihren Wirkungen auf die Anfänge der petrinischen Reform.

Rekatholisierung Schwedens?

Polens Geschichte gerät zeitweilig in einen nahen Zusammenhang mit *Schweden.* Nach Báthorys Tod wählte Polen einen König aus der schwedischen Dynastie Wasa, Sigismund III. (1587–1632). Sein Vater, Johann III., war mit einer polnischen katholischen Prinzessin verheiratet gewesen und hatte selbst Neigungen zum Katholizismus gezeigt. Sigismund setzte die Politik des engen Einvernehmens mit Rom fort und näherte sich auch dem Wiener Hof. Nach dem Tod seines Vaters ging er nach Stockholm; er vereinigte die schwedische Krone in Personalunion mit der polnischen. Damit war die Frage nach einer Rekatholisierung Schwedens gestellt. Der König hatte gleich den päpstlichen Nuntius Malaspina mit ins Land gebracht. Doch als die Schwierigkeiten einer sofortigen Restauration des alten Glaubens zutage traten, kehrte der König mit dem Nuntius nach Polen zurück und übertrug seinem Onkel Karl von Södermanland als Statthalter die Regierung in Schweden. Die Entscheidung darüber, ob Schweden wieder katholisch werden, ob ein vereinigtes Polen–Schweden die Ostsee und den Norden beherrschen werde, konnte um 1595 noch als offen gelten.

16. Die Hugenottenkriege und der Aufstand in den Niederlanden

Frankreich wurde nach dem Tode Heinrichs II. zum Experimentierfeld des europäischen Konfessionskampfes: Eine langanhaltende Staatskrise infolge der Schwäche der Zentralgewalt, konfessionelle Polarisierung im Zusammenhang mit sehr unterschiedlichen politischen, sozialen und regionalen Gruppierungen und Interessen, heftige theologisch-ideologische Auseinandersetzungen und ein starkes Einwirken politisch-kirchlicher Kräfte des Auslandes (Spanien, Rom, England, aufständische Niederlande) machen den Bezugsrahmen der Hugenottenkriege aus. Erst in den 80er Jahren gelingt Heinrich von Navarra eine neue Integration der politischen und gesellschaftlichen Kräfte; die aus dem Bürgerkrieg hervorgehende Neuformation der französischen Monarchie stellt in mehrfacher Hinsicht eine neuen Typus von Staatlichkeit dar.

Konfessinelle und politische Gruppierungen

Schon vor dem Tode Heinrichs II. hatte der Protestantismus in Frankreich große Fortschritte gemacht; nach Genfer Vorbild entstanden vielerorts organisierte Gemeinden, die sich 1559 auf einer ersten Generalsynode ein gemeinsames Bekenntnis gaben. Die Nachfolge des 15jährigen kränklichen und nahezu regierungsunfähigen Franz II. ermutigte die Protestanten. Während Paris und der Nordosten weniger berührt wurden, bildeten sich in der Provence, im Languedoc, in Mittelfrankreich und im Westen von Navarra bis Nantes zahlreiche protestantische Zentren: Hoher Adel, städtisches Bürgertum und Landadelige mit ihren Bauern schlossen sich der Reformation an. Am Königshof bestanden zwei Gruppierungen, die um die Macht rivalisierten und deren allmähliche Metamorphose aus Hofparteien in Konfessionsparteien zu verfolgen ist. Auf der einen Seite stand die streng katholische Gruppe der Fürsten aus dem Hause Lothringen-Guise, mit einer kompakten Hausmacht im östlichen Frankreich; Kardinal Karl von Lothringen war ihr stärkster Exponent. Ihnen trat entgegen die Gruppe der „Prinzen von Geblüt“ aus dem Hause Bourbon, einer Seitenlinie des regierenden Hauses Valois. Sie waren verbunden mit den Brüdern Châtillon, die seit langem antilothringisch eingestellt waren. Diese Gruppe tendierte zum Protestantismus. Einer der Châtillons, Admiral Gaspard de Coligny, bekannte sich bald offen zu Calvin, während sein Bruder, Kardinal Odet de Châtillon, den gleichen Weg nur zögernd beschritt. Bei dieser Konstellation war die Frage eines religiös begründeten politisch-militärischen Widerstandsrechts, wie sie alsbald aus den Kreisen des protestantischen Adels an Calvin gestellt wurde, von großer Bedeutung. Der Genfer warnte vor eigenmächtigem Vorgehen, empfahl Widerstand in legaler Form und verwies vor allem auf die Parlamente und auf die Prinzen von Geblüt als kompetente „Mittelinstanzen“. Doch die Entwicklung radikalisierte sich über Calvins Tod hinaus. Weiter entwickelte Theorien des Widerstandes gegen eine reformationsfeindliche Obrigkeit wurden zu einer aktiven Waffe im Kampf um die politische und soziale Neugestaltung Europas.

Von Poissy zur Bartholomäusnacht

Die Königinwitwe Katharina von Medici versuchte zunächst eine ausgleichende Religionspolitik zu inaugurieren. Nach dem Tode Franz’ II. zur Regentin für ihren minderjährigen Sohn Karl IX. bestellt, ließ sie das Religionsgespräch von Poissy 1561 auch im Hinblick auf die gegensätzlichen Meinungen zur bevorstehenden Wiedereröffnung des Trienter Konzils veranstalten. Doch Anfang 1562 wurde das Scheitern der theologischen und politischen Ausgleichsversuche deutlich. Auch ein Toleranzedikt der Regentin konnte den Beginn des konfessionellen Bürgerkrieges nicht verhindern. Die drei ersten Hugenottenkriege, die Frankreich von 1562 bis 1570 verwüsteten, brachten keine Entscheidung. 1570 hatten die Protestanten, die sich zunehmend als geschlossene politisch-militärische Gruppe organisierten, unter Colignys Führung in dem Toleranzedikt von St. Germain bedeutende Konzessionen errungen. Colignys neue Politik zielte auf einen „Nationalkrieg“ aller Franzosen gegen Spanien, der Katholiken und Protestanten vereinigen und außenpolitisch eine überlegene Koalition gegen Philipp II. schaffen sollte. Katharina fühlte dadurch ihre Schlüsselstellung bedroht; sie veranlaßte ein Attentat auf Coligny (22. August 1572). Auf die Gegenforderungen der Hugenottenführer – in Paris zur Hochzeit von Katharinas Tochter Margarete mit Heinrich von Navarra versammelt – antwortete der Massenmord der Bartholomäusnacht (23./24. August) mit nachfolgenden Mordaktionen in der Provinz (etwa 3000 Tote in Paris, 10 000 in der Provinz). Der Anteil sozialer Konfliktstoffe (Pariser Kleinbürgertum gegen protestantische Oberschichten) ist umstritten.

Die »Partei der Politiker«

Notwehrbegründungen und die falsche Annahme, die Kraft des französischen Protestantismus sei nun endgültig gebrochen, ließen die Pariser Bluthochzeit im Horizont der europäischen Gegenreformation als Triumph erscheinen. Doch ganz abgesehen von der säkularen Hypothek, die dies Vorwalten eines unchristlichen Vernichtungsdenkens für die katholische Sache bedeutete, ging der Kampf in Frankreich nun erst recht weiter. Als neuer Faktor trat eine Spaltung der französischen Katholiken auf. Unter Führung der Guisen formierte sich ein radikaler Flügel in der „Liga", die sich immer mehr an Spanien orientierte. Gemäßigte katholische Gruppen, Anhänger einer Via-media-Konzeption und kirchlich indifferente Anhänger der Monarchie bildeten seit 1573 als dritte Kraft die „Partei der Politiker". Einer ihrer Exponenten war Jean Bodin, dessen programmatisches Werk „Six Livres de la République" die über das konfessionelle Zeitalter hinausweisende Konzeption des souveränen, allseits bindungsfreien Staates zeigte. Zu der heterogenen Anhängerschaft dieser Gedanken stießen in zunehmendem Maße auch kirchlich gesinnte und für die tridentinische Reform tätige Katholiken. Die Erfahrung einer Ausweglosigkeit des konfessionellen Bürgerkrieges führte sie zu dieser politischen Parteinahme, die innerhalb des gegenreformatorischen Europas ein Novum darstellte, das sich von der römischen Konzeption und noch mehr von der legalistischen Engführung katholischer Reformansätze im Reich unterschied.

Ein protestantischer König?

Diese dritte Kraft wurde in den 80er Jahren, zusammen mit anderen Entscheidungsfaktoren, maßgebend für den Ausgang der Hugenottenkriege. Nach dem Tode Karls IX. (1574) war ihm sein Bruder Heinrich III. gefolgt, kränklich, degeneriert und kinderlos. 1584 starb auch sein jüngerer Bruder Franz von Anjou. Damit war, bei fortwährendem Bürgerkrieg, das Ende des Hauses Valois nahegerückt. Der nächste Erbberechtigte war Heinrich von Navarra, nach vorübergehendem Rücktritt zur katholischen Kirche nun der Anführer der Hugenotten. Die Furcht vor einem protestantischen Herrscher auf dem französischen Thron veranlaßte Philipp II. zu einer offeneren Intervention und Rom zu neuen Überlegungen. Das Ringen um die Zukunft Frankreichs war in den 80er Jahren mit dem Kampf Spaniens gegen die aufständischen Niederlande und gegen England verbunden.

Die Kämpfe in den Niederlanden führten seit Ende des Jahrhunderts zu einer dauerhaften Trennung in ein südliches, spanisch beherrschtes und ausschließlich katholisches Territorium mit starker Stellung des Adels und in eine nördliche, calvinistisch geführte Föderativrepublik mit beherrschender Stellung des merkantilen Bürgertums und halb tolerierter katholischer Minderheit. Die Weichenstellungen, aus denen diese Ergebnisse folgten, bilden methodologisch höchst interessante Beispiele für das Ineinandergreifen sehr unterschiedlicher Faktoren, die im Lande selbst und von außen her wirkten: Sprache und Kultur, Land und Klima, politische Tradition und Innovation, gesellschaftliche Beharrung und Mobilität, kirchliche Organisationsfragen und tief ansetzende Glaubensentscheidungen, große Persönlichkeiten mit Willen, Macht und klarer Konzeption und unbeabsichtigte Trends und Systemzwänge, an denen sich das Wollen brach.

Die Ausgangslage in den Niederlanden

Die siebzehn niederländischen Provinzen, die Philipp II. 1555 von Karl V. erbte, hatten zwar einen alten burgundischen Kern; doch erst der Kaiser hatte durch Neuerwerbungen den territorialen Zusammenhang geschaffen (Westfriesland, Utrecht, Groningen, Geldern). Die staatsrechtliche Zugehörigkeit des Gesamtbereichs zum römisch-deutschen Reich konnte seit der Aufkündigung der französischen Lehensoberhoheit über Flandern und Artois (1521, seither in allen Friedensschlüssen wiederholt) nicht strittig sein, war aber durch den Burgundischen Vertrag 1548 (siehe oben S. 53) in ihrer Tragweite stark eingeschränkt worden. Der in Spanien geborene und erzogene Philipp II. verfügte weder über Karls natürliche Affinität zu den Niederlanden („seigneur naturel") noch über die staatsrechtliche Absicherung im Reichsverband, die Karls Arrondierungspolitik überhaupt erst ermöglicht hatte. Die Niederlande lagen seit 1555/58 an der Bruchstelle zwischen den beiden Teilen des bis dahin einheitlichen habsburgischen Systems. Erschwerend kamen dazu das Scheitern der politisch und ökonomisch geplanten Union England – Niederlande durch den kinderlosen Tod der Königin Maria Tudor, die ungeheure finanzielle und wirtschaftliche Erschöpfung der Niederlande durch die Serie der Kriege seit 1521 und vor allem die neuen kirchlichen und politisch-administrativen Bedingungen, seit 1559 der König die Niederlande verlassen hatte und sie von Spanien aus regierte: Auf das Umsichgreifen der reformatorischen Bewegung (Lutheraner, Täufer, Calvinisten) wurde nicht nur durch verschärfte Unterdrückung (Inquisition, Zensur), sondern durch den Ausbau einer neuen Diözesanorganisation geantwortet (14 neue Bistümer mit königlichem Ernennungsrecht wurden durch Paul IV. 1559 errichtet); die Verwaltungs- und Finanzprobleme sollten durch eine zentralistische Lenkung im Sinne des absolutistischen Stils Philipps II. geregelt werden.

Eskalation des Widerstandes

Der Widerstand formierte und radikalisierte sich in mehreren Schritten, wobei jeweils andere soziale Schichten die Führung übernahmen und eine zunehmend engere Verbindung von politischer und kirchlicher Opposition eintrat. 1564 ging die hocharistokratische Statthalterpartei (Egmont, Hoorne, Wilhelm von Oranien) gegen Kardinal Granvella vor, der an der Spitze des niederländischen Staatsrates stand und Exponent Philipps II. war. Verbündet mit der Statthalterin Margarete Farnese, Bastardtochter Karls V. und Witwe des Papstenkels Ottavio Farnese, gelang es dieser Gruppe, Granvella zu stürzen. Der Konflikt eskalierte. 1566 trat der niedere Adel in Erscheinung, in allen Provinzen mobilisiert durch Männer wie Brederode und Philipp Marnix von St. Aldegonde, die nun schon aktive Calvinisten waren. Sie forderten Abschaffung der Inquisition, Aufhebung der Religionsedikte und Einberufung der Generalstände. Bei der Übergabe einer Massenpetition fiel das Spottwort von den „gueux", den Bettlern, das dann zur Selbstbezeichnung der „Geusen" wurde. Eine soziale Krisensituation verschärfte den Konflikt; in vielen Provinzen kam es zu Bildersturm und Plünderung. 1567 ließ Philipp II. den Herzog von Alba an der Spitze eines Heeres in die Niederlande einrücken. Es folgten Standgerichte, Massenhinrichtungen (auch Hoorne und Egmont; Oranien war geflohen), Massenflucht und schließlich die Bildung militärischer Widerstandszentren an der schwer zugänglichen Inselküste.

Wilhelm v. Oranien

Oraniens Versuche, von außen her militärisch einzugreifen, schlugen fehl. Doch er fand schließlich Anhalt in den schmalen maritimen Aufstandsgebieten in Holland und Seeland, trat 1573 zum reformierten Bekenntnis über und wurde nun Integrationsfigur und Führer des Widerstandes im Kleinkrieg, der von Jahr zu Jahr erfolgreicher verlief.

Als durch die Abberufung des spanischen Kommandanten Requesens vorübergehend ein politisches Vakuum eintrat, konnte im Sinne der überkonfessionellen Sammlungspolitik Oraniens rasch das ganze Land gegen Madrid geeinigt werden (Genter Pazifikation vom 5. November 1576). Doch der expansive Calvinismus der Provinzen Holland und Seeland und weitreichende soziale und politische Gegensätze zu den konservativen Kräften des Südens bedrohten die Einheit. Dem neuen spanischen Oberbefehlshaber Alessandro Farnese gelang es, die Gegensätze auszunutzen; der Union von Arras (6. Januar 1579), die zunächst nur drei wallonische Provinzen umfaßte, schlossen sich auch niederdeutsch sprechende, katholische Gebiete an. Darauf antwortete im Gegenzug die Union von Utrecht, die als Zusammenschluß des aggressiven calvinistischen Flügels wirksam wurde. 1581 kündigte man Philipp II. den Gehorsam auf. In den sehr komplexen Vorgängen der Jahre 1576/80 vollzog sich das Scheitern der zahlenmäßig starken Mittelpartei, die an der überkonfessionellen Einheit des Landes festhalten wollte. Der Calvinismus erwies sich in den nördlichen Provinzen als siegreich. So entstand aus den kirchlichen und politischen Konflikten ein neues, republikanisches Staatswesen. Seine Selbstbehauptung in den weiteren Kämpfen hing von der militärischen und politischen Machtentfaltung Spaniens und der Aufständischen ab, von ihren europäischen Verbündeten und vor allem vom Ausgang der Konfrontationen zwischen Philipp II., England und den Kräften um Heinrich von Navarra in Frankreich.

Scheitern der Sammlungspolitik

17. Englands Weg unter Elisabeth I. – Die Reformation in Schottland

Königin Elisabeth bestieg den Thron nach dem Tode ihrer Halbschwester Maria im November 1558. Sie starb unverheiratet 1603 als Letzte des Hauses Tudor. Ihr Erbe trat König Jakob V. von Schottland an. Der Aufstieg Englands im elisabethanischen Zeitalter ist zunächst mit der Tatsache verbunden, daß sich die Nachteile der maritimen Randlage in neue Chancen zu verwandeln begannen. Die atlantische Welt lag aber keineswegs offen vor den englischen Kauffahrern, Entdeckern und Kaperkapitänen. Die Wandlungsprozesse der englischen Gesellschaft sind eng verknüpft mit dem Entstehen einer europäischen Konstellation, die der maritimen und merkantilen Betätigung Englands und zugleich seinem protestantischen Sendungsbewußtsein neue Ziele bot. Der epochale Sieg über die gegenreformatorische Macht Spanien, der 1588 diesen Aufstieg besiegelt, ist nicht zu trennen von dem erfolgreichen Auftreten der englischen Flotte auf allen Weltmeeren, die Spanien bis dahin als seine unbestrittenen Herrschaftsräume betrachtet hatte.

Elisabeth beendete sogleich die katholische Kirchenpolitik ihrer Schwester, in

Begründung der anglikanischen Kirche

deren Vollzug es zu mehr als 300 Hinrichtungen standhafter Protestanten gekommen war. Ihr erstes Parlament beschloß im Frühjahr 1559 die „Suprematsakte“ und die „Uniformitätsakte“ mit zurückhaltenden, aber deutlich die Trennung von Rom aussprechenden Formulierungen. Das Prayer Book von 1552 wurde wieder eingeführt, Klerus und Beamtenschaft leisteten den Eid auf die Suprematsakte. Der Widerstand fast des gesamten Episkopats wurde durch die Neubestellung regierungstreuer Bischöfe gebrochen; gegen die Abgesetzten ging man schonend vor. Elisabeth wollte ihre Kirchenpolitik der mittleren Linie, die viele traditionelle Formen der Hierarchie und Liturgie beibehielt und 1563 eine vorsichtige dogmatische Fixierung (distanziert gegenüber dem kontinentalen Luthertum wie gegenüber dem Calvinismus) erhielt, auf breiten Konsens und nicht auf Todesurteile gründen. Auch später, als die Verfolgung der unterdrückten Katholiken und der heimlich ins Land zurückkehrenden Geistlichen schärfer wurde, stieg die Zahl der Hinrichtungen nur langsam (insgesamt etwa 200 in 44 Jahren, ohne die im Kerker Gestorbenen).

Die Neubegründung der anglikanischen Kirche vollzog sich paradoxer Weise im Schutze Philipps II., der weiterhin daran interessiert war, die Insel, die für die Verbindung zwischen Spanien und den Niederlanden wichtig war, an den habsburgischen Machtbereich zu binden. Nach der Ablehnung seiner eigenen Brautwerbung wurde über eine Ehe mit Kaiser Ferdinands Sohn Karl verhandelt. Initiativen englischer Katholiken zu einer Exkommunikation Elisabeths (die 1562/63 vermutlich noch viel bedeutet hätte) wurden zunächst weder in Madrid noch in Rom aufgegriffen, wo man noch länger mit der Möglichkeit einer kirchlichen Wiederannäherung rechnete. Erst 1570 kam es zu einem spektakulären Vorgehen Pius' V.: durch die Bulle „Regnans in excelsis“ wurde Elisabeth exkommuniziert und ihrer Thronrechte für verlustig erklärt. Zugleich wurde allen Untertanen untersagt, ihr Gehorsam zu leisten. Dieser mit Spanien nicht abgesprochene Akt erwies sich rasch als ein politischer und kirchlicher Fehlschlag. Er ist nur zu verstehen, wenn man die Gesamtheit der Entwicklung in Betracht zieht, die von der Reformation in Schottland nach England übergegriffen hatte.

Pius V. und England

Reformation in Schottland

Die schottische Reformation hatte eine ihrer Voraussetzungen in dem Gegensatz zwischen einer antifranzösischen und einer profranzösischen, antienglischen Adelspartei; die erstere konnte auf Unterstützung in den Städten, besonders in Edinburgh, rechnen. John Knox, der als Emigrant in Genf zum Calvinismus gefunden hatte, wurde zum großen Reformator des Landes. Er konnte sich 1555 auf die antifranzösische Adelsgruppe stützen, die unter der Regentschaft der Königinwitwe Maria Guise an Macht gewann (die Thronerbin Maria Stuart, verheiratet mit dem französischen Thronerben Franz, hielt sich in Frankreich auf). Die Thronbesteigung Elisabeths in England und der Tod der Maria Guise (Juni 1560) ermutigten den protestantischen Adel, der noch 1560 das sogenannte Reformationsparlament berief und dort die Trennung von Rom beschloß. In diese chaotische Situation fiel 1561 die Rückkehr Maria Stuarts (nach dem Tode ihres Gatten Franz II.). Nach geltendem kanonischen Recht konnte sie Ansprüche auf den

Maria Stuart

englischen Thron gegen Elisabeth, die Tochter der Anne Boleyn, erheben. Maria Stuart versuchte, von Elisabeth ein Nachfolgerecht zugesichert zu erhalten. Als dies verweigert wurde, suchte sie Hilfe bei Spanien und in Rom. Sie heiratete den katholischen Lord Darnley und fand Unterstützung bei Graf Bothwell, der gleichfalls dem katholischen Adel angehörte. Die weiteren Abläufe von Eifersucht, Mord, Ehebruch und Flucht sind oft erzählt worden, aber bis heute nicht in allem geklärt. Die mit Bothwell im Mai 1567 verheiratete Königin wurde im Juli 1567 zur Abdankung zugunsten ihres einjährigen Sohnes Jakob gezwungen. 1568 konnte sie nach England fliehen, wo Elisabeth eine Schlichtung des schottischen Konfliktes ohne Erfolg versuchte; andererseits konnte sie nicht verhindern, daß die inhaftierte Rivalin 1569 zum Anlaß eines von Spanien unterstützten katholischen Aufstandes in Nordengland wurde. Elisabeth warf den Aufstand ohne große Mühe nieder, doch Papst Pius V. ließ sich nun durch falsche Informationen über Erfolge der Aufständischen zu seinem Vorgehen verleiten, das keine andere Folge hatte, als die Lage der Katholiken in England innerlich zu schwächen (Loyalitätskonflikt) und äußerlich zu verschlechtern.

Spanien und England

In den 70er Jahren kam es nochmals zu einer Détente zwischen Spanien und England, obwohl die Unterstützung, die Elisabeth den Hugenotten und den niederländischen Aufständischen gewährte, die Interessen Philipps direkt und indirekt verletzte. Auch in der englischen Exil- und Untergrundkirche herrschten versöhnliche Stimmungen vor. Der Sprecher der katholischen Emigration, der spätere Kardinal Allen, appellierte an Elisabeth, die er als legitime Herrscherin anerkannte, um sie für Toleranz zu gewinnen. Erst in den 80er Jahren gewann im Zeichen einer veränderten Gesamtlage der Gedanke einer gewaltsamen Invasion zum Zwecke der Rekatholisierung neue Kraft. Auslösend für den Entschluß Philipps II. wurde die Hinrichtung der Maria Stuart 1587. Doch die englischen Emigranten, die 1588 die Ausfahrt der Armada zur Eroberung des Inselreiches mit ihren Gebeten begleiteten, kannten das neue protestantische, selbstbewußte England nicht mehr, das seit einem Menschenalter herangewachsen war. Ihre Hoffnungen auf eine katholische Erhebung waren irreal.

Wandel in Wirtschaft und Gesellschaft

Die Umgestaltung der englischen Landwirtschaft hatte schon im 15. Jahrhundert eingesetzt. Einhegungen (enclosures), Neuaufteilung des Bodenbesitzes und partieller Übergang zur Schafzucht bedeuteten insgesamt eine Kommerzialisierung der Agrarproduktion, die weiter reichte als im gleichzeitigen Frankreich oder Deutschland. Gewerbe und Handel entwickelten sich vor allem im Textilbereich. An der Ausfuhr halbfertiger Wollstoffe hatten zunächst ausländische Kaufleute (Italiener, Hanse) einen großen Anteil. In der zweiten Jahrhunderthälfte konzentrierte sich der Exporthandel in London in der Hand zahlreicher englischer Handelsgesellschaften, die mit staatlichen Lizenzen arbeiteten. Die Regierung stützte durch vielfache Förderungsmaßnahmen die Tätigkeit und insbesondere den Überseehandel dieser Gesellschaften. Überseeische Unternehmungen, die von der Suche nach der Nord-West-Passage (Frobisher in der Hudson-Bay) bis zu ersten Koloniegründungen in Nordamerika reichten (Humphrey Gilbert,

Walter Raleigh) wurden meist von erfolgreichen Handelsgesellschaften (mit Kapitalbeteiligung der Gentry) finanziert. 1579 wurde die Eastland Company gegründet, die den Ostseehandel betrieb; dazu kam der Handelsverkehr über die russischen Weißmeerhäfen und der Transithandel über Moskau bis Persien. Der englische Italien- und Levantehandel wurde seit 1589 durch die Levant Company aktiviert. Von hier aus richteten sich die Interessen weiter nach Indien. Seit 1599 gab es die East India Company, die 1600 zum erstenmal in die Gebiete des spanisch-portugiesischen Estado da India vorstieß.

Elisabeths vorsichtige Politik

Eine breite Konfliktzone, wo merkantiles Unternehmertum, Seeräuberei und nautische Glanzleistungen ineinander übergingen, war durch die englischen Vorstöße in die spanischen Herrschaftsgebiete in Amerika gegeben. John Hawkins machte die karibische See unsicher, Francis Drake drang in den Pazifik vor, erklärte Kalifornien für englischen Besitz und kehrte 1580 als erster Weltumsegler seit Magellan über die Molukken nach England zurück. Hawkins spielte später eine wichtige Rolle als Organisator der englischen Kriegsflotte. Die Summe der neuen seemännischen Erfahrungen der Kaperfahrten, die in ganz anderen Bahnen verliefen als die schwerfällig gewordene Routine der spanischen und portugiesischen Regierungsflotten, stand hinter dem Seesieg, den England gegen die Armada erfocht. Insgesamt stellt sich die Regierungszeit Elisabeth I. dar „als enorme Expansion nationaler Kräfte in Wirtschaft, Seefahrt, Politik und Kultur, die ein vorsichtiger, geradezu konservativer Staat zügelt und damit in dieser Zeit der verdeckten oder offenen konfessionellen Kriege schützt und vor Verausgabung bewahrt“ [999. Schulin, 928 f.]. Die Königin stützte sich stets auf die Zusammenarbeit mit erfahrernen Staatsmännern, besonders auf William Cecil (seit 1571 Lord Burghley). Das Zentrum der Regierung lag im „Privy Council“, dessen Zusammensetzung das Zurücktreten des Hochadels und der Geistlichkeit zeigt. Im Council standen sich, als seit den späten 60er Jahren eine prokatholische Linie (Thronfolge der Maria Stuarts) nicht mehr in Frage kam, hauptsächlich zwei außenpolitische Konzeptionen gegenüber: Befürworter einer zwar protestantenfreundlichen, aber vorsichtigen Politik und Kriegstreiber, die aus politischen oder konfessionellen Motiven auf eine Führerrolle Englands im Kampf für den europäischen Protestantismus drängten. Elisabeth stand der ersten Richtung nahe. Obwohl sie für die Hugenotten und die Geusen vieles tat bzw. an Hilfe zuließ, kalkulierte sie doch stets zurückhaltend und umsichtig. Als seit 1585 die Lage gegenüber Spanien immer kritischer wurde, bereitete sie systematisch jene Machtprobe vor, die sie selbst nicht zu beschleunigen gewünscht hatte.

Religion und Kultur

Die Blüte der elisabethanischen Kultur stammte aus dem Erbe des Humanismus, aus einer Neubelebung höfischer Ideale und aus einem starken Nationalgefühl. Neue Spannungselemente ergaben sich aus den Impulsen einer protestantisch-moralischen Lebenshaltung und aus der fortgesetzten Aneignung der italienischen Renaissancekultur in Literatur, Musik und bildender Kunst. Die große Epoche des elisabethanischen Theaters (Marlowe, Shakespeare) ist nicht einfach aus den soziokulturellen Voraussetzungen Englands abzuleiten. Shakespeares

Kreativität lebte keineswegs von den neuen Idealen reformatorischer Theologie und Gewissensbildung. Seine Kunst artikulierte in einzigartiger Weise die Spannung zwischen Ordnung und Umbruch, Norm und Individualität, Wollen und Erleiden, die aus dem Totum der europäischen Werdeprozesse jener Zeit entsprang.

18. Trendwende: Das Scheitern der gegenreformatorischen Politik Philipps II. – Frankreich als neue Vormacht

Während in der Mitte und im Osten Europas die kirchlich-politischen Konflikte noch nicht zum offenen Austrag kamen, schufen in Westeuropa eine Reihe eng verknüpfter Ereignisabläufe von 1585 bis 1598 eine neue Situation, die vom Scheitern der spanisch-katholischen Ziele, von der Selbstbehauptung des Protestantismus in England wie in den Generalstaaten und von der Stabilisierung einer mächtigen, außerhalb der Gegenreformation wirkenden Monarchie in Frankreich gekennzeichnet ist. Gewiß gab es in jedem der Staaten, die in diese Entscheidungsfolge einbezogen waren, langfristige innere Werdeprozesse sozioökonomischer und soziokultureller Art, die nicht aus der internationalen Politik und aus dem Hin und Her des katholisch-protestantischen Ringens ableitbar sind. Doch gerade das Ineinandergreifen der endogenen und exogenen Faktorenreihen innerhalb des europäischen Systems der Gegenreformation macht das Besondere dieses Zeitabschnittes aus.

Philipps II. Bündnis mit der Liga gegen Heinrich v. Navarra

Die Niederlage der spanischen Armada erhielt erst durch die nachfolgenden Entscheidungen auf französischem Boden ihre weltgeschichtliche Bedeutung. Deshalb ist vor der spanisch-englischen Konfrontation die Bürgerkriegssituation Frankreichs nach dem Bündnis zwischen Philipp II. und der katholischen Liga (1585) zu würdigen. König Heinrich III., Heinrich von Guise (als Führer der Liga) und Heinrich von Navarra (an der Spitze der Hugenotten, zunehmend unterstützt von der Mittelpartei der „Politiques“) standen sich im „Krieg der drei Heinriche“ in wechselnden Konstellationen gegenüber. Zeitweilig schien Guise, der über Paris gebot und die radikalen Katholiken gegen Heinrich III. mobilisierte, die Szene zu beherrschen. Die spanische Intervention ging von klaren Interessen aus: Ein Sieg der Hugenotten und eine protestantische Monarchie in Frankreich mußten mit allen Mitteln verhindert werden; eine Niederwerfung der antiligistischen Gruppen durch spanische Hilfe würde ein schwaches Frankreich politisch an Spanien binden und damit einen wesentlichen Schritt zur „Monarchia Universalis“ Karl V. bedeuten. Anders sahen die Dinge für die Kurie aus. Papst Sixtus V. und die unmittelbar am Papsttum orientierten katholischen Kräfte standen vor einem Dilemma: Ein spanisches Protektorat über Frankreich war für den Fortbestand des erneuerten Papsttums als selbständiger geistiger Macht bedrohlich – insgesamt fast ebenso bedrohlich wie eine Protestantisierung Frankreichs. Sixtus V. wurde von der Liga (mit starker Unterstützung Spaniens) und von

Heinrich III. umworben. Der Papst versuchte 1585 durch eine Exkommunikationsbulle gegen Heinrich von Navarra eine politische Vereinigung der Katholiken zu erreichen. Das Gegenteil trat ein. Die Bulle stieß auf heftigste Kritik in allen Lagern; in der Folgezeit schlossen sich immer mehr Katholiken der Partei Navarras an, der angesichts der Unfähigkeit Heinrichs III. als einzige Hoffnung für eine nationale Zukunft Frankreichs erschien. Im Jahr der Armada überstürzten sich dann die Ereignisse, wobei sich der Umschwung der öffentlichen Meinung von der Erwartung des spanischen Sieges zur positiven Reaktion auf die Niederlage Philipps II. deutlich verfolgen läßt.

Ausfahrt und Niederlage der Armada

Für die Eskalation zwischen Spanien und England wurde eine Kette von Faktoren und Ereignissen maßgebend: die englische Unterstützung für die niederländischen Aufständischen (mit dem Sieg über England sollte auch der Kampf in den Niederlanden entschieden werden), Elisabeths Hilfe für die Hugenotten (in wechselndem Ausmaß, verstärkt, seit England die Wirkungen von Philipps Liga-Bündnis 1585 fürchtete), die Beeinträchtigung der spanischen Seeherrschaft durch die englischen Freibeuterunternehmungen im Atlantik und an den Küsten Amerikas und schließlich die Hinrichtung der Maria Stuart (Februar 1587). Nun fühlte sich Philipp II. als einziger Treuhänder der Sache der englischen Katholiken. Die Landung in England wurde zunächst für den Sommer 1587 geplant. Sixtus V. schloß sich in einem Geheimvertrag den spanischen Plänen an und verpflichtete sich zu einer Geldhilfe. Er setzte allerdings die Bedingung durch, daß die englische Krone nicht dem spanischen König selbst zufallen dürfte. Infolge englischer Gegenaktionen verschob sich die Ausfahrt der Armada auf 1588. Alessandro Farnese war beauftragt, von den belgischen Basen aus das Zusammenwirken seiner Festlandstruppen mit der Landungsflotte vorzubereiten. Doch dazu kam es nicht. Die „unbesiegbare Flotte" unter dem Kommando des Herzogs von Medina Sidonia geriet an der englischen Südküste in eine Reihe von Gefechten, wo bessere Ortskenntnis, überlegene Segel- und Artillerietechnik den englischen Schiffen den Sieg sicherte. Die traditionelle spanische Taktik des Enterkampfes Schiff gegen Schiff war dem neuartigen englischen Gefechtsstil des artilleristischen Fernkampfes unterlegen, doch gelang es nicht, das Gros der spanischen Flotte zu stellen. Medina Sidonia gewann die Ausfahrt in die Nordsee; seine Flotte erlitt die Hauptverluste auf der Rückfahrt bei der Umsegelung von Schottland und Irland. Daß Spaniens militärische Macht keine entscheidende Einbuße erlitten hatte, zeigte sich schon 1589, als eine englische Gegenoffensive an der spanischen und portugiesischen Küste abgewiesen wurde. Weit ernster waren die psychologischen und politischen Folgen des Scheiterns einer Unternehmung, die den nicht wiederholbaren militärischen Höhepunkt der gegenreformatorischen Politik Spaniens darstellte.

In Frankreich hatte sich König Heinrich III. zuerst ganz dem Diktat der Liga unterstellt. Dann aber ließ er Heinrich von Guise und dessen Bruder, den Kardinal Ludwig von Guise, ermorden. Die Liga fand in dem Herzog von Mayenne einen neuen Führer und kämpfte nun offen gegen den König (und gegen Navarra).

Navarra und die Katholiken

Darauf vereinigte Heinrich III. 1589 seine Armee mit den Hugenotten. Der Papst zitierte den König nach Rom, die spanisch-ligistische Partei war mit der Klärung der Fronten zufrieden. Philipp II. engagierte sich nach der Niederlage gegen England nun mit allen Kräften in Frankreich. Als kurz nach Ablauf der römischen Mahnfrist König Heinrich III. von dem Dominikaner Jacques Clément ermordet wurde, riefen die Hugenottenarmee und die königstreuen Katholiken Heinrich von Navarra als Heinrich IV. zum König aus. Philipp II. versuchte mit äußerstem Nachdruck, dieser neuen Entwicklung entgegenzutreten. Er ließ Sixtus V., der eine offene Erklärung zugunsten der spanisch-ligistischen Partei verweigerte, mit einem Schisma Spaniens drohen. Andererseits wurde durch die seit 1590 deutlicher werdenden Pläne Philipps, nach dem Tode des letzten Valois seine eigene Tochter, Isabella Clara Eugenia (aus der Ehe mit Elisabeth von Frankreich), auf den französischen Thron zu bringen, die nationale Sammlungsbewegung um Heinrich IV. verstärkt.

Heinrich IV. und das Edikt von Nantes

Die Weigerung des Papsttums, die radikale konfessionelle Bürgerkriegspolitik im spanisch-ligistischen Sinne zu unterstützen, kann in ihrer politischen Bedeutung kaum überschätzt werden. 1593 trat der König zum katholischen Glauben über, um die Einheit des mehrheitlich katholischen Staates zu retten. 1594 wurde er zum „Rex christianissimus" gesalbt und und konnte in Paris einziehen, das bis dahin von spanischen Truppen besetzt war. 1595 erfolgte die feierliche Absolution durch Papst Clemens VIII. Heinrich IV. ging zur Offensive gegen die Spanier über und verbündete sich mit England und den Generalstaaten. Einerseits war aus den Erfahrungen der Hugenottenkriege ein neuer Typus innerstaatlicher Ordnung jenseits der konfessionellen Frontstellungen entstanden: Das staatliche Prinzip allein konnte Sicherheit und Frieden gewährleisten. Im Edikt von Nantes (13. April 1598) gewährte der König den Hugenotten eine genossenschaftlich privilegierte Rechtsstellung mit militärischen Sicherheitsplätzen und weitgehender Freiheit des protestantischen Gottesdienstes. Dies war eine ganz andere Regelung, als sie im Reich der Religionsfrieden gebracht hatte. Die deutsche Reformation fand ihren Rückhalt in der Partikularität der Territorialstaaten. Die zentralisierte französische Monarchie suchte die bikonfessionelle Lösung auf dem Wege einer zweiten – allerdings weniger privilegierten – Staatskirche. Ein individuelles Toleranzprinzip gab es weder hier noch dort, doch war die deutsche Lösung wohl entschiedener zwangskirchlich und antiindividuell angelegt.

Konsolidierung der protestantischen Niederlande

Andererseits war das französisch-englisch-niederländische Kriegsbündnis ein Novum im nachtridentinischen Europa. Es entlastete – wie schon zuvor seit 1589 die Verlegung spanischer Truppen aus den Niederlanden auf den französischen Kriegsschauplatz – den Abwehrkampf der Generalstaaten gegen Spanien und ermöglichte ihnen den Übergang aus der Defensive in die Offensive. Wilhelm von Oranien war 1584 ermordet worden. Die Fortsetzung des Freiheitskampfes der nördlichen Niederlande wurde seitdem von Wilhelms Sohn Prinz Moritz und Johann von Oldenbarnevelt geleitet. Im Jahrzehnt zwischen 1588 und 1598 konnten alle Gebiete nördlich des Rheins, dazu große Teile Brabants erobert werden. Mit der Konsolidierung einer föderativen Republik calvinistischer Prägung war sukzessiv der Übertritt zahlreicher Protestanten (Kaufleute, Gewerbetreibende) aus dem Süden in den Norden verbunden. Aus der militärischen Demarkationslinie wurde durch den zwölfjährigen Waffenstillstand von 1609 eine dauerhafte Staatsgrenze. Die südlichen katholischen Niederlande fanden im Verband der spanischen Monarchie eine relativ selbständige Stellung. Die wirtschaftlichen und kulturellen Entwicklungen führten im Süden und Norden zu divergierenden Ergebnissen, deren Analyse u. a. für die Frage der konfessionellen Prägung und Teilung Europas von besonderem Interesse ist.

Friede von Vervins, Ausgang der Epoche

Die Tatsache, daß der von Rom anerkannte französische König mit protestantischen Verbündeten gegenüber Spanien weiterkämpfte, knüpfte an die Tradition Franz' I. und Heinrichs II. an. Die französische Wendung zu einer konfessionell ungebundenen Außenpolitik schuf eine schwierige Lage für das Papsttum. Clemens VIII. bemühte sich um Friedensverhandlungen. Am 2. Mai 1598 kam in Vervins der Friede zwischen Spanien und Frankreich zustande; er erneuerte im wesentlichen die Bestimmungen von Cateau-Cambrésis. Doch die vierzig Jahre, die seit jener „pax catholica" vergangen waren, hatten nicht zum Siege der katholischen Sache geführt.

Philipp II. starb noch im gleichen Jahr. Heinrich IV. und die Kräfte, die mit ihm den Konfessionskrieg in Frankreich beendet hatten, wandten sich dem Wiederaufbau zu. Wirtschaftliche Gesundung, Sanierung der Staatsfinanzen und Wiederherstellung der staatlichen Autorität wurden im Geiste des Absolutismus und in der Richtung merkantilistischer Politik betrieben (Sully). Innerhalb des Rahmens der monarchischen Autorität entwickelte sich auch die katholische Reform in einer fruchtbaren und unpolemischen Weise (Bérulle, Franz von Sales). Frankreich war auf dem Wege zur europäischen Vormacht. Die erneuerte Monarchie verfolgte eine Politik nationaler Selbstbehauptung, die den gegenreformatorischen Impulsen im europäischen System nur eine begrenzte Tragweite einräumte und stets im katholischen Habsburg den potentiellen Gegner sah. Von hier führt der Weg zu Richelieu.

In England stärkte die Wende von 1588 die Autorität der Krone und die protestantische Solidarität der politischen Kräfte. Elisabeth verfolgte weiterhin eine vorsichtige Politik, entschloß sich nicht zu einer großen Gegenoffensive gegen Spanien und beließ es bis 1597 bei halbprivaten Kaperfahrten gegen spanische und amerikanische Häfen. Die Bestrebungen einer puritanischen Minderheit, die gegen die anglikanische Bischofskirche und Theologie gerichtet waren, konnten sich zunächst nicht durchsetzen. Die Königin konnte bis zuletzt (Aufstand des Grafen Essex 1601) das Parlament erfolgreich als Integrationsfaktor benutzen. Nach ihrem Tod 1603 ging die Thronfolge konfliktlos vor sich: Jakob VI. (I.) von Schottland führte die protestantische Monarchie zunächst erschütterungsfrei weiter.

D. VORGESCHICHTE UND GESCHICHTE DES DREISSIGJÄHRIGEN KRIEGES

19. Wandlungen vom 16. zum 17. Jahrhundert

Individuum, Gesellschaft und Kirche

Eine Zwischenbilanz der europäischen Geschichte, achtzig oder neunzig Jahre nach den Anfängen Luthers und Karls V. und mit dem Blick auf den Dreißigjährigen Krieg, hat von den Fragen nach Individuum, Gesellschaft und Kirche auszugehen. Der vorreformatorische Humanismus hatte von mittelalterlichen Voraussetzungen her und im Rückgriff auf die Antike eine neue Stufe der europäischen Individualkultur erreicht. Erasmus und seine Mitstreiter überall in Europa antworteten auf die frühneuzeitliche Dynamisierung und Anspruchs- und Konfliktsteigerung in der staatlichen Sphäre (innerstaatlich und zwischenstaatlich) mit einem radikalen Programm christlicher Concordia. Die anthropologische und theologische Ausformung des Friedensgedankens zielte auf ein gesamtgesellschaftliches Ideal; sie war im besonderen gegen bestimmte Tendenzen des frühneuzeitlichen Staates gerichtet. Gegenüber dem für den neuzeitlichen Fürstenstaat nach innen und außen grundlegenden Anspruch auf die Wahrnehmung des „bonum commune" durch den Monarchen bestand Erasmus auf dem Gegensatz zwischen der an „privata commoda" orientierten und einzelstaatlichen Fürstenpolitik und der allgemeinen, vor- und überstaatlichen „utilitas publica". Diese wollte der evolutionäre Reformismus der christlichen Humanisten zu Beginn der Neuzeit an dem zu neuer Wirksamkeit zu erweckenden Einheitsprinzip kirchlicher Institutionen festmachen. (Daß Machiavelli ganz andere Wege aus den ethisch-politischen Aporien der Zeit suchte, unterstreicht nur die Bedeutung der damaligen „challenge".)

Ende der Einheit der christlichen »Reform«

Die Koinzidenz des Dauerkonflikts zwischen Karl V. und Frankreich (seit 1521) mit der durch Luther artikulierten und vorangetriebenen kirchlichen Krise veränderte rasch und gründlich die Rahmenbedingungen. Während bis dahin eine einheitlich reformierte Kirche den Angelpunkt für die christliche „Reform" der Gesellschaft und Politik abgeben sollte, zeigte sich nun, daß die kirchliche Einheit gerade an der kirchlichen Reformfrage zerbrach. Dieser Zusammenhang wurde auf der Bewußtseinsebene des christlichen Humanismus eines Erasmus anscheinend nicht mehr adäquat erfaßt. Jedenfalls wurde der erasmianische Friedensgedanke – ein Widerspruch gegen die als inhuman kritisierten Ausweitungstendenzen der staatlichen Sphäre – von dem Zerfall der einheitlichen kirchlichen Institution und Motivation tief getroffen. Doch vieles von den Haltungen und Motiven des humanistischen Reformismus, der an der Einheit des „populus Christianus" orientiert war, lebte auch unter den neuen Bedingungen weiter; die europäische Bildungsschicht stellte sich zwar auf das Vordringen des kirchlichen und politischen Polzyzentrismus um, fühlte sich aber weiter dem humanistischen Ideal der Einheit des christlichen Europa verpflichtet. – Überblickt man die weiteren Verläufe, so folgten auf die gesamtgesellschaftliche Krise der 20er Jahre Ansätze zur Restabilisierung. Auf der religiös-kirchlichen Ebene kommt statt der ursprünglich erhofften gesamtheitlichen Erneuerung eine Aufsplitterung in verschiedene Richtungen und Gruppen zustande, zunächst mit dem Fortbestand einer nicht unbedeutenden Mittelpartei im Sinne einer Via-media-Lösung. Das Eingreifen staatlicher Instanzen beschleunigt die Ausbildung getrennter Konfessionen. Das Prinzip individueller Glaubensentscheidung, dem sowohl die kirchliche Krise des 14. und 15. Jahrhunderts wie die humanistische Theologie vorgearbeitet hatten, wird zunächst auf reformatorischer Seite entschieden in Anspruch genommen. Dagegen tritt Zug um Zug das andere Prinzip der obrigkeitlichen Reglementierung auf, entstanden aus dem Bedürfnis nach Ordnung und Sicherheit und aus den Erfordernissen des anhaltenden Kampfes der „Religionsparteien". Nur von Außenseitern wird jeder Glaubenszwang radikal abgelehnt.

Konfession und Glaubenszwang

Katholische Erneuerung

Auf der Seite der mit Rom verbundenen Katholiken setzt die Selbstbesinnung und Reform nur zögernd ein. Das Papsttum braucht lange, um sich auf den Boden der Reform zu stellen. In den Arbeiten des Konzils von Trient setzt sich der römische Gesichtspunkt durch, nicht mehr mit der Wiedervereinigung der Getrennten zu rechnen, sondern die „Festigung der Treugebliebenen" anzustreben. Reform, Ausbau des römischen Zentralismus und zwangskirchliches Vorgehen mit Hilfe der politischen Instanzen gehen Hand in Hand. Die nachtridentinische Kirche ist stark von der romanischen Kulturwelt geprägt, was erhebliche Folgen für konfessionell geteilte Gebiete hat (Deutschland, Niederlande). Um 1600 ist die europäische Konfessionskarte noch nicht definitiv. Erst in den politisch-militärischen Kämpfen der folgenden Jahrzehnte fallen die Entscheidungen. Man kann nach beiden Seiten hin von einem kontinuierlichen Rückgang des Anteils individueller Glaubensentscheidungen sprechen, auch wenn auf protestantischer Seite durch den Pluralismus und das Fortleben des reformatorischen Erbes im allgemeinen eine offenere Situation besteht.

Sozialer und politischer Wandel

Die sozioökonomischen Dimensionen des Wandels seit 1520 sind zum Teil deutlich, zum Teil sehr komplex und umstritten. Das Stadtbürgertum verliert generell an Bedeutung, trotz der Ausbreitung frühkapitalistischer Wirtschaftsformen. Der Adel gewinnt im Ganzen an Bedeutung, so unterschiedlich auch seine Stellung zu den fürstlichen Zentralgewalten ist. Die vielfachen Wege und Formen des sozialen Wandels im Zusammenhang mit dem religiös-kirchlichen Wandel und den politischen Veränderungsprozessen werden nach Prioritäten und Kausalitäten verschieden beurteilt. Eindeutiger sind die Vorgänge im Bereich staatlicher Herrschaftsformen. Das Scheitern der hegemonialen Bestrebungen Karls V. und Philipps II. bedeutet die weitere Konsolidierung der einzelnen Staaten, die in West- und Nordeuropa bereits Tendenzen zur nationalen Identifikation aufweisen, zum Teil verstärkt durch die konfessionellen Entscheidungen. In Mittel- und Mittelosteuropa zeichnet sich der Weg zu einer differenzierten regionalen Staatlichkeit ab, die Reichsverfassung begünstigt nach 1552/55 den Sieg der Territorialstaaten. An vielen Fürstenhöfen Europas machen die frühabsolutistischen Tendenzen zur Zentralisierung und Sozialdisziplinierung Fortschritte, wenn auch die Stellung der Stände meist noch stark ist. Die entscheidende Wendung zum Absolutismus mit merkantilistischer Wirtschaftspolitik bleibt vielerorts noch dem 17. Jahrhundert vorbehalten. Der Krieg „das große Schwungrad für den gesamten politischen Betrieb des modernen Staates" (Otto Hintze) wird mit steigendem Aufwand und verfeinerten Methoden betrieben (oranische Heeresreform).

Politische Ideen

Die politische Ideen der Zeit begleiten, spiegeln und steuern diese komplexen Vorgänge. Den extrem ständefreundlichen Ideen der hugenottischen „Monarchomachen" stehen auf katholischer Seite neuscholastische Systeme mit politisch breiter Skala sowie die kirchlich entschärften Gedanken der „Ragione di stato" (Giovanni Botero) gegenüber, die von der Souveränität des Fürsten ausgehen. Die genuine Macht des Staates, die schon Jean Bodin so nachdrücklich betont hatte, wird vielfach behandelt. Der Neostoizismus, dessen bedeutendster Vertreter Justus Lipsius wird, sucht nach einer neuen Vermittlung zwischen Individualität und rationalem staatlichen Anspruch. Eine Reihe utopischer Staats- und Gesellschaftsmodelle aus katholischem und protestantischem Umkreis (Campanella, Bacon, Andreae, Comenius) bezeugt das Ringen um eine Synthese von Wissenschaft, Ethik und Sozialreform.

Für eine Erörterung der anthropologischen Aspekte des europäischen Weges seit 1520 bietet die Forschung zahlreiche Einzelansätze, aber bisher kaum generelle Kriterien. Auch die philosophische Reflexion, die auf unterschiedlichen Wegen dem Sieg des cartesianischen Rationalismus im 17. Jahrhundert näherkommt, läßt sich beim heutigen Diskussionsstand nur mit größter Vorsicht in bezug zu den politischen und kirchlichen Entscheidungsprozessen der Zeit setzen. Die konfessionellen und staatlichen Konfliktsituationen veränderten die Conditio humana in einer noch nicht zureichend erforschten Weise: Familienstruktur und konfessionelle Entscheidung, politische „fuorusciti" und Glaubensflüchtlinge, Konfessionswerbung und kulturelles Gefälle, politische Propaganda und konfessionelle Schul- und Bildungspolitik, Kritik des Konfessionalismus und Ansätze zur Säkularisierung – überall treffen wir auf neue Dimensionen, neue Spannungsfelder zwischen individuellem Gewissen und kirchlich-politischen Gesinnungs- und Machtblöcken, die den Weg aus dem 16. ins 17. Jahrhundert charakterisieren.

20. Nord- und Osteuropa: Herrschaft über die Ostsee und Schwedens Aufstieg

Schweden, Polen, Rußland

Drei Mächte standen im Ringen um die Vorherrschaft im Ostseeraum (Dominium maris Baltici), deren politisch-soziale und kirchlich-kulturelle Orientierung unterschiedlich war: das protestantische Schweden, das katholische Polen und das orthodoxe Großfürstentum Moskau. Diese Kämpfe waren durch die allgemeine konfessionelle Interessenlage mit der Kräftekonstellation im übrigen Europa verbunden. Sie spielten sich jedoch in relativer Isolierung ab und wurden erst durch die Ergebnisse – Aufstieg Schwedens zur neuen protestantischen Großmacht – wichtig für die zentralen Entscheidungsvorgänge.

Die schwedisch-polnische Union unter König Sigismund (siehe oben S. 75) konnte große Bedeutung sowohl im Sinne der Gegenreformation (Rekatholisierung Schwedens) als auch für einen gemeinsamen Kampf gegen die russischen Ansprüche im Baltikum gewinnen. Doch sie wurde schon 1600 von schwedischer Seite gelöst (Reichstag von Linköping), 1604 nahm Sigismunds Onkel Karl, bisher Regent von Schweden, mit Unterstützung der Geistlichen, Bürger und Bauern den Königstitel an. Die katholische Linie des Hauses Wasa betrachte dies als Usurpation; der schwedisch-polnische Gegensatz wurde zu einer Konstante und machte sich bald auch in der russischen Frage geltend. Andererseits lebte nun die alte dänisch-schwedische Spannung wieder auf. Der junge, politisch begabte König Christian IV., der von 1596 bis 1648 regierte, griff zunächst in die östlichen Vorgänge nicht ein; er konzentrierte sich auf den Ausbau der dänischen Kontrolle über den deutschen Ostseehandel (Sundzölle) und auf Eingriffe in Niederdeutschland.

Der polnisch-schwedische Konflikt mündete in einen offenen Krieg um Livland und Estland; der livländische Adel und die meisten Städte hielten zu ihren schwedischen Glaubensgenossen. Zunächst hatte jedoch Polen militärische Erfolge. Eine endgültige Regelung zugunsten Schwedens wurde erst nach den polnischen Niederlagen im Osten 1620 durchgesetzt. So bildete die polnische Rußlandpolitik einen entscheidenden Faktor auch für die Auseinandersetzung mit Schweden und damit gleichfalls für die gegenreformatorische Politik in diesem Teil Europas.

Moskau: »Zeit der Wirren«

In Moskau starb 1598 mit Zar Fedor, dem wenig fähigen Sohn Iwans IV., die Dynastie Rurik aus. Die „Zeit der Wirren" wurde von Sigismund III. als Chance aufgefaßt, das polnisch-litauische Doppelreich zu einer großen Ostunion unter katholischen Vorzeichen zu erweitern. Die vom Moskauer Patriarchen berufene Landesversammlung wählte Boris Godunov zum neuen Zaren. Er hatte mit Bauernunruhen zu kämpfen, die eine Antwort auf die schon unter Ivan IV. einsetzende Verschlechterung der bäuerlichen Rechtsverhältnisse waren (Absinken in Leibeigenschaft). Dazu kam seit 1603 das Auftreten des „falschen Demetrius", eines Thronprätendenten, der sich als Sohn Iwans IV. ausgab. Demetrius wurde katholisch, suchte Unterstützung am polnischen Hof und marschierte mit polnischen Truppen und Kosaken in Rußland ein. Nach dem Tode des Boris Godunov (1605) gelang ihm die Krönung zum Zaren. Gegen die polnische und katholischen Bindungen des neuen Herrschers richtete sich ein Aufstand: Ermordung des Demetrius und Pogrom gegen die Polen (Juni 1606). Als Exponent der Bojaren folgte Zar Vasilij Šujskij. Er suchte gegen die Opposition (zweiter „falscher Demetrius") Hilfe bei dem schwedischen König Karl IX. Dies wurde für Polen zum Anlaß des offiziellen Eingreifens. Im Juli 1610 besiegte eine polnische Armee das russisch-schwedische Heer. Moskau wurde von den Polen besetzt, Šujskij ins Kloster geschickt.

Die Chancen einer dauerhaften Verbindung des Moskauer Staates mit Polen sind schwer zu beurteilen. In der Tat zeigte sich bald, daß vor allem die militant katholischen und absolutistischen Neigungen Sigismunds III. Widerstand hervorriefen. Statt des polnischen Prinzen Wladislaw wollte er selbst zum Zaren gewählt werden. Die polnische Militärdiktatur führte zu einer Solidarisierung der russischen Widerstandsgruppen im Sinne eines Ausgleichs sozialer Gegensätze und schließlich zur Befreiung Moskaus. Im Februar 1613 wählte die Landesversammlung Michail Fedorovič Romanov zum Zaren. Diese Wahl war Ergebnis und Motor einer nationalen Regeneration mit bestimmten gesellschaftspolitischen Akzenten. Die alte Hocharistokratie hatte abgewirtschaftet. Die aufstrebenden Mittelschichten trugen das Werk der nationalen Einigung und Befreiung. Die weitere Konsolidierung der Romanovdynastie war innenpolitisch mit Tendenzen zur Modernisierung verbunden (militärische Reorganisation, wirtschaftlicher Aufbau, Erschließung Sibiriens etc.).

Anfänge des Hauses Romanov

Romanovs Wahl beendete aber weder den polnisch-russischen Krieg noch weitere Versuche Schwedens, in Rußland dauerhaft Fuß zu fassen. Sigismund suchte durch ein neues Bündnis mit Kaiser Matthias Rückendeckung, 1617 begann Wladislaw mit päpstlichem Segen und starken Kosakeneinheiten nochmals einen Vorstoß. Doch Moskau hatte schon im Februar 1617 mit Schweden den Frieden von Stolbova geschlossen (Abtretung von Ingermanland und Karelien) und konnte sich nun gegen die polnische Offensive behaupten. Der Waffenstillstand von Deulino (24. Dezember 1618) sicherte den Rückzug des polnisch-kosakischen Heeres und beendete den Krieg mit territorialen Zugeständnissen an Polen (Smolensk, Cernigov etc.). Der Traum eines katholischen Zarentums war zu Ende. Moskau hatte sich als orthodoxer Staat eigener Prägung gegen Polen und das protestantische Schweden behauptet, allerdings um den Preis einer Abschließung von der Ostsee und von dem direkten Kontakt mit Mittel- und Westeuropa.

Schweden unter Gustav Adolf

Die Konfrontation zwischen Polen und Schweden bekam seit 1611 durch die Persönlichkeit König Gustav Adolfs einen neuen Akzent. Er erbte von seinem Vater Karl IX. einen Krieg mit Dänemark („Kalmarkrieg"). Seine Bemühungen zum Abbau der Zweifrontenbelastung führten 1613 zum Frieden von Knäred, der Schweden den Verzicht auf die Expansion ans Nordmeer und finanzielle Belastungen auferlegte. 1614 folgte ein Handelsvertrag mit den Generalstaaten, der den Einfluß niederländischen Kapitals und Gewerbes in Schweden verstärkte. Amsterdam trat an die Stelle Lübecks als Umschlagsplatz für schwedische Exporte, insbesondere für den Absatz der staatlichen Kupferproduktion. Das schwedische Engagement in Rußland, das zeitweilig zu einem Protektorat über Nowgorod führte, konnte – wie erwähnt – in Stolbovo 1617 im Sinne einer erfolgreichen Arrondierung der schwedischen Herrschaft an der Newa und in der Finnischen Bucht beendet werden.

Die folgenden Jahre der Ruhe verwendete Gustav Adolf in Zusammenarbeit mit dem Kanzler Axel Oxenstierna auf den inneren Ausbau des Staates. Fixierung des Luthertums als Staatsreligion, mit Ausschluß aller Katholiken und Verbot jeder Verbindung zum katholischen Zweig der Wasa in Polen, Reorganisation des Heerwesens durch einen rationellen Umbau des landsmannschaftlichen Rekrutierungssystems, administrative und verfassungsrechtliche Neuregelungen, die u. a. den Hochadel für staatliche Aufgaben in Pflicht nahmen. „Jedenfalls haben diese Reformen von knapp anderthalb Jahrzehnten den Grund dafür gelegt, daß aus dem altertümlichen Bauernland Schweden binnen kurzem nicht nur eine der stärksten politischen Mächte, sondern auch einer der am modernsten und rationellsten organisierten Staaten wurde" [1110 Brandt, 990].

Neuer Konflikt zwischen Schweden und Polen

Je schärfer sich im zweiten Jahrzehnt des 17. Jahrhunderts die konfessionellen Spannungen quer durch Europa abzeichneten, desto vordringlicher mußte für Schweden eine endgültige Absicherung gegen Polen und die Ansprüche der katholischen Wasa werden. Die Positionen in Estland und Livland waren ja nur provisorisch festgelegt und Sigismund III. hatte sein Recht auf die Krone Schwedens nie aufgegeben. Als 1620 der Waffenstillstand mit Polen ablief, war Sigismund mit der Abwehr eines osmanischen Angriffs beschäftigt. Gustav Adolf versuchte zunächst, die Anerkennung seines Königtums von Sigismund zu erreichen. Als dieser ablehnte, begann der Angriff in Livland. 1626 beschloß Gustav Adolf, die Operationen gegen Polen von Livland nach Preußen zu verlegen. Die schwedische Kriegführung verlagerte sich in die Nähe der deutschen Kriegsschauplätze. Damals richteten sich die Hoffnungen der deutschen Protestanten auf ausländische Hilfe. Christian IV. von Dänemark und Gustav Adolf wurden als potentielle Bundesgenossen betrachtet. Das militärische Eingreifen (und Scheitern) Dänemarks in Deutschland wurde von Schweden abwartend beobachtet. Erst als mit der Belagerung von Stralsund durch Wallenstein die katholisch-habsburgische Offensive die Ostsee erreichte, sah Gustav Adolf seine Stunde gekommen.

21. Habsburg, das Reich und Italien vor dem Dreissigjährigen Krieg: Krise und Polarisierung der Kräfte

Bruderzwist im Haus Habsburg

Seit 1604/6 geriet die habsburgische Politik in eine Krise, die sich in dem „Bruderzwist", in ständischen Revolten und in der Entmachtung Kaiser Rudolfs II. äußerte, an dessen Regierungsfähigkeit zunehmend gezweifelt wurde. Aber auch nach Rudolfs Tod und der Erhebung Matthias' zum Kaiser (1612) dauerte die Krise an (Kinderlosigkeit des neuen Kaisers und Machtposition der Stände als Folge des vorausgegangenen dynastischen Machtvakuums). Was für die habsburgische Seite dann 1615/18 die Wiederherstellung einer „normalen" Kontrolle im Sinne der katholischen Monarchie war, wurde von den Ständen als gegenreformatorisch-absolutistische Offensive gesehen. Die Eskalation der Gegensätze im Reich verlief unter anderen Vorzeichen, mündete aber schließlich in das gleiche Konfliktpotential, das vom Zusammentreffen verfassungspolitischer und kirchlicher Probleme bestimmt war. Die Krisensituation in Italien war zunächst weniger auffällig; sie bietet aber einen Schlüssel für das Verständnis jener innerkatholischen Gegensätze, die für den weiteren Verlauf und die Ergebnisse des großen Krieges wichtig wurden.

Die beiden Friedensschlüsse von 1606, die den ungarischen Aufstand Bocskays und den Türkenkrieg beendet hatten, waren von Kaiser Rudolf II. auf Drängen seiner Brüder und Neffen widerstrebend ratifiziert worden. Matthias, der von den anderen deutschen Habsburgern in einer geheimen Vereinbarung gegen Rudolf zum „Chef des Hauses" benannt worden war, wollte die Handlungsfreiheit des Kaisers weiter einschränken. 1608 schloß er Verträge mit den österreichischen, den ungarischen und den mährischen Ständen, die einen bewaffneten Schutz der Regelungen von 1606 vorsahen. Diese Konföderationsakte bedeuteten ein starkes Zugeständnis an die Machtstellung des – meist protestantischen – Adels und zugleich einen Schritt auf dem Wege zu einer überregionalen ständischen Organisation. Als Rudolf die Konföderation für ungesetzlich erklärte, marschierte Matthias auf Prag. Nun verbündete sich Rudolf seinerseits mit den böhmischen Ständen gegen seinen Bruder; die Stände ließen sich dafür mit weitgehenden Konzessionen bezahlen: „Böhmischer Majestätsbrief" von 1609 (allgemeine Gewissensfreiheit, Recht auf Kirchen- und Schulbau, Sonderorganisation der Protestanten – die damals etwa 1000 von circa 1400 Adelsfamilien Böhmens umfaßten). Zwischen Rudolf und Matthias kam es 1609 zu einem Vergleich, der den Kaiser im Besitz der Krone und Böhmens beließ; die Herrschaft in Ungarn, Mähren, Ober- und Niederösterreich und das Nachfolgerecht in Böhmen gingen an Matthias. Gewinner waren auf beiden Seiten die Stände und besonders der Protestantismus, auch wenn die böhmisch-schlesische Gruppe noch nicht mit der mährisch-österreichisch-ungarischen Konförderation verbunden war. Die Rückwirkung auf das Reich war spürbar. Sozialgeschichtlich blieb für jetzt und die Folgezeit der Standespartikularismus des Adels bemerkenswert. „Es blieb der schwerwiegende Nachteil, daß alle politischen Aktionen der Jahre 1605–1609 ohne Anteil der Städte und des untergebenen Volkes vor sich gingen. Der Begriff der ständischen ‚Freiheit' beinhaltete die ‚schweizerischen' Freiheiten, d. h. die Freiheit der Untertanen nicht" [25 Polišensky, 1, 77].

Konzessionen an die Stände

Rudolf II. starb am 20. Januar 1612. Im Mai 1612 wählten die Kurfürsten Matthias zum Kaiser. Sein maßgebender Berater war der Wiener Bischof Kardinal Melchior Klesl. Aus dem Wiener Bürgertum stammend, hatte Klesl eine Zeitlang das System gewaltsamer Rekatholisierungsmaßnahmen vertreten. Im Hinblick auf die Gesamtsituation im Reich wurde er schließlich zum Initiator einer Vermittlungspolitik, die den Protestanten Zugeständnisse anbot („Kompositionen"). Doch diese Versuche setzten sich nicht durch. Da Matthias kinderlos blieb, war eine Einigung über die Erbfolge in den Erblanden und die Nachfolge im Reich fällig. Gegen Klesls Vorbehalte einigte man sich im Kreis der deutschen Habsburger auf die Nachfolge des Erzherzogs Ferdinand aus der steirischen Linie, der ein Vertreter der entschiedenen Gegenreformation war. Er sollte sowohl in der Kai-

Kaiser Matthias und die Nachfolge Ferdinands

serwürde wie als König von Böhmen auf Matthias folgen. Ansprüche von seiten des spanischen Königs Philipps III. (1598–1621), der sich als Enkel Maximilians II. für erbberechtigt hielt, wurden 1617 durch den Oñate-Vertrag (so genannt nach dem spanischen Gesandten in Wien, Iñigo Graf von Oñate) abgeklärt: Spanien sollte nach Ferdinands Erhebung den habsburgischen Besitz im Elsaß und in der Ortenau sowie eine Belehnung mit den italienischen Reichslehen Finale und Piombino erhalten. Die Bedeutung des Oñate-Vertrages ist fraglich. Vor allem dürfte er als Artikulation des spanischen Interesses an einer Solidarität mit der Wiener Linie in Oberitalien und hinsichtlich der Verbindungslinien von Italien in die Niederlande zu werten sein.

In Böhmen gab es Schwierigkeiten, doch zeigte schon der Landtag 1615 Erfolge von Matthias gegen die Stände; 1617 wurde auch die „Annahme" Ferdinands als künftiger böhmischer König durchgesetzt. Wieweit man diesen Erfolg und die weitere Verschärfung der Wiener Politik 1617/18 auf das Konto der dortigen „spanischen" Partei setzen soll, erscheint nicht sicher, insbesondere wenn man bedenkt, daß die eigene Raison d'État Wiens in diese Richtung drängen mußte und daß das „Machtgleichgewicht" zwischen Herrscher und Ständen (seit 1609) vor allem die Folge eines innerhabsburgischen Konfliktes und nicht eines siegreichen Ständekampfes gewesen war. Auch in Ungarn gelang die Nachfolgeregelung für Ferdinand. Seine Wahl zum römischen König war vor dem Tod des Kaisers (20. März 1619) geplant; sie kam aufgrund dieser Vorbereitungen und der Zustimmung des sächsischen und des brandenburgischen Kurfürsten noch 1619 zustande. Ferdinand II. hatte nun als Kaiser eine kritische Lage in den Erblanden und im Reich zu bewältigen. Die Zeit der Klesl'schen Kompositionspolitik war vorbei.

Krise der Reichsverfassung

Im Reich machte der Prozeß der Auflösung der Verfassung im konfessionellen Streit (siehe oben S. 72 f.) Fortschritte, die unter den gegebenen Umständen unaufhaltsam schienen. Der Streit um die Reichsstadt Donauwörth entzweite 1607/8 die Reichsstände (innerstädtischer Konflikt zwischen katholischer Minorität und evangelischer Majorität, Reichsacht, Exekution durch Bayern, das die Stadt in Pfandbesitz nimmt). Der Regensburger Reichstag 1608 ging ohne Beschluß auseinander; auch der letzte Versuch, im Sinne Klesls am Reichstag 1613 zu einer Einigung zu kommen, mißlang. Der allgemeine Konflikt, der in immer neuen Einzelfällen zum Ausbruch kam, war so tief in der Frage der Interpretation des Religionsfriedens angelegt, daß auch die Vermittlungsversuche der konservativen Protestanten (unter der Führung Kursachsen) gegen die Konfliktstrategie der von Kurpfalz angeführten Bewegungspartei (meist Calvinisten) nichts mehr ausrichteten. Die Schwäche des Kaisertums wirkte unter diesen Umständen zeitweilig eher verschärfend; der Konfliktmechanismus der Rechtsinterpretation bedurfte keiner personalen Antriebe. War einmal das neue Selbstbewußtsein des nachtridentinischen Katholizismus in die Schranken getreten, so setzte sich das Hebelwerk der Reichsverfassung gewissermaßen von selbst in der Richtung der katholischen Interpretation in Bewegung. Eine Chance außerlegalistischer Verständigung, wie sie Klesl und seinesgleichen wohl im Sinn hatten, war auf der Ebene bloßer Opportunität offenbar nicht mehr gegeben. Eine neue Konzeption friedlichen konfessionellen Zusammenlebens wurde auf katholischer Seite im Reich um so weniger entwickelt, als man den offensiven Calvinismus vor sich hatte und das gegenreformatorische Kirchenrecht Roms hinter sich wußte.

Union und Liga

Als Konsequenz der Krise der Reichsverfassung erfolgte die Gründung konfessioneller Schutzbündnisse. Die protestantische „Union" wurde am 14. Mai 1608 zu Anhausen gegründet (Kurpfalz, Baden, die fränkischen Brandenburger und einige Reichsstädte, bald erweitert um Kurbrandenburg, Hessen u. a.). Kursachsen schloß sich nicht an, Anknüpfungen im Ausland wurden gesucht, vor allem mit Heinrich IV. Im Sommer 1609 entstand als katholische Defensivallianz die „Liga" unter der Führung des tatkräftigen Herzogs Maximilian v. Bayern. Ihr gehörte die Mehrzahl der geistlichen Reichsfürsten an; die Habsburger traten nicht bei, die römische Kurie leistete Beiträge.

Jülich-Klevischer Erbfolgestreit

Der jülich-klevische Erbfolgestreit (1609/14) wird häufig als Vorspiel zum Dreißigjährigen Krieg gesehen: Konfrontation konfessioneller Parteien in einer territorialen Machtfrage. Jedenfalls werden hier zwei Charakteristika des innerdeutschen Konfliktmechanismus deutlich: die starke Einwirkung des Auslandes (mit politischen Faktoren, die eine konfessionelle Zuordnung durchkreuzen) und die trotz allem zählebige Integrationskraft der strapazierten Verfassung des Reiches. Als 1609 Herzog Johann Wilhelm von Jülich-Kleve-Berg als letzter seines Stammes in geistiger Umnachtung starb, erhob einerseits der Kaiser den Anspruch auf kommissarische Verwaltung bis zur Klärung der Erbfrage. Andererseits machten Brandenburg und Pfalz-Neuburg ihre Erbrechte durch gemeinsame militärische Besetzung des reichen, strategisch wichtigen und konfessionell gemischten Landes geltend. Gegen die vorläufige Gemeinschaftsregierung der beiden „Possedierenden", die von den Landständen akzeptiert wurde, erhob der Kaiser Einspruch, der zunächst erfolglos blieb, aber die weitere Polarisierung beschleunigte. Der brandenburgische Kurfürst Johann Sigismund trat nun der Union bei, die im Februar 1610 einen Bündnisvertrag mit Heinrich IV. von Frankreich abschloß. Dieser rüstete zum militärischen Eingreifen am Niederrhein (gegen die habsburgisch-spanischen Interessen) und verbündete sich mit Savoyen. England und die Generalstaaten stellten Hilfe in Aussicht. Heinrich IV. provozierte den Krieg mit Spanien durch eine Durchmarschforderung an die Brüsseler Regierung, wurde aber am Vorabend des Abmarsches ermordet (14. Mai 1610). Nun zerfällt die Zweckallianz der „Possedierenden". Pfalzgraf Wolfgang Wilhelm tritt zum katholischen Glauben über und sucht Hilfe bei Kaiser, Spanien und Liga. Der Brandenburger tritt zum Calvinismus über und erhält die Unterstützung der Generalstaaten (Einmarsch Moritz' von Oranien). Bevor es zur militärischen Entscheidung zwischen den spanischen und holländischen Armeen auf deutschem Boden kommt, greift die französische und englische Diplomatie vermittelnd ein. Der Vertrag von Xanten (12. November 1614) teilt das Land: der Pfalzgraf erhält Jülich-Berg, Brandenburg Kleve, Mark und Ravensberg. Noch einmal war der Ausbruch des großen Krieges vermieden.

In Italien machte sich seit dem Ende des 16. Jahrhunderts die neue Präsenz

Paul V. gegen Venedig

Frankreichs geltend, nachdem jahrzehntelang die spanische Vorherrschaft in Politik, Kultur und Gesellschaft kaum angefochten worden war. Dies zeigte sich schon in dem päpstlich-venezianischen Konflikt 1605/7, der sich allerdings aus anderer Wurzel herleitete. Es war eine innerkatholische Auseinandersetzung, resultierend aus dem Gegensatz zwischen den staatskirchlichen Ansprüchen der Republik und den kirchenrechtlichen Forderungen an die weltliche Gewalt, wie sie das Reformpapsttum neuerdings erhob. Papst Paul V. (1605/21) verschätzte sich in der Wahl der Mittel; die Verhängung von Exkommunikation und Interdikt erwies sich als wenig wirkungsvoll. Antikuriale Stimmen, wie in der Publizistik des Servitenmönches Paolo Sarpi, fanden Echo im europäischen Protestantismus. Nur der spanische Gouverneur in Mailand war zur militärischen Exekution der Kirchenstrafe bereit. Aber Heinrich IV. bot Venedig seine Unterstützung an. Beide Mächte vermittelten 1607 einen Ausgleich. Das Papsttum mußte einen Autoritätsverlust hinnehmen und die Erfahrung machen, daß die Gegensätze zwischen den beiden katholischen Großmächten, die seit einem halben Jahrhundert von der konfessionellen Krise überdeckt worden waren, nun trotz der gewaltigen Fortschritte des Protestantismus wieder hervortraten.

Savoyen und Venedig gegen Habsburg

Unmittelbarer griff die französische Politik im Falle Savoyens ein. Herzog Karl Emanuel I. (1580–1630) trat zunächst an der Seite Spaniens auf. Heinrich IV. zwang ihn im Frieden von Lyon (1601) zum Verzicht auf die Gebiete rechts der Rhone (Bresse, Bugey, Gex), gewann aber in der Folgezeit den unternehmenden Fürsten für eine antihabsburgische Offensivpolitik. Die Pläne Frankreichs und Savoyens in Oberitalien (Vereinigung Mailands mit Piemont-Savoyen) kamen aber infolge der Ermordung Heinrichs IV. nicht zur Ausführung. Die zurückhaltende Politik der französischen Regentin Maria de' Medici zwang Karl Emanuel, sich Spanien zu demütigenden Bedingungen zu unterwerfen. Seit 1612 der Tod des Herzogs Francesco von Mantua die Frage des Gonzagaerbes in Bewegung brachte, griff Savoyen auch in diese Streitigkeiten gegen Spanien ein – mit wenig Erfolg, aber mit starkem Echo in der italienischen Öffentlichkeit: der Herzog wurde als Vorkämpfer der italienischen Freiheit gegen Spanien gefeiert. Ähnlich verwickelt und faktisch wenig ergebnisreich lagen die Dinge in dem Krieg, den die Österreicher 1615/17 gegen Venedig führen (Krieg von Gradisca). Wichtig wurde die europäische Komponente: gegen die Bedrohung durch Österreich hier und durch die spanischen Kräfte von Mailand und Neapel aus schloß Venedig eine Allianz mit Savoyen und den protestantischen Niederlanden. Savoyen stellte 1617 die Verbindung zur Union in Deutschland her. So ergab sich eine neuartige Konstellation; die beiden in Oberitalien gegen Habsburg – gegen Madrid und Wien – kämpfenden katholischen Staaten verbündeten sich mit den deutschen und holländischen Protestanten. Da Frankreich sich diesmal zurückhielt, kam noch 1617 der Friede von Paris zustande, der den Kampf zwischen Venedig und Österreich, Spanien und Savoyen beendete.

Bedeutung der innerkatholischen Konflikte

Die besondere Bedeutung all dieser italienischen Vorgänge (zu denen noch Konflikte in Graubünden, Veltlin etc. zu rechnen sind) liegt darin, daß der Fortbestand erheblicher innerkatholischer Konfliktfelder deutlich wird, die sich keineswegs in die konfessionelle Frontstellung der Zeit einordnen lassen. Kam der große Konflikt zwischen Katholiken und Protestanten einmal in Gang, so mußte – bei entsprechender Dauer der Kämpfe – von Italien und Frankreich her (schließlich auch vom Papsttum her) all das ins Spiel kommen, was an katholischem Widerspruch gegen das habsburgische System seit einem Jahrhundert angestaut war.

22. Der Dreissigjährige Krieg: Vom Aufstand in Böhmen zum Restitutionsedikt und zum Mantuaner Erbfolgekrieg

Am 23. Mai 1618 warfen in Prag Abgesandte des dort versammelten böhmischen Protestantentages die beiden kaiserlichen Statthalter Martinitz und Slawata aus dem Fenster in den Burggraben des Hradschin. Beide überlebten den Sturz. Aber die Folgen reichten weit. Es begann der böhmische Aufstand, der 1620 in der Schlacht am Weißen Berge (Bila Hora) niedergeworfen wurde. Dieser Aufstand eröffnete den Dreißigjährigen Krieg, der erst 1648 durch den Westfälischen Frieden in der Hauptsache beendet wurde; die Anschlußkriege in West- und Osteuropa zogen sich bis 1659/60 hin. Der große Krieg veränderte das Angesicht Europas und bedeutete das Ende des konfessionellen Zeitalters. Mit Recht ist in der neueren Forschung betont worden, daß weder der politisch-militärische Ablauf noch das konfessionell-kirchliche Element den Krieg in seinen Voraussetzungen und Wirkungen hinreichend erkläre. Es komme auf den Hintergrund „der sich umformenden europäischen Gesellschaft" an. Auf der anderen Seite ändert eine solche Vertiefung der Betrachtungsweise nichts an der Tatsache, daß die einzelnen Bestandteile dieser sich umformenden europäischen Gesellschaft damals in den Formen und unter den Bedingungen des Krieges in Korrelation treten, Veränderungen schaffen und erleiden. Der Historiker kann also nicht umhin, auch und gerade in diesem Falle den wechselnden Konstellationen von Ziel, Bündnis, Kampf und Ausgleich mit Aufmerksamkeit zu folgen. Die konventionelle zeitliche Einteilung des Krieges in vier Abschnitte wird kritisiert, ist aber bis heute als Orientierungshilfe nicht ersetzt: 1. Der böhmisch-pfälzische Krieg (1618–23); 2. Der dänisch-niedersächsische Krieg (1625–29); 3. Der schwedische Krieg (1630–35); 4. Der schwedisch-französische Krieg (1635–48).

Aufstand in Böhmen

Die böhmische Ständegesellschaft war in ihrer Mehrheit nicht auf eine radikale Konfliktlösung hin orientiert. „Der Großteil der ständischen Gemeinde neigte wohl mehr zum erasmianischen Ideal vernünftigen Maßes, religiöser Toleranz, politischen Gleichgewichts..." (J. Polišensky). Als sich jedoch nach 1609 herausstellte, daß die ständischen Errungenschaften kein dauerhaftes Gleichgewicht zwischen den höfischen „Spaniern" und dem eingesessenen Adel, zwischen Katholiken und Nichtkatholiken gebracht hatten, gingen auch bisherige Vertreter des Mittelweges zum antihabsburgischen Widerstand über. Der Protestantentag vom Mai 1618 richtete sich gegen katholische Maßnahmen, die mit den Vereinbarungen von 1609 unvereinbar schienen. Nachdem eine radikale Gruppe das fait accompli des Fenstersturzes durchgesetzt hatte, radikalisierte sich die Bewegung weiter zum offenen Aufstand. Man konstituierte einen neuen Landtag und eine Regierung von 30 Direktoren, stellte eine Armee auf und suchte Hilfe im Ausland. Mähren schloß sich an, auch die Stände in Ober- und Niederösterreich, die nach dem Tode des Kaisers Matthias (20. März 1619) Ferdinand die Huldigung verweigerten. Nach dem Bündnis mit den österreichischen Ständen setzten die Böhmen Ferdinand als König ab und wählten Friedrich V. von der Pfalz, den Führer der Union, zum böhmischen König (26./27. August 1619). Der Kurfürst nahm an und wurde in Prag gekrönt.

Sieg Ferdinands II. und der Liga

Kaiser Ferdinand II. (1619–1637), ein Vertreter der strengen Gegenreformation und des Absolutismus, sammelte mit größerem Erfolg Verbündete als der leichtlebige „Winterkönig“ in Prag, der sich weder im Land selbst noch in Europa eine starke Stellung schaffen konnte. Während u. a. durch die Intervention Frankreichs, das nicht an einer antimonarchischen Ständebewegung in Mitteleuropa interessiert war, die deutschen Protestanten von einer Unterstützung Prags abgehalten wurden, fand Ferdinand Hilfe bei seinem Vetter Maximilian von Bayern, bei der Liga und bei Spanien. Das Ligaheer, spanische Truppen aus den Niederlanden und eine kaiserliche Armee rückten vor Prag. Nach zwei Stunden war die Schlacht am Weißen Berg entschieden (8. 11. 1620); die ständische Regierung brach in Böhmen, Schlesien und Mähren rasch zusammen. In Österreich war schon zuvor durch die bayerische Okkupation von Linz (Verpfändung von Oberösterreich an Maximilian) die Rebellion der Stände gebrochen. Der Sieg wurde in Böhmen und Mähren gründlich ausgenützt: Hinrichtung der Anführer, Landesverweisung, Konfiskation der Güter, Zwangsrekatholisierung der Verbliebenen. Ein sozialer Umschichtungsprozeß größten Ausmaßes setzte ein. Landfremde, kaisertreue Familien erhielten oder kauften den konfiszierten Besitz. Die ständischen Privilegien (einschließlich des Rechtes der Königswahl) wurden drastisch reduziert. Die „verneuerte Landesordnung“ für Böhmen (1627, 1628 eine ähnliche Regelung für Mähren) fixierte den erfolgreichen Weg des Absolutismus: der Adel als staatstragende Schicht büßt politische Rechte ein, dafür werden seine sozialen Privilegien erweitert.

Einzelne Anhänger des Aufstandes versuchten den Krieg in Deutschland fortzusetzen, doch die Union löste sich auf. König Jakob I. von England gewährte seinem Schwiegersohn Friedrich von der Pfalz kein Asyl, ein Ligaheer unter Tilly und spanische Truppen unter Spinola eroberten die Oberpfalz und die Kurpfalz. Maximilian I. erhielt 1623 als Gegenleistung die pfälzische Kurwürde und die Oberpfalz als Pfandbesitz.

Fortgang des Krieges in Norddeutschland

Daß der Krieg nun nicht zu Ende ging, hatte weit auseinanderliegende Gründe. 1621 lief der 12jährige Waffenstillstand zwischen Spanien und den Generalstaaten ab; die Holländer waren die natürlichen Verbündeten aller Feinde Spaniens. 1622 trat der protestantische Heerführer Ernst von Mansfeld, der sich aus dem böhmischen Débacle gerettet hatte, in holländische Dienste und stellte ein neues Heer auf. Christian von Braunschweig, der sich gleichfalls aus Böhmen nach Nordwestdeutschland durchgeschlagen hatte, fand militärische Unterstützung beim niedersächsischen Reichskreis; dahinter stand König Christian IV. von Dänemark. Ihnen folgten die ligistischen und die kaiserlichen Truppen nach Norddeutschland. Dagegen bildete sich nun erstmals eine europäische Koalition zur Rettung des Protestantismus. In Den Haag schlossen am 9. Dezember 1625 England, Dänemark, die Generalstaaten und einige protestantische Reichsfürsten ein Bündnis, das vor allem der offenen Intervention Dänemarks in Nordwestdeutschland den Weg bahnte (territoriales Interesse an den protestantischen Bistümern).

Katholischerseits wurde gleichfalls im Zuge der militärischen Operationen östlich der Weser das Interesse an dem sehr ausgedehnten Besitz der einstigen geistlichen Reichsfürstentümer wach: der Rückgriff auf den Religionsfrieden und den Status quo von 1555 gab den Rechtstitel für eine weitgehende Rekatholisierung (und politische Machtverschiebung) im Norden ab. Neben der Ligaarmee Tillys trat nun eine neue kaiserliche Armee unter Albrecht v. Wallenstein auf, der allerdings von den katholischen Reichsständen als Exponent eines kaiserlichen Absolutismus von Anfang an mißtrauisch beobachtet wurde. Wallenstein war ein böhmischer Konvertit (schon 1606), der mit großem administrativen und wirtschaftlichen Geschick aus der böhmischen „Umschichtung" Gewinn gezogen hatte und nun dem Kaiser eine ebenso billige wie erfolgreich operierende Armee zubrachte. Tilly und Wallenstein schlugen Dänemark und besetzten 1627 Jütland, 1628 Mecklenburg und Teile von Pommern. Um dem Eingreifen des wegen der Ostseeherrschaft beunruhigten Schweden zuvorzukommen, schloß Wallenstein mit diplomatischem Weitblick den Frieden von Lübeck (22. Mai 1629), der Dänemark territorial schonte, aber zum Verzicht auf die norddeutschen Bistümer und auf Bündnisse mit Reichsfürsten verpflichtete.

Restitutionsedikt

Das Restitutionsedikt, das der Kaiser noch vor dem Friedensschluß erließ (6. März 1629) erneuerte kraft kaiserlicher Plenipotenz den umstrittensten, von den Protestanten nie anerkannten Teil des Religionsfriedens, den Geistlichen Vorbehalt, und ordnete die Rückführung des gesamten, seit 1555 entfremdeten Kirchengutes in katholische Hände an. Dies bedeutete faktisch die nur mit Gewalt durchsetzbare Rekatholisierung einer Millionenbevölkerung (wobei dieser personale Aspekt meist von dem sachenrechtlichen überlagert und auch verdeckt wurde) und andererseits eine tiefgreifende territorial-politische Umgestaltung Norddeutschlands. Es ging um etwa 500 geistliche Güter und zehn bis fünfzehn Stifter und Erzstifter. Die geistlichen Fürsten sahen in der Restitutionspolitik vor allem die Möglichkeit begründet, sich gegenüber den hohen Kosten der Truppeneinquartierungen schadlos zu halten. Für sie war die religiöse Dimension einer Rekatholisierung zweitrangig. Finanzielle Erwartungen gab es auch auf kaiserlicher und bayerischer Seite.

Das kaiserliche Restitutionsedikt, worin Ferdinand II. das Reichsreligionsrecht in seinem – einseitig katholischen – Sinne interpretierte, stellte den nach 1555 entwickelten Modus vivendi vehement in Frage und setzte dem Konsens zwischen

Kaiser und Reichsständen, der seit Ferdinand I. und auch während der nachfolgenden Kaiser bis Matthias immer wieder erzielt worden war, ein Ende. Im Verstoß gegen diese Tradition lag die eigentliche politische Problematik der Politik Ferdinands II.; denn als Kaiser verzichtete er damit auf die traditionelle Position als Rechts- und Friedenswahrer. Dies zeigt ein Blick in die Entstehungsgeschichte des Edikts, die mit dem Auftreten konkreter Rechtsfälle verbunden war. 1627 lag dem Reichshofrat eine Klage gegen Württemberg auf Herausgabe reformierter Klöster, namentlich Klosterreichenbachs, vor. Der Reichshofrat riet dem Kaiser zu einer milden Vorgangsweise, d. h. auf ein Urteil zu verzichten. Die katholischen Kurfürsten hingegen forderten den Kaiser zur Restitution nach einem Gerichtsurteil auf und verlangten auch eine generelle Restitution aller seit dem Passauer Vertrag von 1552 eingezogenen Klöster. Auf dem Mühlhausener Kurfürstentag in Thüringen (Herbst 1627) beharrten die katholischen Kurfürsten auf ihrem Standpunkt. Der Kaiser schloß sich dieser Meinung nicht an, sondern entschied sich für eine „authentische" Interpretation des Augsburger Religionsfriedens. Das lag auch auf der Linie der bayerischen Politik, auch wenn Kurfürst Maximilian für ein Kalvinistenverbot, die Restitution protestantischer Reichsstädte oder gar des Kirchenbesitzes, der schon vor 1552 in protestantischer Hand gewesen war, eintrat. Letztlich wollte Ferdinand II. die Rechtseinheit durch ein Oktroi herstellen. Die Dillinger Jesuitenschrift „Pacis Compositio" von 1629 kann als katholische Begleitpublikation zum Restitutionsedikt betrachtet werden.

Eine derartige Politik, die den Modus vivendi zwischen Kaiser und Reichsständen einerseits und den Konfessionen andererseits fundamental in Frage stellte, trug den Keim des Scheiterns in sich; denn es mußte als sehr fraglich erscheinen, ob im 17. Jh. „reichsabsolutistische Ideen" oder ein „autokratisches Kaisertum" wirklich noch Konjunktur hatten. Vor allem durfte die Festigkeit des arrondierten Territorialstaates nicht unterschätzt werden. Ganz unabhängig von der inneren kirchlichen Problematik des Ediktes und von der Frage, seiner praktischen Durchführbarkeit wurde dieser Schritt des Kaisers zum Signal für den Widerstand auch der konservativen, bisher kaisertreuen Protestanten (Kursachsen, Kurbrandenburg), für das neuerliche Eingreifen des europäischen Protestantismus und schließlich für das schärfere antihabsburgische Engagement des katholischen Frankreichs unter Kardinal Richelieu.

Frankreich war schon mehrmals im Verlaufe der 20er Jahre aus der Zurückhaltung herausgetreten, die durch die Regentschaft der Maria de' Medici und innere Schwierigkeiten (Hugenottenkrieg 1625/28) bedingt war. Richelieu intervenierte nach 1621 im Veltlin, wo die Spanier zur Sicherung ihrer Durchmarschroute gegen das protestantische Graubünden eingegriffen hatten. Französische Truppen verjagten dort 1624 die Besatzungen der päpstlichen Treuhandverwaltung. Doch Richelieu wollte damals noch keinen offenen Krieg mit Madrid und verständigte sich 1626 noch einmal direkt mit Philipp III. (wobei auch der Gedanke einer gemeinsamen französisch-spanischen Politik gegenüber England Pate stand). Der Mantuanische Erbfolgekrieg (1627/31) brachte jedoch den französisch-habsbur-

Der Mantuanische Erbfolgekrieg

gischen Gegensatz zum offenen Ausbruch und begründete zugleich eine folgenreiche militärisch-politische Solidarität der spanischen mit der deutschen Linie Habsburgs. Nach dem Aussterben der Gonzaga in Mantua stritten der von Frankreich unterstützte Bewerber Karl von Gonzaga-Nevers und der spanische Kandidat Ferrante aus der Linie Gonzaga di Guastalla. Ferdinand II. hatte als Lehensherr die Entscheidung, Wallenstein riet dringend von einem Feldzug in Italien ab. Auch Papst Urban VIII. (1623–1644) trat für Karl von Nevers ein, der Mantua rasch in Besitz nahm. Doch der Kaiser ließ sich von Madrid zum Eingreifen veranlassen, nachdem 1629 Ludwig XIII. und Richelieu an der Spitze einer französischen Armee in Oberitalien erschienen waren. Erst unter dem Eindruck der Offensive Gustav Adolfs im Norden kam 1631 der Ausgleich in Oberitalien zustande (Friede von Cherasco), ein Meisterstück französischer Diplomatie; Karl von Nevers erhielt Mantua und Frankreich die Einfallspforten nach Italien (Pinerolo, Perosa). So war das Ringen der katholischen Mächte – mit einer profranzösischen Stellungnahme des Papsttums – in Italien in Gang gekommen, noch bevor die konfessionelle Front im Norden durch den gleichen Gegensatz in einer ebenso komplexen wie folgenreichen Weise überlagert und gesprengt wurde.

23. Richelieu und Gustav Adolf, Fortgang des Krieges und die Umformung der europäischen Gesellschaft

Richelieus Politik

Armand Jean Richelieu du Plessis (1585–1643) stammte aus dem Adel von Poitou, profilierte sich als Bischof von Luçon im Sinne der katholischen Reform und griff als Berater Ludwigs XIII., seit 1624 als führender Mann im königlichen Rat, in die Innen- und Außenpolitik ein. Innenpolitisch vertrat Richelieu unbedingt die katholische Lösung (Niederwerfung der Hugenotten, Eroberung von La Rochelle 1628), außenpolitisch leitete er nach einer Übergangszeit französisch-spanischer Annäherung seit 1628/29 das aktive Eingreifen Frankreichs gegen Madrid und Wien und die Zusammenarbeit mit den protestantischen Mächten (England, Niederlande, Schweden, deutsche Reichsfürsten) ein. Frankreichs Ziel war es, ohne Aufopferung des mitteleuropäischen Katholizismus die Macht der beiden habsburgischen Linien zu brechen und durch eine Kontrolle über die Kleinwelt der deutschen und italienischen Staaten die europäische Hegemonie zu erringen. Als sich die Unvereinbarkeit einer prokatholischen Politik im Reich mit der antihabsburgischen Politik und Kriegführung herausstellte, optierte Richelieu in letzterer Richtung. Er wurde bei seiner europäischen Politik und sogar bei dieser speziellen Option unterstützt durch die antihabsburgische Einstellung Papst Urbans VIII., der von der italienischen Gleichgewichtspolitik ausging und den Kampf der katholischen Mächte in Mitteleuropa nicht als Glaubenskrieg, sondern als politische Rivalität ansah, der gegenüber er als „padre comune" zur Neutralität verpflichtet sei.

Urban VIII. erhob keinen Widerspruch gegen den in seinen konfessionellen

Urban VIII. neigt zu Frankreich

Abmachungen fragwürdigen französisch-englischen Friedensschluß vom April 1629 noch gegen die weitgehenden Sonderrechte, die Richelieu den Hugenotten nach ihrer Niederwerfung 1629 beließ, noch gegen die französische Unterstützung der Holländer gegen Madrid. Er unterstützte die französische Position im Mantuaner Erbfolgekrieg (siehe oben S. 100f.), ließ durch den Pariser Nuntius Guidi di Bagno 1631 den Abschluß einer französisch-bayerischen Geheimallianz vermitteln (mit der doppelten Absicht einer antihabsburgischen und einer prokatholischen Konstellation im Reich) und wies die Subsidiengesuche Bayerns und des Kaisers gegen die schwedische Offensive in Deutschland bis Ende 1631 kategorisch ab. Die katholischen Proteste gegen die französisch-schwedische Allianz wurden von Rom nicht angenommen.

Gustav Adolfs Siege

Gustav Adolf von Schweden bekam 1629 durch einen von Frankreich vermittelten Waffenstillstand mit Polen den Rücken frei für ein Eingreifen in Deutschland. Nach der Landung in Pommern kam im Januar 1631 der Bündnisvertrag von Bärwalde zustande: Schweden erhielt von Frankreich jährlich eine Million Livres und verpflichtete sich, ein Heer von 30000 Mann zu Fuß und 6000 zu Pferd in Deutschland zu unterhalten. Die weiterreichenden Ziele des schwedischen Königs werden in der Forschung unterschiedlich interpretiert; sein rascher Tod läßt vieles offen. Ohne Zweifel war die Rettung des Protestantismus in Norddeutschland eines seiner Motive, dazu die Abwehr der Gefährdung der schwedischen Ostseeherrschaft (Kaiser – Polen) und ihre offensive Erweiterung. Seine Größe als Heerführer und Politiker ist unbestritten, sein Auftreten gewann ihm tiefe Sympathien bei der evangelischen Bevölkerung Deutschlands. Die spektakulären Erfolge der Jahre 1631/32 wurden erleichtert durch eine Krise auf seiten der katholischen Gegner; der Regensburger Kurfürstentag 1630 forderte und erreichte die Entlassung Wallensteins (Gegensätze zwischen katholischen Reichsständen und kaiserlicher Politik). Dies bedeutete u. a., daß Richelieus Konzeption – Schonung der Liga und Vorstoß Schwedens gegen den Kaiser – nicht zum Zuge kam. In der Schlacht von Breitenfeld (7. September 1631) schlug Gustav Adolf Tillys Ligaheer. Nord- und Mitteldeutschland waren nun in der Hand von Schweden, die systematisch die politische Organisation der mit ihnen sich verbündenden evangelischen Reichsstände betrieben. Der Frühjahrsfeldzug in Bayern 1632 verlief zunächst erfolgreich, doch das Eingreifen des rehabilitierten Wallenstein zwang zum Rückzug nach Norden. Bei Lützen (6. November 1632) blieben die Schweden siegreich, doch Gustav Adolf fiel in der Schlacht. In Stockholm trat für die 6jährige Thronerbin Christina eine Vormundschaftsregierung ein. Der Kanzler Oxenstierna blieb bis 1636 in Deutschland und konnte 1633 im „Heilbronner Bund" die Verbündeten der vier oberdeutschen Reichskreise zusammenfassen, allerdings unter Verzicht auf weiterreichende verfassungspolitische Ziele und mit der Beschränkung auf ein defensives Programm von „Assecuratio" und „Satisfactio" (finanzielle und territoriale Entschädigung).

Wallensteins zweites Generalat

Wallensteins Versuche, in Geheimverhandlungen mit Schweden, Brandenburg und Sachsen eine selbständige Ausgleichspolitik zu führen, erregten das Miß-

Der Prager Friede

trauen des Kaiserhofes und führten zum Vorwurf des Hochverrats. In Ausführung eines kaiserlichen Befehls wurde der Generalissimus in Eger am 25. Februar 1634 ermordet. Interne Gegensätze auf protestantischer Seite und die nun erstmals wirksame Zusammenarbeit Wiens mit den Spaniern führten zu dem kaiserlichen Sieg bei Nördlingen (6. September 1634), dem im folgenden Jahr der Prager Friede folgte: Sachsen vermittelte den Anschluß der lutherischen Reichsstände an den Kaiser und die Katholiken, mit dem Ziel einer gemeinsamen militärischen Organisation und eines Friedens für das gesamte Reich (Ausschluß des Calvinismus, Bekenntnisstand nach dem „Normaljahr" 1627, Verzicht auf Durchführung des Restitutionsedikts, Pfälzer Kur und Oberpfalz weiterhin bei Bayern, kaiserlicher Oberbefehl über eine Reichsarmee). Schweden und wenige Reichsfürsten blieben außerhalb. Ihnen gab der bald darauf folgende offene Kriegseintritt Frankreichs neue Unterstützung. Das Prager Friedenswerk zerbröckelte Zug um Zug, da der Kaiser die Friedensgenossen nicht wirksam vor der französisch-schwedischen Kriegführung schützen konnte, die nun immer mehr den Charakter eines Beute- und Zerstörungskampfes annahm.

Frankreichs Kriegseintritt

Die französische Kriegserklärung vom 19. Mai 1635 richtete sich unmittelbar gegen Spanien, der französische Aufmarsch zunächst gegen die spanischen Niederlande, dann gegen die Pyrenäengrenze. Die spanische Monarchie geriet in schwere Bedrängnis. 1640 kam es sowohl in Katalonien wie in Portugal zu offenen Aufständen gegen Philipp IV., die von Frankreich unterstützt wurden. 1647 gab es Rebellionen in Neapel und Sizilien. 1643 wurde in Madrid der mächtige Minister Olivarez gestürzt; damit war das große Programm einer unitarischen Staatsreform gescheitert. Spanien konnte diese Krise nie mehr ganz überwinden; Portugal behauptete seine Selbständigkeit.

Beginn der Friedensfühler

Beachtenswert bleibt, „daß der Kriegseintritt Frankreichs sofort von internationalen Friedensbemühungen begleitet gewesen ist und daß diese Bemühungen... bis zum Kriegesende auch nicht abgerissen sind" [251: Engel, 350]. Das Friedensprogramm bzw. Kriegsziel Richelieus läßt sich aus den Verhandlungen der folgenden Jahre einigermaßen deutlich rekonstruieren: föderative Lösungen für Italien und das Reich mit entschiedener Zurückdrängung Habsburgs und faktischer Vormachtstellung Frankreichs. 1637 war ein von Urban VIII. nach Köln einberufener Friedenskongreß gescheitert. Seit 1639/40 gab es Friedenspräliminarien zwischen dem Kaiser und Frankreich–Schweden, seit 1643/44 allgemeine Friedensverhandlungen in Münster und Osnabrück auf der formalen Basis einer venezianisch-päpstlichen Doppelvermittlung. Inzwischen ging der Krieg in Deutschland und Europa weiter, bis zum Ende der 30er Jahre mit einem habsburgischen Übergewicht, dann mit zunehmenden Erfolgen der Schweden, Franzosen und ihrer Parteigänger. Im Reich war schon 1637 auf Ferdinand II. sein Sohn Ferdinand III. gefolgt. Die Grundlinien der Politik änderten sich hier ebensowenig wie in Frankreich, wo 1642 Richelieu, 1643 Ludwig XIII. starb; Kardinal Mazarin führte während der Minderjährigkeit Ludwigs XIV. im Sinne Richelieus die Außenpolitik (Verhinderung eines Sonderfriedens zwischen Schweden und Kaiser).

Die politischen und sozioökonomischen Trends, die unter dem Stichwort „Umformung der europäischen Gesellschaft im Zeitalter des Dreißigjährigen Krieges" zu nennen sind, entziehen sich jeder einheitlichen Klassifikation. Dort wo – wie in England oder in den Generalstaaten – endogene politisch-soziale Entwicklungen vorliegen, die vom Kriege nicht unmittelbar beeinflußt sind, sieht das Bild ganz anders aus als in den Territorien des Reiches, die jahrzehntelang Kriegsschauplatz waren oder auch in Frankreich oder Spanien, wo die absolute Monarchie die fiskalische Belastung der Bevölkerung zum Zwecke der Kriegführung ständig verschärfte. In England standen die Jahre 1621 bis 1629 im Zeichen der ersten Auseinandersetzungen zwischen Parlamentarismus und Stuart-Monarchie. Die parlamentarische Opposition war antispanisch und puritanisch eingestellt. Das Parlament lehnte 1621 Subsidien für Jakobs I. Schwiegersohn Friedrich von der Pfalz ab, es wünschte den Krieg gegen Spanien. Karl I. (1625–1649) konnte sich in außenpolitischen Fragen zunächst mit dem Parlament verständigen. Aber die Außenpolitik trat zunehmend zurück (Friedensschlüsse mit Frankreich 1629, mit Spanien 1630). Die Auseinandersetzung zwischen Monarch und Parlament verlagerte sich auf steuer- und kirchenpolitische Fragen. Seit dem Ende der 30er Jahre begann jene oppositionelle Bewegung (getragen zunächst von der begüterten Gentry), die sich dann mit den sozialen und religiösen Bestrebungen der Unterschicht verband und die „Puritanische Revolution" herbeiführte. Der Konflikt entzündete sich 1637/38 an dem Versuch des Königs, die schottische Presbyterialkirche an die anglikanische Kirche anzugleichen. Von Schottland griff der Aufstand nach England und Irland über. Der Bürgerkrieg von 1642 bis 1646 führte zum Sieg des Parlamentsheeres unter Oliver Cromwell. Mobilisierung der öffentlichen Meinung, Differenzierung der kirchlich-politischen Parteien und Radikalisierung der religiösen und zivilen Freiheitskonzeptionen in der Armee bestimmten den Weg zur Republik. Am 30. Januar 1649 wurde der König wegen Tyrannei und Führung eines Bürgerkrieges hingerichtet. Die langfristigen Ursachen und Folgen dieser Revolution werden bis heute unterschiedlich gesehen. Es war jedenfalls von großer Bedeutung, daß gegenläufig zum kontinentalen Absolutismus aus protestantisch-puritanischer Wurzel in England eine Bewegung siegte, die weit über die Verfassungsfrage hinaus eine Veränderung der Ideen und der Gesellschaft im antimonarchischen und antiaristokratischen Sinne bedeutete.

Revolution in England

Während im Frankreich Richelieus und Mazarins die zentralisierende Staatsgewalt sich stets weiter durchsetzte, gelangten auch der Kaiser in seinen Erblanden und die deutschen Reichsstände in ihren Territorien durch die Kriegsverwüstungen zu einer weiteren Stärkung der fürstlichen Prärogative. Im Reich hat, nach dem Scheitern des Restitutionsedikts, wohl der Prager Friede eine letzte Chance enthalten, das Verhältnis zwischen kaiserlicher Zentralgewalt und Reichsständen anders zu ordnen, als es dann 1648 kam. Es wäre einseitig, diese Chance nur vom Kaiser her zu sehen und nicht auch von den Interessen der Reichsstände, die inzwischen ihre Erfahrungen mit Schweden und Frankreich gemacht hatten. Doch die schwedisch-französischen Kriegserfolge entschieden im zentrifugalen Sinne.

Kaisertum, Reichsstände, Absolutismus

Schwedens Wohlstand litt – abgesehen von Holland – wohl am wenigsten unter dem langen Krieg. Die Veränderungen, die sich hier anbahnten, resultierten einerseits aus der Überspannung der Leistungskraft des Staates angesichts der ohnehin schmalen Bevölkerungsgrundlage für eine Großmachtpolitik (1,1 Millionen einschließlich Finnland), andererseits aus der zerfahrenen Lage unter der Vormundschaftsregierung und der Herrschaft Christinas (1644–1654). Tendenzen zur Stärkung der Stände und zur Stärkung der Krongewalt standen gegeneinander. – In den Generalstaaten profitierte ein großer Teil der Kaufleute von dem Kriege. Durch die Scheldesperre war Antwerpen, die alte Rivalin Amsterdams, ausgeschaltet. Die seit 1640 bemerkbare Spannung zwischen dem Statthalter Friedrich Heinrich von Oranien (1625–1647) und den holländischen „Regenten“ stammte nicht mehr aus den früheren kirchlichen Gegensätzen (Remonstrantenstreit), sondern aus den finanziellen und politischen Kriegsfolgen. 1643 wurden die Kompetenzen des Statthalters beschnitten. Doch dies bedeutete keineswegs eine Wendung zu einer „demokratischen“ Entwicklung der niederländischen Verfassung und Gesellschaft. Im Gegenteil: durch das System der Selbstergänzung der städtischen Obrigkeiten verstärkten sich der Gegensatz von Ober- und Unterschichten und der oligarchische Charakter des Systems.

Schweden, Niederlande

Überblickt man die Vielfalt der politischen und sozialen Kräfte in Europa, die vom Prager Fenstersturz bis zum Westfälischen Frieden oder zur Hinrichtung Karls I. am Werk waren, siegten oder unterlagen, so drängen sich vor allem zwei Feststellungen auf: Es erscheint keine befriedigende generelle Zuordnung dieser oder jener Gesellschaftsformation zu Sieg oder Niederlage möglich. Der Wandel in Staat und Gesellschaft ist dort radikal, wo der Krieg am weitesten entfernt bleibt (England), während in jenen Gebieten, die direkt betroffen sind, Tendenzen des Wandels, die schon vorher angelegt waren, weiter zum Zuge kommen.

24. Der Westfälische Friede – Die Ergebnisse des Zeitalters

1644 wurden die Friedensverhandlungen eröffnet, während der Krieg weiterging. Kaiser und Reich verhandelten in Münster mit Frankreich, in Osnabrück mit Schweden. Schweden und Frankreich hatten durchgesetzt, daß der Kaiser sämtliche sonst am Reichstag vertretenen Reichsstände abstimmungsberechtigt zu den Verhandlungen einlud, womit ihnen das „ius pacis et belli“ zugestanden und schon in der Verfahrensfrage eine verfassungsrechtliche Grundentscheidung gefallen war. Frankreichs Ziel war seit Richelieu, auf dem Kongreß eine europäische Friedensordnung zu schaffen, die sich auf eine selbständige Mitwirkung der deutschen und italienischen Klein- und Mittelstaaten mit langfristigen Sicherheitsgarantien stützte und eine sehr weitgehende Ausschaltung des Kaisertums bedeuten sollte. Schwedens Verhandlungspolitik war unmittelbar auf die Sicherung der eigenen Erwerbungen und Interessen in Norddeutschland und auf den Schutz der protestantischen Verbündeten gerichtet. In der Frage der Schwächung der zentra-

Der Friede von Münster und Osnabrück

len Reichsgewalt waren sich beide Kronen einig; sie konnten dabei an das Programm einer protestantischen, radikal antikaiserlichen Fürstengruppe anknüpfen (Hessen). Die Beteiligung Spaniens und der Generalstaaten am Friedenskongreß entsprach dem französischen Konzept ebenso wie die Teilnahme Portugals, Venedigs und des Papstes (letztere als vermittelnde Mächte). Unter diesen sehr komplizierten Bedingungen wurde vier Jahre verhandelt. Der Abschluß wurde 1648 eröffnet durch den Sonderfrieden Spaniens mit den Generalstaaten (30. Januar). Am 24. Oktober erfolgte die Unterzeichnung des allgemeinen Friedensvertrages. Nur zwischen Frankreich und Spanien kam es zu keinem Ausgleich (siehe unten S. 108). Papst Innozenz X. verweigerte im Hinblick auf die kirchlichen Zugeständnisse an die Protestanten seine Zustimmung.

Man kann die Regelungen des Friedens in drei Gruppen ordnen.

Territoriale Bestimmungen

1. *Territoriale Bestimmungen.* Schweden wurde Reichsstand und erhielt Vorpommern mit Rügen, Wismar und die Hochstifte Verden und Bremen, dazu eine hohe Abfindung für die Armee. Für diese Einbußen erhielten Mecklenburg und Brandenburg Entschädigung aus den säkularisierten norddeutschen Bistumslanden: Mecklenburg bekam Schwerin und Ratzeburg, Kurbrandenburg Minden, Kammin, Halberstadt und die Anwartschaft auf das Erzstift Magdeburg sowie Hinterpommern. Frankreich erhielt sämtliche Besitzungen und Rechte Habsburgs im Elsaß, dazu am rechten Rheinufer (als „Einfallspforten") Breisach und das Besatzungsrecht in Philippsburg. Die lothringischen Bistümer Metz, Toul und Verdun, seit 1552 mit den betreffenden Reichsstädten in der Hand Frankreichs, wurden nun auch formell abgetreten. Bayern erhielt endgültig die Oberpfalz; Kursachsen behielt die beiden Lausitzen (1635 vom Kaiser abgetreten). Im übrigen wurde die Kurpfalz wiederhergestellt; es wurde für die Pfalz eine achte Kurwürde neu geschaffen. Die Eidgenossenschaft und die Generalstaaten wurden unabängig vom Reich.

Verfassungsrechtliche Bestimmungen

2. *Verfassungsrechtliche Bestimmungen.* Die kaiserliche Gewalt wurde zugunsten einer weitgehenden Selbständigkeit der Reichsstände stark eingeschränkt. Das Recht über Krieg und Frieden und Bündnisabschluß wurde an die Zustimmung der Reichsstände gebunden, die nun erstmals das „ius foederis" erhielten. Ausdrücklich wurden Interim, Restitutionsedikt und Prager Frieden außer Kraft gesetzt. Die einschlägigen Regelungen galten als Reichsgrundgesetz bis 1806. Die „Versteinerung" der Reichsverfassung im partikularistischen Sinne wurde ergänzt und illustriert durch die seit 1663 eingetretene Verwandlung des periodischen Reichstages in einen permanenten Gesandtenkongreß (mit Sitz in Regensburg).

Kirchliche Bestimmungen

3. *Kirchliche Bestimmungen.* Der Augsburger Religionsfrieden von 1555 wurde erneuert, erweitert und zwecks Beseitigung der bisherigen Differenzen „ausgelegt": das Jahr 1624 gilt als Normaljahr für den kirchlichen Besitz- und Bekenntnisstand (damit war im Prinzip der Streit um den Geistlichen Vorbehalt und die Declaratio Ferdinandea entschieden), der Calvinismus erhält den gleichen reichsrechtlichen Status wie die Augsburger Konfession; alle Reichsbehörden

werden paritätisch besetzt. Um Majorisierungen in Religionsfragen zu verhindern, treten künftig die Reichsstände bei Beratungen über solche Fragen am Reichstag in ein Corpus Evangelicorum und ein Corpus Catholicorum auseinander. Es gab Ausnahmen: das Bistum Osnabrück war alternativ mit einem Katholiken, dann mit einem Protestanten zu besetzen; das Normaljahr 1624 galt nicht für die bayerische Oberpfalz und vor allem nicht für die kaiserlichen Erbländer, wo also weiterhin der Protestantismus ohne reichsrechtlichen Schutz blieb. Insgesamt wurde das landesherrliche Jus Reformationis nicht abgeschafft, aber ein gewaltsamer Konfessionswechsel der Untertanen brauchte nun nicht mehr befürchtet zu werden.

Die Bedeutung des Westfälischen Friedens als Epochengrenze für Mitteleuropa wird kaum bestritten. Die wirtschaftlichen und sozialen Auswirkungen des langen Krieges sind oft beschrieben worden; durch Hunger und Seuchen ging die Bevölkerung im Reichsgebiet je nach der Intensität der Kriegsverläufe um 30 bis 50% zurück, ganz zu schweigen von der noch weitergehenden Vernichtung der bäuerlichen und kleinstädtischen Existenzmöglichkeiten. Noch folgenschwerer erscheint die Tatsache, „daß wichtige Umschichtungs- und Entwicklungstendenzen, die vor dem Kriege im Gang waren, nicht mehr zum Ausreifen kamen, daß durch den Krieg eine Fülle volkswirtschaftlicher und weltwirtschaftlicher Verflechtungen vernichtet wurden und daß künftig die merkantilistisch-kameralistische Aufsplitterung der großen Wirtschaftsräume [Deutschlands] als weiterer hemmender Faktor hinzukam" [H. Kellenbenz, Gewerbe und Handel 1500–1648, in: 259: Aubin/Zorn, 464]. Für die Beurteilung der weiteren sozioökonomischen Sonderentwicklungen Mitteleuropas und für ihren kausalen Zusammenhang mit der partikularistischen Wende der Reichsverfassung bleibt der Rückgriff auf 1648 wichtig.

Ergebnisse der Epoche: Europa

Überblickt man vom 16. Jahrhundert her die Ergebnisse der Epoche, die um die Mitte des 17. Jahrhunderts zu Ende ging, so verdient die europäische, die deutsche und die kirchlich-kulturelle Perspektive besonderes Interesse. Der politisch-militärische Machtkampf in West- und Osteuropa kam 1648 noch nicht zum Abschluß. Der Pyrenäenfriede (1659) befestigte die Überlegenheit Frankreichs über Spanien, die Friedensschlüsse Schwedens mit Polen in Oliva (1660) und mit Dänemark in Kopenhagen (1660) brachten zwar eine Einschränkung der schwedischen Positionen, ließen aber seine Vormachtstellung im Ostseeraum bestehen. Das Zurücktreten des konfessionellen Konfliktpotentials zugunsten politischer und wirtschaftlicher Machtrivalitäten hatte schon die zweite Hälfte des Dreißigjährigen Krieges charakterisiert. Die innerkatholische Rivalität zwischen Frankreich und Habsburg hatte, schon unter Karl V., und nun wieder im 17. Jahrhundert aufs stärkste in das Ringen konfessioneller Kräfte eingegriffen und zuletzt wohl den Ausschlag gegen einen Sieg des gegenreformatorischen Katholizismus gegeben. Wie die neue pluralistische Staatenordnung, die aus dieser Mischung von Hegemonie- und Konfessionskämpfen hervorging, mit den Normen eines säkularisierten Völkerrechtes und mit der Praxis einer Gleichgewichtspolitik den Bedürfnissen der europäischen Gesellschaft Rechnung trug, mußte die Zukunft lehren. Daß das Papsttum durch seinen Protest von 1648 fortan als völkerrechtliche Regulativinstanz ausschied, war kein Zufall. Nicht nur daß das neue Staatensystem konfessionell gemischt und ungebunden war – die Abnutzung des konfessionellen Prinzips (des einzigen, in dem das Christentum institutionell wirken konnte) hinterließ im zwischenstaatlichen Bereich ein Vakuum. Keine neue überstaatliche Institution wurde geschaffen.

Das Reich: Sieg des Partikularismus

Der tiefe und deutliche Einschnitt, den 1648 für die Geschichte des Heiligen Römischen Reiches brachte, wurde schon zuvor erörtert. Anders sieht es aus, wenn nach der Bedeutung der Wegstrecke von 1520 bis 1648 in einer Weise gefragt wird, die über Verfassungs- und Territorialentwicklungen hinaus das Ensemble der deutschen Beiträge zum Weg Europas bedenken will. Von Luther zum Läuten der Friedensglocken in dem verwüsteten Land von 1648 führen sehr unterschiedliche Entwicklungslinien, die bis heute von keiner einleuchtenden Gesamtinterpretation zusammengefaßt wurden. Wieweit war der Sieg des territorialen Partikularismus (mit all seinen geistigen und gesellschaftlichen Voraussetzungen und Folgen) von den Deutschen gewollt oder von außen aufgezwungen? Trifft Rankes Meinung zu, der schon für das Jahr 1524 (Regensburger Konvent) den „Ursprung der Spaltung in der Nation" dem „auswärtigen Einfluß" zuschreibt, während Deutschland bereit schien, einen gemeinsamen Weg zu suchen, der „den Bedürfnissen der Nation und den Forderungen des Evangeliums" gleichermaßen entsprach [vgl. 729: LUTZ]? Gibt es überhaupt eindeutige Kausalitätsbezüge, wenn wir doch mindestens drei Abläufe in ihrer Interaktion zu verfolgen haben: den kirchlichen Konflikt, den Konflikt Kaiser-Stände und das Verhältnis zu den außerdeutschen Mächten? Solche und ähnliche Fragen zeigen, wie offen sich diese deutsche Perspektive heute darstellt.

Es ist oft nach den föderalen Strukturen des Reiches seit dem Westfälischen Frieden gefragt worden, insbesondere danach, ob der Friedensschluß die Auflösung des Reichsverbandes zugunsten der Territorien herbeigeführt und beschleunigt oder gar vollendet habe. Anton Schindling widerspricht der Ansicht, wonach die Neuerung des reichsständischen Jus pacis et belli die völkerrechtliche Stellung der Stände und des Reiches ausdrückten, verweist hingegen auf die „Einbindung des ständischen Bündnisrechtes in die Traditionen der Reichsverfassung und des Reichs-Landfriedens", der „das alte ständische Einungs- und Widerstandsrecht" bekräftigte (ANTON SCHINDLING, Die Anfänge des Immerwährenden Reichstags zu Regensburg, Mainz 1991, 32f.).

Religiös-kirchliche Perspektiven

Im Bereich der religiös-kirchlichen Perspektive läßt sich der Sonderweg von Reformation und Gegenreformation im Reich mit seinen verfassungsrechtlichen Engführungen unterscheiden von den anderen Verlaufsmustern im Westen, Norden und Osten. Die Abnutzung, auch Kompromittierung des konfessionellen Prinzips durch Staatskirchentum und Glaubenszwang ist das eine, das Weiterleben verstreuter Concordia-Hoffnungen und Toleranzbestrebungen das andere. Genuin religiöse Gesinnungen und Werke findet man inmitten polizeigeschützter

Großkirchen wie in verfolgten Randgruppen. Die Gestaltungskraft des Christentums in Gesellschaft, Staat und Kultur entfaltet sich auch im Zeichen des kirchlichen Polyzentrismus weiter, wenn auch unter anderen Vorzeichen. Wieweit die beginnende Säkularisierung des Denkens und Verhaltens als eine unmittelbare Folge der widersprüchlichen Situationen des Konfessionskampfes oder als eine selbstverständliche Begleiterscheinung auf dem Wege zu komplexeren Lebensformen zu deuten ist, kann generell wohl kaum entschieden werden.

II. Grundprobleme und Tendenzen der Forschung

1. Fragen der Periodisierung

Bedeutung der Periodisierungsfragen

Der Byzantinist Georg Ostrogorsky nannte die Periodisierung „den Gradmesser unseres historischen Verständnisses". Damit ist die Bedeutung dieser Fragen unterstrichen, die weit über die Aufgabe einer äußerlichen, quantitativen Stoffanordnung hinausreicht. Im folgenden wird der Nachdruck auf die Diskussion über die Epochengrenze Mittelalter/Neuzeit und über die Ausgrenzung und Binnengliederung der „frühen Neuzeit" gelegt. Es kommen dabei die Probleme der Bewertung unterschiedlicher Kriterien zur Bestimmung von Epochengrenzen zur Sprache (einschließlich der besonderen Aspekte der marxistischen Geschichtsauffassung). Insgesamt kann davon ausgegangen werden, daß es in der heutigen Diskussion nicht mehr um schulbuchmäßige, punktuelle Abgrenzungen geht; vielmehr werden verschiedene Konzeptionen von „Zonen" des Übergangs entwickelt. Die spezielleren Fragen der Interpretationsmodelle von Reformation und Gegenreformation werden in eigenen Abschnitten behandelt (siehe S. 116 ff. und 151 ff.).

Als formale Bedingungen für brauchbare Periodisierungsvorschläge können vorweg genannt werden:

1. Eine ausreichende *Integration* der verschiedenen Aspekte historischen Geschehens (Gesellschaft, Politik, Kultur, Wirtschaft etc.).
2. Eine zweckmäßige *Größenordnung* der vorgeschlagenen Perioden und ihrer Gliederung.
3. Eine zureichende *räumliche Relevanz* des Periodisierungsschemas.
4. Eine begründete *Verankerung in dem lebensweltlichen Bezugssystem* der jeweiligen Gegenwart.

Kritik der traditionellen Trias

Um mit dem letzten Gesichtspunkt zu beginnen: die Kritik der seit dem Hallenser Polyhistor Christoph Cellarius (1683) eingeführten universalhistorischen Trias Altertum – Mittelalter – Neuzeit wurde erst nach dem Zweiten Weltkrieg mit Nachdruck aufgenommen. Die Diskussionen standen seither im Zeichen einer veränderten Gegenwartserfahrung; man konnte die eigene Zeit nicht mehr als Teil einer „Neuzeit" verstehen, die mit Renaissance und/oder Reformation begonnen hatte. Andere Impulse kamen von neuen Forschungen im Bereich Spätmittelalter/Renaissance/Reformation, von den Versuchen einer morphologisch-komparativen Weltgeschichte (Spengler, Toynbee) und von einer sozialgeschichtlichen Betrachtungsweise, die das Entstehen der modernen Industriegesellschaft den vorrevolutionären Strukturen „Alteuropas" gegenüberstellt. Auch die marxistischen Periodisierungsdebatten, die die großflächigen Formationsbegriffe Feudalismus – Kapitalismus u. a. mit Hilfe des Interpretamentums „frühbürgerliche Revolution" auf die deutsche und europäische Geschichte anwandten, sind zu erwähnen.

„Alteuropa"

Der deutsch-amerikanische Historiker DIETRICH GERHARD formulierte 1954/62 einen Periodisierungsvorschlag, der im Zusammenhang mit den sozialgeschichtlichen Ansätzen bei O. BRUNNER, WERNER CONZE u. a. steht [175. GERHARD, 40ff.]: „Alteuropa" beginnt im elften und zwölften Jahrhundert, das gegenwärtige Europa beginnt mit der Aufklärung und mit der industriellen und französischen Revolution. „Trotz vielfältiger Veränderungen darf die lange Zeitspanne vom elften bis zum achtzehnten Jahrhundert doch als Einheit betrachtet werden, als die Epoche von ‚Alteuropa'. Obschon dies ‚Alteuropa' gewiß nicht statisch gewesen ist, so haben in ihm doch den später erfolgreichen Kräften der Veränderung, der Zentralisation, des Strebens nach sozialer Gleichheit andere Kräfte siegreich entgegengewirkt. Damals überwiegen Überlieferung, landschaftliche Verwurzelung, ständische Gliederung. Diese Mächte geben Institutionen wie Sitte das Gepräge und werden ihrerseits durch diese gestärkt... Jahrhunderte lang hat... der nationale Geist dazu gedient, sich den Kräften der Moderne entgegenzustemmen: der Zentralisierung, dem Gleichheitsgedanken, dem Glauben an Fortschritt und Wandel. Dies gilt auch noch für die Jahrhunderte der sogenannten Neueren Geschichte, trotz der Wirkung von Renaissance und Reformation". Diese Relativierung der traditionellen Epochengrenze „um 1500" hat GERHARD einerseits mit Hinweisen auf die konservative Haltung der Reformationskirchen bis ins 17. Jahrhundert, andererseits durch die Betonung der Dauerhaftigkeit und des Spielraums der gesellschaftlichen und politischen Grundlagen Europas unterstrichen: „Von Anfang an ließ Alteuropa Raum für Bürger und städtisches Leben... so gut wie für Könige, Adelige und Bauern."

„Zwischenzeit" zwischen Mittelalter und Moderne

Weniger radikal, aber von ähnlichen Anliegen bestimmt, sehen die verschiedenen Vorschläge aus, die zwischen Mittelalter und Moderne eine „Zwischenzeit" einschieben. W. K. FERGUSON sieht in der Zeit von 1300 bis 1600 „a certain unity of development in all the countries of western Europa" und schlägt für diese Jahrhunderte insgesamt die Bezeichnung Renaissance vor [173: FERGUSON, 2]. Ähnlich DENIS HAY, der gleichfalls zwischen Mittelalter und Neuzeit eine eigene Epoche mit Namen Renaissance einsetzt, die er aber von 1300 bis 1700 reichen läßt: wachsende Macht des Königtums und der bürokratischen Zentralisation, scharf sich abhebend von dem Feudalismus zuvor und dem demokratischen Charakter der Moderne. Die wirtschaftliche Gleichwertigkeit von Stadt und Land drückte sich in einem Gleichgewicht von Kapitalwerten und Landwerten aus: „Es war eine Welt der Banken, wenn auch noch ohne Banknoten, eine Welt des Handels ohne Industrie; eine Welt ungeheurer Geldoperationen in einer Atmosphäre, die finanzielle Sicherheit so gut wie überhaupt noch nicht kannte" [1087: HAY,

25]. Die Charakteristik der gemeinsamen Merkmale der Epoche wird ebenso für das politische, kirchliche und soziale Leben durchgeführt.

ERICH HASSINGER und DELIO CANTIMORI sind in der Abgrenzung einer Zwischenepoche noch ein Jahrhundert weiter gegangen. HASSINGERS These ist um so interessanter, als hier ein profunder Kenner der Reformationsgeschichte zu dem Ergebnis kam, daß die durch Luther und die Reformation gesetzte Ereigniskette „wohl eine bedeutende Wandlung, aber keine bis in die letzten Tiefen reichende Veränderung im Abendland" bedeutet hat. Dies trifft jedoch für die Wende um 1800 zu: „Es scheint uns die Annahme vertretbar, daß von rund 1250/1300 bis rund 1800 der letzte Akt eines Schauspiels abläuft, das im 3./4. Jahrhundert nach Christus mit dem Einbruch der Germanen in die Mittelmeerwelt und der inneren Umwandlung des Imperium Romanum begonnen hat" [172: HASSINGER, 712f.]. Für diese 500/550 Jahre nimmt HASSINGER den Terminus „Neuzeit" in Anspruch. Er schlägt eine Innengliederung in drei Abschnitte vor: das „sogenannte Spätmittelalter" bis zum Ausgang des 15. Jahrhunderts, das 16. Jahrhundert in einem weiteren Sinne (bis etwa 1650) und schließlich „die vier, fünf Generationen vor der Französischen Revolution, während derer bereits zahlreiche Elemente des 19. Jahrhunderts vorentwickelt waren". Die Zeit um 1300 – nicht 1500 – erscheint als die entscheidende Wende in den politischen Lebensformen: Ausbildung des modernen Fürstenstaates nach innen und außen. Dagegen wird die abschließende Wende um 1800 im Sinne OTTO BRUNNERS stark vom Wandel der Gesellschaft her gesehen. Die Bedeutung von HASSINGERS These wird unterstrichen durch die substantielle Darstellung der Zeit von 1300 bis 1600, die wir ihm verdanken [199: HASSINGER].

DELIO CANTIMORI arbeitet dagegen bei seiner Konzeption einer „età umanistica" von Petrarca bis Goethe bei aller Beachtung politischer, sozioökonomischer und kirchlicher Perspektiven bewußt mit dem Vorrang geistesgeschichtlicher Kriterien, wobei er die Dimension der Öffentlichkeit betont. Es geht ihm also nicht nur um die Kontinuität der großen Einzelnen, sondern um die Kohärenz eines literarisch-politischen Bewußtseins von Cola di Rienzo bis zu Saint-Just, der gleichfalls Brutus und Scipio, Lykurg und Solon anrief [174, 331].

Einwände gegen „Alteuropa" und „Zwischenzeit"

Obwohl die prinzipiellen Anliegen und der Wert vieler Einsichten unwidersprochen blieben, hat sich doch bisher keine dieser Konzeptionen durchsetzen können. Man sollte dies vielleicht weniger der ‚vis inertiae' zuschreiben, als den erheblichen Schwierigkeiten, die in der Sache liegen. GERHARDS lange, formal ungegliederte Epoche „Alteuropa" bietet wenig Raum für die Dynamik und Neuartigkeit alles dessen, was wir in Renaissance und Reformation, im europäischen Staatensystem, in der wissenschaftlichen „Revolution" seit Kopernikus vorfinden. Die Zwischenzeit-Thesen bieten wieder andere Probleme; die Frage der inneren Einheit der Zeit von 1250/1350 bis 1700/1800 läßt sich offenbar in keiner der vorgetragenen Abgrenzungen ganz überzeugend beantworten. Nicht nur das kirchlich-kulturelle Konfliktfeld seit Luther, auch der politisch-soziale Strukturwandel seit 1500 scheint bei all diesen Ansätzen unterbewertet, wenn man bedenkt, wie tief überall in Europa die Prozesse wirkten – auch in sozio-ökonomischer und soziokultureller Hinsicht – die den Staat zum dominierenden Sektor der Lebenswelt werden ließen.

Marxistische Periodisierungsdiskussion

In der marxistischen Periodisierungsdiskussion ging es u. a. um die Vermittlung zwischen dem klassischen Schema Feudalismus – Kapitalismus und der „bürgerlichen" Mittelalter-Neuzeit-Konzeption sowie um die differenzierte Einschätzung der Epochenprobleme in der deutschen und allgemeinen Geschichte. MAX STEINMETZ verfolgte die Zwischenzeit-Diskussion und rezipierte sie zum Teil. Ihm erscheint die Annahme einer „Zwischenperiode" von etwa 1400 bis 1642 sinnvoll, die im europäischen Horizont im Zeichen der frühbürgerlichen Revolution steht und von den frühen bürgerlichen Kämpfen in Italien über Humanismus, Reformation und Gegenreformation bis an die Schwelle der englischen Revolution reicht [185: STEINMETZ, 63]. ERNST ENGELBERG [187] betonte in der von ENGELS gezeichneten Abfolge der frühen bürgerlichen Revolutionsbewegungen (Luther-Calvin-englische Revolution) die epochemachende Bedeutung des Zeitraums 1517–1536 („Revolution Nr. 1 der Bourgeoisie"). Es ist beachtenswert, wie innerhalb einer marxistischen Geschichtsauffassung und Revolutionstheorie der epochemachende Einschnitt von 1517 betont wurde: Luthers Auftreten mobilisiert erstmals die Massen gegen das hierarchische System.

Kritik der Europazentrik

Von ganz anderen Voraussetzungen her wird neuerdings auch in politikwissenschaftlichen Ansätzen die traditionelle Wende zwischen Mittelalter und Neuzeit – etwa 1500 – akzentuiert. CHARLES TILLY schlägt unter dem Gesichtspunkt der Entstehung der modernen Nationalstaaten ein Periodisierungsschema vor, dessen erster Abschnitt von 1500 bis 1650/1700 reicht [254: TILLY, 637 f.]. Hier wie auch in anderen Fällen zeigt sich, daß gerade die neuerlichen Bemühungen um Überwindung der Europazentrik in der Periodisierung eher kritisch zu den Konzepten „Alteuropa" und „Zwischenzeit" stehen und zu einer Aufwertung der alten dualistischen Konzeption führen können (Entdeckungen, Beginn der Kolonialreiche).

Frühe Neuzeit und die Zuordnung der „Zeitwende"

Überblickt man die historiographische Praxis der letzten Jahrzehnte und die Fülle der epochentheoretischen Argumente mit der Absicht konkreter Schlußfolgerungen, so ergeben sich verschiedene Möglichkeiten, wobei als ein Ergebnis die fast durchgehende Verwendung des Begriffs „Frühe Neuzeit (Frühneuzeit)" festzustellen ist. In einem Bilanzartikel hat ILJA MIECK einen Vorschlag ausgearbeitet, der einerseits die Anregungen für eine „Zwischenzeit" partiell berücksichtigt, andererseits die Epochengrenze bis 1519 festhält [176, 373]:

„Die Zeitwende (um 1450–1519)
(Humanismus und Renaissance-Frühkapitalismus
Entdeckungsfahrten-Zeit Maximilians I.)
Die Frühe Neuzeit (1519–1776/89)
A. Das konfessionelle Zeitalter (1519–1648/59)
1. Das Zeitalter Karls V. (1519–1559)
2. Das Zeitalter der Glaubenskämpfe (1559–1648–59)
B. Das Zeitalter der europäischen Großmächte (1648/59–1776/89)"

Für den Einschnitt bei 1519 macht MIECK nicht nur die Reformation, sondern auch das politikgeschichtliche Kriterium des beginnenden Dauerkonflikts zwischen Habsburg und Frankreich geltend. Was die siebzigjährige „Zeitwende" angeht, so ist darauf hinzuweisen, daß die Einordnung der italienischen Renaissance mit ihren vielfachen Antizipationen in jedem Fall ein schwieriges Problem bleibt; sie paßt in keine gesamteuropäische Synchronie. H. LUTZ neigt dazu, das italienische Quattrocento als antizipatorischen Sonderfall regional einzuordnen und den Renaissance-Humanismus als europäisches Epochenphänomen erst im späten 15. Jahrhundert wirksam zu sehen. Wichtig wird dann aber die Frage, ob man diese letzten Jahrzehnte des Übergangs letztlich doch noch dem Mittelalter zurechnet (wie MIECK) oder sie als eine besonders wichtige Stufe vorreformatorischer Kultur und Politik mit dem doppelten Vorzeichen eines humanistischen Reformismus und einer qualitativ veränderten politischen Dynamik (Italienzug Karls VIII. 1494) als ersten Abschnitt der Nova Aetas ansieht. Letztere Annahme erscheint nicht nur vertretbar, sondern von besonderem interpretativen Wert für den dialektischen Zusammenhang der Epochenphänomene: Humanismus – „konfessionelles" Zeitalter – Aufklärung [279: LUTZ]. Am Terminus „Konfessionelles Zeitalter" wird weiterhin festgehalten [vgl. 550: SCHILLING; 549: REINHARD]. Nach W. REINHARD erweist sich die Konfessionalisierung „als eine mit beachtlicher Regelmäßigkeit durchlaufende Frühphase moderner europäischer Staatsbildung" [549, 257]. Den periodologischen Gehalt von vier für das Neuzeitverständnis wichtigen Leitbegriffen – Renaissance, Entdeckungen, Reformation, moderner Staat – hat STEPHAN SKALWEIT nochmals untersucht und dabei betont, der lange Zeit empfundene Kontrast Mittelalter – Neuzeit habe „viel von seiner Schärfe verloren"; auf gesamteuropäischem Hintergrund lasse sich die Renaissance „weiterhin als drei Jahrhunderte umgreifende ‚Sattelzeit'" begreifen [179, 156]. WINFRIED SCHULZE plädiert deshalb für eine „breite Epochengrenze" um 1500 und läßt sie vom späten 15. Jahrhundert bis in die erste Hälfte des 16. Jahrhunderts, mindestens bis 1529, reichen. Er sieht den Ansatzpunkt für eine Epochentrennung in der Tatsache, „daß sich eine Reihe wesentlicher Entwicklungen überlagern und in ihrer Gesamtheit zu einem deutlich erkennbaren Einschnitt führen." Dazu gehören neben der im Gefolge der Reformation zerbrechenden Christianitas Phänomene wie Frühkapitalismus, Entstehung des frühmodernen Staates, neue Formen der Öffentlichkeit sowie eine neue Zeiterfahrung der Zeitgenossen [180, 19f.]. Bei der Vorlage weiterer, begründeter Periodisierungsvorschläge im Bereich der frühen Neuzeit wird u. a. auf eine intensivierte Zusammenarbeit zwischen Mediävisten und Neuhistorikern, auf eine umfassende Abwägung der sozialen, politischen und kirchlichen Kriterien und schließlich auf eine vorsichtige Einschätzung der langfristigen weltgeschichtlichen Verläufe zu achten sein [siehe auch 178: KUNISCH].

2. Interpretationsmodelle der Reformation

Deutschsprachige Historiographie

Aus dem Reichtum der reformationsgeschichtlichen Darstellungen können im folgenden nur einige besonders markante, deutschsprachige Beispiele ausgewählt werden. Dies erscheint vertretbar, da in der Tat die Schwerpunkte der Diskussion bis ins 20. Jahrhundert überwiegend im deutschsprachigen Bereich lagen. Während vom 16. bis zum 18. Jahrhundert der Begriff „Reformation" keineswegs auf den kirchlichen Bereich und noch weniger auf die protestantische Bewegung festgelegt war, zeigt sich in Leopold Rankes „Deutsche Geschichte im Zeitalter der Reformation" [1839/47, 798] erstmals die nicht nur eindeutige, sondern auch epochenbeschreibende Funktion. Rankes Standpunkt war deutsch, territorialistisch, konservativ und lutherisch. Er knüpfte in vielem an die Tradition der protestantischen landesfürstlichen Historiographie an, vermochte aber in großartiger Weise die Verbindung religiöser und politischer Bewegungen darzustellen. Sein Horizont war von Hegel und von den deutschen und kirchlichen Fragen der Zeit bestimmt. Er sah die deutsche Reformation als eine wesentliche Epoche im Aufstieg Europas: „Das Kalifat mochte kirchliche und politische Gewalt in Einer Hand vereinigen; das Leben der abendländischen Christenheit beruht dagegen auf der unaufhörlichen Wechselwirkung zwischen Kirche und Staat; daraus entspringt die immer freiere, umfassendere tiefere Bewegung des Geistes..." [798: Ranke, 1, 2]. Indem die deutsche Reformation die „reineren Formen des Christentums" erneuerte, leistete Deutschland seinen Beitrag zur christlichen Entwicklung Europas und auch der außereuropäischen Welt: „Sollte das Evangelium aller Welt verkündigt werden, so mußte es erst wieder in seiner ungetrübten Lauterkeit erscheinen. Es ist eine der größten Kombinationen der Weltgeschichte, daß in dem Augenblick, in welchem sich dem System der romanisch-germanischen Völker... die Aussicht eröffnet, eine vorwaltende Einwirkung auf die anderen Erdteile zu erwerben, zugleich eine religiöse Entwicklung emporkam, die dahin zielte, die Reinheit der Offenbarung wiederherzustellen. Die deutsche Nation, die an der Eroberung fremder Weltteile wenig oder keinen Anteil hatte, machte diese große Aufgabe zu der ihren" [798: Ranke, 1, 176]. Die Nachwirkung der Konzeption Rankes war außerordentlich stark; über die breite Entfaltung der Forschung im 19. und 20. Jahrhundert hinweg ist sie sowohl in interpretativer wie in methodischer Hinsicht bis heute zu bemerken.

Deutschland, Reformation und außereuropäische Expansion bei Ranke

An eine ökumenische Interpretation der Reformation war im Fortgang des 19. Jahrhunderts nicht zu denken. Darstellungen von katholischer Seite, die es mit Ranke hätten aufnehmen können, gab es nicht. Bemerkenswert bleibt als Beispiel katholischer Bemühungen um eine Antwort auf Ranke und seine Schule das achtbändige Werk von Johannes Janssen „Geschichte des deutschen Volkes seit dem Ausgang des Mittelalters" [714]. Im Banne der älteren Lutherpolemik [die in der katholischen Aufklärung nur vorübergehend ausgesetzt hatte, siehe 192: Lutz] und der Kulturkampfstimmung zeichnete Janssen mit viel kultur- und sozialhistorischem Detail das Bild eines allgemeinen Verfalls aller Lebensbereiche

Janssens katholische Dekadenzkonzeption

infolge der „politisch-kirchlichen Revolution", die von den Reformatoren ausging. Kirche, Kultur und Freiheit wurden zerstört; die einzigen Gewinner waren die Fürsten und Herren. Das Fazit zu 1555 ist für JANSSEN eindeutig: „War doch überhaupt das Volk, seitdem die Herrschgewaltigen die politisch-kirchliche Revolution in die Hand genommen, nur noch angewiesen auf Gehorchen, Leiden und Dulden. Der sogenannte Augsburger Religionsfrieden wurde für das Volk eine neue Quelle unsäglichen Jammers" [714: JANSSEN, 2, 723].

Der gewaltige Ertrag der voranschreitenden Forschung und die Gründung des Hohenzollernreiches spiegelten sich anders in den protestantischen Darstellungen dieser Zeit. Politische und kulturelle Akzente im Sinne des nationalliberalen Bürgertums setzte FRIEDRICH V. BEZOLD 1886 in seiner „Geschichte der deutschen Reformation". Er sieht in der Reformation einerseits „die letzte große Tat eines im Niedergang begriffenen Volkes"; sie hat zum Sieg des fürstlichen Sonderstaates über die Monarchie und die demokratischen Kräfte beigetragen. Andererseits wird der positive Zusammenhang zur Gegenwart hergestellt: „Spät, aber überreich hat die Reformation in ihrem Vaterland Früchte gebracht. Aus dem deutschen Protestantismus, der die Feuerprobe des Dreißigjährigen Krieges überdauert hat, sind unserer Nation ihre heutige Kultur und ihr nationaler Staat erwachsen. Ohne Luther hätten wir keinen Kant und Goethe, ohne die protestantische und antikaiserliche Herkunft des preußischen Staates nicht unser neues Deutsches Reich" [799: BEZOLD, 872]. Die große Ranke-Tradition, Reformationsgeschichte zunächst als Epoche der deutschen Geschichte zu sehen und daher die kirchlichen Vorgänge ganz im Bezug zum Reich und zu seiner Verfassung zu schildern, hat über den Ersten und Zweiten Weltkrieg hinaus eine Reihe von eindrucksvollen Werken geprägt, bis zu STEPHAN SKALWEITS sorgfältig zusammenfassendem Buch 1967 [803]. PAUL JOACHIMSENS geistvolle Darstellung von 1930 liest man noch heute mit Gewinn. Er arbeitete die Problematik und das Unvollendete der Reformation deutlich heraus: „Die Reformation beginnt mit der Forderung einer Erneuerung der Religion auf Grundlage der Selbstbestimmung des einzelnen und führt, zumal nach der Spaltung des Protestantismus selbst, zur gesteigerten Betonung dogmatischer Unterschiede. Der zweite Satz lautet: Die Reformation scheint sich organisieren zu wollen als Gemeindekirche auf nationaler Grundlage und endet in den landeskirchlichen Organisationen der Territorialgewalten. Der dritte: Die Reformation erscheint in ihren Anfängen als Zusammenfassung religiöser, politischer und sozialer Reformforderungen und endet als rein religiöse Neubildung" [800: JOACHIMSEN, XVII f.]. JOACHIMSEN sieht bereits die ökumenische Aufgabe. Aber gerade in der Formulierung des zwischenkonfessionellen Anliegens tritt das fortbestehende nationale Anliegen als Grundlage und Grenze der Konzeption hervor: „Das große Gespräch zwischen den Konfessionen, das 1517 begonnen hat, wird und muß fortgehen. Aber es muß ein Gespräch zwischen den Kindern derselben Mutter sein, die sich als erwachsene und selbständig gewordene Menschen auf dem gemeinsamen Boden des Vaterlandes und der Nation begegnen" [800: JOACHIMSEN, XXIV].

Bezolds nationalliberale Interpretation

Die Ranke-Tradition: Reformation als Epoche der deutschen Geschichte

Dilthey: von der Reformation zum „natürlichen Systems der Geisteswissenschaften"

Andere und weiterführende Fragen stellten sich, wenn die Reformation, wie etwa bei WILHELM DILTHEY und ERNST TROELTSCH, im Rahmen einer Gesamtanalyse europäischer Kulturentwicklungen gesehen wurde. Der Philosoph DILTHEY (1833–1911) wie der Theologe und Kirchenhistoriker TROELTSCH (1865–1923) gingen von der Frage nach der Entstehung der modernen Welt aus. DILTHEYS bedeutende Arbeiten zur Geistesgeschichte der frühen Neuzeit gelten dem Entstehen des „natürlichen Systems der Geisteswissenschaften im 17. Jahrhundert". Er hat Geistesgeschichte stets im großen Zusammenhang mit der Entwicklung der Gesellschaft gesehen, den Renaissance-Humanismus scharf von der Reformation geschieden und die gesamtgeschichtlichen Bedingungen der Wissenschaftsentwicklung betont. Daher ergab sich das besondere Interesse an allen Formen rationalistischer Theologie, an Zwingli, Calvin und den Spiritualisten, während Luthers Sonderstellung hervortrat. So sieht DILTHEY die Reformation und ihre Zersplitterung als Stufe und Ursache für das neue wissenschaftliche System des 17. Jahrhunderts: „Als das theologisch-metaphysische System, welches während des Mittelalters mit der kirchlich-feudalen Gesellschaftsordnung verknüpft gewesen war, im 15. und 16. Jahrhundert durch die humanistische und reformatorische Bewegung erschüttert worden war und nun doch aus der reformatorischen Bewegung ein einmütiges Bekenntnis und eine einmütige Kirche nicht hervorgingen, vielmehr Spaltungen, Sekten und Religionskriege Europa erfüllten: da entstand aus den realen Bedürfnissen der Gesellschaft im 17. Jahrhundert, auf dem neuen Boden einer mündig gewordenen Wissenschaft, welchen Humanismus und Reformation bereitet hatten, ein *wissenschaftliches* System, welches allgemeingültige Prinzipien für die Führung des Lebens und die Leitung der Gesellschaft gewährte..." [613: DILTHEY, 1, 90].

Troeltsch: Altprotestantismus als Reaktion mittelalterlichen Denkens

In ähnlicher Weise, aber nun schon mit einer entwickelteren religionssoziologischen Methodik verfolgte ERNST TROELTSCH den Weg von Christentum und Gesellschaft aus dem Mittelalter in die Gegenwart. Luther und die Ausbildung des altprotestantischen Kirchenwesens in der Reformationsepoche rückten sehr nahe an das Mittelalter heran; erst die Aufklärung, „der große Befreiungskampf des endenden 17. und 18. Jahrhunderts", hat das Mittelalter eigentlich beendet: „So liegt es auf der Hand, daß der Protestantismus nicht unmittelbar die Anbahnung der modernen Welt bedeuten kann. Im Gegenteil, er erscheint zunächst trotz all seiner großen, neuen Gedanken als Erneuerung und Verstärkung des Ideals der kirchlichen Zwangskultur, als volle Reaktion mittelalterlichen Denkens, die die bereits errungenen Ansätze einer freien und weltlichen Kultur wieder verschlingt... Er hat zudem auch den Katholizismus zu einer Neubelebung seiner Idee veranlaßt, und so erlebte Europa trotz gleichzeitiger Verbreitung der Ideen und Lebensformen der Renaissance wieder zwei Jahrhunderte mittelalterlichen Geistes" [470: TROELTSCH, 44]. TROELTSCH hat zwar zugestanden, daß diese Einordnung nicht für den Bereich des Staates und der Wirtschaft gilt, und er hat auch sonst – besonders im Hinblick auf Calvinismus und Sektenwesen – differenziert. Seine Thesen sind auf erheblichen Widerstand gestoßen; die protestantische

Lutherforschung hat ihm vielfach widersprochen. Insbesondere Karl Holl, der auf den Fortgang der Lutherinterpretation großen Einfluß hatte, trat gegen Troeltsch auf und betonte bei Luther „den entscheidenden Durchbruch nicht nur durch das Mittelalter, sondern durch den ganzen Standpunkt der katholischen Kirche" [493: Holl, 1, 109 Anm.]. Luthers Gewissensreligion sei die Begründung einer Autonomie, die sich zur Aufklärung nicht nur als eine unvollkommende Vorstufe verhalte. Doch ganz abgesehen davon, daß ja schon Troeltsch die wichtigen Unterscheidungen zwischen Luther und Luthertum, Person und Epoche getroffen hatte, enthält sein Oeuvre eine Fülle von Anregungen – Anregungen, deren Fruchtbarkeit in den letzten Jahrzehnten zunehmend erkannt wird (auch über Friedrich Gogartens Säkularisierungsthese hinaus). Allerdings ist sowohl bei Dilthey wie bei Troeltsch die Ausweitung des Horizontes mit einer spürbaren Einbuße, nämlich mit dem weitreichenden Ausfall der staatlich-politischen Dimension der Reformationsgeschichte verbunden. Dieser Ausfall erklärt sich sowohl aus der Eigenart ihres Gegenwartsbewußtseins wie aus methodologischen Implikationen.

Marxistische Interpretationen der Reformationsgeschichte

Troeltsch war übrigens einer der ersten, der von der Religionssoziologie her nach der Bedeutung der marxistischen Methode für die Kirchengeschichte fragte: „Die ‚marxistische' Methode formt mit demjenigen an ihr, was sich als klar berechtigt erweist, nach und nach all unsre geschichtlichen Auffassungen und damit natürlich auch die Auffassungen von Gegenwart und Zukunft um" [444: Troeltsch, 1, 975]. Die an Marx orientierte Geschichtsforschung hat sich nach dem Zweiten Weltkrieg –insbesondere in der ehemaligen DDR – intensiv den Fragen der Reformationsgeschichte zugewandt. Unter dem Generalnenner „Reformation als frühbürgerliche Revolution" lassen sich eine Menge empirischer Forschungen, theoretischer und narrativer Ausarbeitungen zusammenfassen, die den Horizont der Diskussion erweitert haben. Gemeinsam ist den unterschiedlichen Ansätzen das Interesse an jener spezifischen Übergangsphase zwischen Feudalismus und Kapitalismus, die von den Agrarrebellionen des späteren 15. Jahrhunderts über die von Luther ausgelöste Massenbewegung und den Bauernkrieg bis zum Calvinismus und der großen englischen Revolution reicht. Innerhalb dieses Bezugsrahmens kommt einerseits dem Bauernkrieg 1524/26, andererseits der interpretativen und methodologischen Frage nach der Einschätzung der politisch-sozialen und der religiösen Impulse besondere Bedeutung zu.

Um die Einordnung der „frühbürgerlichen Revolution"

Für die einzelnen Aspekte und Positionen dieser Diskussion sei auf einschlägige Spezialwerke verwiesen [182: Wohlfeil; 189: Nipperdey; 188: Friesen]. Zur Kennzeichnung des interpretativen Horizontes (Reformation/Bauernkrieg, deutsche/europäische Bewegung) kann dienen, was Max Steinmetz 1977 in der Einleitung zu der Berliner Akademiepublikation über den Bauernkrieg schrieb [848: Brendler/Laube, 33]: „Reformation und Bauernkrieg als frühbürgerliche Revolution haben somit ein Janusgesicht; sie waren Ende und Höhepunkt der antifeudalen Massenbewegungen der Feudalperiode und zugleich Beginn und erster Versuch der revolutionären Überwindung des Feudalismus. In diesem Sinne mündeten Reformation und Bauernkrieg in die mit den Ereignissen von 1517 bis 1525 einsetzenden europäischen Revolutionszyklen frühbürgerlicher und bürgerlicher Revolutionen. Zugleich aber löste sich mit der Niederlage der frühbürgerlichen Revolution die revolutionäre Einheit von Reformation und Bauernkrieg wieder. Während die revolutionären Kräfte niedergeschlagen wurden, breitete sich die bürgerlich-gemäßigte Reformation in Gestalt des Luthertums, das sich der gestärkten Fürstenmacht unterwarf, in weiten Teilen Europas aus. Die revolutionären Tendenzen nahmen in der Schweiz in Gestalt des Calvinismus eine neue, den revolutionären Kräften des Bürgertums gemäßere Form an". Heute wendet sich die internationale Calvin-Forschung wieder den „alten Fragen nach Vorsehung und Erwählung, Kirche und Gottesdienst, Frömmigkeit und biblischer Theologie" zu [vgl. E. SAXER, Hauptprobleme der Calvin-Forschung – Forschungsbericht 1974–82, in: 519: NEUSER, 93–11].

„Der Calvinismus im Hl. Römischen Reich"

Besondere Impulse erhielt die Erforschung des Calvinismus in den deutschen Territorien durch eine Reihe von Fallstudien [523: SCHILLING], unter denen HEINZ SCHILLINGS Studie über den religiösen und sozialen Wandel der Grafschaft Lippe besondere Beachtung verdient [938]. In begrifflicher Hinsicht sind diese Forschungen eng mit dem Terminus der „Zweiten Reformation" verbunden. „Der Begriff ‚Zweite Reformation' ist offensichtlich der jüngste, obgleich er den historischen Prozeß bezeichnet, der zumindest parallel zur Gegenreformation abgelaufen ist: die Absicht, die bislang als unvollendet geblieben eingestufte Reformation Luthers und Melanchthons nunmehr zu vollenden." So RAINER WOHLFEIL [482, 61], der trotz der geringen Akzeptanz, die seit dem Gebrauch des Begriffs durch JÜRGEN MOLTMANN [937] zu beobachten war, die Einwände zu entkräften versucht, die in der mangelnden quellenmäßigen Verankerung und in der zeitlichen Zuordnung zur Gegenreformation und Nachordnung gegenüber der lutherischen Reformation und den daraus resultierenden Mißverständnissen, die durch die Zählung gegeben sind, ebenso gesehen werden wie in der beschränkenden Anwendung auf den landeskirchlichen Typ des Reformiertentums. Bedenken dieser Art sind von E. W. ZEEDEN schon Mitte der 60er Jahre geäußert worden [in: GWU 15 (1964) 186] und haben weitere vehemente Kritiker in HARM KLUETING [522] und WILHELM HEINRICH NEUSER [Die Erforschung der „Zweiten Reformation" – eine wissenschaftliche Fehlentwicklung, in: 523: SCHILLING, 379–386] auf den Plan gerufen. Die Begriffsdiskussion ist auf dem der „Zweiten Reformation" gewidmeten 5. Symposion des Vereins für Reformationsgeschichte (1985) zu einem vorläufigen Abschluß gelangt, als auch HEINZ SCHILLING, einer der wärmsten Befürworter, von seiner Meinung abrückte und statt dessen den Begriff der „reformierten Konfessionalisierung in Deutschland" vorschlug [523, 7f. und Schlußdiskussion, ebd. 454].

Fortschritte der katholischen Historiographie

Was die katholische Forschung angeht, so brachten vor dem Ersten Weltkrieg die Lutherbiographien von DENIFLE und GRISAR wissenschaftliche Erkenntnis, verbunden mit entstellender Polemik. Erst in den 30er Jahren setzte – anknüpfend an die Arbeiten von F. X. KIEFL und SEBASTIAN MERKLE – eine vertiefte, versöhnliche und ökumenische Behandlung der Reformationsgeschichte ein, die mit den Namen Joseph Lortz, Hubert Jedin und Erwin Iserloh verbunden ist und sich nicht nur im deutschen, sondern auch im internationalen Katholizismus durchsetzte. Joseph Lortz veröffentlichte sein zweibändiges Werk „Die Reformation in Deutschland" erstmals 1940 [801]. Die Person Luthers steht im Vordergrund: „Luther ist die Reformation". Er wird als homo religiosus gewürdigt, der zutiefst um das rechte Gottesverständnis rang. Von diesem biographischen Ansatz her rückt das gesamte theologische Anliegen Luthers und der Reformation in ein neues, unbefangeneres Licht. Hubert Jedin hat dann in seiner imposanten „Geschichte des Konzils von Trient" [572] die Möglichkeiten einer neuen katholischen Interpretation auf der Höhe der wissenschaftlichen Methodik entfaltet. Die Dialektik von institutionellem Verfall auf seiten des päpstlich-spätmittelalterlichen Systems, von reformistischen Versuchen und reformatorischer Antwort wird deutlich gezeigt. Im Zeichen der ekklesiologischen Neubesinnung nach dem Zweiten Vaticanum hat sich u. a. Peter Manns schon im Vorfeld des Luther-Gedenkjahres 1983 für eine ökumenische Neuinterpretation Luthers und der Reformation eingesetzt und, in Kritik an Remigius Bäumer, vor einem Rückschritt der katholischen Lutherforschung ausdrücklich gewarnt [vgl. dazu den Forschungsbericht von Irmgard Höss 498, 318 und 344]. Dieses Gedenkjahr, das vor allem in der Bundesrepublik Deutschland und in der Deutschen Demokratischen Republik mit zahlreichen Ausstellungen und Tagungen von Theologen, Kirchenhistorikern und Historikern begangen worden ist, hat die Geschichtswissenschaft sehr bereichert, wenngleich gesehen werden muß, daß die Forschungsergebnisse stark auf die Person Luthers konzentriert blieben [als Beispiel dafür sei 496: Junghans genannt] und weniger das Umfeld des Reformators einbezogen [wie in 497: Martin Luther]. Im Zusammenhang mit der Wirkungsgeschichte war die neue Sicht der DDR-Historiographie bemerkenswert, die nicht wie früher den „Fürstenknecht" Luther dem „Sozialrevolutionär" Thomas Müntzer gegenüberstellte, sondern dem reformatorischen Wirken Luthers eine neue Wertschätzung entgegenbrachte.

„Lutherjahr" 1983

Auf der vom Verein für Reformationsgeschichte 1990 in Washington unter Teilnahme namhafter Spezialisten veranstalteten internationalen Konferenz kamen die gegenwärtigen Tendenzen der Reformationsgeschichte deutlich zum Ausdruck. Die Konfessionalisierungsthese ist mehr und mehr anerkannt [vgl. die Monographie von H. R. Schmidt: 484, oder H. Schillings Untersuchung des Zusammenhanges zwischen Konfessionalisierung und Internationalem System, in: 525, 591–613]; so wird z. B. mehr nach den Gemeinsamkeiten des reformatorischen Wollens und der Theologien gefragt als nach den Unterschieden. Unbestritten ist dabei der zentrale Platz der Rechtfertigungslehre [vgl. M. Brecht, Theologie und Theologien der Reformation? in: 525, 899–117]. Doch muß auch künftig die Verschiedenartigkeit der „konfessionellen Kulturen" beachtet werden, wie dies Schorn-Schütte [Bikonfessionalität als Chance? Zur Entstehung konfessionsspezifischer Soziallehren am Ende des 16. und zu Beginn des 17. Jahr-

Neueste Tendenzen

hunderts, in: 525, 305–324] anhand ihrer Untersuchung des geistlichen Amtes, der Ehe und Familie als „Kulminationspunkte konfessioneller Identität" überzeugend darlegte.

Fragen der Periodisierung und Typologie finden weiterhin Beachtung. So problematisiert B. HAMM [Reformation „von unten" und Reformation „von oben". Zur Problematik reformationshistorischer Klassifizierungen, in: 525, 256–293] die gängigen Abgrenzungen und Phasenvorstellungen; er zeigt die „Durchlässigkeit und Wechselbeziehungen zwischen Volksreformation (people's reformation) von unten und obrigkeitlicher Reformation der Magistrate und Fürsten von oben" auf. Auch spricht er sich gegen die Zäsur 1525/26 aus und betont „eine obrigkeitliche Tendenz der Reformation" auch nach 1525, ohne spürbare „reformatorische Resignation" (263). BLICKLES Konzept der Gemeindereformation [vgl. Eidgenossenschaft in reformatorischer Absicht. Oder Wie begründet ist die Kritik an der „Gemeindereformation"? in: 525, 159–174] wird weiterhin diskutiert. Der Autor läßt lediglich den Einwand der intendierten Gemeinsamkeiten zwischen Stadt- und Landgemeinde – nicht jedoch die überregionale Verallgemeinerung gelten: somit steht die von BLICKLE an der Eidgenossenschaft entwickelte Gemeindereformation auch weiterhin den Konzepten der an der mittel- und norddeutschen Entwicklung verpflichteten Modellen der Reformation gegenüber. Der Begriff des „Verdichtungsprozesses" – ursprünglich aus dem staatlich-politischen Bereich (P. MORAW) – findet nun auch Verwendung zur Charakterisierung religiös-kirchlicher Entwicklungen vom 15. bis 17. Jahrhundert: B. HAMM [520; 521] bewertet die Reformation als „Prozeß normativer Zentrierung von Religion und Gesellschaft" im Sinne gegenläufiger Tendenzen zur spätmittelalterlichen Differenzierung (der Lebensformen sowie der Individualität und Subjektivität): „Die politisch-gesellschaftlichen Zentrierungsvorgänge des Spätmittelalters und der Frühen Neuzeit suchen das normative Instrumentarium des Rechts und das auch den Rechtsbereich tragende fundamentale Normgefüge der Religion, so wie umgekehrt eine bestimmte Frömmigkeitstheologie alle gesellschaftlichen Lebensbezüge des Menschen zu formieren und regulieren strebt. Insofern lag es in der Logik der geschichtlichen Entwicklung, daß sich das Zentrierungsstreben des frühmodernen Staats und der durch die Reformation geschehene Schub normativer Zentrierung miteinander verbanden." [520, 80].

Schließlich bleibt noch auf Neuansätze der Frauen- und Geschlechtergeschichte zu verweisen (siehe unten S. 169ff.).

3. HUMANISMUS UND REFORMATION

„Ohne Humanismus keine Reformation" – diese Auffassung scheint sich heute allgemein durchgesetzt zu haben. Zahlreiche Quellenpublikationen, Einzelforschungen und Synthesen gelten diesen Zusammenhängen, die schon seit DILTHEY und TROELTSCH stark beachtet, aber sehr unterschiedlich beurteilt werden. Im vorliegenden Zusammenhang kann weder ein Abriß der Forschungsgeschichte noch ein Tableau des heutigen Diskussionsstandes gegeben werden. Es soll nur ein an Sachfragen orientierter Überblick über einige Forschungsprobleme versucht werden.

Humanismus und die Anfänge der Reformation

Der Zusammenhang zwischen dem Humanismus und den Anfängen der Reformation ist evident [siehe zuletzt 462: Enno van Gelder; 454: Kittelson; 453: Trinkaus; 452: Trinkaus; 455: Cantimori]. Für eine richtige Einschätzung der Situation des europäischen Humanismus zur Zeit des Auftretens Luthers ist sowohl die Frage nach den italienischen und „nordischen" Einflüssen wichtig, wie auch die Einschätzung seines soziokulturellen Gesamtcharakters, seiner religiösen Orientierung und seiner unterschiedlichen Strömungen. Lewis W. Spitz hat in Anknüpfung an die Neubewertung des Florentiner Humanismus (hinsichtlich seiner theologischen Bedeutung) den italienischen Einfluß gerade auf den religiösen Humanismus in Deutschland betont: „The new evaluation of the Florentine's (Ficinos) ‚religio docta' or ‚philosophia pia' has implications also for northern humanism which have not as yet been fully assessed" [461: Spitz, 12]. Andererseits liegen die Nachwirkungen der Devotio moderna und die unterschiedlichen Mischungen des Humanismus mit der Scholastik (Nominalismus und erneuerte ‚Via antiqua') auf der Hand. Gerade dieser komplexe Charakter des Phänomens Humanismus war offenbar für die Übergänge zur Reformation wichtig: „Überhaupt bestand das Verhältnis der Reformation zum Humanismus eher in der Rezeption verschiedener Mischungen von Bildungsvoraussetzungen und Bildungserwartungen als in der klaren Alternative: Zustimmung oder Ablehnung anhand einiger dogmatischer Testfragen" [194: Oberman, 76; siehe auch Obermans anregende Darstellung: 471].

Europäische Öffentlichkeit und humanistischer Reformismus

Ebenso ist der weitreichende Charakter der humanistischen Bewegung zu betonen, die in der „res publica eruditorum" erstmals eine „freischwebende" europäische Öffentlichkeit konstituierte und mit ihren reformistischen Programmen weit über die antiquarisch-philologischen Impulse hinausreichte. Die stimulierende Wiederentdeckung der Antike wirkte offenbar in zwei- oder dreifacher Richtung: in Anknüpfung an die christlichen „Initia" das Engagement für die Erneuerung des Christentums, im Rückgriff auf die pagane Welt der Antike die Entfaltung weltzugewandter Formkultur und Empirie. Die Bedeutung des humanistischen Reformismus in Kirche und Kultur als Ergebnis der neueren Forschung hat jüngst Stupperich deutlich gemacht: „War der Humanismus bereits im 15. Jahrhundert an kirchlichen Reformbestrebungen stark beteiligt, so sollte sein Einfluß bald überragende Bedeutung erlangen. Wie die Forschung an vielen Teilproblemen es deutlich machen konnte, richtete er seine Bestrebungen darauf, das gesamte kirchliche und kulturelle Leben neu zu bestimmen" [457: Stupperich, 42]. Nimmt man dazu die politisch-sozialen Entwürfe im Bereich des christlichen Humanismus, so ergibt sich ein umfassendes, wenn auch keineswegs einheitliches Bild [siehe 279: Lutz, vgl. 458: Lutz]. „Auf der einen Seite führte die praktisch-moralische Lebensphilosophie des Humanismus zu immer deutlicheren religiösen Grundpositionen, ein Vorgang, der vom religiösen Engagement des 16. Jahrhunderts her fast zwangsläufig war. Von solchen Grundpositionen aus tendierten diese christlichen Humanisten im Konfessionsstreit zur Vermittlung oder zu einer allgemein-christlichen, dogmatisch offeneren Über-Konfession" [459: MEUTHEN, 227].

Theologische Grenzen

Die Grenzen zwischen dem theologischen Ansatz des Humanismus und der Reformation hat A. DUFOUR mit der Analyse des jeweiligen „hermeneutischen Schlüssels" zu bestimmen versucht: Für Erasmus und seine Gesinnungsgenossen lag dieser Schlüssel, der sein Verhältnis zur Schrift und zum Christentum bestimmte, in der Bergpredigt, für Luther und die anderen Reformatoren im Römerbrief. Das ist eine suggestive Betrachtung, die aber wohl nur einen Teil des Unterscheidenden enthält. Konsequenterweise rücken für DUFOUR – im Vergleich mit der späteren Erstarrung der Orthodoxie – die ersten Abschnitte der Reformation sehr eng mit dem Humanismus zusammen: „Wir sind versucht, ein Zeitalter des Humanismus zu definieren, das die ersten Generationen der Reformatoren mit einschließt – als eine Entwicklungsstufe zwischen zwei scholastischen Epochen" [456: DUFOUR, 70]. LEWIS W. SPITZ betont einen anderen Gesichtspunkt: „The religion of humanism was itself too moralistic and synergistic to be religiously radical... Humanism failed to satisfy the deepest longings of the people for a religious renewal coming from the heart of Christianity. Really deepening the religious dimension was left to Luther, a prophetic type" [461: SPITZ, 291]. Bei einer Erweiterung der Perspektive stößt man rasch auf die Frage nach dem Verhältnis der Humanisten vor Luther zu den Institutionen. Offenbar waren sie evolutionär eingestellt und aus unterschiedlichen Gründen an Einheitsprinzipien orientiert (auch erkennungstheoretisch). Luther war Prophet und verlor das evolutionäre Vertrauen in die kirchlichen Institutionen.

Unterschiedliche Parteinahme der Humanisten

Die Aufspaltung der Humanisten angesichts der Reformation und die Analyse der verschiedenen Gruppen und „Mischungen", die sich nun ergaben, sind von besonderem Interesse. Die Fülle der Erscheinungen kann vielleicht unter vier Kategorien betrachtet werden: Humanisten, die zu aktiven Trägern der reformatorischen Bewegung werden (im Umkreis Luthers: Melanchthon, Spalatin u. a.; Zwingli, Butzer, Calvin u. a.); Humanisten, die auf der Seite Roms bleiben bzw. auf diese Seite treten (ein bedeutender Teil der vortridentinischen Reformtheologen quer durch Europa, aber auch gebildete Laien); Humanisten, die eine kirchliche Via media vertreten (oft ohne klare Abgrenzung, kennzeichnend meist ein selektives Verhalten zu Luthers Werken; Erasmus fiele wohl nur zeitweilig in diese Gruppe); Humanisten, die jenseits einer kirchlichen Erneuerung zu spiritualistischen oder skeptischen Folgerungen gelangen (eine recht gemischte Gruppe, von Sebastian Franck bis Rabelais). Bei diesen Aufspaltungen ist mit Recht das Generationenproblem betont worden (jüngere Humanisten gehen mit Luther), man sollte es aber nicht absolut setzen und sowohl die sich wandelnde Zeit wie die Fülle geistiger, regionaler und sozialer Faktoren im Auge behalten: in Italien, Frankreich, Spanien, England, Deutschland sieht das Entscheidungsfeld zwischen Humanismus und Reformation anders aus [siehe die Übersicht bei 616: Bolgar; vgl. auch 614: Lutz].

Humanistische Kontinuität im konfessionellen Zeitalter

Die von Werner Kaegi thematisierte „humanistische Kontinuität im konfessionellen Zeitalter" [615] ist ein Teilaspekt der Frage nach den Ergebnissen und Verläufen der unterschiedlichen Symbioseformen des Humanismus mit den neuen Gruppierungen, die sich im Zuge der konfessionellen Verhärtung ergaben. „Man würde die Proportionen aber verzeichnen, wenn man den Humanismus des 16. Jahrhunderts ausschließlich von seinem Verhältnis zum Christentum her sähe und seine Entwicklung allein von hier aus wertete. Auch weiterhin, und in nicht geringem Maße, wirkte er als eigenständige wissenschaftliche Kraft und hat auf diese Weise die europäische Bildungs- und Wissenschaftsgeschichte – und zwar, wie man doch wohl sagen muß: säkularisierend – mitbestimmt... Die souveränste wissenschaftliche Leistung erreichte der Humanismus, wo er am wenigsten nach außen gewendet war, nämlich in der Philologie im engeren Sinne" [459: Meuthen, 228f.]. Bei allen Gruppen spielt das pädagogische Erbe bzw. die pädagogisch-bildungspolitische Entfaltung des Humanismus im Rahmen des konfessionellen Zeitalters eine große Rolle. Auf der Seite des Luthertums verdient Melanchthon als Pädagoge und Schul- und Universitätsorganisator größte Beachtung. Der Neuaufbau eines protestantisch-humanistischen Bildungswesens erfolgte aus privater oder obrigkeitlicher Initiative. Als Beispiel für viele mag die Gründung der reichsstädtischen Hochschule in Straßburg dienen, die Anton Schindling untersucht hat: „In den zwanziger und dreißiger Jahren des 16. Jahrhunderts sah sich die politische Führung der freien Reichsstadt Straßburg einer Krise gegenüber, die aus dem Zerfall der alten Kirche resultierte und die in die Reformation einmündete. Diese Krise ist der Ausgangspunkt für alle Neuerungen: Neben den Veränderungen in der Kirche war dabei sicher die wichtigste, daß der Magistrat die Ideen der humanistischen Bildungsreform aufgriff und in der neuen großen Schule verwirklichte" [627: Schindling, 81]. Die Rezeption der humanistischen Pädagogik auf katholischer Seite vollzog sich in anderen Formen. Hier ist u. a. auf die „Ratio studiorum" der Gesellschaft Jesu zu verweisen (1586/99), die italienische Reformpädagogik mit spanischen und Pariser Traditionen verband. Als Illustration der Wirkweise des gegenreformatorisch-humanistischen Schulwesens sei auf Untersuchungen für Polen und Ungarn verwiesen, wo zugleich das Problem einer konfessionell eingebundenen Modernisierung und Verweltlichung zu sehen ist [635: Sinkovics; 636: Litak].

Das Kulturleben und das politische Leben des konfessionellen Zeitalters sind ohne die humanistische Kontinuität unvorstellbar: Buchwesen, Literatur, Gründung von Bibliotheken und Kunstsammlungen, Fortschritt der naturwissenschaftlichen Forschungen, Fortbildung der politischen Ideen, zunehmender Einfluß der römisch-rechtlich und humanistisch gebildeten Räte in der Regierung der Fürstenstaaten [ein anschauliches Bild der späthumanistischen Hofkultur im Umkreis Rudolfs II. gibt 617: Evans]. Das Fortleben der kirchlichen Concordiahoffnungen, des christlichen Friedensgedankens und einer weitgestreuten Toleranzhaltung sind von dieser Kontinuität sowenig zu trennen wie das Hervortreten adogmatischer und rationalistischer Strömungen. Wieweit trotz der konfessionellen Einengung des Humanismus (Zensur etc.) von einem Fortbestand der europäischen „Res publicae eruditorum" gesprochen werden kann, ist noch nicht zureichend geklärt, ebenso wenig das tatsächliche Ausmaß humanistischer Gemeinsamkeiten über die Konfessionsgrenzen hinweg. Einen Neuansatz bietet A. Schmid [460], der die Existenz der „Humanistenbischöfe" nicht nur in Italien, sondern auch im Heiligen Römischen Reich, speziell im Bistum Augsburg nachweist.

4. Zum Werdeprozess des frühneuzeitlichen Staates: Fürst und Stände

Unterschiedliche Forschungsansätze

Der heutige Diskussionsstand ist komplex, da sehr unterschiedliche Aspekte auf verschiedenen Ebenen behandelt werden. Einerseits entfaltete sich die ständegeschichtliche Forschung gerade nach dem Zweiten Weltkrieg in komparativem Ausgriff und mit differenzierten Methoden; der Anteil der Stände und Ständeversammlungen an dem Ausbau der frühneuzeitlichen Staatlichkeit wurde nicht mehr nur verfassungsgeschichtlich, sondern auch sozialgeschichtlich untersucht. Die Nachwirkungen des konstitutionellen Denkens des 19. Jahrhunderts, die zunächst die Forschung im Umkreis Staat-Stände stark beeinflußt hatten, treten allmählich zurück. V. Press hat den Bezugsrahmen dieser älteren Ständeforschung, um dessen Erweiterung und Modifikation es geht, kritisch beschrieben: „Orientierung am Parlamentsmodell und Bewertung ständischer Qualität an den Ähnlichkeiten mit dem modernen Parlament, die Vorstellung von einem Dualismus zwischen Fürst und Ständen, die Bemessung ständischer Leistung an der angeblichen oder tatsächlichen Wirkung für den Staat, die relativ statische Sicht ständischer Phänomene, ohne den oft beträchtlichen Wandel von Begriffen und Vorstellungen etwa zwischen dem 15. und 18. Jahrhundert zu berücksichtigen" [781: Press, 173]. Die Überprüfung dieser älteren Tendenzen gilt also dynamischeren und weiteren Konzeptionen.

Zur sozialen Mobilität der „ständischen Gesellschaft"

Der in der nichtmarxistischen Geschichtswissenschaft rezipierte Begriff der ständischen Gesellschaft für die Epoche der vorrevolutionären Geschichte Europas scheint zum „Ersatz für die gewiß problematische Kategorie der feudalen Gesellschaft, ein Synonym für vormoderne Gesellschaft" geworden zu sein. Dieser Begriff impliziert eine konfliktfreie Gesellschaft, jedenfalls aufgrund des Idealbildes, das von der Annahme ausging, „daß die Betätigung des einzelnen im Rahmen der durch den ‚Stand' gezogenen Grenzen des gesamten Gemeinwesens vor sozialen Konflikten bewahren konnte." Dies hat Winfried Schulze in seinem programmatischen Aufsatz „Die ständische Gesellschaft des 16./17. Jahrhunderts als Problem von Statik und Dynamik", der den Ergebnissen eines Expertensymposions vorangestellt ist [in: 315: Schulze, 1–17, hier 1, 3], vorgebracht und darauf verwiesen, daß die ständische Gesellschaft mit einem statischen Normensystem ihre Mobilität kontrollierte: „Der Zeitraum der frühen Neuzeit ist vor allem dadurch charakterisiert, daß wir hier eine intensive Überlagerung dieser zwei Grundprinzipien bemerken können. Wir haben seit dem späten Mittelalter eine Phase beachtlicher Mobilität, die gewiß als Ersatzmobilität beginnt, weitergetragen wird durch den Wachstumsschub des ‚langen 16. Jahrhunderts' und sich regional verschieden bricht an der Regression des 17. Jahrhunderts. Daneben haben wir als weiterhin bestimmenden Grundzug ein noch gültiges statisches Normensystem, das Aufstiegsmobilität scharf reglementiert, hohe Voraussetzungen erfordert und damit kontrollierbar macht. Dadurch war es möglich, in Phasen ökonomischen Wachstums größere Mobilität zuzulassen und in Phasen zurückgehender Ressourcen Mobilität zu verhindern" [ebd. 16]. Wie GÜNTER VOGLER treffend bemerkte, liegt der Kernpunkt der Debatte um die „Stände- oder Klassenstruktur" zwischen der marxistischen und nichtmarxistischen Geschichtswissenschaft im alternativen „oder": „Wenn Klassen Resultate ‚der ökonomischen Verhältnisse ihrer Epoche' sind, dann muß geprüft werden, ob sich die sozialen Folgen ökonomischer Veränderungen in den Kategorien der Ständestruktur erfassen lassen oder als Klassenbeziehungen zu verstehen sind" [„Einheit und Vielfalt im Prozeß des Übergangs vom Feudalismus zum Kapitalismus", in: ZfG 34/1986/ 22–39, hier 30].

Formen der Regierung und der zwischenstaatlichen Bezüge, politische Theorien

Die Forschung beschäftigt sich nachdrücklich mit den Formen und Entwicklungen des frühneuzeitlichen „Government", mit Fragen der staatlichen Zentralisation, der Finanz- und Steuersysteme, der Sekretariats- und Räteorganisation, der „Polizey" und Rechtspflege, der Bürokratie und Lokalverwaltung, der Anfänge staatlicher Wirtschafts- und Sozialpolitik sowie des Kriegswesens in seinen verschiedenen Formen und Funktionen, die dem Entstehen der großen stehenden Heere im 17. Jahrhundert vorausgingen. Ein drittes Arbeitsfeld betrifft die Außenbezüge des frühneuzeitlichen Staates: die Anfänge der modernen Diplomatie und des ständigen Gesandtschaftswesens seit dem 15. Jahrhundert, die völkerrechtlichen Verkehrsformen und Theorien, die Struktur und die Veränderungen des europäischen Staatensystems von der „spätmittelalterlichen res publica Christiana zum Mächte-Europa der Neuzeit" [251: ENGEL], mit den Fragen nach Hegemonie und Gleichgewicht, Expansion und Bündnisblöcken. Als viertes könnte noch die rege Forschung auf dem Gebiet der politischen Ideen und der Staatstheorien genannt werden, wo es nicht nur um utopische Entwürfe und geistig-politische Konfrontationen geht, sondern wo in der Analyse der Staatsformen- und Verfassungsdiskussionen der Frühneuzeit das für die Praxis so folgenreiche Zusammenwirken der beiden Traditionen faßbar wird: „die Tradition der antiken Staatsformenlehre und jene des spätmittelalterlich-frühneuzeitlichen dualistischen Ständestaates" [327: STOURZH, 320 f.]. Diese Schwerpunkte der Forschung stehen zwar in mannigfacher Berührung. Doch jeder Versuch eines Fazits der Gesamtdiskussion verstärkt den Eindruck, daß eine weitergehende Integration der unterschiedlichen Ansätze zu wünschen wäre.

Weltgeschichtliche Bedingungen der europäischen ständischen Verfassungen

Nur einige Hauptpunkte der Diskussion können erwähnt werden: Die ständestaatliche Struktur als eine weltgeschichtliche Sonderentwicklung der abendländischen Christenheit wurde schon von O. HINTZE [283, 219], O. BRUNNER [316] und DIETRICH GERHARD [285] gesehen; jüngst hat A. R. MYERS sie betont (mit Ausschließung der byzantinisch-russischen Geschichte, was vielleicht hinsichtlich des südosteuropäischen Mittelalters noch näher zu prüfen wäre). Weder in der Antike, noch in Indien und China gab es ähnliche Formen; auch die Feudalgesellschaften Japans und des Islams brachten keine vergleichbaren Institutionen hervor: „Striking as is this difference between the institutions of Latin Christendom and those of other civilizations, it is even more remarkable that representative assemblies, as Latin Christendom knew them, never developed in Byzantine or Russian Civilization" [287, 21]. Eine instruktive Übersicht über die Forschungsgeschichte der „Ständischen Verfassung" haben G. OESTREICH und I. AUERBACH vorgelegt [301]. H. G. KOENIGSBERGER hat 1975 in kritischer Auseinandersetzung mit HINTZES Auffassungen von 1930/31 eine neue Gesamtthese vorgetragen. Die Ausgangsfrage ist: „in the late-medieval partnership between kings and parliaments, throughout Europe, the kings were by far the stronger, although hardly ever the completely dominant partners. ‚Dominium politicum et regale' was the norm, not the exception. How was it then, that this relatively uniform system of political partnership, uniform, that is in terms of balance of political power although certainly not of structure – how was it that this system developed in different countries in different directions?" [290: KOENIGSBERGER, 45]. Drei Gruppen von Ländern sind hinsichtlich der Entwicklung vom 15. zum 18. Jahrhundert zu unterscheiden: In England und Schottland, in den Generalstaaten und in Polen siegt das Parlament über die Monarchie. In der zweiten Gruppe bleibt der Erfolg der Parlamente eingeschränkt: in Ungarn und in einigen deutschen Territorien (Württemberg, Mecklenburg etc.). Die Monarchie siegte über die Parlamente in Spanien und Portugal, Neapel, Piemont, Sardinien, Frankreich, Dänemark, in den spanischen Niederlanden und in zahlreichen deutschen Ländern. Koenigsbergers Erklärung für die Differenzierung betont den sozialen Wandel, die Bedingungen der „zusammengesetzten" Staaten, die auswärtigen Einflüsse, die kirchlichen Konflikte und spezifische Elemente im „Machtkampf" zwischen Krone und Parlament. Typologische Vergleiche, wie sie K. KRÜGER [289] für die skandinavischen Monarchien unternommen hat, sollten weiterverfolgt werden.

Differenzierte Ergebnisse im Ringen zwischen Fürsten und Ständeversammlungen

Daß die Reichsgeschichte einen Sonderfall darstellt, braucht nicht nochmals betont zu werden. Hier verdoppelte sich das Fürst-Stände-Problem, wie gerade die komparative Übersicht F. L. CARSTENS [286] gezeigt hat (siehe unten S. 147 ff.).

Prozeß der staatlichen „Verdichtung"

Die Ausdehnung der staatlichen Funktionen und Kompetenzen seit dem Spätmittelalter, der Prozeß der staatlichen „Verdichtung" (MORAW), hat verschiedene Ursachen und Formen und ist hinsichtlich der zeitlichen Ansätze und der regionalen Unterschiede differenziert zu bewerten. GERHARD OESTREICH, von der Ständeforschung und der deutschen Verfassungsgeschichte herkommend, charakterisiert die „erste Stufe des frühzeitlichen Staates" im 16. Jahrhundert als „Finanzstaat", dem seit der zweiten Hälfte des 17. Jahrhunderts die zweite Stufe – als „Militär-, Wirtschafts- und Verwaltungsstaat" folgt [317: OESTREICH, 279 ff.] HENRY J. COHN, der einen interessanten Querschnitt zum Thema „Gouvernment in Reformation Europa" vorgelegt hat [318, Introduction], betont einerseits die Kontinuität mit der spätmittelalterlichen Entwicklung, andererseits den tiefen Einschnitt, den die erste Hälfte des 16. Jahrhunderts brachte: „It is true that the mid-sixteenth century was not exceptional in experiencing considerable transformations in government ... Nevertheless, from the 1520's to the 1540's the power of the state was more pervasive in most European countries than it had ever been before, and in many cases than it would be for centuries to come" (10). Die Ergebnisse der Unterwerfung kirchlichen Besitzes unter staatliche Verfügung – mutatis mutandis auch in katholischen Ländern – lassen sich hinsichtlich der Steigerung der fürstlichen Einnahmen (sonst begrenzt auf den Ertrag der Eigengüter, der Zölle und der von den Ständen genehmigten Steuern) in vielen Fällen genau bestimmen.

Bei den jüngsten Forschungen zur territorialen Ständegeschichte hat sich die Form der international besetzten Expertentagung bewährt, wie der von PETER BAUMGART herausgegebene Sammelband zu Ständetum und Staatsbildung in Brandenburg-Preußen zeigt [295], in welchem neben dem territorialstaatlichen Vergleich mit den habsburgischen Ländern [vgl. W. SCHULZE, 263–279] und der Kontext zur Gesamtentwicklung im Reich [vgl. V. PRESS, 280–326] und zum europäischen Ständewesen [vgl. H. G. KOENIGSBERGER; 19–31] des 16. und 17. Jahrhunderts hergestellt wurde. Zu den instruktivsten Beispielen für die Konstellation und die Konflikte zwischen Fürst und Ständen gehörte seit jeher das Königreich Böhmen. Nun liegen neue Untersuchungen über die Zurückdrängung der mehrkonfessionellen Stände durch Ferdinand I. [291: EBERHARD] sowie zu Höhepunkt und Ende der böhmischen Ständemacht um 1620 vor [293: PÁNEK; 296: BECKER; 297: BAHLCKE]. Nicht weniger aufschlußreich ist die Unterwerfung und Rechtfertigung führender Ständevertreter des Landes ob der Enns während der erwähnten „Umbruchphase" [298: HEILINGSETZER].

Das Personal, mit dessen Hilfe die Fürsten ihre Zentral- und Lokalverwaltung ausbauten und konkurrierende ständische Administrationen beiseitedrängten oder beseitigten, rekrutierte sich nicht nur aus der aufstrebenden Schicht der bürgerlichen „gelehrten Räte". Die Ambivalenz der Stellung zahlreicher Adeliger, die einerseits noch an ständischen Funktionen beteiligt waren, andererseits dem expandierenden Fürstenstaat dienten, hat u. a. DIETRICH GERHARD in weiter Perspektive behandelt. „Amtsträger zwischen Krongewalt und Ständen – ein europäisches Problem" [in: 175, 71 ff.; siehe auch 332: MALETTKE]. Er setzte der älteren, von SCHMOLLER 1894 in der Einleitung zu den Acta Borussica vorgetragenen Konzeption einer statischen Geschichte des Beamtentums eine neue Sicht entgegen: „Wenn ... neuerdings überhaupt neben dem Fürstenstaat die vom Mittelalter her fortwirkenden und den Fürstenstaat in Schranken haltenden ständischen

Zur Geschichte des Beamtentums

Überlieferungen der Gesellschaft stärker herausgearbeitet worden sind, so gilt es... der in ganz Europa wirksamen ständischen Einflüsse auch auf das Amt sich stärker bewußt zu werden." Im übrigen zeichnet sich auch in der Frage des frühneuzeitlichen Ämterhandels eine Tendenz zu differenzierter Betrachtung ab [328: REINHARD]. In einem thematisch weit ausgreifenden Sammelband, den ROMAN SCHNUR im Anschluß an ein Tübinger Symposion (1980) herausgegeben hat [334], wird die Rolle der Juristen bei der Entstehung des frühmodernen Staates anhand zahlreicher Fallbeispiele europaweit analysiert.

Staatsfinanzen, Absolutismus, Rechtswesen

In der Frage der Entwicklung der obersten Regierungsorgane gibt es u. a. eine Diskussion über die Unterschiede und Fortwirkungen des Systems des Geheimen Rates (in Österreich, Brandenburg etc.) und der „Regierung aus dem Kabinett" mit der vorherrschenden Rolle der Sekretäre [322: KRAUS; 321: KRAUS, 304; 323: BÉRENGER]. Die Staatsfinanzen der Frühneuzeit bilden ein lohnendes Objekt für Einzelstudien und für Zusammenfassungen [331: GUERY; 264: PARKER]. Wo und von wann ab man sinnvollerweise von Absolutismus sprechen kann, wird unterschiedlich beurteilt. Wenn D. GERHARD im Falle Dänemarks den Begriff „Frühabsolutismus" auf die zweite Hälfte des 17. Jahrhunderts anwendet, so handelt es sich hier gewiß um eine regionale Differenzierung [175: GERHARD, 89ff.]. In Mitteleuropa ist es begründbar, im Falle Ferdinands II. von Absolutismus zu sprechen [325: STURMBERGER; 326: WANDRUSZKA]. Und daß sich im Falle Spaniens der gleiche Begriff auf die Epoche Philipps II. anwenden läßt, scheint ebenso sinnvoll. Es geht dabei ja nicht um die punktuelle Überprüfung der Formel „princeps legibus solutus" an einer vielgestaltigen Wirklichkeit, sondern um die Kennzeichnung durchgehender Tendenzen. Auch die Beurteilung der Epoche Heinrichs VIII. im Hinblick auf die Reformation, „Government", „Administration" und die Politik ist in Bewegung geraten, wie die Thematik der von A. FOX/J. GUY [996 und C. COLEMAN/D. STARKEY [997] herausgegebenen Sammelbände zum Ausdruck bringt.

In der Ausgestaltung des Rechtswesens und der „Polizey" entfaltet der Fürstenstaat des 16. Jahrhunderts wesentliche Tätigkeiten, deren gesellschaftliche Auswirkungen jedoch nur in ausgedehnten Einzelforschungen verfolgt werden können. Das große Tableau frühneuzeitlicher europäischer Gesetzgebung und Rechtssprechung auf dem Gebiet des Privatrechtes, das wir H. COING verdanken [335], verdient ebenso Beachtung wie die vielfachen Ansätze zur Erforschung der Strafrechtskodifikationen [336: MAES] der Polizeiordnungen [338: SCHULTZE] und der Sukzessionsordnungen [303: KUNISCH/NEUHAUS]. Im Falle der „Polizey" als einer neuen, im 16. Jahrhundert erfaßten Materie staatlicher Tätigkeit konnte jüngst am österreichischen Beispiel gezeigt werden, „daß hier der Landesfürst eine von den Ständen prinzipiell unabhängige Stellung begründen und ausbauen" kann [337: BRAUNEDER, 211].

Heerwesen und Kriegführung

Die Geschichte des Heerwesens, der Marine und der Kriegführung ist von größter Bedeutung für den Werdeprozeß des frühneuzeitlichen Staates im allgemeinen und für das Verhältnis zwischen Fürst und Ständen und die politisch-soziale Realität des konfessionellen Zeitalters im besonderen. Die allmählichen Übergänge von den Landesaufgeboten und Soldheeren älterer Ordnung zu modernen, staatlich gelenkter, rationaler und dauerhafter Militärorganisation und ebenso der Wandel der Seekriegführung sind in vielen Einzelstudien erforscht, aber in das Gesamtbild der Epoche noch wenig integriert. Auch der anthropologische Aspekt wandelte sich in den nachmittelalterlichen, großenteils konfessionell begründeten Kriegen: „The distinction between war und peace became increasingly blurred as men put ever less trust in written treaties and as national rivalries became complicated by civil and religious issues. The vague common fund of ideas, part legal, part Christian, part social and in part simply humanitarian, that had helped to moderate the soldier's destructive instincts had been sustained by the straightforward causes for which he fought. Now, while in the interest of efficiency a more impersonal obedience was urged on the soldier, his enemy was depersonalised by becoming a heretic or a rebel, a man without rights, and the distinction between soldier and non-combattant was becoming less clear" [J. R. HALE, in: 350, 206; zu der Rezeption der These von M. ROBERTS über die „Military Revolution 1560–1660" siehe 351: PARKER]. Die jüngst von KONRAD REPGEN entworfene historische Typologie der Kriegsmanifeste „Alteuropas" [352] mit zwölf Leitbegriffen bedarf noch einer ausgreifenden Exemplifizierung am historischen Befund, um den Intentionen des Autors entsprechend einen neuen Zugang zur Rolle des Krieges in der frühneuzeitlichen Gesellschaft Europas zu ermöglichen.

5. Bauernkrieg, Revolten und bäuerliche Reformation

Diskussion über gesellschaftliche Konflikte in der Frühneuzeit

Auszugehen ist von der Diskussion über frühneuzeitliche Revolutionen, ihre Voraussetzungen und Bedingungen, die seit den 50er Jahren vor allem im angelsächsischen Raum geführt wurde. In der Abgrenzung gegen modernistische Revolutionsmodelle hat H. G. KOENIGSBERGER 1974 gegen L. STONE die besonderen Bedingungen frühneuzeitlicher gesellschaftlicher Konflikte skizziert: „This society was stable only in the sense that it was very difficult effectivily to challenge its basic structure, namely, the rule, in one form or another, of the propertied classes and orders. In every social struggle these commanded the strategic heights of money, arms, organization, education, religious backing, and the habit of command and leadership. The German peasant war of 1525 was a classic demonstration of this condition. But in every respect this society was unstable. Loyalties were fragmented, and great individuals, groups and corporations were engaged in almost permanent and chronic conflicts... The, ‚ius resistendi', with or without benefit of theoretical justification, was one of the most universally honored of all medieval laws" [184: KOENIGSBERGER/STONE, 101].

Reformation und Revolution

Eine zweite Perspektive gibt KARLHEINZ BLASCHKE an, der die soziale *und* die theologisch-kirchliche Seite der Reformationsgeschichte kennt [siehe u. a. 782:

Blaschke]. In einer Rezension von W. Beckers „Reformation und Revolution" [717] schreibt er [Theologische Literaturzeitung 101 (1976) 372]: „Was war nun eigentlich die Reformation: die von Luther ausgegangene theologisch-innerkirchliche Neufassung oder die Gesamtheit der damit in Beziehung stehenden Erscheinungen gesellschaftlich-politischer Art? Setzen die tiefgreifenden weltlichen Strukturveränderungen notwendigerweise die kirchliche Reformation voraus oder sind sie ihrem Wesen nach so zwingend und eigenwertig gewesen, daß sie sich auch ohne sie früher oder später ergeben hätten? Und liegt dann das Revolutionäre an der Reformation im kirchlich-theologischen oder im weltlichen Bereich?" Blaschke meldet keine neue These an; seine unterscheidenden Fragen zielen jedoch ins Zentrum der Interpretation von Bauernkrieg und Reformation.

Möglichkeiten und Schwierigkeiten des Interpretamentums „frühbürgerliche Revolution"

Eine dritte Perspektive bietet das Interpretamentum der „frühbürgerlichen Revolution", das, in sich variationsfähig und nuancenreich, sich prinzipiell an dem welthistorischen Ablauf von Feudalismus und Kapitalismus orientiert und Bauernkrieg und Reformation als wesentliche Etappen der deutschen und europäischen Geschichte in diesen Rahmen einordnet [siehe oben S. 119f. und die schon S. 114 u. 119 angegebenen Arbeiten von 186: Vogler; 187: Engelberg; 185: Steinmetz; 189: Nipperdey; 182: Wohlfeil; 188: Friesen]. Im deutschsprachigen Raum wurde diese Auffassung vor allem von Historikern der ehemaligen DDR vertreten, die sich im Horizont einer gesamtheitlichen Verantwortung für die Interpretation deutscher Vergangenheit und Gegenwart verstanden. Diese Interpretationslinie ging vor allem von Friedrich Engels aus; eine ihrer Hauptschwierigkeiten – nicht so sehr systemimmanent, sondern angesichts des empirischen Befundes – liegt in der Tatsache, daß die größte revolutionäre Bewegung der Zeit eben ein „Bauernkrieg" war, an den sich wohl ein Teil der stadtbürgerlichen Bevölkerung anschloß, aber gewiß keine Revolution des Bürgertums als solchen, und noch weniger eine revolutionäre Bewegung der auf dem Wege zum Kapitalismus am weitesten fortgeschrittenen bürgerlichen Gruppen. Der Interpretationsrahmen „Frühbürgerliche Revolution" stellte für das Gros der marxistischen Historiker eine aus dem weltgeschichtlichen Gesamtentwurf abgeleitete Konsequenz dar.

Stadtbürgertum und Bauernkrieg

Forschungsstand nach dem Gedenkjahr 1975

Wer nach den zahlreichen Publikationen des Gedenkjahres 1975 eine rasche Orientierung über den Forschungsstand sucht, stößt auf Schwierigkeiten; in immer neuen kritischen, theoretischen und empirischen Ansätzen begegnen sich Thesen und Antithesen. Vielleicht ist es nützlich, nach dem Hinweis auf die wichtigsten, 1975/77 erschienenen Sammelbände einige, notwendig subjektiv gefärbte Lektüre-Empfehlungen zu geben. Von älteren Monographien ist Günther Franz zu nennen, dessen „Deutscher Bauernkrieg" erstmals 1933, in 10. Auflage 1975 erschien [834], von jüngeren Gesamtdarstellungen Buszello und Blickle [835, 720]. Blickle gab den Band „Revolte und Revolution in Europa" heraus [842], der ein lesenswertes Kurzprotokoll der Diskussion der Memminger Tagung enthält. B. Moeller veröffentlichte „Bauernkrieg-Studien" [841], H. A. Oberman eine Aufsatzsammlung in der Zeitschrift für Kirchengeschichte [843],

F. Dörrer Kongreßbeiträge zum Thema „Die Bauernkriege und Michael Gaismair“ [852]. H. U. Wehler widmete dem Bauernkrieg das erste Sonderheft von „Geschichte und Gesellschaft“ [844], R. Wohlfeil steuerte einen profunden Aufsatz zu dem von ihm betreuten Band über Bauernkrieg und Reformation bei [845]. Von den DDR-Publikationen sind hervorzuheben einerseits die „Illustrierte Geschichte der deutschen frühbürgerlichen Revolution“ [846], andererseits der in der Schriftenreihe des Zentralinstituts für Geschichte der Akademie der Wissenschaften der DDR von G. Brendler und A. Laube herausgegebene Band [848]. Einzelbeiträge erfaßt B. Moeller [804, 195]; H. C. E. Midelfort [849] gibt einen guten Überblick über zahlreiche einschlägige Publikationen.

Von besonderem Gewinn ist der Beitrag von Franklin Kopitzsch über „Sozialgeschichte der Reformation und des Bauernkrieges“ [in: 845: Wohlfeil, 177 ff.], Blickles Ergebnisprotokoll [842, 313 ff.], Wohlfeils Einleitung und Nachwort [845, 7 ff., 280 ff.] und Heinz Schillings „Aufstandsbewegungen in der stadtbürgerlichen Gesellschaft des Alten Reiches“ [857] sowie Volker Press' „Der Bauernkrieg als Problem der deutschen Geschichte“ [839]. Wohlfeil hat in seinem Resumee die Charakteristik des Bauernkrieges durch M. Steinmetz als „Teil und Höhepunkt eines umfassenden Versuchs *bürgerlich*-revolutionärer Umgestaltung der gesellschaftlichen und politischen Verhältnisse“ als vom empirischen Befund her nicht beweisbar bezeichnet. Er dürfte damit vielfache Zustimmung finden, ebenso mit seinen weiteren Thesen: „Die Forschungsergebnisse revidieren allerdings die Auffassung, daß der Bauernkrieg vornehmlich als Kampf um alte Rechte, als politische Bewegung mit differenziertem Wollen zu erklären ist; neben den politisch-rechtlichen Zielen standen vielmehr ebenfalls und schwergewichtig soziale und wirtschaftliche Antriebskräfte im Drängen auf eine verschiedenartig angestrebte Änderung der politischen und gesellschaftlichen Gegebenheiten. Die sozialökonomischen Gründe entsprangen dabei aus einer wirtschaftlichen Situation, die wesentlich ungünstiger war als vielfach dargestellt. Mittel zur Verbindung, Maßstab des Begehrens und zugleich Rechtfertigung überlieferter und neuer politischer, sozialer, wirtschaftlicher und nicht zuletzt kirchlicher Forderungen war aber als Ausgangspunkt das ‚Evangelium‘ – darin besteht der direkte Zusammenhang zwischen Bauernkrieg und Reformation. Ob darüber hinaus beide Phänomene sich begreifen lassen ‚als *neue* Dimension eines gesamtgesellschaftlichen Konflikts‘ bleibt zu prüfen.“ Wohlfeils Abwarten gegenüber dieser letzteren, von W. Schulze geprägten Formulierung [in: JGMOD 22 (1973) 267 ff.] ist eines, ein anderes die aus dem heute verfügbaren Potential an Quellen und Interpretationen sich ergebende Aufgabe, an einer Einordnung der „deutschen Frage“ nach Reformation und Bauernkrieg in einen größeren Bezugsrahmen weiterzuarbeiten. Volker Press hat darauf hingewiesen, „daß der Bauernkrieg nicht nur auf eine Gesamtkrise des Reiches traf, sondern in seiner ganzen Wucht erst durch diese ermöglicht wurde“ [839, 176].

Fragen nach den politischen Zielen und den sozioökonomischen und religiösen Antriebskräften

Peter Blickle stellte schon resümierend fest, daß der marxistischen Interpretation der ältere, theoretisch kaum fundierte Interpretationsansatz von Günther

Sozialer Systemkonflikt, bäuerliche Reformation und Revoltenforschung

FRANZ weiterhin gegenüberstehe, der den Bauernkrieg als Konflikt zwischen dem sich entwickelnden Territorialstaat und den älteren genossenschaftlichen, „altrechtlichen" Strukturen versteht. „Von diesen beiden Positionen aus ist in den letzten Jahren weiter diskutiert worden. Einen dritten vermittelnden Weg gibt es in klarer Form wohl nicht oder noch nicht. WOHLFEIL hat angeboten, das Ganze als ‚sozialen Systemkonflikt' zu bezeichnen. Dieser Begriff scheint mir allerdings auch noch nicht hinreichend mit empirischem Material aufgefüllt... er wurde auch... von Wohlfeil selbst modifiziert" [BLICKLES Beitrag in der Schlußdiskussion in: 852: DÖRRER, 311; vgl.l dazu 845: WOHLFEIL, 280]. Für BLICKLE brachte die Diskussion im Umkreis des Gedenkjahres 1975 kein neues Interpretamentum zur Erklärung der Wirksamkeit der Reformationstheologie und -ethik in der ländlichen Gesellschaft und der bäuerlichen Reformation [851: BLICKLE 21]. So regte er die Untersuchung von F. CONRADS über die Rezeption der reformatorischen Theologie im Elsaß für die Zeit vor und nach dem Bauernkrieg an [477], auch eine von ihm initiierte wissenschaftliche Tagung über die bäuerliche Reformation im oberdeutsch-schweizerischen Raum gilt diesem Thema [476]. Hierbei läßt sich die Ausstrahlungskraft der städtischen Reformation im Rahmen der Stadt – Landbeziehungen zeigen. Doch hängt diese neue reformationsgeschichtliche Untersuchungsrichtung mit einer Neubewertung des Bauern im Zuge des Bauernkriegsgedenkens von 1975 zusammen: den Bauernkrieg als Höhepunkt der Reformation der Laien und der christlichen Gemeinde zu verstehen und die „Bauerntheologie" als eigenständige Entfaltung reformatorischer Theologie zu betrachten. CONRADS stellt die Frage nach dem Zustandekommen dieser reformatorischen Vorstellungen in der bäuerlichen Gemeinde, die aus der Kritik an der Kirche, aus den ökonomischen, sozialen und herrschaftsrechtlichen Bedingungen und der Wirkung der reformatorischen Theologie auf die Gemeinde resultieren. „Wenn sich die bisherigen Vermutungen zum Gegenstand ‚Bauern und Reformation' erhärten, absichern und verallgemeinern lassen sollten, würde das gewiß zu bemerkenswerten Korrekturen unseres Bildes von der Reformation, dem 16. Jahrhundert und schließlich prinzipiell zum Verhältnis von sozialen und ideellen Bewegungen führen" [BLICKLE in: 476, 20].

In mehreren Monographien, Aufsätzen und Sammelbänden hat WINFRIED SCHULZE das Phänomen des bäuerlichen Widerstands in seiner europäischen Ausbreitung, regionalen Differenziertheit und Vergleichbarkeit verfolgt [311, 312, 313]. Es werden jene Entwicklungen im bäuerlichen Protestverhalten untersucht, die nicht die totale Änderung der sozialen Verhältnisse, wie es 1525 im Bauernkrieg intendiert war, zum Ziele hatten, sondern die auch die prozessurale Form und die demonstrative Aktion in Betracht zogen [311: SCHULZE]. Diese Art von bäuerlichem Widerstand bewirkte „ambivalente Strategien zur Sicherung von Herrschaft, die sowohl auf die Kontrolle der Untertanen und die Niederschlagung von Revolten als auch auf die langfristige Verhütung von Aufstandsursachen abzielen. Er ist damit ein regulatives Instrument für die Ausübung adliger und staatlicher Herrschaft und er ist Impuls zur Rationalisierung von Herrschaft.

Damit aber wird dieser Widerstand zu einem Faktor, der die traditionellen Machtverhältnisse einer sich verschärfenden Normenkontrolle unterwarf und diese damit auch langfristig schwächte... Bäuerlicher Widerstand muß auch eingeordnet werden in jene große Tradition europäischen Denkens und Handelns, die wir in der ‚notwendigen Legitimität von Herrschaft' sehen" (SCHULZE in: 313, 284 f.]. SCHULZES Konfliktmodell, das den bäuerlichen Widerstand nicht primär aus den feudalen Produktionsverhältnissen ableitet, blieb nicht ohne Wider#spruch von marxistischer Seite. Die Meinungsverschiedenheiten zwischen marxistischen und nichtmarxistischen Historikern spitzten sich auf die Frage zu, „ob die vielfältigen bäuerlichen Aktivitäten als Klassenkämpfe oder als soziale und rechtliche Konflikte der beiden Hauptklassen der Feudalordnung zu begreifen sind" [G. VOGLER, in: ZfG 29 (1981) 621]. Der Geschichtswissenschaft verbleibt ein regionalgeschichtlich vielfältiges Arbeitsgebiet, das auch für theoretische und methodische Überlegungen weiterhin eine große Herausforderung darstellt.

6. Stadt und Reformation, Täuferbewegung

Eines der ergiebigsten Themen der neueren Forschung, wo bleibende Anliegen der Reformationsgeschichte sich mit neuen sozialgeschichtlichen Ansätzen treffen, ist die „Reformation City". Spätmittelalterliche und frühneuzeitliche Fragestellungen haben in der Städteforschung schon seit längerem eine besondere Rolle gespielt [siehe den Überblick bei 358: WOLFF]. Für einzelne Bereiche, etwa das frühneuzeitliche England, liegen komparative Studien vor [360: CLARK/SLACK], aber für die europäische Gesamtsituation im 16. Jahrhundert, insbesondere für die sozioökonomische und soziokulturelle Stellung der ungarischen, polnischen, baltischen und skandinavischen Städte fehlt es noch an Vergleichsmöglichkeiten. Von der Reformationsgeschichte her hat sich das Interesse sehr – vielleicht zu sehr – auf die deutschen Städte (und hier besonders auf die Reichsstädte) konzentriert. In der Tat vollzieht sich hier gewissermaßen ein Pendelschlag; das wachsende Interesse nicht nur an der sozialgeschichtlichen Perspektive als solcher – die im begrenzten Raum der städtischen Gesellschaft erfolgreich anwendbar ist oder scheint – sondern auch an der „Reformation von unten" hat bereits heute zu einer neuen Diskussion über die Abwägung der Bedeutung von Stadt und Territorialstaat geführt. Gegen A. DICKENS, der in eindringlicher Weise die deutsche Reformation als „urban event" charakterisiert hat [500], wendet MARTIN BRECHT ein „Wenn Dickens in dem ausgebildeten Städtewesen die entscheidenden sozialen, politischen, geistigen und kirchlich-religiösen Voraussetzungen für die Durchführung und den Bestand der Reformation sieht, wenn nach ihm die Städte die Massenbasis abgegeben haben für den weltgeschichtlichen Umbruch, zu dem die Reformation wurde, so ist dabei sicher die Rolle der protestantischen Territorien zu gering eingeschätzt" [820: BRECHT, 182].

Diskussion über die Bedeutung von Stadt und Territorium in der Reformation

Verfassungsgeschichtliche und sozioökonomische Perspektiven

Die Kontroversen reichen weiter und erhellen methodologische Grundprobleme. Einerseits hat schon in den 30er Jahren HANS BARON die Fragestellung „Religion und Politik" für die Reichsstädte entfaltet [812], andererseits hat sich der moderne sozialgeschichtliche Ansatz mit der Bewertung von Verfassung und Sozialstruktur zu befassen. Schon OTTO BRUNNER wies daraufhin, daß in der alteuropäischen Stadtgesellschaft neben der Klassifikation nach Vermögen und Einkommen auch die Herrschafts- und Verfassungsbezüge eine wichtige Rolle spielen [815]. HEINZ SCHILLING greift den von ERICH MASCHKE vorgeschlagenen Ansatz auf, ein über die ökonomischen Daten hinausreichendes „Kriterienbündel" zu entwerfen, und setzt sich nach der anderen Seite hin gegen ein „Übergewicht der Verfassungsstrukturen" bei BRUNNER für die „komplementäre" Verwendung sozioökonomischer und verfassungsgeschichtlicher Verfahrenweisen ein [362, 196].

Während HEINRICH LUTZ 1958 in seinen Peutingerstudien die Augsburger Reformationsgeschichte bis 1530 unter den Gesichtspunkten von äußerer Abhängigkeit (kapitalistische Verflechtung mit Habsburg), reichsstädtischem Consens und innerstädtischer kirchlich-sozialer Krise (mit Peutinger als Exponent eines antikonfessionellen „mittleren Weges") interpretierte [817], hat BERND MOELLER 1962 in „Reichsstadt und Reformation" ein einheitliches Interpretationsmodell entworfen: die vorreformatorische städtische Gemeinschaft drängt zur neuen reformatorischen Gemeinschaft [813]. MOELLERS Buch hat die Forschung sehr angeregt; er hat weiterhin ein besonders wichtiges Problem Zwinglis und der theologischen Disputationen für die Anfänge der städtischen Reformation, untersucht [513]. Gegen MOELLERS Modell hat R. W. SCRIBNER, ein Kenner der Erfurter Reformationsgeschichte, den prinzipiellen Einwand erhoben: „MOELLER minimized the influence of social conflict on the manner and forms in which the Reformation was adopted" [818: SCRIBNER, 29]. SCRIBNER selbst hat im Falle Erfurts die Interdependenz innerer Konflikte, auswärtiger Einflüsse und religiöser Orientierung – ein fundamentales Problem aller städtischen Reformation – sorgfältig analysiert; er bezeichnet das überkonfessionelle Ausgleichsverhalten des Rates als „politique" (im Sinne der späteren „partie des politiques" in Frankreich). Reicht das aus? Stoßen wir hier nicht auf eine tieferreichende Dimension, wie sie etwa bei Peutinger zur Sprache kommt, wenn er sich 1534 der obrigkeitlichen Einführung der Reformation in Augsburg widersetzt: damit würden „vill menschen wider ir gewissen und iren freyen willen bezwungen... das doch nit sein soll, dieweyl doch der geist Gottes nyemant mit gewalt tringt"?

Gemeinschaftsmodell – Konfliktmodell, Politik – Religion

Das Kommunikationsmodell ist in den letzten Jahren von PETER BLICKLE als umfassender sozialhistorischer Zugriff auf das Phänomen der Reformation in den Städten (und auf dem Lande) entwickelt und auf die oberdeutschen und eidgenössischen Städte angewendet worden [483, 485]. BLICKLE fügt den Begriff der „Gemeindereformation" den Termini „Ratsreformation" und „Volksreformation" hinzu, ist sich jedoch der Relativität dieser Begrifflichkeit bewußt. Das „Konzept einer autonomen Gemeinde... entsprach genau der Tendenz zu politischer Autonomie, welche die Geschichte der Städte im Spätmittelalter kennzeichnet. Das erklärt die große Faszination, die von der Reformation auf die Stadt ausging – gleichgültig ob es sich dabei um norddeutsche oder süddeutsche Städte handelt, um Reichsstädte oder Landstädte, patrizisch oder zünftisch verfaßte Städte, um Groß-, Klein- oder Mittelstädte". Die zeitliche Differenz läßt sich mit diesem Modell nicht erklären. Der Vorsprung des Südens um zehn Jahre geht vielmehr auf Reformatoren wie Zwingli und Butzer zurück [483: Blickle, 93]. Es ist das Verdienst Blickles, das Gemeindemodell auch auf das vernachlässigte Forschungsgebiet der bäuerlichen Reformation angewendet zu haben (siehe oben S. 134).

Leistungen der regionalen Forschung

Seit den 70er Jahren schritt die Erforschung der städtischen Reformationsgeschichte als eines „Knotenpunktes" weltgeschichtlicher Entwicklungslinien voran (siehe die für den Diskussionsstand wichtigen Beiträge in dem von B. Moeller betreuten Band „Stadt und Kirche im 16. Jahrhundert": [814]. Nur einiges wenige sei genannt: der von H. Rössler herausgegebene Sammelband über das Stadtpatriziat [816], die zusammenfassende Studie von St. E. Ozment [819], G. Pfeiffers Arbeit über die Städte und den Religionsfrieden [821], H.-C. Rublacks Bücher über Konstanz und über die süddeutschen geistlichen Residenzstädte [824, 825], das Werk S. Jahns' über Frankfurt und den Schmalkaldischen Bund [822], Friedrichs' sozialgeschichtliche Untersuchung über Nördlingen [823], J. Moltmanns Monographie über Ch. Pezel und den Calvinismus in Bremen [937], W. Mogges Analyse der Politik Nürnbergs im Landsberger Bund [933], H. Schillings ausgreifende und genaue Darstellung der Emigrantengruppen in nordwestdeutschen Städten und in London [985], O. Mörkes vergleichende Untersuchung der Reformation in drei Hansestädten (Lüneburg, Braunschweig, Göttingen) [830], G. Voglers Analyse der Auseinandersetzungen des Nürnberger Rates mit den radikalen Strömungen unter dem Einfluß von Thomas Müntzer und Andreas Karlstadt, 1524/25 [829], und die Untersuchung des politischen und religiösen Verhaltens der Augsburger Führungsschichten im Spannungsfeld der Reformation durch K. Sieh-Burens [361]. Auch der instruktive, von H. Schilling und H. Diederiks herausgegebene Sammelband über die Eliten der niederländischen und nordwestdeutschen Städte [993] ist hier zu nennen. Straßburg ist mit Recht in den Mittelpunkt des Forschungsinteresses gerückt. F. Rapp hat die vor- und frühreformatorischen Verhältnisse zwischen Bischof und Stadt in beispielhafter Weise untersucht [826], A. Schindling verfolgte die Zusammenhänge von Reformation, Stadt und Bildung am Fall der Hochschulgründung [628]; T. A. Brady stellte die Struktur und Politik der „Ruling Class" dar [828], E. Weyrauch analysierte die sozialgeschichtlichen Aspekte des Interims [827].

Sozialgeschichtliches Interesse an der Täufergewegung, kirchengeschichtliche Revisionen

Die Erforschung des Täufertums steht in ähnlicher Weise im Schnittpunkt religiöser und gesellschaftlicher Betrachtungsweise, wobei die Spannungen verschärft werden durch das Fortbestehen kirchlicher Identifikation und Parteinahme. Auf der einen Seite hat die ältere, großkirchlich orientierte Kirchengeschichte dazu geneigt, die dissentierenden Bewegungen abzuschätzen bzw. sie überhaupt nicht mehr zur Reformation zu rechnen. Demgegenüber bedeuteten die Konzeptionen von DILTHEY und TROELTSCH, die gerade diese Gruppen wegen ihrer „Modernität" hervorhoben und auch ihre sozialgeschichtliche Stellung beachteten, einen großen, allerdings nicht überall rezipierten Fortschritt (siehe oben S. 118f.). Innerhalb der Kirchengeschichte im engeren Sinn haben dann Revisionen zugunsten der Täuferbewegung eingesetzt. BAINTON ordnete sie als „left wing of the Reformation" ein [527], G. H. WILLIAMS prägte die Formen von der „Radical Reformation" [533], H. S. BENDER konfrontierte die Täufer, die für Religionsfreiheit eintraten, als die eigentlichen Erben der Botschaft Jesu Christi mit der Intoleranz der Reformationskirchen [538]. Differenzierte Ansätze in ähnlicher Richtung wie BAINTON findet man bei HILLERBRAND [534] und LOHSE [535]. Dabei steht das Verdienst der neueren amerikanischen Sektenforschung, die großenteils aus einem aktuellen (mennonitischen, baptistischen, quäkeristischen) Glaubensverständnis lebt, außer Zweifel. Vom Gesichtspunkt einer gesamtgeschichtlichen Revision, die insbesondere nach den sozialen, staatlichen und kulturellen Bedingungen im Umkreis der täuferischen Gruppen fragt, stößt man hier jedoch vielfach auf Eigenarten der Interpretation. R. LANDFESTER hat die Kritik folgendermaßen formuliert: „Die separatistischen Bewegungen treten nur nach Maßgabe dessen ins Blickfeld, wofür sie sich selbst gehalten haben, und auch dies nur unter der besonderen Perspektive einer kirchlichen Position, die sich direkt von ihnen herleitet und sich ihnen noch immer traditional verbunden glaubt" [531, 120]. Indessen haben schon seit einiger Zeit – nicht zuletzt auf der Basis der ständig voranschreitenden Quellenpublikationen [79, 80] -- lebhafte Debatten zu einer nicht nur quantitativ addierenden, sondern auch umfassend interpretierenden Einbeziehung weiterer Gesichtspunkte geführt [man vgl. etwa den Forschungsbericht von GRETE MECENSEFFY 1967: 530]. Auch durch das Auftreten marxistischer Deutungen wird die Anerkennung eines Pluralismus der Faktoren gefördert, welche die Entstehung, Ausbreitung und Wirkungsgeschichte des Täufertums bestimmten. Die aus Anlaß des 450jährigen Bestehens der Täuferbewegung (1975) von H.-J. GOERTZ [536] und M. LIENHARD [529] herausgegebenen Sammelbände und ebenso die Bilanz von C.-P. CLASEN [532] illustrieren diese Entwicklung, die auch ein deutliches Herausarbeiten der Unterschiede zwischen den verschiedenen Täufergruppen und -theologien ermöglicht.

Interpretationsprobleme der Sektengeschichte

Pluralismus der Faktoren, Schwerpunkte der Forschung

Dabei treten einige Probleme hervor: die Frage nach Monogenese oder Polygenese (letztere wird zunehmend vertreten), der Zusammenhang mit mittelalterlichen Häresien bzw. mit der spätmittelalterlichen Theologie und Mystik [siehe die Hinweise bei C.-P. CLASEN], das Verhältnis zu Staat, Gesellschaft und Wirtschaft [855: STALNAKER; 856: KIRCHNER], die Zusammenhänge von Bauernkrieg und Täufertum [854: SEEBASS] und die Untersuchung der Täuferherrschaft in Münster und ihrer Auswirkungen auf die reichsständische Politik [858: BRENDLER; 860: KIRCHHOFF; 859: VOGLER].

7. Fragen um Karl V: „Monarchia Universalis" und europäisches Staatensystem

Die Erforschung der Politik Karls V. hat seit der Öffnung der Archive im 19. Jahrhundert starke Impulse erhalten und viele europäische Historiker beschäftigt. Die Quellenbestände sind weit verstreut [169: Schnabel, 162 ff.]. Vieles liegt in Wien, andere Bestände in Brüssel, ein großer Teil der Akten wird im Archivo General zu Simancas (bei Valladolid) aufbewahrt. Dazu kommt der wichtige Nachlaß der beiden Granvelle (Nicolas und sein Sohn Antoine), die von 1530 bis 1556 leitende „Minister" waren, in Besançon und Madrid. Dieser Quellenbefund entspricht in etwa der Dreipoligkeit des damaligen habsburgischen Systems: während der Kaiser selbst keine feste Residenz hatte und zwischen den Niederlanden, Spanien, Italien und dem Reich umherreiste, waren Wien als Regierungssitz Ferdinands und Brüssel als Residenz der habsburgischen Statthalterinnen für die ‚pays d'embas' (bis 1530 Karls Tante Margarete, dann seine Schwester Maria) Fixpunkte.

Quellen zur Politik Karls V.

Sammlung und Edition der Akten und Korrespondenzen Karls V. haben die Forschung seit der ersten Hälfte des 19. Jahrhunderts beschäftigt [siehe 39 bis 49]. Karl Brandi und seine Mitarbeiter haben zwischen den beiden Weltkriegen wertvolle Vorarbeiten zu einer Edition der politischen Korrespondenz geleistet [Übersicht bei 863: Brandi, 2, 29 ff.], neuerdings wird von spanischer und deutscher Seite wieder an dieser immensen Aufgabe gearbeitet [42: Corpus documental; 895: Rabe, Stratenwerth, Thomas]. Wichtig ist auch das Erscheinen des 3. Bandes der Korrespondenz Ferdinands I. [48]. Ebenso ist auf die Untersuchungen von G. Heiss zu Karls Schwester Maria hinzuweisen [920, 921]. – In der Geschichte der Forschung im Umkreis Karls V. kann man eine südeuropäische von einer mitteleuropäischen Interpretationslinie unterscheiden. Autoren wie Armstrong [862], Merriman [1060], Tyler [868], Lynch [1061], Lapeyre [869] gehen vor allem von dem spanischen Aspekt aus. In der deutschsprachigen Forschung, etwa bei Cardauns [884], Rassow [864, 865] und Brandi [863] herrscht die Tendenz, die südeuropäischen Fragen in die mitteleuropäischen Aspekte konstruktiv einzubeziehen. Insgesamt ist die politisch-diplomatische Seite des Geschehens um Karl V. besser erhellt als die wirtschaftlichen, finanziellen und administrativen Fragen [wichtig 878: Carande; 877: Walser/Wohlfeil].

Südeuropäische und mitteleuropäische Interpretationslinie

Aufs Ganze gesehen geht, nach weitgehender Überwindung der konfessionellen Streitpunkte des 19. Jahrhunderts, die Diskussion heute besonders um die Frage nach der „Kaiseridee Karls V." und damit um die Stellung seines Herrschaftssystems zwischen Mittelalter und Neuzeit sowie um die Folgen seiner imperialen Politik für den Werdeprozeß des frühneuzeitlichen Staates und für das europäische Staatensystem. (Für die kirchlichen und kirchenpolitischen Fragen, die heute im Umkreis Karls V. diskutiert werden, siehe den folgenden Abschnitt.)

Um die „Kaiseridee" Karls V. zwischen Mittelalter und Neuzeit

PETER RASSOW hat die Klammerfunktion der Kaiseridee im mittelalterlichen Sinne stark betont: „Das *Reich* Karls V. war das im Erbgang ihm zugefallene Konglomerat von Staaten und Herrschaften in Österreich, hinübergreifend nach Italien, Afrika und den neuen Reichen jenseits des Ozeans. Die *Reichsidee* aber war die mittelalterliche Idee des Kaisertums, die dem Papsttum zugeordnete Führungsaufgabe in der Christenheit" [865: RASSOW, 39]. Dagegen stand für BRANDI die dynastische Idee im Mittelpunkt, und zwar verbunden mit einer modernisierenden Wirkung auf das Staatsleben „Er (Karl V.) bildete zugleich aus der Summe der von ihm ererbten Herrschaftstitel einen neuen europäischen und in gewissem Sinne überseeischen Imperialismus, ein Weltreich, das zum ersten Male nicht auf Eroberung, noch weniger auf einer zusammenhängenden Ländermasse aufgebaut war, sondern auf der dynastischen Idee und der Einheit des Glaubens... Die unvermeidlich überterritoriale Kabinettspolitik Karls führte seine Reiche aus den veralteten Staatsformen des aufgelösten Ritter- und Städtestaates mit ihren Privilegien, lokalen Fehden und Machtverschiebungen zu einer höheren Stufe der Staatsidee... Die letzte Wirkung der dynastischen Weltmachtspolitik Karls lag deshalb überraschend genug doch wieder in der Richtung der beherrschenden Idee des Jahrhunderts aufsteigender moderner europäischer Staaten" [863: BRANDI 1, 13 f.]. Gegenüber diesen abgestuft universalen Interpretationen nahm MENÉNDEZ PIDAL [866] den Kaiser für eine eindeutig nationalspanisch geprägte „Idea imperial" in Anspruch.

Tendenzen zur „Entideologisierung" – Frankreich als Angelpunkt der Hegemoniepolitik

Der Verklärung und Überhöhung von Karls Politik, die den Interpretationen dieser Autoren gemeinsam waren und auch in manchen Beiträgen zu dem Gedenkjahr 1958 zum Ausdruck kamen [867], standen schärfere Urteile entgegen, die vor allem das zentrale politische Problem des Kaisers, den Dauerkonflikt mit Frankreich, kritisch unter die Lupe nahmen. CARDAUNS hatte schon früher das große italienische Konfliktpotential zwischen Habsburg und Frankreich betont, das für Karl und Franz I. gewissermaßen einen Systemzwang zur dauernden Rivalität bedeutete. Neuerdings unterstrich TYLER von der burgundischen Frage her die Konfrontation mit Frankreich und schrieb Karl V. 1519/21 den Abbruch der vorausgegangenen Befriedungspolitik zu: „So hatte Karl im europäischen Konzern eine Aktienmehrheit erworben. Aber dafür verließ er die Befriedungspolitik mit Frankreich, welche es bisher erlaubt hatte, die verbliebenen burgundischen Länder nach dem Verlust des Herzogtums selbst zusammenzuhalten. Die Wiedergewinnung dieses Herzogtums... war nun ein Kriegsziel geworden und würde die nationale Einheit Frankreichs zerstören, an der schon eine lange Reihe französischer Könige gearbeitet hatte und die gerade erst vollendet worden war. Nur eine vernichtende Niederlage, besiegelt durch militärische Besetzung, wie Frankreich sie bereits vor hundert Jahren erlebt hatte, würde diesem Staat die Opferung des Herzogtums Burgund aufzwingen können" [868: TYLER, 21].

Gattinaras Weltherrschaftsidee, die Bedingungen ihres Einflusses und ihres Scheiterns

Als ein Angelpunkt der Beurteilung erweist sich die Einschätzung der Ideen und des Einflusses von Karls Großkanzler Mercurino Gattinara († 1530), der – begünstigt durch den Tod des profranzösischen Chièvres (1521) – der eigentliche politische „Ideologe" des Kaiserhofes wurde. Gegen BRANDIS harmonisierende Darstellung ist der radikale und offensive Charakter von Gattinaras Programm des „Dominium mundi" zu betonen [891: LUTZ, 20 ff.; die einschlägigen Texte bei 46: BORNATE]. Die Konzeption des Piemontesen Gattinara beruhte auf ghibellinischer Tradition, römisch-rechtlichem Denken und den Erfahrungen der labilen politischen Kleinwelt Italiens. Sie setzte als ein neuartiges, rationales Einheitsprogramm den absoluten Weltherrschaftsanspruch des Kaisers dem spätmittelalterlichen Staatenpluralismus entgegen. Die Prämise Gattinaras, Italien zu befrieden und zum Zentrum der kaiserlichen Herrschaft zu machen, konnte nur gegen Frankreich durchgesetzt werden. Es ist offenkundig, daß Gattinara in diesem Sinne seit 1521 das Ziel verfolgte, die Existenz Frankreichs als selbständiger Großmacht zu zerstören. (Eine Variante in diesem Programm war die Errichtung eines südfranzösischen Satellitenstaates unter dem Connétable von Bourbon.) „Die Frage nach der Bedeutung von Gattinaras Konzeption hängt aufs engste zusammen mit der Einschätzung der strukturellen Voraussetzungen und Möglichkeiten sowie der Spannungsverhältnisse, die in Karls Umgebung zwischen dynastischer Tradition und neuem Einheitsprogramm bestanden. Die Forschung stellte mit Recht fest, daß der junge Monarch nicht bedingungslos folgte, sondern sich im Sinne der monarchischen Solidarität (1525/26) gegen die Errichtung eines französischen Satellitenstaates unter Bourbon entschied... Der Weg des Kompromisses zwischen Dominium mundi und christlicher Solidarität der Monarchen war eingeschlagen... Karl ist an diesem System gescheitert; er konnte den irreversiblen Hegemoniekampf zwischen Habsburg und Valois nicht beenden [870: KOHLER, 192]. Neue Impulse zur Erforschung des Neoghibellinismus und der Ideologie Gattinaras gingen von J. M. HEADLEY [874, 8] aus. In kritischer Distanz zu F. WALSER [877] verfolgte er am Beispiel der Reichskanzlei Fragen der Verwaltungs- und Herrschaftsgeschichte. Gattinaras Ideen und dessen Verhältnis zu Karl V. charakterisierte HEADLEY folgendermaßen: „In sum, Gattianara's concept of universal empire or monarchia fused contemporary and traditional motifs into a view that sought for his master something more than recognition of his moral authority but less than total, direct domination" [876, 30].

Heutige Fragestellungen: „modernisierende" Dynamik des habsburgisch-französischen Konfliktes

Doch bleiben zahlreiche weitere Fragen, die sowohl das Verhältnis von Konzeption und Trägergruppen wie die wechselnden Bündniskonstellationen und Kräftereserven, den legitimierenden Appell an die Öffentlichkeit und die Gruppierungen innerhalb der beiden rivalisierenden Dynastien betreffen. Die schlichte Gegenüberstellung von mittelalterlichem Universalismus (bei Karl V.) und modernem französischen Nationalstaat hat gewiß ausgedient. Schwieriger ist es, ein neues Interpretationsmuster zu entwickeln, das nicht nur die relative Vergleichbarkeit der beiden Konfliktpartner deutlich macht, sondern auch die jeweils spezifische Mischung traditioneller und moderner Elemente im Selbstverständnis und im politischen System der beiden Seiten und das allgemeine Vorangetriebenwerden der politischen „Modernisierung" Europas durch den Dauerkonflikt zeigt.

Das Reich im Herrschaftssystem Karls V.

Zur Stellung des römisch-deutschen Reiches im „politischen System" Karls V. hat ein von HEINRICH LUTZ 1980 initiiertes und veranstaltetes Symposion neue Einsichten gebracht. Dabei ging es weniger um die kaum zu beantwortende Frage nach den realen Chancen einer „Monarchia Universalis", sondern um die tatsächlichen Bedingungen, Verfahrensweisen, Formen, Entscheidungsprozesse und Folgen des „größten Experiments supranationaler Herrschaft im frühneuzeitlichen Europa" [880, 269]. Seit dem von LUTZ [891, 82] formulierten Desiderat einer Darstellung des gegenseitigen Verhältnisses Karls V. und Ferdinands I. ist das persönliche Beziehungsfeld mehrfach untersucht worden [916: LAUBACH; 915: THOMAS; 919: KOHLER]. Auch die neueren Forschungen über Bernhard Cles [918: RILL/THOMAS; 914: RILL; 917: PRODI] haben dazu beigetragen. Die aus der Tatsache, daß die Herrschaftsbasis und die Machtmittel Karls V. in den Niederlanden und in Spanien lagen, resultierende Nachordnung des Reiches galt besonders in den ersten beiden Jahrzehnten seiner Herrschaft. Diese Konstellation hatte höchst negative Auswirkungen auf das „habsburgische System" im Reich und seit 1524/25 den wachsenden Widerstand der Reichsstände zur Folge, der beide religionspolitische Lager umfaßte, weil er an den präkonfessionellen Antagonismus Kaiser-Reichsstände anknüpfen konnte. Die besondere Stoßrichtung gegen Ferdinand I. ergab sich aus dessen römischen Königswahlbestrebungen, die 1531 zum Ziel führten und die von vielen Reichsständen als Errichtung eines habsburgischen Erbkaisertums und als Angriff auf die „freyheit teutscher nation" betrachtet wurden. Hier lag der Angelpunkt für den unbedingten Widerstand und den Sturz der habsburgischen Herrschaft im Reich, vor allem in Verbindung mit Frankreich. Die Verweigerung der Anerkennung der römischen Königswahl Ferdinands I. durch Kursachsen, Hessen und Bayern wurde zum Ausgangspunkt einer über das Reich hinausreichenden antihabsburgischen Opposition [887: KOHLER].

Das Scheitern Karls V.: unterschiedliche Einschätzung der Ursachen

Die Frage nach den Gründen für das Scheitern Karls V. wird manchmal naiv gestellt, manchmal doch auch mit der wichtigen Vorfrage verbunden, ob und inwiefern überhaupt Chancen einer geringeren Differenz zwischen Wollen und Ergebnis bestanden haben. In jedem Fall sind Analysen des Scheiterns (das ja kein totales, sondern ein partielles war) deshalb von Bedeutung, weil sie auch die Bedingungen des partiellen Nicht-Scheiterns erhellen: etwa die Aussonderung und Konsolidierung des ferdinandeischen Teilsystems [915: THOMAS; 916: LAUBACH] oder die dauerhafte Befestigung der spanischen Herrschaft in Italien oder den Stand, der 1556/58 gegenüber dem Islam zu Land und im Mittelmeer erreicht war. H. G. KOENIGSBERGER geht in umsichtiger Weise den strukturellen Bedingungen nach: „The emperor's failure to develop a nonpersonal institutional organization for this empire was not, however, the result only of the very personal view he took of his office, but also of the attitude of his different dominions. He was no Alexander or Napoleon who had comquered his empire, but the hereditary and legitimate ruler of each of his states whose laws and customs he had sworn to maintain" [250: KOENIGSBERGER, 19]. Die Stärke der innerdeutschen Opposition als negativer Faktor auch von der Seite der katholischen Stände her erweist sich bei einer Analyse des Verhältnisses von Bayern zu Karl V. [882: LUTZ]. In andere Richtung weist die Annahme, die politischen Widerstände im Reich und in Europa – ganz abgesehen von den strukturellen Hemmnissen der Machtmobilisierung – allein böten keine hinreichende Erklärung für das Scheitern; der Einsturz des 1547/48 Erreichten sei erst durch das Dazutreten der religiösen Widerstandskräfte bewirkt worden. Ob es sich bei dieser Annahme um eine Überschätzung der innerdeutschen und der kirchlichen Perspektiven handelt oder nicht, kann nur im Zusammenhang mit der Diskussion über die Religionspolitik Karls V. erörtert werden (siehe den folgenden Abschnitt). M. J RODRÍGUEZ-SALGADO vernachlässigt in seiner westeuropäisch zentrierten Studie über die Spätzeit Karls V. die Vorgänge im Reich und sieht den entscheidenden Wendepunkt für die künftige Entwicklung der Herrschaftsgebiete Philipps II. im Friedensschluß von 1559: „As for the peace, it will be seen that it was soon threatened and seen as a respite rather than an end. Philip's return to Spain was more of a victory for the Netherlands than for the Spanish realms" [894, 2].

8. Fragen um Karl V.: Religionspolitik

Trotz des Vorliegens umfangreicher publizierter Quellenbestände für die verschiedenen Aspekte und Abschnitte der kaiserlichen Religionspolitik hat weder die persönliche Haltung Karls noch das von seiner Umgebung mitbestimmte Verhalten des Kaisers als „Institution" in der bisherigen Forschung eine voll befriedigende Interpretation gefunden. Dies liegt wohl einerseits an dem hartnäckigen (teilweise indirekten) Fortwirken älterer historiographischer Traditionen: für die Protestanten war Karl V. der Feind der Reformation, für die Katholiken der Verteidiger der katholischen Sache. Doch es hat nicht nur die konfessionelle Polemik des 19. Jahrhunderts nachgewirkt; auch die Wirkungsgeschichte der karolingischen Epoche, vorbereitet durch die kirchlich eindeutiger werdende Spätphase Karls V. und die entsprechende Fortführung durch Philipp II. wies in diese Richtung. Es gibt bis heute in der Forschung eine Anzahl von Ansätzen zu differenzierender Analyse und die Schwierigkeiten, Karl V. in ein einfaches Interpretationsschema treuer Katholizität einzuordnen, werden deutlicher gesehen [896: LUDOLPHY]. Doch erscheint es noch offen, ob die Religionspolitik und die kirchlichen Ziele des Kaisers im Rahmen der relativ selbständigen Spielarten des vortridentinischen Reformkatholizismus zu interpretieren sind, ober ob den „cäsaropapistischen" Zügen, der scharfen Kritik am Papsttum und manchen anderen Phänomenen ein höherer Stellenwert zukommt; im letzten Falle wäre der Kaiser – persönlich und als Institution – zumindest zeitweilig in das Wirkungsfeld der Via-media-Gruppe einzuordnen. Jedenfalls läßt sich die kaiserliche Religionspolitik nicht mit posttridentinischen Kategorien fassen. Ebensowenig kann man sie auf der Ebene kanonistischer Doktrin zutreffend erfassen; es handelt sich niemals

Nachwirken älterer historiographischer Traditionen

Um die Bewertung von Karls „Cäsaropapismus"

um ein theoretisch klares Konzept von Reform- und Konzilspolitik, sondern stets um ein vielschichtiges Konglomerat von politischen Ansprüchen und Strategien, regionalen staatskirchlichen Traditionen, persönlichen Erfahrungen und Stimmungen und aktuellen Optionszwängen. Die Diskussion auf dem von ERWIN ISERLOH 1979 zum Gedenkjahr der Confessio Augustana und der Confutatio veranstalteten Augsburger Symposion [905] machte deutlich, vor welchen Aufgaben die Forschung hierbei noch steht.

Religionspolitische Wirkungszusammenhänge: Basis –Kaiser – Basis

Im Hinblick auf die regionalen Traditionen, also auf die religionspolitischen Wirkungszusammenhänge Basis-Kaiser-Basis fehlt es noch ganz an zusammenfassenden Untersuchungen. Erste Ansätze zu einer Analyse finden sich bei HEINRICH LUTZ [903]. Über die spanischen Verhältnisse ist viel bekannt: hier ist eine staatskirchenrechtliche Situation vorgegeben (ähnlich wie in Frankreich), dazu eine bedeutende Reformtradition. Aber die Frage nach dem Einfluß, den diese spanische Basis jeweils auf Karls Religionspolitik hatte, ist keineswegs leicht zu beantworten. Ähnliches gilt für die niederländisch-burgundische Heimat des Kaisers (wo mit dem Zentrum in der Universität Löwen sehr früh entschieden antireformatorische Impulse sich durchsetzen) und für die habsburgischen Gebiete in Italien. Im deutschen Bereich stößt jeder Versuch, die religionspolitischen Bezüge Basis-Kaiser-Basis zu untersuchen, auf besonders komplizierte Verhältnisse, denn hier war der Kaiser nirgendwo Landesherr. Die Basisprobleme konzentrieren sich einerseits bei Ferdinand (der aber kirchenpolitisch – bis 1552 – nie selbständig auftreten konnte und seine wiederholt von Karl abweichenden Gesichtspunkte nur partiell oder gar nicht in die kaiserliche Religionspolitik einbringen konnte). Andererseits standen die deutschen Territorialgewalten, geistliche und weltliche, dem Kaiser in der föderativen Reichsverfassung als politische Partner gegenüber. Dem entsprach die sehr weitgehende Politisierung der Religionspolitik des Kaisers im Reich und die Tatsache, daß der Kaiser je länger desto weniger sich auf eine zuverlässige Partei unter den bedeutenderen katholischen Ständen stützen konnte. Angesichts des verfassungspolitischen Grundkonfliktes zwischen Kaiser und Ständen und im Kontext des europäischen Hegemoniekampfes und der französischen Werbungen bei der deutschen Opposition – katholisch wie evangelisch – bietet die Religionspolitik Karls V. im Reich meist das Bild eines mit allen Finessen durchgespielten Machtkampfes.

Radikale Politisierung der kirchlichen Probleme im Reich, Prinzipien und Taktik des Kaisers

Man wird bei Karl V. wohl keine prinzipielle Unterordnung kirchlicher Gesichtspunkte – Einheit, Reform – unter politische Rücksichten vorfinden. Das Problem lag auf einer anderen Ebene, denn er erwartete sich ja stets von der „pacification d'Allemaigne" auch eine Stärkung seiner politischen Macht. Allerdings geriet er immer weiter auf die Bahn weitgehender taktischer Zugeständnisse an die Protestanten. Er meinte, später das Zugestandene wieder zurücknehmen zu können. Damit konnte er lange die eigenen „scrupules de la religion" beschwichtigen. Aber im Schatten dieser über Jahrzehnte geübten ambivalenten Praxis ergaben sich unwiderrufliche Folgen an der Basis und für die Reichsverfassung: die befristeten Konzessionen erwiesen sich als nicht mehr zurücknehmbar.

Die hier angedeuteten strukturellen und politischen Bedingungen bilden den Bezugsrahmen für die Fragen nach Karls Politik gegenüber den Päpsten und dem Konzil, gegenüber den Reformatoren, den katholischen Vorkämpfern und den Vertretern der Via media. Daß seine berühmte Erklärung gegen Luther in Worms 1521 konziliaristisch-staatskirchlich begründet war, ist nicht zu übersehen [898: LUTZ, 65 ff.]. In den Unionsverhandlungen, die Karl V. 1530 und 1540/41 veranstaltete, wirkten unterschiedliche Kräfte und Konzeptionen [900: IMMENKÖTTER; 901: HONÉE; 907: CARDAUNS; 910: LUTTENBERGER; 902: HONÉE]. In Regensburg 1541 verfolgte der Kaiserhof schließlich mit Zähigkeit die Absicht, durch eine Verbindung von Teilkonkordie und „Toleranz" eine nicht mehr von Rom her steuerbare Alternative zur konfessionellen Konfrontation zu entwickeln. Die sechsbändige Quellenedition GEORG PFEILSCHIFTERS ermöglicht auch in diesem Fragenkomplex weitere Differenzierungen [85: PFEILSCHIFTER]. HUBERT JEDIN hat die Konzilspolitik Karls V. eingehend untersucht und kommt zu dem Ergebnis [897, 108]: „Wie der Kaiser sich als weltliches Haupt der Respublica Christiana und als Schutzherr, als Advokat und Protektor der Kirche fühlte, so sah er im Konzil die Repräsentation eben dieser Christenheit, die, weil zugleich Kirche, unter der geistlichen Leitung des Papstes stand, aber als Versammlung der Christenheit der Mitwirkung des weltlichen Hauptes bedurfte... Während Franz I. von Frankreich konziliaristisch dachte, d. h. den Papst dem Konzil unterordnete, hat der Kaiser, in dieser für das Papsttum lebenswichtigen Fragen nie geschwankt".

Karl V., Luther und die Konzilspolitik

Dieser Interpretation stehen Beobachtungen über die anspruchsvolle Härte der kaiserlichen Konzilspolitik gegenüber, die u. a. J. MÜLLER 1925 in der Formulierung „Vergewaltigung des Konzils durch den Kaiser" zusammenfaßte [909: MÜLLER, 353]. In der Tat hat Karl die formale Kompetenz des Papsttums gegenüber dem Konzil sorgsam geschont, in der Praxis aber eine Politik verfolgt, die ihm selbst mit verschiedenen Mitteln eine sehr weitgehende Verfügung über das Konzil sichern sollte: Auswahl und Instruktion der Teilnehmer aus den habsburgischen Gebieten, Anspruch auf Bestimmung über Termine und Thematik und auf die „Exekution" des Konzils. Aber nicht nur in der Konzilsfrage, auch ganz allgemein nimmt Karl V. für sich in Anspruch, besser als der Papst zu wissen, was der Christenheit frommt. Und die Analyse seiner religionspolitischen Entscheidungen 1547/48 zeigt jenseits aller taktischen Rücksichten, daß er für sich als Advocatus Ecclesiae in Notzeiten Vollmachten wahrnahm, die voraussetzten, daß dem Papsttum nur mehr eine sekundäre Rolle zugestanden wurde.

Der Kaiser und das Papsttum

Mit Recht wurde auch die Problematik des Verhältnisses Karls zu seinen religionspolitischen Ratgebern betont. „Diese Zwiespältigkeit der Stellung Karls V. zum Humanismus und zu den Kräften des aufkommenden Konfessionalismus spiegelt sich wider – und hatte z. T. wohl auch ihren Grund – in den sehr gegensätzlichen kirchenpolitischen Anschauungen seiner wichtigsten Ratgeber. So standen in den 40er Jahren neben Granvella und seinem Sohn, dem Bischof von Arras, neben dem deutschen Vizekanzler Naves oder dessen Nachfolger Seld

Die Rolle der Berater, Karl V. zwischen Via media und Konfessionalismus eben auch Männer wie der Beichtvater Pedro de Soto oder der Hofprediger Pedro Malvenda, die sich im Gegensatz zu jenen Erasmianern bemühten, die Religionspolitik des Kaisers auf einen harten, konfessionalistischen Kurs zu bringen" [889: RABE, 111]. Dieses Ringen im Umkreis des Kaisers ist nicht nur ideen- oder personengeschichtlich zu sehen, sondern im Rahmen der strukturellen und politischen Bedingungen des Weltreiches. So läßt sich beispielsweise für 1529/30 zeigen, wie eng der religionspolitische Spielraum des Kaisers war: Auf der „Prioritätenliste" rangierte die Glaubensfrage nach Frankreich, dem Papst, dem römischen Königswahlprojekt und der Türkenhilfe an letzter Stelle [906: REINHARD, 67; vgl. dazu A. KOHLER, Der Augsburger Reichstag 1530, in: 754: LUTZ/KOHLER, 163 ff.]. Wenn 1526 Gattinara in einem Brief an Erasmus eine trialistische Deutung der kirchlichen Spaltung gibt und sich mit Erasmus der Mittelgruppe zwischen den kritiklosen Anhängern des Papstes und Luthers zurechnet [125: ERASMUS, 6, 421: tertia pars, „eorum qui nihil praeter Dei gloriam et reipublicae salutem querunt"], so ordnet sich diese Parteinahme ebenso in den größeren politischen und strukturellen Zusammenhang ein wie das spätere Nebeneinander einer „harten" und einer „weichen" Linie und das schließliche Einmünden in die konfessionalistische Verhärtung (wohl erst nach der Niederlage der reformkatholischen Ansätze in Interim und „Formula Reformationis").

A. P. LUTTENBERGER [904] hat die Konfessionalisierung der Reichspolitik auf reichsständischer Seite anhand der Kooperation zwischen den „konfessionsneutralen" Ständen (Pfalz, Jülich, Brandenburg) und dem Kaiser für den Zeitraum zwischen 1530 und 1552 eingehend untersucht und dabei gezeigt, daß die Abkehr der „Konfessionsneutralen" von der Religionspolitik Karls V. erst im Zuge der Fürstenopposition erfolgt ist. Die Bedeutung der Arbeit LUTTENBERGERS liegt in der Neubewertung der reichsständischen Via media-Kräfte auf reichspolitischer Ebene, ohne welche die kaiserliche Politik schwer denkbar gewesen wäre: Die „Entwicklung des Reichsfriedensproblems war im Verständnis der konfessionspolitisch neutralen Stände in einem den Reichsgedanken übergreifenden, übergeordneten, wenn man will objektivierenden Sinne durch den hohen, normativen Verbindlichkeitsgrad des Friedensgedankens zweifelsfrei legitimiert. Diese normative Verbindlichkeit war allgemein-ethisch, im erasmisch beeinflußten, politischen Denken auch religiös begründet" [904, 724]. Es darf nicht übersehen werden, daß auch noch im letzten, schon weitgehend resignativen Dokument der kaiserlichen Reichsreligionspolitik, in der Seldschen Reichstagsdenkschrift von 1553, das Notrecht der Laienfürsten angesichts des Versagens der kirchlichen Instanzen mit einer Deutlichkeit formuliert wird, die einer einfachen Einordnung in den beginnenden katholischen Konfessionalismus entgegensteht: „Facile res venire posset in eum statum, ut volente vel nolente pontifice labenti tamen ecclesiae subveniretur" [16: LUTZ/KOHLER, 167]. In einem weiteren Rahmen, nämlich im Hinblick auf italienische Hoffnungen auf eine antikuriale Kirchenreform seitens Karls V., hat DELIO CANTIMORI eine ähnliche Perspektive betont: „Es ist nicht nur eine Ironie des Schicksals, sondern ein sicher bezeugtes Phänomen, daß man fortfährt oder neu beginnt zu hoffen auf eine Reformtätigkeit Kaisers Karl V. gerade zu einer Zeit, wo die ‚erasmianische' Periode des Kaiserhofes schon ganz vorbei ist" [899: Cantimori, 183].

9. Reich und Territorien im 16. Jahrhundert

Das von P. Moraw und V. Press im Jahre 1975 der Fachwelt präsentierte Forschungsprojekt verfolgt das Ziel, durch eine Verbindung von Verfassungs- und Sozialgeschichte, Reichs- und Territorialgeschichte das römisch-deutsche Reich im späten Mittelalter und in der frühen Neuzeit als „politisches System" zu analysieren [743: Moraw/Press]. Dieses vielversprechende Vorhaben, das sich von einer harmonisierenden, statischen Interpretation des alten Reiches – zurückreichend auf die Reichsjuristen vor allem des 18. Jahrhunderts – absetzen will, wird an seinen Ergebnissen zu messen sein; hier soll es einen prospektiven Rahmen für die folgenden Hinweise zur Forschungslage geben.

Reichstagsakten, Ständeforschung, Reichsorgane

Als zentrale Aufgabe hat schon Ranke die Edition der Reichstagsakten gefordert und in Gang gebracht. Der gewissermaßen „vorbismarckische" Ansatz dieses großen Unternehmens kam im Münchner Standort zum Ausdruck; die Unsicherheit des Zweiten Reiches und der Weimarer Republik gegenüber den älteren Formen der deutschen Staatlichkeit trug zu dem zögernden Voranschreiten der Bearbeitung der frühneuzeitlichen Reichstage bei. Die internationale Ständeforschung hat sich in der Vergangenheit wenig mit dem Reichstag beschäftigt; aber auch in Deutschland wurde – außer von G. Oestreich – die Brücke vom Reichstag zu den einzelnen Landtagen und zur Erforschung der Landstände kaum begangen [751: Aus Reichstagen; 317: Oestreich, 277 ff.; 742: Oestreich, 756: Schindling]. In den beiden letzten Jahrzehnten begann sich die Situation zu ändern. Die Editionsarbeiten an den Reichstagen unter Karl V. konnten aktiviert werden [siehe 6–14, 756, 757] und sind heute bis 1545 gelangt. Eine Reihe wichtiger Untersuchungen haben den staatstheoretischen, gesetzgeberischen und verfahrensrechtlichen Aspekten des Reichstages gegolten [746: Schubert, 779: Laufs; 808: Schulz; 750: Neuhaus; Oestreich, in: 755: Rausch, 2, 242–278; 749: Neuhaus]. Einzelne Reichstage wurden monographisch bzw. im Zusammenhang der Reichsgeschichte untersucht [1521: 805: Reuter; 1547/48: 889: Rabe, 1555: 891: Lutz; 1566: 927: Hollweg]. H. Neuhaus dehnte die Untersuchungen auf die Reichskreistage und Reichsdeputationstage der zweiten Hälfte des 16. Jahrhunderts aus [748].

Die Entwicklung des Reichsrechts, der Rezeption des römischen Rechts im Strafprozeß und für die Ideen und Rechtslehren im Umkreis des Alten Reiches wurde zum Gegenstand neuer Forschungen [339: Sellert; 340: Diestelkamp; Maier; 770: Gross; 341: Strauss; 343: Ranieri; 344: Diestelkamp; 345: Landau/Schroeder]. Diestelkamp [340] sieht mit dem Blick auf Reichskammergericht und Reichshofrat die Entwicklung des Reiches zu moderner Staatlichkeit auf das Rechtswesen beschränkt.

Die Erforschung der Steuer- und Finanzgeschichte des Reiches ist in den letzten Jahren ein gutes Stück vorangekommen, wie der von De Maddalena und Kellenbenz herausgegebene Sammelband [762] zeigt: Besonders hinzuweisen gilt es auf die Beiträge von F. Blaich über die finanzpolitische Bedeutung des Reichstages (101–154), von K. H. Blaschke über Staatsräson und Finanzen in Sachsen (233–247), sowie von H. Dollinger zum gleichen Thema in Bayern (323–351). Wertvolle Einsichten in den Gesamtzusammenhang von Reichsmatrikel, Gemeinem Pfennig und der nur in Ansätzen vorhandenen Finanzhoheit bzw. Finanzgewalt des Reiches gibt neuerdings P. Schmid, der u. a. deutlich machen kann, daß das Steuersystem des Reiches über die Stufe der außerordentlichen Reichssteuern (Kammerzieler) nicht hinauskam. „Die unerfreuliche Finanzsituation des Reiches resultierte also aus dem Steuersystem, das seinerseits wieder Ausdruck der Verfassung des Reiches war und das Reich zum Vorteil der Territorialgewalten weitgehend von der tatsächlich vorhandenen und hoch eingeschätzten Finanzkraft der Untertanen fernhielt... Eine Finanzreichsreform hätte aber eine Verfassungsreform vorausgesetzt, zu deren Durchsetzung es wiederum einer politischen Macht des Kaisers bedurft hätte" [761, 198]. Wie die Diskussion darüber zeigt, berührte Schmid hiermit zentrale Fragen der Reichsreform – allgemeine Steuerpflicht im Wege des Gemeinen Pfennigs als ein wichtiger Ansatzpunkt des modernen Staates, der den lehnsrechtlich erklärbaren Matrikularbeiträgen entgegenstand [vgl. 753, 210f.].

Reichsverfassung, Reformation und Gegenreformation

Die Frage nach den Wirkungen der Reformation auf die Reichsverfassung wurde und wird in immer neuen Ansätzen gestellt [732: Zeeden]. Auch der Vorgang der Konfessionsbildung, den E. W. Zeeden umfassend behandelt hat [239], läßt die Sonderprobleme der deutschen Verfassungsgeschichte deutlich werden. Einerseits hat die evangelische Kirchenrechtsgeschichte sich mit erneuertem Interesse den Problemen der Bikonfessionalität im Reich zugewandt [739: Heckel; 740: Heckel; 741: Dietrich], andererseits haben die neuen Impulse zur Erforschung des Westfälischen Friedens [siehe 27: Acta Pacis] auch einige aufschlußreiche Untersuchungen angeregt, die von 1648 nach rückwärts fragend vorgegangen sind. Konrad Repgen verfolgte im Hinblick auf den päpstlichen Protest gegen den Westfälischen Frieden die Beziehungen zwischen Papsttum, Kaiser und Reich seit dem Beginn der Reformation [542, siehe auch 738: Wolff; 763: Bekker]. Auch die verfahrensrechtliche Untersuchung von Mehrheitsprinzip und Protest (im Anschluß an 1529) erbringt neue Aufschlüsse für Kontinuität und Wandel im Reichstagsgeschehen [764: Schlaich]. Von einer anderen Seite her führt die Untersuchung der zeitgenössischen Diskussionen über die Möglichkeiten eines protestantischen Kaisertums zu Grundfragen des bikonfessionell werdenden Reiches [765: Duchhardt].

Heinz Angermeier hat eine Diskussion über Bedeutung und Bewertung der sogenannten Reichsreform in Bewegung gebracht. Er sieht in diesem Phänomen keinen staatlichen Modernisierungsprozeß, sondern einen gegen das „hypertrophe" Kaisertum Karls V. gerichteten Konsolidierungsvorgang, der parallel zur konfessionellen Konsolidierung von 1555 seinen Abschluß fand [730, 731]. Reichsreform bedeutet nach ANGERMEIER jedenfalls nicht die Umwandlung des mittelalterlich-universalistischen Reiches in einen modernen Staat. Die Erweiterung des Reichsreformbegriffs und der von ANGERMEIER für die Mitte des 16. Jahrhunderts angenommene Endpunkt der Reformbewegung haben Bedenken hervorgerufen, ob dieser vielschichtige Vorgang nicht vielleicht als Zeichen der Entwicklung einer zentralen Staatlichkeit zwischen der kaiserlichen Macht und der reichsständischen Libertät zu bewerten sei. So findet eine traditionelle Reformfigur der zweiten Jahrhunderthälfte, Lazarus von Schwendi, neuerdings wieder Beachtung [932: LANZINNER, 931: SCHNUR; 929: LANZINNER]. Die spätmittelalterliche Grundlegung der Stände-Monarch-Problematik bestärkte ANGERMEIER in der Ansicht, die hohe Einschätzung der Reformation für die deutsche Entwicklung relativieren zu müssen. Bezeichnend dafür ist der von ihm herausgegebene Sammelband „Säkulare Aspekte der Reformationszeit" [753].

Bedeutung der landesgeschichtlichen Forschung

Das Wiederaufleben des föderalistischen Bewußtseins nach 1945 und die methodischen Fortschritte der landesgeschichtlichen Forschung haben zu einer erfreulichen Fülle regionaler Untersuchungen geführt, die sich teils an den alten Territorien, teils an landschaftlicher Kontinuität oder heutigen Ländergrenzen, teils an beiden Gesichtspunkten (Bayern!) orientieren. Nach der Zusammenfassung von UHLHORN/SCHLESINGER 1970 [772] kann diese, für die deutsche wie europäische Geschichte bedeutungsvolle landesgeschichtliche Arbeit, die zum Teil auch methodologisch sehr anregend wirkt, am besten in den Berichten der Blätter für deutsche Landesgeschichte verfolgt werden (seit 1965 für die DDR: Jahrbuch für Regionalgeschichte). Die folgenden Bemerkungen beschränken sich auf einige Werke, die für die neueren Tendenzen der Forschung besonders bezeichnend sind. Während sich am Stand der Edition deutscher Landtagsakten – sehr ungleichmäßig und wenig befriedigend – nichts geändert hat (siehe die Zusammenstellung bei 756: SCHINDLING, 427, Anm. 1), konnte die Quellenpublikation zur neueren Privatrechtsgeschichte Deutschlands mit zwei Halbbänden fortgesetzt werden, die Polizei- und Landesordnungen enthalten [35]. G. BENECKE [789] ist am Beispiel der Grafschaft Lippe in aufschlußreicher Weise den Zusammenhängen von Reichspolitik, Reichssteuer, landständischer Verfassung und territorialem Steuersystem nachgegangen. Ähnliche Untersuchungen sind für größere Territorien gewiß schwieriger durchzuführen, bei denen ja auch der kontinuierliche Abschließungsprozeß gegenüber dem Reich mehr im Vordergrund steht. Das umfangreichste landesgeschichtliche Unternehmen, „die als Gesamtwerk bedeutendste deutschsprachige Landesgeschichte der neueren Zeit" (MORAW) stellt das von M. SPINDLER herausgegebene „Handbuch der bayerischen Geschichte" dar [775], dessen hier einschlägige Abschnitte von DIETER ALBRECHT und HEINRICH LUTZ verfaßt wurden. Im Vergleich mit den betreffenden Teilen der erschienenen Geschichte Schlesiens, die L. PETRY und J. J. MENZEL betreuten [777], und mit F. PETRIS Rheinischer Geschichte [776] lag durch die territoriale und reichsgeschichtliche Bedeutung des alten Bayern eine stärker „etatistische" Darstellung nahe.

Geistliche Territorien, Reichskreise, Ausbau der territorialen Staatlichkeit

Die verwaltungs- und behördengeschichtlichen Entwicklungen in den einzelnen Territorien, den Reichsstädten, der Reichsritterschaft, den Reichskreisen, sowie auf der Reichsebene werden im ersten Band der großangelegten Deutschen Verwaltungsgeschichte [769] eingehend dargestellt, die unter Mitwirkung führender Historiker und Rechtshistoriker erstellt worden ist. Dabei fällt allerdings auf, daß die geistlichen Territorien nicht thematisiert sind. Diese Gebiete stellen also weiterhin ein Problem dar; dies liegt an der schlechten Archivüberlieferung, aber auch an der inneren Struktur dieser Gebiete. Gut erforscht ist neuerdings das Erzstift Salzburg [788 a: Dopsch/Spatzenegger]. A. Schindling konnte eindrucksvoll zeigen, daß gerade das Reichsrecht, konkret die Einbindung in den Reichstag und in die Reichskreise, den geistlichen Fürstentümern vor dem Übergreifen der reformatorischen Bewegung einen gewissen Schutz bot und später die katholische Reform erleichtert [734]. Für das Hochstift Konstanz ist die auch allgemeine Gesichtspunkte von Staat und Kirche einbeziehende Monographie R. Reinhardts [788] zu nennen. Die Bedeutung der Reichskreise und ihrer politischen, rechtlichen und militärischen Funktionen ist des öfteren unterschätzt worden. Die neuerliche Darstellung der Wirkweise des Schwäbischen Kreises durch A. Laufs [779] erschließt den Zugang zu diesem territorial besonders aufgesplitterten Gebiet. Für die Kurpfalz in der Zeit ihrer Stellung als führender calvinistischer Reichsstand liegt eine behördengeschichtliche Untersuchung vor, die sowohl die ideen- wie die sozialgeschichtliche Seite der Ausbildung des Territorialismus berücksichtigt [785: Press]. In den Bereich der habsburgischen Erblande, wo einerseits die Türkenabwehr, andererseits die Gegenreformation starke Wirkungen zeitigte, führen die Monographien von J. Bücking [783] und W. Schulze [787]. Während es in diesen Fällen vor allem um den Nachweis neuartiger territorialer Integrationsformen seit der Mitte des 16. Jahrhunderts geht, verfolgen die Forschungen von Willoweit [771] und Blickle [780] durchgehende Fragestellungen: hier die theoretische Ausarbeitung der Rechtsgrundlagen der Territorialgewalt – wobei die bahnbrechende Rolle der Arbeit von Andreas Knichen „De iure territorii" (1600) hervortritt – dort die Frage nach dem „gemeinen Mann" und seiner politischen Funktion (oder Nichtfunktion) in den reichsständischen Territorien Oberdeutschlands [vgl. die weiterführende Stellungnahme in 781: Press].

Reichsritterschaft

Mit Recht bezeichnet Willoweit [771] als „eigentümlichste Erscheinung der deutschen Territorialverfassung" den Streubesitz der Reichsritterschaft: „nirgendwo in der Entwicklung des neuzeitlichen Verfassungsrechtes läßt sich die schmerzvolle Begegnung privatrechtlicher Denkformen mit den Prinzipien des neuzeitlichen Staates besser beobachten als hier (338)". Nicht als eine archaische Rarität, sondern als ein wichtiges Element sowohl in der konfessionellen Konfrontation, wie im Verhältnis des Kaisertums zum Reich tritt die Geschichte der Reichsritterschaft in neueren Untersuchungen hervor. Unter Karl V. begann die Ausbildung der reichsritterschaftlichen Organisation – in der Verteidigung gegen die fürstliche Territorialisierung –, um 1560/70 war die unmittelbare Stellung unter dem Kaiser gesichert, wenn auch ohne Reichsstandschaft, d. h. ohne Stimme und Session am Reichstag [795: Press; 881: Press; 926: Press; 790, 791: Rössler; 797: Jahss LeGates].

10. Papsttum – Katholische Reform – Gegenreformation

Papstgeschichte bei Ranke und Pastor: Personalisierung

Wesentliche Etappen der Interpretationsgeschichte des frühneuzeitlichen Papsttums sind durch die Namen Ranke, Pastor und Jedin bezeichnet. Rankes „Römische Päpste“ [539] erschienen 1834/36. Sie waren in einem irenischen Geist geschrieben, der sich von der altprotestantischen und aufklärerischen Tradition bewußt abwandte und eine konservativ-theistische Gemeinsamkeit „zur Bändigung des revolutionären Geistes“ im Blick hatte [193: Lutz, 159; 555: Lutz]. Zwar schwächte Ranke schon in der 3. Auflage (1847) diese irenische Perspektive wieder ab, doch bleibt das Werk – auch im Hinblick auf seine exemplarische Bedeutung für die neue, historische Methode – ein Zeugnis tiefen Ringens um die politischen, kulturellen und biographischen Fragen des Papsttums. Ganz anders Ludwig v. Pastor (1854–1928), der von Janssen als Gymnasiast Rankes „Päpste“ zu lesen erhielt und sich nun, in der apologetischen Stimmung des Kulturkampfes, die Aufgabe stellte, aus katholischer Sicht die „Geschichte der Päpste seit dem Ausgang des Mittelalters“ zu schreiben. Ein halbes Jahrhundert arbeitete er mit stupender Energie und Quellenkenntnis; die sechzehn Bände, die 1886–1933 erschienen [540], sind bis heute hinsichtlich der Quellenerschließung und vieler Stoffbereiche unentbehrlich. Von Ranke übernahm Pastor die Personalisierung der papstgeschichtlichen Fragen (so daß durchgehende Struktur- und Sachprobleme undeutlich bleiben) und eine gewisse Isolierung der Papstgeschichte von der Kirchengeschichte. Von Anfang bis Ende ist das Werk von der bekennerhaften Papsttreue der Kulturkampfzeit bestimmt, so daß – ganz zu schweigen von den ekklesiologischen und lehramtlichen Fragen (die durch das Vaticanum I abgeblockt waren) – auch die historischen Grundfragen von Wandel und Kontinuität der Institution nicht eigentlich in den Blick kamen.

Neuere Fragestellungen: Reform und Kontinuität, Institutionen- und Sozialgeschichte, nachtridentinischer Zentralismus

Hier setzte Hubert Jedin an; seine zahlreichen Einzelarbeiten und vor allem die vierbändige Geschichte des Konzils von Trient [1949/1975, 572] hoben die katholische Interpretation der frühneuzeitlichen Papstgeschichte auf ein neues Niveau, das nicht so rasch überboten werden wird. Jedins Konzeption verbindet die traditionelle Betonung der Kontinuität (von mittelalterlicher und nachtridentinischer Papstkirche) mit reformkatholischen Aspekten (die schon in seinen frühen Arbeiten, etwa in der Seripandobiographie [575] besonders deutlich zu fassen sind), methodisch vermittelt durch die breite Basis der theologie-, organisations- und politikgeschichtlichen Konzilsforschung. Die ergänzende und auch kritische Weiterarbeit an dieser Konzeption wird wohl nicht so sehr auf dem Wege einer generellen Infragestellung der Kontinuitätsthese [551: Maron] erfolgen, als vielmehr mittels gründlicher und gezielter Einzelstudien. Wie förderlich ein stärkeres Engagement evangelischer Kirchenhistoriker in der Papstgeschichte wirkt, hat

Gerhard Müllers Arbeit über Clemens VII. gezeigt [554]. Die institutionelle Seite des Papsttums wird neuerdings durch sozial-, verwaltungs- und finanzgeschichtliche Forschungen erhellt [543, 553: Reinhardt; 558: Reinhard; 559: Reinhard; 560: Reinhard; 567: Kraus; 557: Monaco]. Auch für die Papstgeschichte gilt jene von W. Reinhard [451] erörterte methodische Problematik, die in der Verbindung zwischen Kirchen-, Sozial- und Wirtschaftsgeschichte begründet ist. Die vielfach fortschreitende Quellenarbeit an den Nuntiaturberichten (und an den Dokumenten der Mission) erschließt nicht nur die weltweite diplomatische Aktion des Papsttums, sondern stellt auch immer neue Fragen zur Interaktion von Politik, Kultur und Religion in einer komparativen Weite, wie sie kaum eine andere frühneuzeitliche Quellengattung ermöglicht [89–99; vgl. dazu 568: Nuntiaturberichte; ergänzend 569: Müller]. In diese Perspektive gehören die Arbeiten von Konrad Repgen [542], Georg Lutz [564, 563], Burkhard Roberg [561] sowie die Beiträge von Pierre Blet [u. a. 565] und den Mitarbeitern der „Acta Nuntiaturae Gallicae" [95]. Schließlich verdient besonderes Interesse der organisationsgeschichtliche und kirchenrechtliche Ansatz, wie er u. a. in den Arbeiten Paolo Prodis [570, 556] vorliegt. Hier wird das Problem der nachtridentinischen Zentralisierung und des Abbaus kollegialer Strukturen (zum Teil entgegen den tridentinischen Normen) in neuer Weise herausgearbeitet: „Mentre si abbandono gli ordinamenti collegiali ribaditi e fissati dal concilio di Trento si crea nella chiesa romana un nuovo tipo di disciplina che privilegia un rapporto unidimensionale e verticistico tra le chiese locali e la Santa Sede e si basa su nuovi strumenti non previsti dal Tridentino: l'invio di visitatori apostolici, le visite periodiche dei vescovi ‚ad limina', l'obbligo di ricorrere continuamente alle congregazioni romane, l'attività delle nunziature" [570: Prodi, 210f.].

Zur Klärung der Begriffe: Katholische Reform und Gegenreformation

Diese papstgeschichtlichen Konzeptionen und Fragestellungen sind von größter Bedeutung für die Analyse des Übergangs vom Mittelalter zur nachtridentinischen Konfessionskirche mit ihren neuen Charakteristika und Wirkweisen [für die „Konfessionalisierung" auch auf katholischer Seite siehe 239: Zeeden]. Die Papstgeschichte bildet nicht das einzige, aber ein wesentliches Element der Diskussion im Umkreis von „katholischer Reform und Gegenreformation", deren interpretative und methodologische Bedeutung nicht unterschätzt werden sollte. Seit Stephan Pütter 1776 von „Gegenreformationen" (im Plural) sprach, wurde diese Bezeichnung von den Katholiken „wegen der damit verbundenen Vorstellung von Gewaltanwendung in religiösen Dingen [544: Jedin, 10] als Vorwurf aufgefaßt. Dazu kam die kausal-chronologische Implikation: als habe erst in der Reaktion auf die Reformation Luthers die katholische Seite mit der Reformarbeit angefangen. Seit Jedin 1946 vorschlug, zur unverkürzten Kennzeichnung der katholischen Seite den Doppelbegriff „katholische Reform und Gegenreformation" zu verwenden, hat sich dieser Wortgebrauch (mit erheblichen interpretativen Folgen) weitgehend eingebürgert: „katholische Reform" soll die innere Erneuerung der Kirche (kontinuierlich seit dem 15. Jahrhundert) bezeichnen, „Gegenreformation" die Summe der neuen Methoden und Waffen, mit denen die Kirche „zum

Gegenangriff übergeht, um das Verlorene wiederzugewinnen" (ebd. 32); dazu tritt dann der Appell an den Staat und dessen Eingreifen [Überblick bei 240: ZEEDEN, Gegenreformation].

Ein kurzer Blick auf einige neuere Forschungsbeiträge in diesem Umkreis wird zu der Frage führen, wieweit dieser Doppelbegriff als zureichend gelten kann. Die italienische Entwicklung zwischen Reform, Inquisition und Häresie findet nach wie vor besonderes Interesse. Auf die erhellenden Vorstöße CANTIMORIS [479, 455] folgte eine Entfaltung der Forschung [siehe 480: GINZBURG; 478: VINAY], u. a. mit der Arbeit an dem „Corpus Reformatorum Italicorum" [136]. Die große Gestalt Reginald Pole's [577, 578, vgl. auch 89. Nuntiaturberichte, 1. Abteilung, Bd. 15, ed. H. LUTZ] und andere Kardinale im Umkreis der Reform, Fragen der Literatur und Zensur und des Verhältnisses von Staat und Kirche wurden untersucht. Bei alledem wird man den Eindruck nicht los, daß manches von den komplexen kirchlichen und kulturellen Wandlungen sich in das Modell des Jedinschen Doppelbegriffes nicht recht einordnen läßt. Abgekürzt gefragt: Man lese etwa das römische Inquisitionsprotokoll über die Vernehmung des Protonotars Pietro Carnesecchi [1567 hingerichtet; 552]; gelingt es, die dort greifbaren Sachverhalte und Mentalitäten mit „katholischer Reform – Gegenreformation" zu erklären?

Zulänglichkeit des Doppelbegriffes?

In andere Richtung weist eine Erweiterung der Gegenreformation – Diskussion im Sinne der heutigen Modernisierungsdebatten (und damit die Erneuerung der Frage nach dem Beitrag von Katholizismus und Protestantismus zur Formation der „modernen Welt"). W. REINHARD hat in einem Programmaufsatz „Gegenreformation als Modernisierung?" [548] Anregungen aufgegriffen und weitergeführt, die u. a. im angelsächsischen Bereich von J. A. BOSSY [547] und E. COCHRANE [1098] formuliert werden. COCHRANE hat im Vorwort zu seinem suggestiven Buch über Florenz vom 16. bis 18. Jahrhundert als eines seiner Ziele die Infragestellung der liberalen „communis opinio" bezeichnet, „that the line of progress from Scholasticism to the French Revolution passes solely through Luther, and that Catholicism, particularly Tridentine Catholicisme, is inimicable to free expression in all the arts and sciences as well as in theology" [1098, XIV]. BOSSY betont sehr stark den „modernisierenden" Effekt der Gegenreformation im Bereich von Familie und Mentalität und konfrontiert ihn mit einem Zitat aus CHRISTOPHER HILLS Buch über „Society and Puritanism" [1012, 118]: „Perhaps they [the bishops of the Tridentine Church] have as good a claim as English Puritanism to have ‚eradicated habits which unfitted men for an industrial society'" [547: BOSSY, 70]. SCHILLING hat diese Ansätze und Überlegungen abwägend eingeordnet: „Weder geht es darum, an Stelle der grundsätzlichen Modernität des Protestantismus nun eine solche des tridentinischen Katholizismus zu setzen, noch darum, den evangelischen Denominationen jede Bedeutung für die Fortentwicklung des gesellschaftlichen Systems zu bestreiten... Hinsichtlich der ersten Alternative muß... die Lösung meines Erachtens vielmehr in Richtung auf eine gesellschaftliche und politische Polyfunktionalität der einzelnen Konfessionen gesucht wer-

Erweiterung der Diskussion: Gegenreformation und Modernisierung

den“ [362: Schilling, 363; vgl. zuletzt 550: Schilling]. Die hier skizzierte weitgreifende Diskussion und Revisionsbewegung zeigt eine Verschiebung des Fragehorizontes, ohne daß die „alten“ Fragen um Gegenreformation, Gewaltanwendung, innere Überzeugung, Spiritualität, Rolle des Papsttums in der italienischen „decadenza“ etc. erschöpft wären. In seinem programmatischen Aufsatz „Zwang zur Konfessionalisierung?“ verwirft W. Reinhard die Gegensätzlichkeit zwischen „Reformation“ und „Gegenreformation“ und plädiert für die Parallelität dieser Phänomene im Rahmen eines langanhaltenden Prozesses der „Konfessionalisierung“, „der bereits in den zwanziger Jahren des 16. Jahrhunderts einsetzt und seine letzten Ausläufer im frühen 18. Jahrhundert hat“. Danach wird die soziokulturelle und politische Entwicklung von den „neuen konfessionellen Großgruppen“ des Calvinismus, Katholizismus und Luthertums bestimmt, derer sich auch der frühneuzeitliche Staat versichert, um seine Macht nach innen „auf der Basis eines Obrigkeit und Untertanen umfassenden Fundamentalkonsenses über Religion, Kirche und Kultur“ durchzusetzen [549, 280, 290], wobei es nach Reinhard allerdings zu beachten gilt, daß die katholische Kirche ihre autonomen Institutionen und Eliten erhalten kann, um zeitweilig zum Konfliktpartner der expandierenden Staatsgewalt zu werden. Doch bleibt weiterhin zu prüfen, welcher terminologische Rahmen der Gesamtheit alter und neuer Fragen zur Wirkweise des Katholizismus nach Luther vielleicht besser entsprechen könnte als der Jedinsche Doppelbegriff.

Konfessionalisierung als übergreifendes Phänomen

11. Calvinismus, Frühkapitalismus und „Demokratie“

Auf die intensive Diskussion über die Wirkungen des Calvinismus auf die moderne Welt soll hier in zweifacher Hinsicht Bezug genommen werden: Einmal ausgehend von Max Webers berühmten Studien über Protestantismus und Kapitalismus (erstmals 1904/06 erschienen), zum anderen im Hinblick auf die Debatte um Georg Jellineks Thesen über die Erklärung der Menschen- und Bürgerrechte (seit 1895). Beide Problemfelder haben Berührungspunkte, werden aber hier getrennt behandelt. Beide Fragenkomplexe reichen weit über unsere Epoche hinaus; wesentliche Fragen, um die es hier ging und geht, entfalten sich erst nach der Mitte des 17. Jahrhunderts. Daraus ergibt sich eine deutliche Einschränkung.

Max Webers Protestantismus-Kapitalismus-These

Max Weber hat sich seit dem Erscheinen des Aufsatzes „Die protestantische Ethik und der Geist des Kapitalismus“ [1904; heute meist in der erweiterten Form von 1920 benutzt, 607: Weber 1, 27 ff.] in immer neuen Ansätzen mit der Frage befaßt, wie der moderne europäische Kapitalismus, „die schicksalsvollste Macht unseres modernen Lebens“, mit den kirchlich-religiösen Wandlungen der Frühneuzeit genetisch verbunden ist. Er suchte die Antwort u. a. in einer Analyse der verschiedenen Formen und Verhaltensweisen des „asketischen Protestantismus“ vom 16. bis zum 18. Jahrhundert (Calvinismus nach Calvin in Westeuropa, Pietismus, Methodismus und die aus der Täuferbewegung stammenden Sekten). Er bestritt nicht das Vorhandensein kapitalistischer Wirtschaftsformen vor und außerhalb dieses Bereiches; ihn interessierte vor allem der ebenso mühsame wie folgenreiche Prozeß der Durchsetzung einer neuen kollektiven Normativität gegenüber dem präkapitalistischen Traditionalismus – ein kollektiver psychischer Prozeß, der selbstverständlich das Vorhandensein *kapitalistischer Möglichkeiten* voraussetzte: „Diese Richtung war nun aber nicht eine bloße ‚Förderung' einer an sich schon ganz ebenso vorhandenen psychischen Disposition, sondern sie bedeutete, innerhalb der weltlichen Sphäre wenigstens, einen *neuen* ‚Geist': aus ihrem eigenen religiösen Leben, aus ihrer religiös bedingten Familientradition, aus dem religiös beeinflußten Lebensstil ihrer Umwelt heraus erwuchs hier in den Menschen ein Habitus, der sie in ganz spezifischer Weise geeignet machte, den spezifischen Anforderungen des modernen Frühkapitalismus zu entsprechen. Schematisch ausgedrückt: anstelle des Unternehmers, der sich in seinem ‚Chrematismus' von Gott *höchstens* ‚toleriert' fühlen konnte, der, wie etwa noch heute der einheimische indische Händler, seine ‚usuraria pravitas' abzubüßen oder wettzumachen hatte, trat der Unternehmer mit dem ungebrochen guten Gewissen, von dem Bewußtsein erfüllt... daß er vor allem am Erfolg in seinem Beruf... seinen Wert nicht nur vor den Menschen, sondern vor Gott messen könne" [607: WEBER 2, 318].

Weltgeschichtliche Perspektiven: Unaufhebbarkeit, Säkularisierung der puritanisch-kapitalistischen Motivkette

WEBERS Thesen über Protestantismus-Kapitalismus sind einzuordnen in seine allgemeine Konzeption: Rationalisierung als entscheidendes Entwicklungsprinzip der okzidentalen Welt; die puritanisch-kapitalistische Entscheidung der Frühneuzeit erwies sich als unaufhebbar und konstitutiv für den Fortgang der Weltgeschichte, auch und erst recht nach dem Wegfall der ursprünglichen religiösen Motivation. Die Säkularisierung der puritanisch-kapitalistischen Motivkette (Gnadenwahl, systematische ethische Lebensführung, Berufsgedanke, innerweltliche Askese) hinterließ – so meint WEBER – kapitalistische Strukturen von zwangshaftem Charakter: „Der Puritaner *wollte* Berufsmensch sein, – wir *müssen* es sein. Denn indem die Askese aus den Mönchszellen heraus in das Berufsleben übertragen wurde und die innerweltliche Sittlichkeit begann, half sie an ihrem Teile mit daran, jenen machtigen Kosmos der modernen, an die technischen und ökonomischen Voraussetzungen mechanisch-maschineller Produktion gebundenen Wirtschaftsordnung zu erbauen, der heute den Lebensstil aller Einzelnen, die in dieses Triebwerk hineingeboren werden – *nicht* nur der direkt ökonomisch Erwerbstätigen –, mit überwältigendem Zwange bestimmt und vielleicht bestimmen wird, bis der letzte Zentner fossilen Brennstoffs verglüht ist" [607: WEBER 1, 188].

Fazit des heutigen Diskussionsstandes

Diese großartige These stieß alsbald auf Kritik und Zustimmung; [einen guten Überblick über die Diskussion bis zum Zweiten Weltkrieg bietet EPHRAIM FISCHOFF; deutsche Übersetzung seines Forschungsberichtes: 609]. Deutlich zu unterscheiden sind die Fragestellungen und Positionen R. H. TAWNEY's [„Religion and the Rise of Capitalism" erschien in 1. Aufl. 1926, seither auch eine deutsche Übersetzung: 608], der viel mehr an dem allgemeinen Verhältnis von Staat und Kirche angesichts des sozioökonomischen Wandels interessiert ist. Er sieht im entstehenden Kapitalismus des 16. und 17. Jahrhunderts die Folge des Versagens der Reformation, angemessene soziale und wirtschaftliche Ordnungen zu planen und durchzusetzen. Insgesamt kann man die Ergebnisse der sehr ausgebreiteten Forschungen und Diskussionen bis heute etwa folgendermaßen zusammenfassen: die protestantische Doktrin war mehrdeutig; die im puritanisch-pietistischen Bereich entstehenden Bewußtseins- und Sozialformen waren sehr unterschiedlich; Frühformen kapitalistischer Unternehmen gibt es mindestens seit dem 14. Jahrhundert (auch mit Ansätzen zu neuen kollektiven Mentalitäten, teilweise mit ausdrücklichem Widerspruch gegen das traditionelle kirchliche Zinsverbot), auch innerhalb der katholischen, auch der nachtridentinischen Kirche gibt es „ähnliche" Entwicklungen, wo durch Intensivierung der religiösen Gewissens- und Organisationsfragen antitraditionalistische Wirkungen entstanden – gewiß ebenso *ungewollt* wie es MAX WEBER im Puritanismus beobachtete.

Modernisierungstheoretische Verallgemeinerung der Weberschen These, empirische Forschung auf eigenen Wegen

Angesichts dieser wenig befriedigenden Diskussionslage bei einem Thema, das auch hinsichtlich des methodischen Anliegens – Ineinandergreifen religiöser und außerreligiöser Komponenten – für die Frühneuzeit eminent wichtig ist, sei abschließend in aller Kürze wenigstens auf zwei weitere Aspekte der Forschung hingewiesen. Einerseits hat sich nach dem Zweiten Weltkrieg von den amerikanischen Sozialwissenschaften her eine breite Auseinandersetzung mit der WEBERSCHEN These im Sinne einer „modernisierungstheoretischen Verallgemeinerung" mit vielfachen Anwendungen auf die Entwicklungsprobleme der Dritten Welt ergeben [siehe C. SEYFAHRT, Protestantismus und gesellschaftliche Entwicklung: Zur Reformulierung eines Problems, in: 610: SEYFAHRT/SPRONDEL 338 ff.; in diesem Sammelband zahlreiche Beiträge zur „Verallgemeinerungs"-Diskussion]. Wieweit diese Ansätze (mit weitreichenden interpretativen und methodologischen Ansprüchen) für die im engeren Sinne „historische" Beantwortung der Fragen um Reformation und Kapitalismus fruchtbar werden können, kann heute noch kaum beantwortet werden. Wo dies geschieht, wird deutlich, daß diese Entwicklung nicht konsequent verlief – nicht einmal im Falle des Paradebeispiels der niederländischen Republik: „Auf der einen Seite ist also die gesellschaftliche Modernität unverkennbar, und sie wurde auch in der ökonomischen Stagnation des 18. Jahrhunderts nicht grundsätzlich zurückgebildet. Auf der anderen Seite zeigt sich eine Unfähigkeit zum endogenen Wandel, und der Transformationsprozeß hin zur industriellen, demokratischen Gesellschaft verlief... nur langsam und unter Rückschlägen" [992: SCHILLING, 480].

Andererseits hat sich die historische Forschung neuerdings mit wichtigen Arbeiten – gewissermaßen an MAX WEBER „vorbei" – dem Thema Genf, Calvinismus und Kapitalismus zugewandt. H. LÜTHY sieht nicht nur im calvinistischen Arbeitsethos, sondern schon in Calvins grundsätzlicher Unterscheidung „zwischen dem Gebiet des privaten, freiwilligen, dem christlichen Gewissen anheimgestellten Verhaltens gegenüber menschlichem Elend und Unglück, auf das sich das Barmherzigkeitsgebot der Bergpredigt bezieht, und dem Gebiet des *do ut des* der Marktwirtschaft" die Voraussetzung dafür, daß in der modernen Welt die

Forderung nach Verwirklichung des Rechts und der menschenmöglichen Gerechtigkeit gestellt wird [Variationen über ein Thema von Max Weber, in: 610: SEYFAHRT/SPRONDEL, 120]. J. F. BERGIER hat am Beispiel der Wirtschafts- und Sozialgeschichte Genfs seit dem Spätmittelalter die spezifischen Bedingungen und Wirkungen der Calvinschen Reform und der aus Frankreich und Italien nach Genf strömenden Glaubensflüchtlinge gezeigt [363]. „Die Chance für Genf bestand darin, daß die Stadt folgende drei Faktoren von außen an sich zog: Kapital, qualifizierte Arbeitskräfte und Absatzmöglichkeiten; und das alles dank des protestantischen Refugiums, d. h. eines Umstandes, der zunächst nichts mit der Wirtschaft zu tun hatte“ [364: BERGIER, 21]. So zeigt sich hier auf pragmatischer Ebene, wie tief und wie wechselseitig die neuen Lebensbedingungen des konfessionellen Zeitalters in die Entwicklung des Denkens und des Verhaltens eingriffen.

Jellineks Herleitung der Bürger- und Menschenrechte aus religiöser Wurzel

GEORG JELLINEK und die an ihn sich anschließende Kontroverse ging von der Frage nach der geistigen Herkunft der Bürger- und Menschenrechte von 1789 aus: Wieweit ist das religiöse Ringen um Religionsfreiheit (seit dem 16. Jahrhundert), wieweit das rationalistische Naturrechtsdenken der Aufklärung Pate gestanden? [Jellineks Aufsatz und wichtige Beiträge zu der Kontroverse sind zusammengestellt in einem von R. SCHNUR edierten Sammelband: 672]. Für unsere Epoche verschiebt und erweitert sich die Frage; inwiefern hat der Calvinismus nicht nur hinsichtlich des Kapitalismus, sondern auch hinsichtlich politischer und sozialer Freiheitsideen der späteren Entwicklung des Okzidents vorgearbeitet? H. VAHLE hat diese Frage mit den Stichworten „Calvinismus und Demokratie“ thematisiert [612]. Vielleicht ist es im Hinblick auf die Eigenart der frühneuzeitlichen Freiheitsprobleme im politischen und sozialen Raum empfehlenswert, den heutigen Begriff von Demokratie nur mit großer Vorsicht oder überhaupt nicht heranzuziehen.

Erforschung des Republikanismus

Die neueren Studien über den Republikanismus als politische Theorie und als Erscheinungsform im frühneuzeitlichen Europa gehen über den Calvinismus im engeren Sinne hinaus. Nach H. G. KOENIGSBERGER war er „selten ein Endziel… Der Republikanismus trat nur in Erscheinung, wenn andere Methoden, die fürstliche Macht zu begrenzen und die Privilegien, Freiheiten und Rechte der Untertanen zu schützen, fehlschlugen oder wenn der Lauf der Ereignisse sie als unwirksam erscheinen ließ“ [305, 299 f.; zu den normativ-legitimatorischen Argumentationsmustern der niederländischen und englischen Revolution vgl. 663: SAAGE]. PETER BLICKLE sieht eine enge Affinität zwischen „Kommunalismus“ und Republikanismus: „Ohne die kommunale Autonomie wären die nördlichen Teile Burgunds schwerlich auf die Idee verfallen, sich als Vereinigte Niederlande zu konstituieren. Ohne die ausgeprägten Gemeinderechte der Dörfer und Täler wären aus den Hochstiften Chur und Sitten kaum die Republiken Graubünden und Wallis geworden, von der schweizerischen Eidgenossenschaft nicht zu reden“ [485, 220]. Aber selbst eine so „bürgerliche“ Gesellschaft wie die der niederländischen Republik wies neben den „klassenmäßigen Zügen weiterhin auch traditionalständische Merkmale auf" [992: SCHILLING, 507]. Die Vielfalt der europäischen Republiken und des Republikanismus ist unbestritten. Das gleiche gilt für die politische Theorie des Republikanismus. Im Reich etwa gibt es kaum Ansätze dazu, weil die konkrete Stadt noch der Bezugspunkt des politischen Denkens ihrer Bürger war und das „gemeindlich-genossenschaftliche Bürgerpathos" eine Renaissance erlebte [H. SCHILLING, in: 305: KOENIGSBERGER 101–143]. THOMAS FRÖSCHL hat in seinem instruktiven Aufsatz über die Selbstdarstellung und Staatsymbolik in den europäischen Republiken am Beispiel der Architektur und Kunst, insbesondere anhand der Rathäuser als den bedeutendsten Beispielen von Staatsarchitektur, höchst verschiedene Lösungen nachgewiesen. Gemeinsam sind ihnen die „republikanischen" Kennzeichen in einer monarchisch dominierten Umwelt: „Dies bedingte eine besondere Art der Selbstdarstellung und verlangte eine besondere Form von Staatssymbolik: Damit lagen in der Darstellung des kollektiven Elements, in der Vermeidung jeder Hervorhebung einer Einzelperson, in der Abbildung auch der objektiven Verantwortung der Amtsträger mittels Tugendrepräsentation die großen Aufgaben einer ‚republikanischen' Staatskunst beschlossen" [in: 305: KOENIGSBERGER, 239–271, hier 243 f.].

Calvinismus und Widerstandsrecht, Freiheitsbewegung und oligarchische Tendenzen

Schon ein erster Blick auf die einschlägigen Quellen – vor allem auf die politischen Theorien der Zeit, insbesondere auf die Schriften der „Monarchomachen" – und auf die von VAHLE gewürdigten Interpretationen zeigt die Komplexität der Frage [siehe auch 611: KRETZER]. Außer Zweifel steht die kräftige Wiederbelebung des mittelalterlichen Widerstandsrechtes aus reformatorischer und besonders aus calvinistischer Motivation. Unterschiedlich sind die Urteile hinsichtlich der außerreligiösen Faktoren sowie hinsichtlich des jeweiligen Maßes von Tendenzen zur Erweiterung politischer „Mitbestimmung" und ihrer aristokratisch-oligarchischen Fixierung andererseits. Beides ist in den verschiedensten Etappen und Bereichen der calvinistischen Bewegung festzustellen. Wenn es darum geht, außer- und innerkirchliche Motive und Bedingungen in der einen oder anderen Richtung zu scheiden, sind spezielle und pragmatische Untersuchungen meist hilfreicher als generelle Trendanalysen, wie sie bekanntlich schon EDWARD GIBBON schlagend formulierte, wenn er von der „irregulären Tendenz der Päpstlichen zur Freiheit, dem unnatürlichen Hang der Protestanten zur Sklaverei" sprach [zit. bei 248: TREVOR-ROPER, 184].

Katholizismus, Protestantismus und die politisch-sozialen Entwicklungen der Frühneuzeit

So einleuchtend im allgemeinen die Annahme einer größeren Affinität katholischer und lutherischer Bevölkerungen zu politisch-sozialen Systemen mit hierarchischem oder patriarchalischem Zuschnitt ist, so sorgfältig dürfte von Fall zu Fall die Zurechnung solcher Phänomene durchzuführen sein. Für den Fall des niederländischen Calvinismus hat H. SCHILLING eine solche Zurechnungsthese aufgestellt, die hier als Beispiel angeführt sei. SCHILLING geht davon aus, daß der tridentinische Katholizismus und der Calvinismus als „Integrationspunkte" für die beiden konkurrierenden Führungseliten innerhalb der niederländischen Gesellschaft auftraten: „Der hierarchisch-zentralistische Katholizismus wurde in der etatistischen Überformung durch Philipp II. und die Spanier zum Inbegriff des fürstlichen Absolutismus und seines Beamtenapparates. Angesichts der Tatsache, daß ein solcher Apparat in den Niederlanden damals allenfalls in Ansätzen existierte und auch ein stehendes Heer mit einer Militärbürokratie fehlte, war dieser fürstliche Beamtenapparat sogar weitgehend identisch mit der neuen kirchlichen Hierarchie und den Sonderkommissaren der Inquisition. Der presbyterial-synodale Calvinismus andererseits war kompatibel mit Verfassungsnorm und geistig-gesellschaftlichem Selbstverständnis der regionalen Führungseliten, ihrem – im Gegensatz zum hierarchisch-zentralistischen – oligarchischen und korporativ föderalen Aufbau. In diesen sozio-konstitutionellen... Zusammenhängen sehe ich das wichtigste Antriebselement für die in den 60er und 70er Jahren voranschreitende Rezeption des Calvinismus innerhalb der niederländischen Führungsschicht" [982: Schilling, 227].

Bei differenzierter Analyse dürften sich vermutlich im Gesamtbereich der Frage nach Calvinismus und politischer Freiheitsbewegung ähnliche allgemeine Probleme der Zurechnung und gegenseitigen Wirkung ergeben wie im Falle von Reformation und Kapitalismus. Allerdings sind die Rahmenbedingungen im Hinblick auf den päpstlichen Zentralismus und den lutherischen Patriarchalismus in der Frage der politischen Freiheitstendenzen wohl anders anzusetzen. In jedem Falle können sowohl die jeweiligen pragmatischen Umstände wie auch längerfristige religiöse und kulturelle Wirkungszusammenhänge besondere Aufmerksamkeit beanspruchen. So hat sich etwa – um nochmals auf die Jellinek-Kontroverse zurückzukommen – nach einer starken Dominanz der naturrechtlichen Herleitungsthese der Menschenrechtsdeklaration neuerdings gerade am Beispiel des neuenglischen Theologen Roger Williams (1604–1684) die langfristige politische Nachwirkung seiner durchaus nichtrationalistischen Begründung von Religionsfreiheit zeigen lassen [604: LeRoy Moore].

12. Die Lehre von der Staatsräson

In dem Ringen um die politisch-ethische Orientierung des staatlichen Lebens und um die theoretische Verarbeitung der neuen Erfahrungen im politischen und konfessionellen Kampf der Staaten (und Bürgerkriegsparteien) spielt die Lehre von der Staatsräson eine zentrale Rolle. Man neigt heute – im Gegensatz zu Meineckes großem Werk „Die Idee der Staatsräson" [1. Aufl. 1924, 658] – dazu, diese „Lehre" nicht als eine epochenübergreifende Thematisierung des Grundproblems von Macht und Ethik zu sehen. Vielmehr geht die Forschung heute davon aus, die Lehre von der Staatsräson als eine epochenspezifische Theorie zu analysieren, die mit den Werdeprozessen des frühmodernen Staates und des Staatensystems im 16. und 17. Jahrhundert eng zusammenhängt. Das seit seinem Erscheinen vielbeachtete Werk Meineckes kann heute in mancher Hinsicht als ein eindrucksvolles Dokument des deutschen „Zeitgeistes" und seiner Auseinandersetzung mit den Problemen der politischen Ethik nach Versailles gelten. Zu dieser in

Meineckes Interpretation und die heutige Kritik

der deutschsprachigen Forschung noch wenig geklärten Frage der Einordnung von MEINECKES klassischer Darstellung hat MARTIN HECKEL Stellung genommen. Er geht davon aus, daß heute jene Irritation überwunden ist, „die die deutsche Geschichtsschreibung nach der Katastrophe des Europäischen Staatensystems im Ersten Weltkrieg ergriffen hatte und die sie schwanken ließ zwischen moralisierender Verengung und der Normscheu des Historismus, zwischen Machtverklärung und Machtschauder, Staatsfremdheit und Staatsübersteigerung. So ist damals die Problematik der Staatsräson zwar vertieft, aber auch verzeichnet und verkürzt worden durch die fragwürdigen Alternativen und Antagonismen zwischen Rationalismus und Empirismus, Naturrecht und Historie, Moral und Rechtssystem, Ethos und Kratos, Macht und Recht, Staatsinteresse und Normativität, von denen Meineckes sensibles Werk beherrscht gewesen ist" [ZRG, Kan. Abt. 63 (1977) 502].

Zur Entstehung und Verbreitung der „Ragione di stato"

Die Redewendung „Ragion(e) di stato" kam in Italien in der Epoche Karls V. auf: erster (handschriftlicher) Nachweis bei Francesco Guicciardini 1523, erste publizistische Verwendung in einer fiktiven Rede des Giovanni della Casa an Karl V. nach 1547 [662: LUTZ, 9]. Der Wortgebrauch gehört wohl einem weiteren Begriffsfeld zu, mittels dessen die italienischen Zeitgenossen das Sichverselbständigen einer Sphäre staatlicher Interessenpolitik gegenüber dem allgemeinen Normen- und Tugendsystem artikulierten; so beobachtete damals eine venezianischer Gesandter an Karl V., daß er ein gerechter Kaiser sei, „wo nicht ‚interessi di stato' ins Spiel kommen".

Die weitere Ausarbeitung einer an diesen Begriff geknüpften Lehre vollzog sich im Diskussionsfeld zwischen Machiavellismus und Antimachiavellismus [656: DE MATTEI; 657: LUTZ]. Machiavelli selbst hat den Begriff noch nicht verwendet; dies kann ideengeschichtlich damit erläutert werden, daß für die politische Theorie des Florentiners die Person des „Principe", also die personale Normfrage, im Mittelpunkt stand, während die Formulierung „Ragione di stato" eben schon auf die spezifische Sachebene staatlicher Vorgänge und ihren Ausnahmecharakter bezogen war. Neben dem Machiavellismus ist in diesem Umkreis der Tacitismus des 16. Jahrhunderts zu nennen. Tacitus, statt Livius in einer Zeit abnehmender Freiheit als Lektüre bevorzugt, als Lehrmeister der „arcana imperii", das seit dem Ende des 16. Jahrhunderts zu einem „Schlüsselwort" der staatsrechtlichen Diskussion wurde [666: STOLLEIS], und einer aufrechten Haltung unter der Herrschaft von Tyrannen geschätzt, hatte noch einen weiteren Vorteil aufzuweisen, als seit der Mitte des 16. Jahrhunderts die Zensur gegen den „Heiden" Machiavelli einsetzte: „Der Tacitismus wies dem Machiavellismus gegenüber einen großen Vorteil auf: er konnte die Frage nach dem Verhältnis von Politik und christlicher Religion, die sich für Tacitus nicht gestellt hatte, umgehen und dadurch den Schein der Ungefährlichkeit erwecken" [665: ETTER, 25].

Die theoretische Ausarbeitung bei Giovanni Botero

Auf dem Hintergrund der Auseinandersetzungen zwischen Machiavellismus, Tacitismus und dem neuen ethisch-religiösen Rigorismus, der sowohl die protestantische wie die katholische Seite in der zweiten Hälfte des 16. Jahrhunderts kennzeichnete, ist seit 1589 das Erscheinen einer Reihe von Werken katholischer italienischer Autoren zu sehen, die unter dem Begriff der Staatsräson einen christlich geläuterten und entschärften, aber doch mit machiavellistischer Staatsklugheit angereicherten Verhaltenskanon anboten [Überblick jetzt bei 1056: Church, 44 ff.]. Unter diesen Autoren, deren Ideen durch Übersetzung und Nachahmung in den folgenden Jahrzehnten in ganz Europa Einfluß gewannen, fand der Exjesuit Giovanni Botero mit seinem erstmals 1589 erschienenen Werk „Della ragion di stato" besondere Beachtung. Der ehemalige Mitarbeiter Carlo Borromeos leistet die Widerlegung Machiavellis und die Revindikation des christlichen Gewissens in der Weise, daß er den zum Absolutismus tendierenden Fürstenstaat der Zeit tale quale akzeptiert: zwischen dem wohlverstandenen fürstlichen Interesse und der kirchlichen Norm herrscht Harmonie. Andererseits dient sich die Kirche geradezu dem Staat an: „Unter allen Religionen gibt es keine, die für die Fürsten vorteilhafter ist als die christliche; denn diese unterwirft ihnen nicht nur Leib und Vermögen der Untertanen, sondern auch den Sinn und das Gewissen; sie bindet nicht nur die Hände, sondern auch die Affekte und die Gedanken" [zit. bei 662: Lutz, 41].

Ideenpolitische Bedeutung, Vergleich mit Neostoizismus, Skeptizismus und Utopismus

Die unterschiedliche Rezeption und Wirkung der Lehre von der Staatsräson, die für die frühneuzeitliche Problematik von Norm, Staat und Gewissen teils harmonisierende und legitimierende, teils ambivalente Lösungen anbot, ist von hohem Interesse [wichtig die Texte der Tübinger Tagung 1974 in: 659: Schnur]. In Deutschland erfolgte die Rezeption spät und mit erheblichen Modifikationen. „Wichtige Bestandteile der Ragion di Stato (Principe-Figur/Arcana-Topik/Loyalitätsbindung mit Hilfe der Religion) waren seit Clapmarius in Deutschland rezipiert worden. Eine eigenständige Ratio Status-Lehre ließ sich aber damit allein noch nicht begründen. Dies belegen die Beispiele eines Reinkingk, Seckendorff und eines Lapide. Ihr eigenes Profil konnte die Ratio Status in Deutschland erst durch eine befriedigende Lösung des Souveränitätsproblems gewinnen" [667: Behnen, 180 f.]. Behnen sieht im politischen Aristotelismus einen gangbaren Weg, der erst Mitte des 17. Jahrhunderts mit der Schule Hermann Conrings zur Blüte gelangen sollte. In Frankreich wurde das Thema „Staatsräson" in der Zeit Richelieus zum Angelpunkt der Verteidigung und Kritik einer Politik, die u. a. im Kriegsbündnis mit protestantischen Mächten die traditionelle Einheit der religiösen Normwelt in Frage stellte. Hierzu liegen umfassende neuere Forschungen von Thuau [664] Church [1056] vor, die den komplexen und offenbar ungewollten Weg Frankreichs aus einer religiös gebundenen zu einer säkularisierten Politik erhellen (siehe auch unten S. 175 ff.) die Diskussion über Richelieu). Besonders wichtig ist weiterhin die Herstellung der Bezüge zu weiteren ideenpolitischen Gruppierungen, die die Erfahrungen der Epoche anders zu verarbeiten suchen: der Neostoizismus, mit einem Mittelpunkt in den Niederlanden und einem hervorragenden Vertreter in Justus Lipsius [von Oestreich hoch bewertet, siehe 317, 35 ff., von 1056: Church, 62, scharf kritisiert: „his solution to the problem of just government, however, was merely one of rhetoric and compromise and lacked a firm basis in law or principle"]; der humanistische Skeptizismus – beginnend mit Montaigne und mit bedeutenden Vertretern in der Zeit nach 1600, die sich dem Weg des absolutistischen Staates versagten [wichtig die Zusammenfassung: 1059: BATTISTA]; schließlich der politisch-soziale Utopismus, der bei Campanella, Bacon oder Andreae auf ganz anderen Wegen radikale Lösungen anzielte [669: BOCK; 668. LES UTOPIES; 670: BRECHT].

13. TOLERANZ UND RELIGIONSFREIHEIT

Toleranz in der Theorie und Praxis des konfessionellen Zeitalters

Die konfessionellen Kämpfe der Frühneuzeit sind begleitet von einer Diskussion über Toleranz, Religions- und Gewissensfreiheit, die über das Reich der Ideen hinaus von Bedeutung war. „Sie führe schon im 16. und auch im 17. Jahrhundert mancherorts zur Entstehung praktischer und gesetzlich fundierter Regelungen des religiösen und kirchlichen Pluralismus, d. h. des friedlichen Nebeneinanderlebens verschiedener christlicher Konfessionen und sogar verschiedener Religionen in ein und demselben Staatswesen. Ihre feste Verankerung in einem Katalog allgemeiner und für die Schöpfung freiheitlich-demokratischer Verfassungsordnungen verbindlicher Menschenrechte hat die Religionsfreiheit jedoch, wie jedermann weiß, erst gefunden, nachdem ihr durch den Rationalismus der Aufklärung ein säkularisiertes Argumentationsfundament errichtet worden war" [599: GUGGISBERG, 455]. Hinsichtlich dieser Gesamtentwicklung besteht heute in der Forschung im allgemeinen Übereinstimmung; die Parallelität zwischen der Auflösung der kirchlichen Einheitskultur – in Idee und Realität – und der Ermöglichung des religiösen Pluralismus im Rahmen moderner Formen von Staat und Gesellschaft kann nicht nachdrücklich genug betont werden. So läßt sich am Problemkreis von Toleranz und Religionsfreiheit das Hervorgehen neuer und wesentlich veränderter Lösungsvorschläge aus den ungelösten Fragen des konfessionellen Zeitalters besonders deutlich verfolgen.

Begriffsgeschichte und politisch-sozialer Stellenwert

Der Begriff „Toleranz" bzw. „tolerantia" war im 16. Jahrhundert von Anfang an im Spannungsfeld von Kirche und Staat, von Religion und politisch-sozialer Ordnung angesiedelt. In der deutschen Sprache ist „tollerantz" erstmals nachweisbar in einem Brief Luthers vom 12. Juni 1541, der diesen Zusammenhang illustriert. Der Regensburger Reichstag war damals unter dem Vorsitz Karls V. um eine theologische Concordia der Protestanten und Katholiken bemüht (siehe oben S. 49). Nachdem die Ausgleichsverhandlungen nur teilweise gelungen waren, wurde für den strittigen Rest der Glaubensartikel die Möglichkeit einer reichsrechtlich gesicherten, bis zum Konzilsentscheid befristeten Duldung der abweichenden Überzeugung erörtert. Dies lehnte Luther damals entschieden ab; eine „tollerantz" könne nichts taugen, da auch die halbe Concordia nichts tauge und die Verhandlung am Reichstag nur auf Täuschung abgestellt sei [siehe 594: LUTZ, Einleitung IX f.]. Die hier beispielhaft gezeigte politische Dimension des Toleranzproblems ist in der Forschung umfassend gewürdigt worden. Neuerdings wird darüber hinaus die soziale und wirtschaftliche Dimension betont. HENRY KAMEN hat 1967 den Zusammenhang von sozialer Entwicklung und Toleranz programmatisch hervorgehoben: „Beim Studium der Verfechter der Toleranz muß man sich vor allem darüber im klaren sein, daß diese nicht nur Marksteine der Ideengeschichte waren. Häufig repräsentieren sie selbst soziale Kräfte, die man nicht außer acht lassen kann" [593: KAMEN, 7]. Noch schärfer hat H. J. HILLERBRAND diese Aspekte betont: „The present scholarly desideratum, which exists despite such enormous and prolific scholarship [sc. in der Toleranzforschung], lies in the relating of ideals propounded, in a more plausible and persuasive manner than has been the case, to the realities of societal life, both political and economic, of the 16th and 17th century" [HILLERBRAND, Religious Dissent and Toleration: Introductory Reflections, in: 595: KIRALY 6].

Schwierigkeiten bei der Integration sozialer und ökonomischer Gesichtspunkte in die Toleranzforschung

Wenn man sich fragt, warum das Einbeziehen der sozialen und ökonomischen Dimension in die heutige Toleranzforschung offenbar Schwierigkeiten macht, stößt man auf methodologisch wichtige Hinweise. ERICH HASSINGER, der nachdrücklich den wirtschaftlichen Motiven und Argumenten für religiöse Duldsamkeit im 16. Jahrhundert nachgefragt hat, geht von der zeitgenössischen Toleranzdiskussion aus, die häufig im Zeichen politischer Fragen stand. „Verhältnismäßig selten dagegen begegnet in jener Zeit die Frage nach den Nachteilen religiöser Unduldsamkeit für das Wirtschaftsleben bzw. den ökonomischen Vorteilen der Toleranz. Daß dieses Thema nur gelegentlich berührt wurde, ist in der Hauptsache dadurch bedingt, daß der Bereich des wirtschaftlichen Lebens, sosehr er faktisch eigenen Gesetzen folgte, durch die Kirchen noch nicht sich selbst überlassen wurde und daß es für die große Mehrheit der Gläubigen ein horrender Gedanke war, wirtschaftliche Vor- oder Nachteile hätten irgend etwas zu besagen, wenn es um das ewige Heil ginge" [598: HASSINGER, 226]. Weiterhin betont Hassinger, daß wirtschaftliche Argumente meist nicht selbständig, sondern in Verbindung mit theologischen Argumenten und in einer zweitrangigen Position verwendet wurden. In ähnliche Richtung weisen Bemerkungen von JOSEPH LECLER, dessen großes Werk „Geschichte der Religionsfreiheit im Zeitalter der Reformation" ein umfassendes Panorama der Toleranzdiskussion bietet. LECLER betont den theologischen Charakter des damaligen Konfliktbewußtseins: „Die Debatten entstehen unter getrennten Christen, die sich aber, von wenigen Ausnahmen abgesehen, selbst Christen nennen und Christen sein wollen. Sie enthüllen auch bei Laien erstaunliche biblische und theologische Kenntnisse... Das Toleranzproblem im 16. Jahrhundert erscheint im Endergebnis als eine große theologische Diskussion. Selbst die Politik mündet damals in Theologie aus, weil es unter anderem darum geht, zu klären, wie weit sich die religiöse Mission des Staates erstreckt" [592: LECLER, 1, 53f.].

Angesichts solcher Feststellungen scheint das prinzipiell einleuchtende Programm einer sozial- und wirtschaftsgeschichtlich erweiterten Toleranzforschung, wie es u. a. KAMEN und HILLERBRAND vertreten, auf eine weitere Ausarbeitung hinzuweisen: nicht nur auf der Ebene der Argumente und des Bewußtseinshorizontes, sondern in dem größeren Rahmen lebensweltlicher Bedingungen und Erfahrungen von Gruppen und Einzelnen Fragen zu stellen und Antworten zu suchen. Wer das zweibändige Werk LECLERS liest, sieht, wieviel hier schon geschehen ist. Die generellen Schwierigkeiten in der Zuordnung von Ideen und gesellschaftlichen Bedingungen – noch dazu im Falle von Toleranzautoren, die als Humanisten oder mystische Spiritualisten vielfach eine „freischwebende Intelligenz" vertreten – sollten weitere Bemühungen nicht entmutigen.

Überblickt man den heutigen Forschungsstand in historisch-geographischer Perspektive, so können in aller Kürze einige markante Punkte hervorgehoben werden. [Zur allgemeinen Orientierung siehe außer den genannten Werken von 592: LECLER und 593: KAMEN den von 594: LUTZ herausgegebenen Sammelband.] Die große Rolle der Humanisten und die Bedeutung der vorreformatorischen humanistischen Positionen – Individualität, Freiheit, Überzeugung – für die Toleranzfrage stehen außer Zweifel. Erasmus hat bekanntlich als erster schon 1526 den Vorschlag einer begrenzten und *individuellen* Toleranz gemacht: „ut vtrique parti suus sit locus, et suae quis que conscientiae relinquatur, donec tempus adferat occasionem concordiae" [125: ERASMUS 6, 311]. Daß die Gewissen nicht „gedrängt" werden dürfen, war und blieb humanistisches Gemeingut. Es wurde in gewandeltem Kontext von den Spiritualisten wie Sebastian Franck [600: BLASCHKE] und Schwenckfeld wie von den irenischen Richtungen der Täuferbewegungen [538: BENDER] aufgenommen und weitergeführt, erst recht von den antitrinitarischen Gruppen, die sich ähnlich den Täufern gegen die Großkirchen und die staatliche Zwangsgewalt zu behaupten hatten. Einen Markstein der Ideenentwicklung bedeutete 1554 die Schrift des nach Basel emigrierten savoyischen Humanisten Sebastian Castellio „De haereticis an sint persequendi", die sich unmittelbar gegen Calvin und die in Genf erfolgte Hinrichtung des Antitrinitariers Michael Servet richtete [603: GUGGISBERG].

Humanismus und Toleranz

Regionale Differenzierung des Toleranzproblems

Nach der Mitte des 16. Jahrhunderts differenziert sich die Toleranzdiskussion und das Ringen um Ansätze zu praktischer Toleranz nach Ländern. Dabei treten einerseits Ähnlichkeiten, andererseits Unterschiede zwischen den katholischen und den protestantischen Stellungnahmen hervor. Zeitweilige Übereinstimmungen zwischen katholischer und protestantischer Negation der Gewissensfreiheit sollten den Blick auf die Sonderprobleme der katholischen Seite nicht verstellen: die offizielle nachtridentinische Lehre läßt – bis zum Vaticanum II – nur sehr bedingte Formen von Toleranz zu [592: LECLER 2, 579 ff.; 593: KAMEN, 241 ff.; 597: BÖCKENFÖRDE; 596: AUBERT]. Die Diskussion über das Problem der Toleranz ist nicht nur über den „absolutistisch-fürstlichen Macht- und Zentralstaat", sondern auch über den „genossenschaftlich-ständischen, häufig föderalen Gemeinschaftsstaat" (neben den Niederlanden und der Eidgenossenschaft in Reichsstädten und manchen Territorien im Süden und Südwesten des Reiches) verlaufen [992: SCHILLING, 513 f.]. Aufschlußreich für das alltägliche Toleranzproblem in bikonfessionellen oberdeutschen Reichsstädten ist die Studie von P. WARMBRUNN [602]. Während Italien, Spanien, Skandinavien (und das gegen Katholiken unduldsame

England) ausscheiden, bildet sich im Osten eine Zone gestaffelter staatlicher Toleranz, die wesentlich durch ständische Autonomie bedingt ist: in Siebenbürgen, Polen (Warschauer Konförderation 1573), zeitweilig im habsburgischen Ungarn, in Österreich (Niederösterreich 1568) und Böhmen (Majestätsbrief 1609). In Frankreich und in den Niederlanden begleiten intensive Toleranzdiskussionen den Verlauf des konfessionellen Bürgerkrieges, wobei sich in Frankreich seit 1560 die Differenzierung von staatlicher Ordnung und kirchlicher Zugehörigkeit als damals „modernste" Entwicklung abzeichnet. In den Niederlanden schränkt dann die Teilung in den protestantisch beherrschten Norden und in den katholisch beherrschten Süden die Wirkung überaus interessanter Ideen und Ansätze weitreichender Toleranz ein.

Toleranz und Religionsfreiheit im Reich, unterschiedliche Urteile über die deutsche Sonderentwicklung

Im Reich führen der Religionsfrieden von 1555 und die Kämpfe um seine Auslegung bis 1648 zu einer Sonderentwicklung. Toleranz scheint erst denkmöglich zu werden „nach der Legitimierung und Akzeptierung der konfessionellen Discordia, dem Verzicht auf die alte Concordia. Erst auf dieser Grundlage konnten dann Auffassungen entwickelt werden, wie aus politischen und wirtschaftlichen Motiven heraus verschiedene Bekenntnisse in einem Gemeinwesen akzeptiert werden" [735: Schulze, 77 f.]. Durch das „Jus reformandi" wird das Gewissen des Fürsten privilegiert (siehe Art. 3 des Augsburger Religionsfriedens); den Untertanen wird nur das Auswanderungsrecht und damit eine erste Milderung des jeweiligen Ketzerrechtes und Glaubenszwanges zugebilligt. Diese Sonderentwicklung wird heute unterschiedlich beurteilt: Dickmann [733] formulierte, anknüpfend an wichtige Forschungen Martin Heckels [739, 740], eine „gouvernementale" These, die an dem Problem des individuellen Gewissens vorbei die „Gleichberechtigung der Konfessionen" als positives Ergebnis des Weges bis 1648 bezeichnet. Bornkamm [736] sieht dagegen hinter dem territorialstaatlichen Bikonfessionalismus des Reiches ein „theologisches Modell für die Lösung der Glaubensfrage", „das religiösen Motiven entsprungen war, nicht nur der Notwendigkeit, einen modus vivendi zu finden". Beide Thesen artikulieren die langfristige Problematik der deutschen Sonderentwicklung; die komparative Einordnung in die Fragestellungen der europäischen Toleranzforschung ist noch zu leisten, wobei gerade die Zusammenhänge mit den kulturellen und sozialen Komponenten des deutschen Sonderfalles besonderes Interesse verdienen dürften. Jedenfalls steht fest, daß diese europäische Gesellschaft „den Weg der Differenzierung und der Ausbildung von Subjektivität und Individualkultur eingeschlagen (hat) wie nirgendwo sonst in der Geschichte der Menschheit" [601: Lutz, 68].

14. Wissenschaft und Gesellschaft

Für die Wege der nachmittelalterlichen Wissenschaftsentwicklung und ihre Wirkungszusammenhänge mit der Gesamtgeschichte bis zum entscheidenden Durchbruch der „wissenschaftlichen Revolution" um die Mitte des 17. Jahrhunderts liegen unterschiedliche Interpretationsmuster vor. Dies liegt einerseits daran, daß mindestens drei verschiedene Ebenen zu beachten sind: zunächst die wissenschaftsinternen Wandlungen, dann die Veränderungen im institutionellen und wissenschaftspädagogischen Bereich und schließlich das umfassende Problem der sogenannten Verwissenschaftlichung der Gesellschaft, d. h. der neuartigen und offenbar für den Weg der Neuzeit besonders wichtigen Proportionsverschiebungen: innerhalb der den gesellschaftlichen Wandel bedingenden bzw. begleitenden Faktoren scheint sich – nach allgemeiner Annahme – der Anteil der Wissenschaften kontinuierlich zu erweitern. Auffallenderweise treten bei der Analyse und Einschätzung dieser Verläufe jene beiden Gesichtspunkte, die sonst für die Frühneuzeit bestimmend erscheinen, etwas zurück: sowohl die Werdeprozesse des frühneuzeitlichen Staates als auch der große Komplex der kirchlichen Krisen und der konfessionellen Kämpfe. Dafür treten andere Probleme in den Vordergrund, vor allem die Fragen nach dem Verhältnis des Renaissance-Humanismus zu dem unbezweifelbaren Aufschwung der empirischen Wissenschaften im 16. und 17. Jahrhundert sowie – daran anschließend – die Frage nach dem Konnex von neuer Rationalität (und Empirie), antiker Anregung und christlichem Bezugsrahmen.

Drei verschiedene Ebenen der Wandlungsprozesse

Von Spätscholastik und Humanismus zur Wende bei Galilei und Descartes

Angesichts der Vorgänge, die von dem spätscholastischen Wissenschaftssystem und den humanistischen Impulsen zu dem Durchbruch der neuen Wissenschaftlichkeit führen (historische Koinzidenz von Kepler, Galilei, Harvey, Bacon und Descartes), stellt sich u. a. die Frage nach der Brauchbarkeit des von Thomas Kuhn vorgeschlagenen wissenschaftsgeschichtlichen Erklärungsmodells [639]. Dies Modell stammt ganz aus dem naturwissenschaftlichen Bereich; es betont sehr den jeweils unvermittelten, scharfen Wandel der interpretativen Matrix (von Kuhn „Paradigma“ genannt). Kuhn sagt: „Wir wollen daher als erwiesen annehmen, daß die Gegensätze zwischen aufeinanderfolgenden Paradigmata ebenso notwendig wie unversöhnbar sind“. Die Kritik und Weiterführung, wie sie etwa Richard Toellner jüngst am Beispiel der Geschichte der Physiologie einleuchtend vorbrachte, setzen hier ein: „Zumindest der Übergang vom aristotelisch-galenischen Paradigma zum mechanistischen und vom mechanistischen zum vitalistischen Paradigma zeigt uns, daß die Unversöhnbarkeit zwischen den Paradigmata in der Folge des Wechsels ihre Versöhnbarkeit bei der Entstehung des Wechsels notwendig zur Vorbedingung hat. Denn anders als in den Vorstellungs- und Rechtfertigungskategorien des alten ist das neue Paradigma nicht zu legitimieren“ [640: Toellner, 71]. Wir müssen uns mit diesem einen Beispiel aus der Diskussion nach Kuhn begnügen, das immerhin andeutet, in welcher Richtung verbesserte Interpretationsmodelle zu suchen sind, die vor allem auch die Einheit der Geistes- und Naturwissenschaften in systematischer wie historischer Weise stärker in Betracht ziehen.

Einheit der Geistes- und Naturwissenschaften?

Diese Einheit ist hinsichtlich der frühneuzeitlichen Wissenschaftsgeschichte umstritten. Eine Forschungsrichtung, die lange starken Einfluß hatte und u. a. durch die Namen Thorndike [642], Crombie[641], Hall [644] und Butter-

FIELD [643] bezeichnet wird, sah die Renaissance des 15. und 16. Jahrhunderts als eine „humanistisch-literarische“ Strömung ohne positiven oder sogar mit negativem Einfluß auf die Entwicklung der Naturwissenschaften. Dagegen wird neuerdings mit großem Nachdruck und mit eindrucksvollem Material die Meinung vertreten, daß der Renaissancehumanismus von ebenso eminenter Bedeutung für den Weg der Naturwissenschaften wie für die Geisteswissenschaften war [645: BOAS, 647; CARUGO; 646: KRAFFT, 649: GADOL; 648: OESTREICH; R. WESTMANN, Humanism and Scientific Roles in the Sixteenth Century, in: 650: KRAFFT/SCHMITZ]. In diesem neuen Interpretationsrahmen können nun nicht nur die mathematisch-naturwissenschaftlichen Leistungen von Humanisten (beginnend mit der Bereitstellung der einschlägigen antiken Texte), sondern auch die durch den Buchdruck fundamental verbesserte Kommunikationsbasis empirischer Forschung angemessen gewürdigt werden, „aufgrund der Möglichkeit weiter Verbreitung *und* der damit gewährleisteten Vereinheitlichung und Standardisierung von Texten, welche für die auf eine sichere Kommunikationsbasis besonders angewiesenen mathematischen und naturwissenschaftlichen Disziplinen von unschätzbarer Wichtigkeit gewesen sein müssen. Von gleich großer Wichtigkeit... war das neben dem Text gedruckte Bild (Holzschnitt, Kupferstich)“ [646: KRAFFT, 123].

Christliche und humanistische Impulse: Überwindung der antiken Kosmologie

Die Bedeutung des Zusammenwirkens christlicher und humanistischer Auffassungen für die Überwindung des antiken mathematisch-kosmologischen Denkens wird in diesem Rahmen von FRITZ KRAFFT gezeigt: „Die gegenüber der Antike, auf die man sich bewußt zurückbesinnt, veränderte geistige Haltung der Renaissance, die im wesentlichen auf einer Verknüpfung und Verschmelzung der verschiedenen, in der Antike nach- und nebeneinander bestehenden Philosophien und des Christentums beruht, läßt dann die wiedergewonnenen antiken Ergebnisse durch die Verpflanzung in einen anderen ‚Historischen Raum‘ in anderem Licht erscheinen, wobei insbesondere die Physik neu gesehen wird, weil einerseits der Dualismus himmlische-irdische Erscheinungen aufgehoben wird, zum anderen auch der Gegensatz Kunst-Natur fällt. Der antiken Antinomie Natur-Kunst (Gott-Mensch) steht gegenüber die christliche Gott Natur/Mensch/Kunst; Natur und Mensch sind Schöpfungen Gottes, sie stehen auf derselben Stufe, so daß der Mensch in der Kunst nicht etwas vollbringen kann, was *gegen* die Natur ist“ [646: KRAFFT, 154].

Institutioneller Rahmen der frühneuzeitlichen Wissenschaft

Die Rückwendung zur Antike brachte im Bezugsfeld des christlich-humanistischen Reformismus eine Fülle neuer Impulse nicht nur für Philologie, Historie, Pädagogik, Theologie und Jurisprudenz, sondern auch für Astronomie, Physik, Medizin, Botanik, Zoologie, Mineralogie und die anschließenden praktischen und technischen Leistungen. Die neue Rationalität und Empirie entfaltete sich auf verschiedenen institutionellen Ebenen. Das spätmittelalterliche Universitätswesen als ein einheitlicher Rahmen von Forschung und Lehre wird im 16. Jahrhundert nicht grundsätzlich verändert. Auf beiden Seiten der Konfessionsfront bleiben wesentliche Elemente des traditionellen, christlich-aristotelischen Wissenschafts- und Lehrsystems erhalten. Auf beiden Seiten werden bestimmte Elemente humanistischer Reform in Wissenschaft und Didaktik übernommen. Ein eindrucksvolles Beispiel ist das Fortbestehen der Einheit europäischer Rechtskultur durch die humanistische Jurisprudenz im 16. und 17. Jahrhundert [651: Troje]. Im europäischen Vergleich differenziert sich das Universitätssystem [624: Hay], im allgemeinen bewirkt der neue Polyzentrismus politischer und kirchlicher Art einen Rückgang der korporativen Selbständigkeit der Universitäten. Vielfach ist ein Vordringen der Kontrolle von „außen" (Hand in Hand mit einer stärkeren Frequenz) festzustellen, wobei die staatliche Kontrolle teils direkt, teils auf dem Umweg über kirchliche Instanzen wirksam wird [626: Paulsen; 623: J. Le Goff; 632: Kohler; 629: Morgan; 630: Beiträge; 631: Baumgart]. Universitätsneugründungen aus katholischen und reformatorischen Impulsen [siehe das Straßburger Beispiel: 628: Schindling] und die sowohl staatlichen wie kirchlichen Tendenzen zum Ausbau des primären und sekundären Schulwesens [konfessionelle Schulpolitik, siehe 625: Engelbrecht; 633: Heiss; 636: Litak; Ansätze zur Schulpflicht] bezeugen einerseits die zunehmende Instrumentalisierung von Wissenschaft und Bildungsinhalten, stellen andererseits die prinzipielle, europäische Einheit der Wissenschaftsgesinnung und des Bildungskanons noch nicht in Frage. Beachtenswert ist auch die Einrichtung der Ritterakademien in Italien, Frankreich und im Reich, die der „Tendenz zur Abschottung des Adelsstandes gegenüber den nachdrängenden Gesellschaftsschichten" im Bereich des Erziehungswesens entsprach [637: Conrads, 17].

Wichtige Fortschritte der Wissenschaft vollziehen sich außerhalb der Universitäten: humanistische Sodalitäten, fürstliches Mäzenatentum, frühe Akademiegründungen auf privater oder halböffentlicher Basis, die dann erst seit dem 17. Jahrhundert in staatliche Obhut übernommen werden, schließlich die Rolle von Außenseitern (italienische Ingenieurforscher als „virtuosi", wie Leonardo da Vinci; „Wissenschaftsrebellen" wie Paracelsus) verdienen Beachtung.

„Verwissenschaftlichung" der Gesellschaft, Wissenschaft und Konfessionalismus

Der fundamentale Vorgang der sogenannten Verwissenschaftlichung, vor dessen undifferenzierter Einordnung in das Max-Webersche Modell der okzidentalen Rationalisierung (siehe oben S. 154 ff.) überhaupt zu warnen ist, stellt eine Reihe von Fragen, mit denen sich die Wissenschaftsgeschichte wohl noch nicht zureichend beschäftigt hat. Was den Vergleich zwischen Protestantismus und Katholizismus angeht, so verdient der Fall Galilei bis heute mit Recht besondere Aufmerksamkeit. Die heliozentrische Lehre des Kopernikus, der 1543 sein Hauptwerk Papst Paul III. gewidmet hatte, fand in allen konfessionellen Lagern Gegner (aus theologischen und/oder sozialkonservativen Gründen, wie z. B. bei Melanchthon). Mit der Kalenderreform Papst Gregors XIII. (1583) zeigt die katholische Seite wissenschaftliche Modernität – freilich mit kirchlichem Autoritätsanspruch verklammert –, der sich der Protestantismus zunächst versagte. Daß 1616 die kopernikanische Lehre von Rom verurteilt wurde und daß 1633 Galilei sich einem entwürdigenden Publikationsverbot unterwerfen mußte, bedeutete viel mehr [siehe die Problemskizze bei 563: G. Lutz, 148 ff. und die Analyse der

Prozeßakten in: 652: PAGANO]. Wenn die monolithische Kraft des nachtridentinischen Katholizismus in dieser ängstlich-brutalen Weise gegen wissenschaftlichen Fortschritt eingesetzt wurde, konnten die negativen Folgen für das urteilende System nicht ausbleiben. Auch sonst kam der innerprotestantische Pluralismus auf weitere Sicht der Freiheit der wissenschaftlichen Diskussion ebenso zugute wie die kritische Auseinandersetzung mit der Bibel.

Insgesamt bilden die vielschichtigen Spannungsverhältnisse zwischen Religion, Wissenschaft und politischen Herrschaftsstrukturen in der Spätphase kirchlicher Einheitskultur heute noch ein Forschungsgebiet mit vielen Unbekannten. Die Stichworte Rationalisierung und Verwissenschaftlichung bieten als solche noch keinen gesicherten Einstieg, da beide zusehr von einer a posteriori aufgestellten Norm ausgehen. Das gleiche gilt von dem Begriff „Säkularisierung"; nur in sorgfältiger Analyse der zeitlich und regional gestaffelten Schübe von Retheologisierung und Enttheologisierung kann dieser weitere Rahmen von Wissenschaftsgeschichte der Frühneuzeit ausgefüllt werden.

15. Erforschung des Mikrokosmos: Geschichte der Familie und der Geschlechterbeziehungen

Sozialgeschichte der Familie

Hand in Hand mit der Entfaltung mikrosoziologischer Fragestellungen und Methoden hat sich in den letzten Jahrzehnten die Forschung mit Nachdruck der Geschichte der Familie zugewandt. Ältere Ansätze der deutschsprachigen Sozialgeschichte [277: BRUNNER; 278: BRUNNER] wurden durch die englische und französische Forschung auf dem Gebiet der vorindustriellen Formen und Funktionen von „family and household" in mehrfacher Weise modifiziert [Überblick bei 371: CONZE]. Einerseits erfolgte ein intensiver Einsatz quantitativer Methoden, der dem Ziel dient, über gesicherte Fallstudien hinaus ein komparatives Bild nicht nur der europäischen, sondern der globalen Familienstrukturen der letzten Jahrhunderte zu gewinnen; dies bedeutete einen engen Kontakt mit Anthropologie und Ethnologie. Andererseits gehen die verschiedenen Forschungsrichtungen im Umkreis der Familiengeschichte in unterschiedlicher Weise von der Annahme aus, durch fundierte Erkenntnisse in diesem Mikrokosmos auch neue Zugänge –gewissermaßen „von unten" – zu weiteren Bereichen der Sozial-, Wirtschafts- und Kulturgeschichte zu gewinnen.

Komparative Einordnung der Formen der europäischen Familie

Die Weite des komparativen Ansatzes zeigt sich u. a. in Klassifikationsvorschlägen, die Wirtschaftsformen, Formen des Erbrechts und Familienstrukturen weltweit zusammenfassen. „In African societies... agriculture is generally shifting, extensive, and rights to land can be acquired through membership of a kin group as well as by inheritance from close kin. The system, in other words, is more corporate and less particularistic than in Eurasia; inheritance is therefore more likely to be lateral. The Eurasian system is one in which, since women are bearers of (male) property, marriage involves the conjunction of two property holders and the establishment of some kind of conjugal fund, which again tends to differiate brother from brother. The effect of these differences on the structure of the unit of production (especially important when women control land) is to earlier fission between parents and children as well as between members of the sibling group" [Goody, Evolution of the family, in: 373: Laslett/Wall, 121].

Charakteristika und Veränderungstendenzen der frühneuzeitlichen Familie

Wieweit der Beginn der europäischen Neuzeit durch stärkere Veränderungen bzw. Differenzierungen der Familie charakterisiert wird, scheint bei dem gegenwärtigen Forschungsstand, der stark durch regionale Einzelergebnisse bestimmt ist, noch offen zu sein. Dagegen dürfte die ältere Auffassung, die allgemein den Weg von der vorindustriellen zur industriellen Gesellschaft durch den Übergang von größeren zu kleineren Familienformen begleitet sah (mit entsprechenden kausalen Bezügen zum Entstehen des Industrialismus), heute als widerlegt gelten. Abgesehen von Sonderentwicklungen wie Ost- und Südosteuropa [für die südslawische Großfamilie, die „Zadruga", siehe 373: Laslett/Wall, 335 ff.] erscheint auch die frühneuzeitliche Familie als engerer Personenverband, wenn auch mit differenzierten Typen. Mit Nachdruck wird auf die Bedeutung der Urbanisierung für diese Vorgänge hingewiesen, wobei freilich die Differenz von Stadt und Land nicht immer eindeutig erscheint [375: Mitterauer]. Die „patria potestas" des Vaters über Frau, Kinder und Gesinde begegnet durchgehend als sozial- wie rechtshistorisches Phänomen; dagegen wird hinsichtlich der zunehmenden Auflösung des ursprünglichen Zusammenhanges von „Haus" und Familie ein im 17. Jahrhundert einsetzender Wandlungsprozeß beobachtet: „Gerade im 17. und 18. Jahrhundert nimmt mit zunehmender Verstädterung die Zahl jener sehr stark zu, die zwar eine eigene Familie und damit einen eigenen Haushalt besitzen, nicht aber ein eigenes Haus. Natürlich hat es Miete im städtischen Bereich schon lange vorher gegeben. Grundsätzlich aber wurde in der alteuropäischen Gesellschaft nur dem Familienfähigkeit zuerkannt, der auch über ein eigenes Haus verfügte: dem Adeligen, dem Bürger, dem Bauer, nicht aber dem Handwerksgesellen, dem bäuerlichen Knecht usw." [372: Mitterauer/Sieder, 20; zu der Familienstruktur städtischer Mittel- und Unterschichten vgl. auch 376: Mitterauer]. Mit diesen Verhältnissen steht in unmittelbarem Zusammenhang die Rolle der vielen Diener und Knechte, die noch für die frühneuzeitliche Gesellschaft so charakteristisch ist. Auch die Bedeutung des im Vergleich mit Außereuropa höheren Heiratsalters mit seinen wirtschaftlichen und anthropologischen Implikationen ist hier in Betracht zu ziehen. Laslett kommentiert diesen Unterschied: „Wenn es in England, wie das die Anthropologen für die vergangene Kultur des großen chinesischen Reiches oder für viele der ungezählten Gesellschaften des indischen Sub-Kontinents annehmen, erlaubt gewesen wäre zu heiraten, ehe man unabängig war, ehe eine ‚Stelle' frei geworden war, ehe eine Parzelle oder ein ‚Gewerbe' verfügbar waren, dann wären Aufschub der Ehe, verlängerte Unmündigkeit und die Notwendigkeit, Geld zusammenzubringen, nicht mehr so hervorstechende Lebenserfahrungen eines so großen Teils der Bevölkerung gewesen" [in: 371: Conze, 18].

Konfessionelle Differenzierung und Familienstruktur: Desiderate der Forschung

Für die Erforschung des konfessionellen Zeitalters wäre es von hohem Interesse, über spezifische Untersuchungen zur vergleichenden Familiengeschichte im Zusammenhang mit der kirchlichen Differenzierung und der Ausbildung frühneuzeitlicher Herrschaftsformen zu verfügen. Ob hier der Ansatz von „unten“, d. h. etwa in der Analyse einer kleinen württembergischen Ortschaft gesucht wird [siehe D. Sabean in: 371: Conze, 231 ff.], ob mit Hilfe von Siebmachers Wappenbuch das Heiratsverhalten des österreichischen Adels analysiert wird [377: Mitterauer] oder ob die Ausbildung des Konfessionsbewußtseins in einer gemischtkonfessionellen Stadt wie Oppenheim untersucht wird [419: Zschunke] – überall zeigt sich sowohl die Relevanz des Testfalls wie das weite Ausmaß der noch zu leistenden Arbeit. Hinsichtlich des Konnexes von Konfession und Familie im 16. und 17. Jahrhundert scheint es u. a. um die Ausarbeitung angemessener Fragestellungen zu gehen (s. auch oben S. 153 f.). Dies zeigt sich etwa im methodisch unvermittelten Staunen eines bekannten Forschers, wenn er auf die Tatsache trifft, daß gerade calvinistische Familien im transdanubischen Ungarn „non-Western characteristics“ zeigen: „Since Calvinism has been often thought of as the harbinger of rationalism, modernism, the capitalist way of life, the facts from the Danube lands serve to show how complicated yet fascinating the familial historical geography of Europe turns out to be“ [378: Laslett, 17]. Weiterführend ist die Auswertung der zeitgenössischen theologischen Traktate und der Dichtung mit Blick auf die Geschlechterbeziehungen, der Bedeutung der Ehe, der Rolle von Vater und Mutter in der Ehe und bei der Erziehung der Kinder, die Steven Ozment [374] mit starker Bezugnahme auf die städtische Bevölkerung des römisch-deutschen Reiches unternommen hat. Hier wie bei Robert Jütte fällt die lohnende Auswertung autobiographischen Schrifttums, wie des Hausbuches der Kölner Familie Weinsberg auf, die bei Jütte als Beispiel für eine „early modern burgher family in its proper social and economic setting“ figuriert [391, 167; vgl. auch 154: Das Buch Weinsberg].

Frauen- und Geschlechtergeschichte

Bei aller Verschiedenartigkeit der Annäherungen an das weitgespannte Thema der Frauengeschichte und der Geschlechterbeziehungen wird die Konzentration einerseits auf die realen Lebensumstände und andererseits auf den Diskurs der Weiblichkeit deutlich. M. L. King [381] zeigt die Frauen in drei Bereichen, mit verschiedenen Funktionen und Tätigkeiten: 1. in der Familie (als Mutter, Tochter, Ehefrau, Witwe, arbeitenden Frau), 2. in der Kirche und als Objekt der Kirche (als Nonne, fromme Frau, Heilige, Ketzerin und Hexe), 3. als „Ausnahmefrauen“, d. h. Angehörige der Hochkultur (Königin, Patronin, Gelehrte, Schriftstellerin oder Seherin).

Große Bedeutung kommt der Auseinandersetzung mit der Rolle der Frauen in der Ehe zu: „Das Bild von der glücklichen Verbindung, das in der bildenden Kunst ebenso wie in den Briefen entworfen wurde, sollte freilich nicht über die Widersprüche und Spannungen hinwegtäuschen, die einer Ehe in der Renaissance innewohnten... Daß die Ehe... die Kontrolle des Mannes über die Frau (wieder) zur Geltung brachte, ist eine unumstößliche Tatsache... Dasselbe Zeitalter, das den Bund der Ehe in den Stand der Heiligkeit erhob – im Katholizismus durch die Edikte von Trient, im Protestantismus durch die Kultivierung des Familiensinns –, stärkte paradoxerweise zugleich die Herrschaft des Mannes über die Frau und verlangte deren Unterwerfung. Besonders der Protestantismus kultivierte die Rolle des Patriarchen: Er schloß eine dritte Seite – den Priester oder Beichtvater – aus dem ehelichen Verband aus, um damit Intimität und Gegenseitigkeit zu fördern" (51 f.) KING thematisiert die bislang höchst umstrittene Frage nach den Auswirkungen der Reformation bzw. des Katholizismus auf die Geschlechterbeziehungen. SCHORN-SCHÜTTE [Bikonfessionalität als Chance? in: 525, 305–324] tritt hierbei der Ansicht von N. Z. DAVIS und anderen entgegen, die von einem größeren, spezifisch weiblichen Entfaltungsraum im Katholizismus ausgehen und stellt zur Diskussion, „ob größere Spielräume sich dort entwickeln, wo ausgeprägte hierarchische Strukturen ‚Nischen für spezifisch weibliche Religiosität' offen lassen oder dort, wo altständischer Patriarchismus einen Binnenraum für gleichberechtigte Herrschaft für Mann und Frau eröffnen" (321). Sie sieht die Ehefrau des evangelischen Pfarrers in der Rolle der „Gefährtin" und „Mitregentin" im Haus, einschließlich einer „gleichberechtigten Arbeitsteilung".

Die Einwirkungen der Konfessionen auf die Geschlechterbeziehungen

Für die im Katholizismus gegebenen Entfaltungsmöglichkeiten bringt M. E. WIESNER [The Reformation of the Women, in: 525, 193–208] das Beispiel der Teresa von Avila: „If any woman made a reformation of her own, it was Teresa" (205), ohne allerdings zu bedenken, daß Teresas Entwicklung ohne den intensiven Gedankenaustausch mit einer ganzen Reihe von Beichtvätern wohl nicht zustandegekommen wäre, wie dies ihre posthum veröffentlichte Lebensgeschichte verdeutlicht. Reformation wird von WIESNER nur in einem ganz bestimmten Sinne gebraucht: „Reformation women, ... saw being a woman as not simply a matter of biology and sexuality, but of traditions, laws, customs, political systems, economic relations and emotional linkages... they saw gender as socially constructed. They saw themselves (and sometimes other women) as less determined by their biology and sexual status and more by their intellectual capacities" (207 f.). Dem widerspricht G. JACOBSEN [The Reformation of the Women II: A Response from a Northern Perspective, in: 525, 209–220] anhand von Beispielen aus der dänischen Reformation. Sie sieht die von WIESNER herangezogenen Beispiele für die Veränderung von Frauen im 16. Jh. aus geschlechtsspezifischen Gründen – z. B. gegen den Willen ihrer Gatten oder ihrer Umgebung – als Ausnahmen, keinesfalls jedoch als die Regel: „Whether catholic or protestant, male reformers saw members of the female sex as objects for reform and disciplining but not as agents in reforming and disciplining activities on their own... Men of that age and almost all historians later saw the issue ‚Women and the Reformation' as a question of how men reformed women, whereas women saw the question as a nongendered reform" (219, 210). Aus einer heutigen Gender-Perspektive erscheine die Reformation als eine Entwicklung neuer Geschlechterrollen „with the male gender as norm and holding authority" (219), die der damaligen Bewußtseinslage jedoch nicht entspreche.

Zur Rolle der Frau in der frühen Neuzeit

Auch H. Wunder [380] analysiert in ihrer instruktiven Einführung in die Problematik der frühneuzeitlichen Frau, und zwar anhand der Entwicklung im Heiligen Römischen Reich, die Lebensalter der Frau, erörtert Fragen der „Professionalisierung", der Frauenberufe, der Schwangerschaft oder das Schicksal von Mägden und Witwen und die Stellung und Rolle der Frau in der Familie („Haushalten und Auskommen"). Sie kommt dabei zu folgendem generellen Urteil: „Der Blick auf die Frauen in der Gesellschaft der Frühen Neuzeit – auf die realen Lebensumstände sowie auf die normativen Setzungen, die ihr Leben leiten sollten – hat gezeigt, daß in der ständischen Gesellschaft die ‚Kategorie Gesellschaft' nicht die universelle Strukturierungskraft wie in der bürgerlichen Gesellschaft des 19. Jahrhunderts besaß. Bis weit ins 18. Jahrhundert hinein war die Wirksamkeit der Geschlechtszugehörigkeit nach Lebensalter, Zivilstand und sozialer Schicht gestuft... In der frühneuzeitlichen ständischen Gesellschaft kam den Ungleichheiten zwischen Frauen und Männern zwar grundlegende Bedeutung zu, gleichwohl gab es keine generelle Unterordnung aller Frauen. Vielmehr galt für die Eheleute ebenso wie für die Mitglieder der verfaßten Gemeinde der Grundsatz, daß Freud und Leid zu teilen seien. Dieses ‚Teilen' war keine schematische Verteilung von Rechten und Pflichten an die Eheleute. Es ging vielmehr darum, gemeinsam soziale Selbständigkeit zu erlangen und zu bewahren, ein Ziel, das weder Mann noch Frau als alleinstehende Personen erreichen konnten." (S. 264f.).

Vor allem zeigt Wunder, wie wichtig das Ehepaar als Kern der für den Markt produzierenden Familienwirtschaft war; in einem solchen System konnte die Frau auch nicht total abgewertet werden. Bei A. Farge und N. Z. Davis [379] steht die „Analyse des Geschlechterdiskurses", eingerahmt vom Alltagsleben und vom „Ausbrechen aus gesellschaftlichen Konventionen" im Vordergrund. Die weiblichen Verhaltensmuster und Denkweisen werden in ihrem Spannungsfeld zwischen Konfrontation und Widerstand zum Ausdruck gebracht (18): Alltag und Arbeit (im einzelnen die Arbeit, Familie, Erziehung etc.) bilden nur den ersten Teil der Darstellung. Der zweite und zentrale Teil gilt den frühneuzeitlichen Diskursen und Vorstellungen von Weiblichkeit und Frausein in der Literatur, im Theater, der Philosophie, der Medizin etc. Der dritte Teil befaßt sich schließlich mit den „rebellierenden Frauen" (im einzelnen mit der Salonkultur, der Literatur von Frauen, mit Hexen, Prostituierten und straffälligen Frauen), unterstützt durch Beispiele autobiographischer Reflexionen weiblicher Provenienz. Eine wichtige Ergänzung des in der Hauptsache an der französischen Entwicklung orientierten Werkes stellt der ergänzende Artikel über das Heilige Römische Reich von R. Habermas und H. Wunder dar (539–550).

In der Diskursanalyse der deutschsprachigen Literatur finden die „Ehezuchtbücher", vor allem das Werk des Johannes Fischart von 1578 und dessen Tradition bis in unser Jahrhundert [403: Müller] sowie die „Haus- und Ehelehren" der Reformatoren [404: Hörauf-Erfle] große Beachtung. Zu den privatrechtlichen Normen und Lehren sowie den strafrechtlichen Regelungen und den geschlechtsspezifischen Theorien im Lehnsrecht im 16. Jh. vgl. neuerdings E. Koch [387].

Auch dem Wandel des Frauenbildes durch die Medizin und Naturheilkunde im 16. Jh. [405: SIMON; 406: LEIBROCK-PLEHN] sowie den Fragen der unehelichen Mutterschaft [407: ELLRICHSHAUSEN] wird intensiv nachgegangen.

Weniger erforscht sind bisher Lebensläufe adeliger Frauen. Ein instruktives Beispiel dieser Art stellt die Arbeit von KURZEL-RUNTSCHEINER [392], dar, die der Herzogin Jacobe von Jülich-Kleve-Berg (1558–1597) gewidmet ist. Auf der Grundlage der Inventare der Herzogin entwirft die Autorin ein eindrucksvolles Bild der höfischen Mode und der Bedeutung der Luxusgüter, zeigt aber auch den fürstlichen Alltag auf. Die ausgreifende dynastische Politik der europäischen Hocharistokratie seit dem späten 15. Jh. und ihre negativen Auswirkungen insbesondere auf junge Frauen sollten noch eingehender untersucht werden; kritische Ansätze dazu bei KOHLER [1064, 29–36; 674 a].

Diese Faszination und dies Forschungsinteresse gilt nicht minder jener Fülle von weiteren Aspekten, die sich nachgewiesener- oder möglicherweise vom familiengeschichtlich-anthropologischen Mikrokosmos her ergiebig verfolgen lassen: die enorme Bedeutung von Verwandtschaft, Patenschaft, Sippe, „Clan“ etc. für das politische und soziale System in der Frühneuzeit [einschließlich der Phänomene des Hofes – siehe 276: ELIAS – und des kirchlichen Nepotismus – siehe 553: REINHARD], Geschichte der Sexualität [396: BERGUES; 397: NOONAN; 388: STONE; 378: LASLETT] und der Stellung des Kindes [400: ARIÈS; 398: ARMENGAUD; 401: HUNT], die Bedeutung der Heirat als einer „zentralen sozialen Handlung“ [VAN DÜLMEN in: 417: VAN DÜLMEN, 67–106], die Dominanz besitz- und erbrechtlich inspirierter Familienstrategie [382: ZEMON DAVIS, 19–51], Geschichte des Hebammenwesens als moralische Kontrollinstanz in der Frühneuzeit [429: HABERLING; 430: PETRELLI], Geschichte des Gesundheits- und Armenwesens, des Sterbens [432: CHARTIER; 431: ARIÈS], des Suizides [440: SCHÄR], der „Marginalité“ [437: Culture], des Hexenwahns [420: SOLDAN/HEPPE; 421: TREVOR-ROPER] und der Zuchthäuser [436: WEBER; 433: FOUCAULT]. Auch der methodisch so komplexe Fragenkreis von Alphabetisierung, Buchdruck, Einfluß der Literatur, Bildung der öffentlichen Meinung [618: FEBVRE/MARTIN; 619: EISENSTEIN; 620: ENGELSING] kann wohl über die familiengeschichtliche Komponente näher angezielt werden, nicht minder der Gesamtbereich dessen, was unter „Civilisation materielle“ zusammengefaßt wird [einschließlich der Fragen nach Ernährung, Bekleidung, Wohnung, siehe 409: BRAUDEL], oder was die neuere historische Anthropologie untersucht [Grundlage der Arbeit, körperliche Befindlichkeit, siehe 438: IMHOF]. Auch eine vergleichende Auswertung des autobiographischen Schrifttums [vgl. 159: PLATTER; 160: BARTHOLOMÄI SASTROW; 161: GOETZ VON BERLICHINGEN; 162: CELLINI] könnte zu neuen Einsichten entscheidend beitragen.

Möglichkeiten und Tragweite der engeren und weiteren Perspektiven moderner familiengeschichtlicher Forschung lassen sich zur Zeit noch nicht mit Sicherheit abschätzen. Vor allem scheinen die Probleme einer zuverlässigen methodischen Kooperation bzw. Zuordnung der Fragestellungen und Ergebnisse im Bereich des „Mikrokosmos" und des „Makrokosmos" der Geschichte noch einer umsichtigen Arbeit zu bedürfen.

Alltagsgeschichte

Der Erforschung des „Mikrokosmos" wendet sich neuerdings die „Alltagsgeschichte" zu. Als „eigene Disziplin" oder als „sozialgeschichtliche Facette" steht sie zwischen der Sozialgeschichte, der Kulturgeschichte und der historischen Anthropologie [vgl. 410: LUTZ/KOHLER, 12]. Richtungsweisend für die Mentalitätsgeschichte und Volkskulturforschung wurden die Arbeiten von R. MUCHEMBLED[416] und P. BURKE [415]. Allerdings darf bezweifelt werden, ob die hier anzutreffende Dichotomie von Herrschafts- und Volkskultur den Wechselbeziehungen zwischen verschiedenen Schichtenkulturen gerecht zu werden vermag. Wie differenziert und quellenbezogen Alltagsgeschichte für das 16. Jahrhundert betrieben werden kann, zeigen die Beiträge zu Einzelbereichen des städtischen Alltags (Kirche, Spital, Tanz, Theater, Magie) und zu den besonderen Bedingungen und Erscheinungsbildern des reichsstädtischen Alltags während der Reichstage. Dabei veranschaulicht gerade der Beitrag von A. P. LUTTENBERGER „Pracht und Ehre. Gesellschaftliche Repräsentation und Zeremoniell auf dem Reichstag" [in: 410: LUTZ/KOHLER, 291–326] die schichtenspezifische Differenzierung des Alltagsbegriffs und die perspektivische Relativität der politisch-zeremoniellen Alltagsphänomene, die auf der Divergenz zwischen der Innensicht der Betroffenen und der Außensicht der beobachtenden Zeitgenossen basiert.

Die neueren Arbeiten von B. ROECK berücksichtigen die Fülle der kulturellen Phänomene am Beispiel des reichsstädtischen Bürgertums, speziell am Beispiel von Augsburg [359; 370].

16. Im Umkreis Richelieus

Richelieu und das Ende des konfessionellen Zeitalters

Person und Zeitalter des französischen Kardinalministers bilden seit langem attraktive Themen der Geschichtswissenschaft. Richelieu steht im Schnittpunkt tiefreichender Veränderungsprozesse: sowohl hinsichtlich der Ausbildung des staatlichen Absolutismus nach innen wie hinsichtlich der Neugestaltung der zwischenstaatlichen Bezüge und des europäischen Staatensystems; das Zurücktreten der kirchlich-konfessionellen, überstaatlichen Kräfte gegenüber dem einzelstaatlichen und säkularisierten Machtanspruch scheint mit seinem Wirken besonders eng verbunden. Die Interpretation dieser Vorgänge vollzieht sich auf sehr verschiedenen Ebenen und mit unterschiedlichen Kategorien und Ergebnissen, umsomehr, als die Richelieu-Forschung zahlreiche der Fragen des Dreißigjährigen Krieges zu berücksichtigen hat.

Diskussion um den „Machiavellismus" des Kardinals

War die frühere Forschung vielfach davon ausgegangen, daß der Kardinal im Sinne machiavellistischer Ideen ein Vertreter moderner, „säkularisierter" Machtpolitik gewesen sei, so gewinnt neuerdings die Auffassung an Boden, daß Richelieu einerseits fest im traditionellen Bezugssystem von Staat und Kirche verankert war, andererseits die Interessen der französischen Krone nach innen und außen durchaus im Rahmen weitgespannter Konzeptionen von Ordnung, Recht und Frieden verfolgte [Übersicht über die Diskussion bei 1056: Church]. Étienne Thuau, der die zeitgenössische Kritik der „Dévots" an Richelieus Bündnissen mit protestantischen Mächten zum Schaden des europäischen Katholizismus etc. stark beachtet hat, betonte 1966 immerhin noch den dualistischen Charakter seiner politischen Ethik und verwies dafür auf eine bezeichnende Stelle in Richelieus „Memoires", wo es um die Christenpflicht zur Vergebung erlittenen Unrechts geht. Gegenüber diesem Gebot wird der Unterschied zwischen dem Einzelmenschen und dem Staat betont: „...que le salut des hommes s'opère définitivement en l'autre monde, et partant ce n'est point merveille si Dieu veut que les particuliers lui remettent la vengeance...; mais les Etats n'ont point de subsistance après ce monde, leur salut est présent ou nul". Deshalb müssen die Staatsbehörden sofort die notwendigen Strafen vornehmen [664: Thuau, 354]. Dagegen haben Forscher wie Church und Dickmann in eindringlicher Form den einheitlichen Charakter der politisch-ethischen Grundkonzeptionen Richelieus betont. Dickmann hat insbesondere anhand der französischen Instruktionen für Friedensverhandlungen ab 1637 – also anhand konkreter politischer Stellungnahmen – das Rechts- und Friedensdenken Richelieus als zukunftsweisend zu zeigen unternommen. Richelieus Überlegungen kreisten – laut Dickmann – um folgendes Kernproblem: „Die Sicherheit des künftigen Friedens durch eine wechselseitige Garantieverpflichtung aller Signatarmächte, der Sieger wie der Besiegten, oder, wie man modern sagen würde, eines Systems kollektiver Sicherheit, das die ganze europäische Staatengemeinschaft umspannen sollte. Eine Idee, deren Kühnheit eines Richelieu würdig war, freilich ohne Vorgang in der europäischen Geschichte und angesichts der widerstreitenden Interessen der Mächte von vornherein kaum realisierbar, doch ist es Ruhmes genug für einen Staatsmann, einen solchen Gedanken gefaßt und damit einen Weg in die Zukunft gezeigt zu haben" [1051: Dickmann, 308 f.]. Diese Interpretation ist u. a. von Church aufgenommen und weitergeführt worden: „Richelieu and his spokesman... genuinely believed that they had adumbrated a scheme of Christian politics which, in the hands of a devout king and minister, justified all measures that they might deem necessary to strengthen the Christian state... It remained for others after him to develop the concept of reason of state of the modern world" [1056: Church, 513]. H. Weber sieht in Richelieus Reichspolitik, vor allem in dessen Bemühen um die Zulassung der Reichsstände als vollberechtigte Partner eines künftigen Friedenskongresses, das Eintreten für ein „System der kollektiven Sicherheit", derart, daß das Reich „selbst Garant des Friedens gegenüber Habsburg werden konnte" [in: 1026: Lutz /Schubert/Weber, 46]. Die Kritik Kurt von Raumers an Dickmanns These wurde von Church entschieden zurückgewiesen: „It seems a throwback to the older and simpler view of Richelieu as a purely Machiavellian politician, and ignores much recent work which demonstrates the complexities of his character and motivation" [1054: Church, 443].

Betonung des einheitlichen Charakters der politisch-ethischen Konzeption Richelieus

Diskrepanz von Intentionen und Ergebnissen der französischen Politik

An dieser Komplexität, die Altes und Neues spannungsreich beinhaltet, wird man im Sinne der These DICKMANN-CHURCH wohl festhalten können. Eine andere und für die Gesamtanalyse nicht zu vernachlässigende Frage richtet sich auf die objektiven, von Richelieus Denken und Wollen weitgehend abweichenden Ergebnisse der damaligen französischen Politik. Erst wenn die biographische und subjektive Sicht durchgehend mit der Fülle von Widersprüchen, Aporien und ungewollten Resultaten zusammengehalten wird, die sich im europäischen Bezugsrahmen während und nach Richelieu aus der von ihm eingeschlagenen Politik ergaben, kommen die Probleme voll in den Blick – daß es z. B. keine antihabsburgische Politik geben konnte, die nicht zum Schaden des Katholizismus ausgeschlagen wäre. In diesem Sinne ist auch das von dem amerikanischen Richelieu-Biographen O'CONNELL geprägte Stichwort „Logik der Verstrickung" [1055: O'CONNELL, 313] bedenkenswert.

Innerfranzösische Probleme der Ära Richelieus

Den innerfranzösischen Aspekten der Ära Richelieus galten zahlreiche Arbeiten der letzten Jahrzehnte: die Rolle der zentralen Regierungs- und Verwaltungsorgane und der Intendanten [1050: RANUM; 1042: LIVET; 1041: MOUSNIER], Richelieus merkantilistische Bestrebungen im Inland und in Übersee [1048: HAUSER], seine Stellung zum Klerus, zu den kirchlichen Fragen und zu Rom [1058: BLET; 1057: BLET]. Eine heftige Kontroverse hinsichtlich der Oppositionsgruppen und Volksaufstände gegen die Krongewalt knüpfte sich seit 1954 an das Werk eines sowjetischen Forschers [1039: PORCHNEV]; sowohl ihm wie TREVOR-ROPERS Thesen über die „allgemeine Krise" des 17. Jahrhunderts [248: TREVOR-ROPER, 53 ff.] trat u. a. MOUSNIER entgegen, der die weitreichende Solidarität breiter Bevölkerungsschichten Frankreichs gegen den fiskalischen Druck seitens der Regierung betonte [1040: MOUSNIER]. Die Analyse der absolutistischen Innenpolitik der Jahre 1620/29 durch A. D. LUBLINSKAYA lehnt das Interpretationsmodell der „allgemeinen Krise" ganz ab; sie kritisiert die Annahme, daß Richelieus Innenpolitik eine Wendung gegenüber seinen Vorgängern bedeutet habe. Die Stärkung der Krongewalt und die Niederwerfung feudaler Sondergruppen und der Hugenotten war durch die sozialen und wirtschaftlichen Strukturveränderungen des Landes ermöglicht. „Without these changes this greatest statesman in the history of absolutist France would probably have had to while away his life in some out-of-the-way bishopric, with no opportunity to display his outstanding talents, or else to end his days in imprisonment or exile" [1049: LUBLINSKAYA, 332].

Interpretationen und Fragen der europäischen Politik Frankreichs

Für die Außenpolitik Richelieus ist die Anknüpfung nicht nur an Heinrich IV., sondern auch an Franz I. und Heinrich II. bemerkenswert: Bündnis mit den protestantischen Feinden Habsburgs, nun aber abgesichert durch eine antispanische Haltung Papst Urbans VIII. (die auf Kosten des deutschen Katholizismus und des Kaisers ging) und erfolgreicher gestaltet durch eine flexible Politik der „Protektion und Passagen" – also durch den Verzicht auf eine massive Annexionspolitik, auch nach dem offenen Eintritt in den Krieg 1635. Immerhin bleibt das „Problem des Umschlags einer Defensivpolitik in eine Erwerbspolitik", das gerade bei der Untersuchung der Richelieu'schen „Protektionen" im Elsaß und in Lothringen ins Auge fällt [1047: STEIN, 5; 1045: WEBER]. Hierher gehört auch die Diskussion um die Rheinpolitik Richelieus, die bis heute offen ist und angesichts der realen Ergebnisse nicht mit dem Hinweis auf den Mangel territorialpolitischer Ziele zu Beginn des Eingreifens des Kardinals in den Krieg erledigt werden kann [zur Übersicht: 1043: ZELLER; 1044: HÜBINGER; 1047: STEIN, 3 ff.; 1052: WEBER] und um die Versorgungsplätze für die französischen Armeen in Nordostfrankreich [1046: KROENER]. In seinem Kampf gegen Habsburg sah Richelieu in Spanien seinen Hauptgegner, zuerst in Italien (Veltlin, Mantua), später im Reich, wo es die spanische Verbindungslinie zwischen Italien und Flandern zu stören galt. Die Eroberung der Alpenfestung Pinerolo (1631) durch Frankreich kann in ihrer europäischen Bedeutung kaum überschätzt werden. Sie verlängerte die Auseinandersetzung mit Spanien. Zugleich eröffnete Richelieu mit der militärischen Kooperation mit Schweden die Auseinandersetzung mit dem Kaiser im Reich, zunächst noch verdeckt, seit 1635 offen. WEBER konnte zeigen, daß Richelieu sich zu diesem Schritt, den der französische König favorisierte, erst nach der Zusage der Generalstaaten für eine gemeinsame Kriegführung und nach den erkennbaren spanischen Offensivabsichten entschloß [1052, 209]. Besonderes Interesse kommt Richelieus Verhalten gegenüber Bayern zu. Gab es überhaupt reale Chancen – im Sinne der Tradition Franz'I. – Bayern und die katholische Liga von Habsburg zu trennen und zu neutralisieren [957: ALBRECHT; 959: BIRELEY]?

17. PROBLEME DES DREISSIGJÄHRIGEN KRIEGES

Sehr unterschiedlich sind die Gesichtspunkte und Interpretationen, die in der deutschen und internationalen Forschung zur Geschichte des Dreißigjährigen Krieges vorgebracht wurden und werden [siehe etwa den von H. U. RUDOLF herausgebrachten Sammelband: 943]. Während die europäische Verflechtung und Bedingtheit der militärisch-politischen Konflikte dieser Epoche für die Historiker des 19. Jahrhunderts eine Selbstverständlichkeit war, vollzog sich nach der Reichsgründung eine Konzentration der deutschsprachigen Geschichtswissenschaft auf die reichspolitischen und konfessionspolitischen Aspekte. Bezeichnend hierfür ist etwa die Darstellung im dritten Band von MORIZ RITTERS „Deutscher Geschichte im Zeitalter der Gegenreformation und des Dreißigjährigen Krieges", die 1908 erschien [715]. RITTER war sich der Problematik dieses Vorgehens bewußt, insbesondere hinsichtlich der Spätzeit seit dem Kriegseintritt Frankreichs 1635 (Frankreichs Intervention in Katalonien und Portugal, das kaiserlich-dänische Zusammengehen gegen Schweden 1643/45, Frankreichs und Schwedens Verbindung mit dem Siebenbürger Fürsten Georg I. Rákóczi, die Kriege in Ungarn, Italien und den Niederlanden): „Hiermit aber erhebt sich auch die Frage, wieweit eine Darstellung der deutschen Geschichte einer solchen Erweiterung des historischen Schauplatzes gerecht werden kann. Folgt sie wirklich dem Zusammenhang der Ereignisse, so wächst sie sich aus einer deutschen zur europäischen Geschichte aus und wird dann auch den Endpunkt nicht beim Westfälischen Frie-

Der Krieg als Ereignis der deutschen Geschichte

den, sondern erst bei den Friedensschlüssen der Jahre 1659 und 1660 finden. Durchschneidet sie dagegen den Zusammenhang, und sucht sie nur innerhalb der Grenze des deutschen Reichs sich vollziehende Ereignisse... zu entwickeln, so wird sie sich in der Hauptsache auf Feldzüge und Schlachten, Schließung und Lösung kriegerischer Entwicklung beschränken müssen" [715, 3, 605 f.]. Ritter fand einen Ausweg, indem er die Abläufe von 1635 bis 1648 ganz summarisch und nur den Friedensschluß ausführlicher behandelte.

In unterschiedlicher Weise hatte diese Perspektive, den Krieg als Ereignis der deutschen Geschichte darzustellen, auch in den folgenden Jahrzehnten große Bedeutung. Selbst das 1938 veröffentlichte Werk der englischen Historikerin C. V. Wedgwood, das 1971 in deutscher Übersetzung erschien [945], zeigt diese Prägung, noch verschärft durch deutliche politisch-moralische Wertungen. Die Autorin fragt nach der Verantwortung und Schuld für das Elend des großen Krieges in Deutschland und hält sich dabei vor allem an die beiden führenden Territorialfürsten, an Maximilian von Bayern und Johann Georg von Sachsen, an denen die Bildung einer friedenstiftenden deutschen Mittelpartei gescheitert sei: „Deutschland hatte sich sein Unglück im wesentlichen selbst zuzuschreiben. Ohne die Taten Richelieus, Olivarez', der zwei Ferdinande und des Königs von Schweden zu entschuldigen, kann man doch erkennen, daß die Gelegenheit dazu ihnen gegeben, aber nicht von ihnen geschaffen wurde... Friedrich V. und Ferdinand II., die Hauptgegenspieler des Jahres 1618, können für sich wenigstens die Rechtfertigung beanspruchen, daß jeder den Auftrag einer höheren Macht auszuführen glaubte... So war es bei Johann Georg und Maximilian nicht, und es ist nur recht und billig, an sie einen anderen Maßstab anzulegen... Wenn sich diese zwei Männer vom Ehrgeiz ihrer Kirchturmspolitik hätten losmachen können, wären sie imstande gewesen, eine Zentralpartei zu bilden, stark genug, um Ferdinands Ehrgeiz zu dämpfen und Friedrichs Krieg zu ersticken, ohne daß Spanien oder Frankreich auf der einen oder anderen Seite eingegriffen hätten" [945, 454 f.].

Europäische Dimensionen; Erweiterung des chronologischen Rahmens?

Gegen diese Auffassung erhob sich Widerspruch von verschiedenen Seiten. S. H. Steinberg schlug wesentliche Modifikationen hinsichtlich der herkömmlichen Interpretation der Ursprünge, des Verlaufs und der Bedeutung des „sogenannten Dreißigjährigen Krieges" vor: Betonung des europäischen Ausmaßes der Konflikte (Kampf um die europäische Hegemonie zwischen Habsburg und Bourbon), demgemäß Erweiterung des chronologischen Rahmens (1609 bis 1659) und eine neue Bewertung der sozioökonomischen Auswirkungen: „An die Stelle der Fabel von der allgemeinen Verwüstung und dem Massenelend ist daher die weniger sensationelle Erkenntnis zu setzen, daß zwischen 1600 und 1650 in Deutschland eine Umschichtung der Bevölkerung und des Besitzes stattfand, die einigen Gegenden, Ortschaften und Personen zum Vorteil und anderen zum Schaden gereichte. Einige dieser Veränderungen lassen sich auf die Auswirkungen der Kriege zurückführen, doch erfolgten andere unabhängig von jeder Kriegshandlung" [945 a, 7].

Noch weit radikaler lehnte Josef Engel 1971 in seinem umfassenden Einleitungsessay „Von der spätmittelalterlichen respublica christiana zum Mächte-Europa der Neuzeit" [251] die herkömmlichen Auffassungen ab. Er polemisiert überhaupt gegen den Gebrauch der Bezeichnung „Dreißigjähriger Krieg", die er als ein nationalistisch verengtes Interpretamentum des 17. und 19. Jahrhunderts für unbrauchbar erklärt. Stattdessen faßt er die Ereignisse vom Ende der 80er Jahre des 16. Jahrhunderts bis zu den Friedensschlüssen von 1659/61 als „die Epoche der großen Kriege" zusammen [mit einer zurückgreifenden Erweiterung in Osteuropa: seit 1506 – Thronbesteigung Sigismund I. in Polen; 251, 314 ff., 346 f. – Anm. 11]. Mit diesem chronologischen Rahmenvorschlag sind allerdings interpretative Kriterien verbunden. ENGEL charakterisiert die Epoche in politischer Hinsicht: „Nachdem in der säkularen Auseinandersetzung zwischen Spanien – Österreich und Frankreich die letzten Grundlagen einer christlich geprägten abendländischen Rechtsgemeinschaft zerstört worden waren und die Reformation auch noch die Glaubenseinheit vernichtet hatte, wurde der von Rechtsrücksichten freie Selbstbehauptungswille der einzelnen Mächte zum allgemeinen Grundgesetz der zwischenstaatlichen Beziehungen" [251, 317]. Derartig pauschale Behauptungen, die den Blick in das komplizierte Verhältnis von Recht, Macht und Ethos eher verstellen als verschärfen, beeinträchtigen das Gewicht der interessanten Kritik ENGELS an dem Konzept „Dreißigjähriger Krieg". Ähnlich steht es mit seiner Einschätzung des Verhältnisses der kirchlich-konfessionellen zu den politischen Kräften, wo einseitige Auffassungen von Macht und Interesse der Differenzierung im Wege stehen, die gerade für diese Zeit so wichtig ist. ENGEL meint, „daß die Konfessionsverschiedenheit nicht das eigentliche Agens dieses sogenannten ‚Zeitalters der Glaubenskriege' darstellte, sondern daß vielmehr umgekehrt die machtpolitisch begründeten Interessen die Unterschiedlichkeiten zwischen den Konfessionen erst hervortrieben oder die Staaten die Konfessionsverschiedenheit als Notanker benützten, um einen Anspruch auf Unterstützung durch Konfessionsverwandte zu begründen und sich zu erschleichen" (ebd.).

Zur Begriffsgeschichte

KONRAD REPGEN hat in einer mit über 200 Quellenbeispielen dokumentierten begriffsgeschichtlichen Analyse den Terminus „Dreißigjähriger Krieg" vehement verteidigt und dabei nachgewiesen, daß dieser Begriff das Ergebnis einer späthumanistischen Geschichtsinterpretation ist. In bewußtem Gegensatz zu STEINBERG und DICKMANN versteht REPGEN unter diesem Krieg eine „historische Ganzheit", so daß man von einer „historischen Individualität sprechen darf, die zunächst, im 17. Jahrhundert, als eine gegenwärtige Besonderheit erlitten und erlebt, und die danach, bis heute, als Erinnerung tradiert wurde und als Vergangenheit verlebendigt werden soll" [Über die Geschichtsschreibung des Dreißigjährigen Krieges, in: 947: REPGEN, 1–84, hier 2].

Zuletzt hat J. BURKHARDT [949] eine instruktive, die Verlaufsgeschichte des Krieges überwindende Analyse der „Struktur- und Entwicklungsbedingungen von Krieg und Frieden" des Dreißigjährigen Krieges vorgelegt.

Die umfassende Einbeziehung der Fragen des gesellschaftlichen und wirtschaftlichen Wandels in die Interpretation des großen Krieges, die bei ENGEL ebenso fehlt wie bei den von ihm kritisierten älteren Auffassungen, ist eine bis heute nur ansatzweise geleistete Aufgabe. Bemerkenswerte Impulse kamen von der seit den 50er Jahren geführten Debatte über die „General Crisis" des 17. Jahrhunderts [vgl. den von T. ASTON herausgegebenen Sammelband mit einschlägigen Aufsätzen aus der Zeitschrift ‚Past and Present': 243]. Einige Forscher, die zum Teil von marxistischen Prämissen der Gesellschaftsgeschichte ausgingen, versuchten eine Reihe der damaligen Kriege, Revolutionen und geistig-kulturellen Wandlungen unter den gemeinsamen Nenner einer allgemeinen Krise zu bringen. An dieser Debatte nahmen deutsche Autoren kaum teil. TREVOR-ROPER, ein nichtmarxistischer Vertreter der „General-Crisis"-These, definiert den Vorgang, den er 1640–1660 kulminieren läßt (mit einem ersten Einschnitt um 1620) als „Krise des Verhältnisses zwischen Staat und Gesellschaft" [248, 61]: Der Renaissance-Staat (mit katholischem Grundmuster) weicht den modernen, protestantisch-bürgerlichen Zuständen. Von diesen weitgespannten Interpretationen, bei denen meist die englische puritanische Revolution und das sozioökonomisch-politische System der Niederlande eine besondere Beachtung finden, können sich wertvolle Bezüge zur eigentlichen Analyse der Kriegsepoche 1618–1648 ergeben, wenn eine entsprechende Umsetzung bzw. Differenzierung erfolgt. Die Kritik MOUSNIERS an TREVOR-ROPERS These ist bemerkenswert: „... his point of departure is a sound one: the political crisis of the seventeenth Century represents a crisis in the relations between the State and society. His attempt at synthesis seems to me to rest on inadequate analysis, but there is considerable merit in having presented the problem as a whole" [243, 104].

Die „General-Crisis"-Debatte: Wandel der Gesellschaft

Die marxistisch orientierte Geschichtswissenschaft in Ost und West hat die „General-Crisis"-Debatte in bezug auf den Dreißigjährigen Krieg mit Nachdruck und mit wichtigen Ergebnissen konkretisiert und weitergeführt; auf dem Hintergrund der Feudalismus-Kapitalismus-Abfolge erscheint es lohnend und wichtig, gegenüber den politisch-militärischen und konfessionellen Verlaufsebenen des Krieges zusammenhängende sozioökonomische Interpretationen zu erarbeiten. Einen informativen Überblick bis zum Ende der 60er Jahre bieten in dieser Richtung die Abhandlung LANGERS „Neue Forschungen zur Geschichte des Dreißigjährigen Krieges" [913, 89–131] und das Werk von HROCH und PETRÁŇ [246, 11–60]. Letztere kennzeichnen mit dem Begriff der Krise die untereinander zusammenhängenden Seiten der ökonomischen und politischen Krise einerseits und die „gesamteuropäische Wirkung der Krisenerscheinungen in den einzelnen Schlüsselbereichen des gesellschaftlichen Lebens und auch zur Kennzeichnung der gesamteuropäischen, überregionalen Voraussetzungen der Krise", sondern „Integrierung der Waren- und Geldbeziehungen in das feudale System" – „Refeudalisierung" – sehen sie den „Keim einer neuen Verschärfung der ökonomischen Interessengegensätze" [246, 203–205].

Fragen und Beiträge der marxistischen Historiographie

An die „General Crisis"-These TREVOR-ROPERS knüpfte zuletzt PETER CLARK mit einer Reihe von englischen, niederländischen und einem deutschen Historiker an, um die Frage einer „European Crisis of the 1590s" in England, den Niederlanden, Frankreich, Italien, Spanien und dem Reich zu untersuchen. Sie kamen zu dem Ergebnis, daß dieses Jahrzehnt von Teuerung, Hunger und Krieg bestimmt wurde, wobei die gesamteuropäische Verbindlichkeit des Krisenbegriffs und der Krisenerscheinungen allerdings umstritten blieb: „If the contributors to this volume are generally agreed that the last years of the sixteenth century were a time of major demographic, economic and social difficulty..., there is much less agreement on whether the period had a more wideranging permanent significance in European or national development. The spectrum of opinion ranges from Peter Burke, on the one hand, who contends (Chapter 7) that long-term repercussions are hard to discern for southern Italy, to Schilling on the other hand who sees the 1590s as marking the start of a general crisis in the German urban system" [PETER CLARK, ebd. 14, in seiner Bandeinleitung: 245, 14].

Polišenský und die Neuinterpretation des Dreißigjährigen Krieges

Hervorzuheben sind die Leistungen einer Gruppe tschechischer Historiker, die in Fortführung älterer Traditionen seit 1945 sowohl die böhmischen als auch die europäischen Aspekte des Krieges in systematischer Quellenarbeit und in zahlreichen Darstellungen unter sozialgeschichtlichem Blickwinkel erforschen [siehe u. a. die seit 1971 von der Tschechoslowakischen Akademie der Wissenschaften nach den Planungen von J. POLIŠENSKÝ u. a. herausgegebene Quellenedition: Documenta Bohemica bellum tricennale illustrantia (25)]. Für JOSEF POLIŠENSKÝ, den bedeutendsten Forscher dieser Gruppe, ist die u. a. von STEINBERG und ENGEL bestrittene Einheit des Krieges kein Problem: „Da... der Dreißigjährige Krieg eine unterscheidbare und genügend klare historische Kategorie bleibt, kann man die traditionelle Begrenzung des Konflikts mit den Jahren 1618–1648 verteidigen, allerdings mit dem Vorbehalt, daß der Beginn verschiedentlich in das Jahr 1617 verschoben werden muß" [25, 1, 17]. In der Einleitung zu seiner Darstellung „The Thirty Years War" [946, 9; eine deutsche Übersetzung wäre erwünscht] zeichnet POLIŠENSKÝ sein Programm: „What you are about to read is an attempt at a new and different account of the Thirty Years War, seen as an example of two civilizations in ideological conflict. The clash of one conception, deriving from the legacy of Humanism, tinged with Protestantism and taking as its model the United Netherlands, with another, Catholic-Humanist one which followed the example of Spain, becomes thus the point of departure for the development of political fronts and coalitions of power".

Neue Periodisierung aufgrund der „sozialen Zusammensetzung" der beiden Lager

Man sieht den umfassenden Anspruch dieser Interpretation, sowohl in europäischer Hinsicht als auch in der Zusammenschau sozialer, staatlicher und kultureller Faktoren. Ebenso liegen die Schwierigkeiten auf der Hand, ohne Vergewaltigung oder Verkürzung vorzugehen. Es macht den Vorzug der Arbeitsweise POLIŠENSKÝS aus, daß er Probleme nicht übergeht, sondern fruchtbar entfaltet: die Zusammensetzung der beiden „Lager" ist nicht so eindeutig, sie wandelt sich; daraus ergibt sich für ihn, „daß eine neue Periodisierung des Dreißigjährigen Krieges von einer Untersuchung der sozialen Zusammensetzung der beiden kämpfenden Lager, d. h. des habsburgisch-katholischen und der habsburgfeindlichen großen Koalition ausgehen muß. Während das erstere vom Klassenstandpunkt aus konstant war, stellte die letztere eine verhältnismäßig veränderliche Erscheinung dar. Anfangs handelte es sich hier um eine freie Gruppierung des maritimen Nordwesteuropa mit den Vereinigten Niederlanden als Erben der Niederländischen Revolution des 16. Jahrhunderts an der Spitze". Während seit 1631 sich Frankreich mit Schweden verband (wo weiterhin ein „Refeudalisierungsprozeß" eintrat), wurde der „nichtfeudale Charakter" des habsburgfeindlichen Lagers durch die Abkehr Englands und das allmähliche Ausscheiden der Niederlande geschwächt. Danach bildeten die Feinde Habsburgs, unter denen die deutschen Fürsten zunehmend an Geltung gewannen, eine Gruppe, „die sich schon durch ihre klassenmäßige Zusammensetzung sehr wenig vom Gegner unterschied" [25, 1, 26]. – Hier schlösse sich eine Fülle von Fragen an, die nicht nur die sozial und ökonomisch überwiegend „konservativen" Folgen des Krieges und die höchst unterschiedlichen Bündniskonstellationen im Zusammenhang von Gesellschaft und Politik betreffen (siehe oben S. 104 f.), sondern auch die weiteren Zusammenhänge von Kriegstechnik, Kriegsfinanzen, Kriegspropaganda in der jeweiligen Bündnisgruppierung. Es bleibt zu betonen, daß die methodisch wie interpretativ bedeutsamen Arbeiten der tschechischen Historiker im deutschsprachigen Bereich noch nicht allgemein rezipiert sind. Bemerkenswert ist, in welchem Ausmaß Golo Mann – gewiß kein Marxist – sich in seiner Analyse des Dreißigjährigen Krieges [201, 7, 133 ff.] und in seiner großen Wallensteinbiographie [964] bereits auf diese Arbeiten bezogen hat.

Um die Beurteilung und Einordnung Wallensteins

Zu den wenigen Einzelproblemen, die abschließend berührt werden können, gehört das „klassische" Thema Wallenstein. Die bekannte Diskussion der 30er Jahre zwischen dem tschechischen Historiker Pekař [962] und dem Wiener Heinrich v. Srbik [963] wirkt bis heute nach: hier die Betonung der böhmischen Aspekte, des persönlichen Ehrgeizes, der Rachsucht und des Strebens nach der böhmischen Königskrone, dort – bei Srbik – eine idealistische, reichspatriotische, am Friedensgedanken orientierte Sicht: Befreiung Deutschlands von den fremden Truppen und Mächten und Ausgleich der Konfessionen. F. H. Schubert hat 1965 in einer Abhandlung über Wallenstein und den Staat des 17. Jahrhunderts [Neudruck in: 943, 185 ff.] deutlich einige für das Schicksal des Friedländers bestimmende Determinanten im allgemeinen Kontext der Epoche gezeigt: Scheinblüte und Niedergang des Kondottieretums, das damals keine Chance mehr zu neuer Territorialbildung bietet, Verfestigung der Verfassungs- und Sozialordnung im Reich mit schwindenden Chancen für Emporkömmlinge, Zwangsläufigkeiten der politischen Option pro oder contra den Kaiser. Golo Mann hat dann in einem großen literarischen Wurf eine Umsetzung der wissenschaftlichen Ergebnisse in die biographische Frage und Form geleistet [964]. Er betont die Fremdheit und Distanz Wallensteins gegenüber dem Reich, den etablierten Fürsten und Mächten und auch gegenüber den eigenen Landsleuten und findet im Friedensgedanken den Angelpunkt, wo die allgemeine Lage und das persönliche Schicksal und Wollen zusammenstimmen. So entspricht es dem Logos der Biographie, wie sie hier geschrieben wird, die *subjektive* Seite der Entscheidungen zu betonen:

Wallenstein konnte bei Übernahme des zweiten Generalats „der eigenen Partei den Frieden diktieren, mit diskreter Gewalt, so daß der Wiener Hof gute Miene zum bösen Spiel machte, oder mit indiskreter offener. Schließlich konnte er, wie Graf Thurn zu hoffen nie aufhörte, zu Österreichs Erzfeinden übergehen..." [964, 783 f.]. Konnte er wirklich so wählen? Zweifellos hat MANN miliärhistorische Fragen unterschätzt. Dies geht aus den scharfsinnigen Analysen von HANS SCHMIDT hervor, der bei Wallenstein die Verbindung einer weitausgreifenden Angriffsstrategie mit der Taktik der Defensivschlachten (Dessauer Brücke, Nürnberg, Lützen) würdigt [960].

Ausgehend von der Erörterung der *objektiven* Bedingungen hat GEORG LUTZ, in Anknüpfung an die MANN'sche Analyse der Vorgänge, deutlichere Ausgrenzungen vorgeschlagen: „Man hat des öfteren darauf hingewiesen, daß im Prager Frieden von 1635 die Ideen Wallensteins zur Ausführung gelangt seien. Dies kann aber nur behauptet werden, wenn man den Friedländer des ersten Generalats im Auge hat, den Generalissimus, welcher der kaiserlichen Macht im Reich zum Sieg verhelfen will – so wie dann der Friede von Prag noch einmal die Autorität Ferdinands II. zu bestätigen schien. Betrachtet man jedoch den Weg, den Wallenstein mit der Übernahme des zweiten Generalats beschritten hat und auf dem er zwangsläufig scheitern mußte, so wird deutlich, wie wenig seine Friedensidee mit dem Text und den Intentionen des Prager Friedens übereinstimmte, wie sehr sie dagegen der Friedensordnung entsprach, die in Münster und Osnabrück Wirklichkeit geworden ist: Sowohl die Sanktionierung faktischer religiöser Duldung wie die Dezentralisierung der Reichsgewalt, der Abbau kaiserlichen Machtanspruchs und der Übergang staatlicher Souveränität auf die Territorialfürsten waren längst wirkende Grundtendenzen der deutschen Verfassungsgeschichte, die sich mit dem Westfälischen Frieden endgültig durchsetzen konnten; und zugleich lagen sie miteingeschlossen in den Vorstellungen Wallensteins, dem die Interessen des Kaisers zuletzt weniger gegolten hatten als die Befriedung des Reiches". Dagegen konnte Wallensteins anderes Ziel, die Integrität des Reiches nach außen, 1648 nicht mehr verwirklicht werden. „Da Wallenstein sein historisch gültiges Friedensziel weder in der Unterordnung unter den Kaiser und dessen politisch-konfessionelle, gegenreformatorische Grundsätze zu erreichen vermochte, noch auch zu einem Auskommen und zu einer Einigung mit den auf Kosten der kaiserlichen Autorität erstarkenden, legitimierten fürstlichen Gewalten im Reich, vorab den Kurfürsten, gelangen konnte, mußte er scheitern. Aber sein Scheitern mußte zugleich den Krieg von neuem anfachen und das Reich schließlich dem Eingreifen und dem Einspruch der auswärtigen Mächte erliegen lassen" [961, 242 f.]. Vgl. dazu die Erörterung und Bewertung der Ideen Wallensteins bei G. LORENZ [26, 1–48].

Der Prager Friede: Chance einer monarchischen Lösung des deutschen Verfassungsproblems?

An den Prager Frieden 1635 schließt die Diskussion um die Ziele und Möglichkeiten der kaiserlichen Politik an (siehe oben S. 103). FRITZ DICKMANN wies darauf hin, daß man in dem Prager Frieden „den letzten Versuch..., das Reich in eine wirkliche Monarchie zu verwandeln und alle nationalen Kräfte über die

Schranken der Konfession hinweg zusammenzufassen", sehen könne [969, 73]. Er schränkte jedoch ein: „Aber es war denn doch noch die Frage, ob die Reichsstände sich mit alledem abfinden würden". Damit schloß er in vorsichtiger Weise an eine Interpretationslinie an, die ADAM WANDRUSZKA im Umkreis HEINRICH VON SRBIKS entwickelt hatte [966; dazu der Aufsatz von 1938: Vom Begriff des „Vaterlands" in der Politik des Dreißigjährigen Krieges, Neudruck in: 943, 175 ff.]. Auch WANDRUSZKA spricht nicht von „Reichsabsolutismus" oder von „absolutistischen" Zielen des Kaisers. Er sieht den Krieg in erster Linie als Kampf um die Umgestaltung des Reiches im neuzeitlichen Sinne: „Der Prager Friede war der letzte Versuch einer innerdeutschen Lösung dieses Kampfes, wobei ... die geistigen, rechtlichen, politischen und militärischen Ansätze zur Neubegründung der Reichseinheit in einer strafferen ... Form noch durchaus gegeben waren" [966, 114]. Diesen Auffassungen trat u. a. HEINER HAAN entgegen [943, 208 ff.], der auch eine gediegene Untersuchung des Regensburger Kurfürstentages 1636/37 vorgelegt hat [967]. Er bezieht die damals geplante Heeresreform mit ein und kommt u. a. zu dem Ergebnis, daß „der Gedanke an eine Umgestaltung des territorial-staatlich gegliederten Reiches in eine absolutistische Monarchie" für Ferdinand damals keine Rolle gespielt habe [943, 261]. Nun hatte DICKMANN dies so nicht behauptet, vielmehr von einer „monarchischen Lösung des deutschen Verfassungsproblems" gesprochen, die damals angestrebt wurde und möglich war. Scheinen hier die Gegensätze nicht so tief zu reichen, so könnte insgesamt eine Weiterentwicklung der Gesichtspunkte HAANS über die Verfassungs- und Heeresfragen hinaus in die Grundlagenanalyse von Territorialherrschaft und Reichseinheit unter den Bedingungen des Krieges fruchtbar sein, wobei auch nachdrücklich auf die verfassungs- und kirchenrechtlichen Beiträge MARTIN HECKELS hinzuweisen ist [739, 740; zu DICKMANN die wichtigen Erörterungen in ZRG, Kan. Abt. 57, 322 ff.].

Die Reichsstände und der Krieg

„Im europäischen Maßstab waren die deutschen Reichsstände nur politische Potenzen zweiten Ranges und daher nicht imstande, ihre Kriegsziele ohne direkte oder indirekte Hilfe der Großmächte zu realisieren." So hat DIETER ALBRECHT die Kriegs- und Friedensziele der Reichsstände charakterisiert [in: 947: REPGEN, 241–273, hier 272], deren Mehrheit bestrebt war, den Zustand von 1618 zu konservieren oder wiederherzustellen; aber nur Wenige waren imstande, vielschichtige Kriegsziele – reichs- und religionspolitische wie territorialpolitische – zu verfolgen. Dazu gehörte Bayern, dessen Politik ALBRECHT als symptomatisch für den Wechsel zwischen der Erweiterung, Überspannung (1619–1630) und Reduktion der Kriegsziele auf die territorialstaatlichen Belange (1635–1648) ansieht [ebd. 255].

Habsburg-Spanien, Frankreich, Schweden und die Stellung des Papsttums

Auf der europäischen Ebene bleibt die Forschung mit den Problemen zwischen Habsburg, Frankreich, Schweden und dem Papsttum befaßt, wo sich politische und kirchliche Fronten überschneiden und seit den 30er Jahren das Zurücktreten der konfessionellen Motive deutlich wird. Noch immer wird die Problematik von Religion und Politik während des Dreißigjährigen Krieges diskutiert, vor allem der Aspekt, inwieweit ein Konfessionskrieg vorliegt. H. Sturmberger [951] sah am Beginn des Krieges das konfessionelle Motiv als die treibende Kraft, zugleich aber den Wandel vom „Konfessionskrieg“ zum „Machtkampf“. R. Bireley ging von den Intentionen der betont katholischen Herrscher wie Kaiser Ferdinand II. und Maximilian von Bayern und ihrer jesuitischen Ratgeber aus [959, 953] und stellte ein Dreiphasenmodell zur Diskussion, das in den Jahren von 1627 bis 1635 seinen Höhepunkt erreicht [Bireley, The Thirty Year's War as Germany's Religious War, in: 947: Repgen, 85–106; ebd. 319–321 heftiger Widerspruch dagegen].

Die Positionen auf der spanischen Seite werden heute in differenzierter Weise untersucht: im Hinblick auf die politisch-militärischen Strukturen, auf die Bedeutung der amerikanischen Besitzungen und ihren Anteil an der „allgemeinen Krise“ wie hinsichtlich des Selbstbewußtseins und des Dekadenzproblems [1061: Lynch, 2; 1081: Israel; 989: Israel; 1082: Elliott].

Spaniens Bedeutung als europäische Hegemonialmacht bis 1640 ist in den letzten beiden Jahrzehnten von der englischen und deutschen Forschung wiedererkannt worden [1079: Elliott; 1078: Stradling; 1077: Straub]. Ausgehend von militärhistorischen Fragestellungen, wie der spanischen Kriegführung von den Niederlanden aus entlang der „Spanischen Straße“ am Oberrhein bis Oberitalien [987: Parker], ist der führende spanische Staatsmann Graf Olivares, auch im Vergleich zu Richelieu, aufgewertet worden: „While Richelieu left France with at least a glimpse of final victory, the Spain of Olivares was staring defeat in the face“ [1079: Elliott, 787, vgl. auch 1080: Elliott].

Der Aufstieg Schwedens zur europäischen Großmacht im 16. und 17. Jahrhundert wurde, von Nuancen abgesehen, stark mit wirtschaftlichen Zielen – Sicherung der Küstenzonen und Flußmündungen zum Schutz eines schwedischen Handelsimperiums – in Zusammenhang gebracht [1114: Zernack; 1116: Roberts]. Dementsprechend kam in den schwedischen Kriegslegitimationen von 1630 der Beeinträchtigung des schwedischen Protektionsvertrages mit Stralsund durch Wallenstein (1628) eine größere Bedeutung zu als der religiösen Frage; das änderte sich erst nach der schwedischen Landung in Pommern [K. Repgen, in: 947: Repgen, 344]. Die politisch-militärische Entwicklung mußte bis zum Tod Gustav Adolphs entweder zur „Auflösung des Reiches oder zur Einsetzung eines schwedischen Kaisers führen.“ Erst danach war Schweden (Oxenstierna) bereit, die rechtliche Stellung des habsburgischen Kaisers anzuerkennen, allerdings unter der Voraussetzung, daß das Restitutionsedikt aufgehoben, ein Gleichheitszustand zu den Reichsständen hergestellt und ein kaiserlicher Machtzuwachs in Norddeutschland verhindert wurde [S. Lundkvist, Die schwedischen Kriegs- und Friedensziele, in: 947: Repgen, 222–225].

Von erheblicher Bedeutung für die Kriegsentscheidungen erscheint die Stellung der Kurie zwischen Frankreich und Habsburg [542: Repgen; 562: Albrecht; 564: G. Lutz; 563: G. Lutz]. Es ist in diesem Zusammenhang wieder die Frage nach den Gründen der Hinwendung Urbans VIII. zu Frankreich und nach den möglichen Alternativen im Sinne einer entschiedenen Unterstützung des Kaisers und eines entscheidenden Sieges der Gegenreformation in Europa gestellt worden. GEORG LUTZ hat die italienisch-kirchenstaatliche Motivation der profranzösischen Stellungnahme des Papsttums betont. Einerseits „können wir immerhin festhalten, daß die Hinwendung zu Frankreich und die gegen Spanien-Habsburg gerichteten geheimdiplomatischen Aktionen Urbans VIII. zwar auf lange Sicht äußerst negative Konsequenzen gezeitigt haben für die Autorität des Papsttums und daß sie mitverantwortlich gewesen sind an der endgültigen Selbstbehauptung des Protestantismus; ihre unmittelbaren Ergebnisse jedoch hätten den römischen Nahzielen [sc. Sicherung des Kirchenstaats, Verhinderung einer habsburgischen Machtexpansion in Italien durch den Mantuakrieg etc.] schwerlich besser entsprechen können" [563, 91]. Doch hat Urban VIII. schließlich in dem unglücklichen Castro-Krieg 1641/44 gerade auf italienischem Boden Niederlagen erlitten und so der moralischen wie politischen Reputation des Papsttums weiteren Schaden zugefügt.

18. DIE EINHEIT EUROPAS: VON DER ABWEHR DER OSMANEN ZUR EXPANSION DER GROSSEN MÄCHTE

Vergleich der geographisch-politischen Situation Europas 1520 und 1648

Vergleicht man die geographische Situation der europäischen Welt zu Beginn und zu Ende unserer Epoche, so zeigt sich ein auffallender Unterschied, der durch die Hinzunahme qualitativer Gesichtspunkte noch verschärft wird. Um 1520/30 ist die okzidentale Staatenwelt in Europa auf den bisher engsten Raum in ihrer Geschichte zusammengedrängt: die Osmanen erobern 1521 Belgrad, seit 1526 Ungarn; auch die maritimen Abwehrerfolge im Mittelmeer (bis zur Seeschlacht von Lepanto 1571) führen nicht zu einer Trendwende, sondern nur zu einer Aufteilung des Mittelmeers in zwei Zonen, während Spanien weiterhin seine Energien im Norden einsetzt (Konfessionskämpfe in den Niederlanden und in Frankreich). „When Ottoman and Spanish rulers agreed to a truce during 1580 they confirmed an increasingly rigid division of the Mediterranean not only between Islamic and Christian states, but also between the revolutionizing economic societies of western Europe and the successful but socially conservative Turko-Moslim world" [1163: HESS, 73]. Spätestens seit die Türken 1529 vor Wien standen, ist ganz Mitteleuropa von der Türkenangst und von langfristigen Abwehranstrengungen betroffen, während gleichzeitig die Anfangserfolge des spanischen und portugiesischen Kolonialismus gesamteuropäisch noch kaum in die Waagschale fallen (1521 bis 1544 produzierten die Bergwerke der habsburgischen Erblande noch mindestens viermal soviel Silber wie Amerika).

In der Mitte des 17. Jahrhunderts sieht die Lage Europas gegenüber der außereuropäischen Welt (einschließlich der Osmanen) ganz anders und definitiv überlegen aus. Der ungeheure innereuropäische Kräfteverschleiß der konfessionellen Kriege – dessen deutliches Symptom der Zusammenbruch Spaniens seit 1640 war

– hatte das siegreiche Vorgehen der Europäer gegenüber allen konkurrierenden Kräften und Gesellschaften in Asien, Afrika und Amerika nicht aufgehalten. Im Gegenteil; Zug um Zug traten englische, französische und niederländische Kolonialunternehmungen – auf die im vorliegenden Zusammenhang nicht weiter eingegangen werden kann – mit neuer militärisch-ökonomischer Dynamik das Erbe der älteren iberischen Expansion an. Auch Rußland, das seit der zweiten Hälfte des 16. Jahrhunderts zunehmend in das politische und ökonomische System Europas eintrat, ordnete sich mit der Erschließung Sibiriens in diese neue Phase globaler Machterwerbung ein. Die osmanische Herrschaft in Südosteuropa wurde zwar erst seit 1683 zurückgedrängt, doch dieser regionale Anachronismus [Übersicht: 1145: Jansky; 1151: Vocelka] bedeutet wenig gegenüber dem Gesamtbild eines zur Weltherrschaft aufgestiegenen und diese Herrschaft mit steigendem Überlegenheitsbewußtsein und mit neuartigen ökonomischen, politischen und kulturellen Verfahrensweisen ausübenden Kontinents. Und nicht mehr die altertümlichen Totalansprüche der iberischen Kolonisation, sondern die Pluralität und Rivalität der Großen Mächte prägen den Stil der europäischen Expansion in Übersee. Die Forschung hat diese erstaunlichen Entwicklungen mit vielen Einzelstudien verfolgt; für das Gesamtphänomen liegen erst Ansätze historiographischer Bewältigung vor [für Amerika: 705: Elliott; für Asien: 704: Lach; für die kulturanthropologische Seite: 708: Bitterli; 712: Reinhard]. Diese unklare Forschungssituation hat vielleicht etwas mit der europäischen Ernüchterung und Verunsicherung nach dem Ende des Kolonialismus zu tun. „Where European historians once wrote with the confidence born of an innate sense of European superiority, they now write burdened with the consciousness of European guilt" [705: Elliott, 4].

Europas Überlegenheit über Außereuropa

In seiner bemerkenswerten Geschichte der europäischen Expansion hat W. Reinhard die Beziehungen zwischen Europa und Außereuropa sehr differenziert entfaltet, jedoch die Unaufhebbarkeit seiner europazentrischen Sicht folgendermaßen begründet: „Meines Erachtens wäre es gar nicht möglich, von außen eine einheitliche Sicht zu gewinnen, weil die Einheit des weltgeschichtlichen Vorgangs ‚europäische Expansion' auf dem Primat der europäischen Initiativen beruht. Nur Ausschnitte lassen sich aus der Sicht der Betroffenen darstellen, nicht aber das Ganze...‚Welt' als historische Einheit kommt erst infolge der europäischen Expansion zustande. Wenn die Einheit des Vorgangs unterstellt wird, wie es hier geschieht, ist nur eine europäische Perspektive möglich. Die überwundene nationalistische ‚Kolonialgeschichte' der einzelnen europäischen Mächte soll daher nicht durch den neuen, aber kaum weniger engherzigen indischen, kenianischen oder peruanischen Nationalismus als Leitmotiv abgelöst werden, sondern durch die Frage nach der Interaktion der ‚Europäer' mit den ‚Anderen' in den verschiedenen Erdräumen" [691: Reinhard, 1, 7f.].

Die innere Einheit der europäischen Wandlungsprozesse in der Frühneuzeit: Gesichtspunkte und Methoden der Forschung

Die Versuche, im Wechselspiel mit der europäischen Expansion und mit der beginnenden Europäisierung der Welt die inneren Strukturen der okzidentalen Gemeinschaft des 16. und 17. Jahrhunderts zusammenfassend zu beschreiben, stoßen stets auf die unendliche Fülle der einschlägigen Bezüge (und auf die Massenhaftigkeit der Einzelforschung). Überblicke zur Geschichte des Europagedankens [685: CHABOD; 686: VOYENNE], des europäischen Staatensystems [195: FUETER; 196: PLATZHOFF], der Gleichgewichtsidee [682: KAEBER; 683: DEHIO; 684: LIVET], des Friedensgedankens [680: TER MEULEN; 681: RAUMER], oder der Diplomatie und des Völkerrechts [673: REIBSTEIN; 675: MATTINGLY, 674: JANSSEN] bieten eine unentbehrliche Orientierung. Sie zeigen das ununterbrochene Ringen nicht nur der staatlichen Instanzen, sondern auch breiter Sektoren der europäischen Bildungsschicht, neue Regulative oder Institutionen zu entwickeln, die mit der Dynamik der nachmittelalterlichen Staatenwelt Schritt halten sollten. Einen instruktiven Beitrag zur Synthese hat JOSEF ENGEL unter dem Titel „Von der spätmittelalterlichen respublica christiana zum Mächte-Europa der Neuzeit" vorgelegt [251]. Gewiß ist der Bezugsrahmen von Staat, Völkerrecht und Diplomatie, der von ENGEL gewählt wurde, von unverzichtbarer Wichtigkeit. Aber auch die Zusammenfassung solcher Perspektiven mit ideen- und kirchengeschichtlichen Fragestellungen, die HEINRICH LUTZ schon in seinem Werk „Christianitas afflicta" [891] für die Mitte des 16. Jahrhunderts versucht hat, reicht noch nicht weit und tief genug. Vom methodischen Gesichtspunkt her wäre, in viel stärkerem Maße als bisher geschehen, der umfassende Vergleich von Europa und Außereuropa und ein Engagement der Wirtschafts- und Sozialgeschichte für solche großräumigen und komparativen Aufgaben zu wünschen.

Zusammenhang zwischen außereuropäischer Expansion und innereuropäischem Wandel

Die Frühneuzeit ist gekennzeichnet durch eine ständige Neuartikulation und Neubildung der Kräfte europäischer Einheit – über alle Brüche und Krisen politischer, kirchlicher oder sozioökonomischer Art hinweg. Diese spezifische Einheitlichkeit ist offenbar in zunehmendem Maße bestimmt durch die Herrschaft Europas über Außereuropa, wobei die Bedeutung der ökonomischen Bedingungen und Faktoren von Anfang an nicht von dem kulturellen Selbstverständnis und der wissenschaftlich-technischen Überlegenheit zu trennen ist. Daß außereuropäische Komponenten für Europa im 17. Jahrhundert eine größere Rolle spielten als im 16. Jahrhundert, steht außer Zweifel. Wesentlich ist das unaufhaltsame Stärkerwerden dieser Bedingungsprozesse, die mit dem Aufschwung von Welthandel, Wissenschaft und Technik verbunden sind und durch politische Grenzen und Entscheidungen nicht im Kern berührt werden. Im übrigen hatten die Zeitgenossen vor der Aufklärung offenbar nur in eingeschränkter Weise die intellektuellen Mittel (und die Absicht), sich über derartige neue Zusammenhänge klar zu werden. Vielleicht hat hier (wie in anderen Bereichen) das humanistisch geformte Bewußtsein im ganzen eine zwiespältige Rolle gespielt: einerseits die geographisch-ethnologische Empirie gegenüber Außereuropa fördernd, andererseits die Reflexion über die Bedingungen und Wirkungen der Herrschaft in Übersee beengend. Es ist jedenfalls erstaunlich, in welchem Ausmaß der schlichte aristotelische Grundsatz von der berechtigten Herrschaft der Gebildeten über die Barbaren die damaligen Diskussionen beherrschte. W. REINHARD hat einen Sammelband herausgebracht, der diesem Zusammenhang zwischen Renaissance-Humanismus und Amerika nachgeht [713]. Neben rezeptionsgeschichtlichen Beiträgen sind darin jene von besonderem Interesse, die Amerika selbst gelten. W. REINHARD verfolgt die Frage nach dem Konnex zwischen Sprache und Sprachwissenschaft in der europäischen Expansion [1–36]. Die Beiträge von A. PAGDEN [„The Humanism of Vasco de Quiroga's, Información en derecho'" 133–142], P. PIETSCHMANN [„Aristotelischer Humanismus und Inhumanität? Sepúlveda und die amerikanischen Ureinwohner", 143–166] und B. RECH [„Bartolomé de Las Casas und die Antike", 167–197] bestätigen die wenig eindeutige Haltung, humanistisch geprägter Persönlichkeiten zu der Frage der Behandlung der Indianer.

Neuartige Forschungsaufgaben: die besonderen Phänomene des europäischen Weges, Innen- und Außenbezüge

Wieweit nun gerade durch diese Außenbezüge die inneren europäischen Bedingungen des zivilisatorischen Prozesses, eines relativen sozialen Interessenausgleichs und des Aufstiegs immer breiterer Schichten beeinflußt wurden, ist eine weitgehend umstrittene und ungeklärte Frage. Allein diese Frage ausdrücklich zu stellen, bedeutet in nuce bereits ein sehr anspruchsvolles Programm kooperierender Forschungsansätze: „examination of European history in the light of an external influence upon it" [705: ELLIOTT 7]. Das unvergleichliche Phänomen der nachmittelalterlichen Einheit und Vielgestalt Europas, das offenbar sehr nahe mit der Unaufhaltsamkeit der weltverändernden abendländischen Akzeleration zu tun hat, beschäftigt seit langem die Geschichtswissenschaft. Eine intensivere Verbindung der Erforschung der Innen- und Außenbezüge Europas in der frühen Neuzeit dürfte auch im Horizont heutiger Reflexionen über die Stellung des alten Kontinents in der Welt von morgen sinnvoll sein.

III: Quellen und Literatur

A. Quellen

1. Römisch-Deutsches Reich

a) Allgemeines

1. Geschichte in Quellen, Bd. 3: Renaissance-Glaubenskämpfe-Absolutismus, ed. F. Dickmann, München 1966.
2. K. Zeumer, Quellensammlung zur Geschichte der Deutschen Reichsverfassung vom Mittelalter zur Neuzeit, 2. Aufl., Tübingen 1913.
3. Quellen zum Verfassungsorganismus des Heiligen Römischen Reiches Deutscher Nation 1495–1815, ed. H. H. Hofmann, Darmstadt 1976.
4. Kaiser und Reich. Klassische Texte zur Verfassungsgeschichte des Heiligen Römischen Reiches Deutscher Nation vom Beginn des 12. Jahrhunderts bis zum Jahre 1806, ed. A. Buschmann, München 1984.
5. Neue und vollständigere Sammlung der Reichsabschiede, ed. J. G. Schmauss, H. C. Senckenberg, 4 Teile, Frankfurt 1747.

b) Reichsgeschichte 1520–1648

6. Deutsche Reichstagsakten, Jüngere Reihe, ed. Historische Kommission bei der Bayerischen Akademie der Wissenschaften Bd. 1 [Wahlakten 1519], ed. A. Kluckhohn, Gotha 1893 (Nachdruck Göttingen 1962).
7. Deutsche Reichstagsakten, Jüngere Reihe, Bd. 2 [Der Reichstag zu Worms 1521], ed. A. Wrede, Gotha 1896 (Nachdruck Göttingen 1962).
8. Deutsche Reichstagsakten, Jüngere Reihe, Bd. 3 [Reichstage zu Nürnberg 1522/23], ed. A. Wrede, Gotha 1901 (Nachdruck Göttingen 1963).
9. Deutsche Reichstagsakten, Jüngere Reihe, Bd. 4 [Reichstag zu Nürnberg 1524], ed. A. Wrede, Gotha 1905 (Nachdruck Göttingen 1963).
10. Deutsche Reichstagsakten, Jüngere Reihe, Bd. 7, in zwei Halbbänden [Tagungen 1527–1529], J. Kühn, Stuttgart 1935 (Nachdruck Göttingen 1963).
11. Deutsche Reichstagsakten, Jüngere Reihe, Bd. 8, in zwei Halbbänden [Tagungen 1529 bis zum Beginn des Reichstags 1530], ed. W. Steglich, Göttingen 1970.

12. Deutsche Reichstagsakten, Jüngere Reihe, Bd. 10 [Der Reichstag in Regensburg und die Verhandlungen über einen Friedstand mit den Protestanten in Schweinfurt und Nürnberg 1532], ed. R. Aulinger, Göttingen 1992.

13. Deutsche Reichstagsakten. Reichsversammlungen 1556–1662. Der Reichstag zu Speyer 1570, ed. M. Lanzinner, Göttingen 1988.

14. Deutsche Reichstagsakten. Reichsversammlungen 1556–1662. Der Reichsdeputationstag zu Worms 1586, ed. T. Fröschl, Göttingen 1994.

15. V. v. Tetleben, Protokoll des Augsburger Reichstages 1530, ed. H. Grundmann, Göttingen 1958.

16. Das Reichstagsprotokoll des kaiserlichen Kommissars Felix Hornung vom Augsburger Reichstag 1555, mit einem Anhang: Die Denkschrift des Reichsvizekanzlers, G. S. Seld für den Augsburger Reichstag, ed. H. Lutz, A. Kohler, Wien 1971.

17. Des kursächsischen Rathes Hans von der Planitz Berichte aus dem Reichsregiment in Nürnberg 1521–1523, ed. E. Wülcker, H. Virck, Leipzig 1899.

18. Quellen zur Geschichte des Bauernkrieges (1524/25), ed. G. Franz, München – Wien 1963

19. Die Schmalkaldischen Bundesabschiede, 2. Bde. (1530–1536), ed. E. Fabian, Tübingen 1958.

20. Briefe und Akten zur Geschichte des 16. Jahrhunderts mit besonderer Rücksicht auf Bayerns Fürstenhaus, ed. Historische Kommission bei der königlichen Akademie der Wissenschaften.
Bd. 1–4: Beiträge zur Reichsgeschichte 1546–1555, ed. A. v. Druffel (Bd. 4 ergänzt von K. Brandi), München 1873/96.
Bd. 5: Beiträge zur Geschichte Herzog Albrechts V. und des Landsberger Bundes 1556–1598, ed. W. Goetz, München 1898.
Bd. 6: Beiträge zur Geschichte Herzog Albrechts V. und der sogenannten Adelsverschwörung von 1563, ed. W. Goetz, L. Theobald, Leipzig 1913.

21. Urkunden und Aktenstücke des Reichsarchivs Wien zur reichsrechtlichen Stellung des Burgundischen Kreises, ed. L. Gross, 3 Bde., Wien 1944/45.

22. Quellen zur Vorgeschichte und zu den Anfängen des Dreißigjährigen Krieges, ed. G. Lorenz, Darmstadt 1991.

23. Briefe und Akten zur Geschichte des dreißigjährigen Krieges in den Zeiten des vorwaltenden Einflusses der Wittelsbacher, ed. Historische Kommission bei der königlichen Akademie der Wissenschaften, 12 Bde. (1598–1618), München 1870/1978.

24. Briefe und Akten zur Geschichte des Dreißigjährigen Krieges, Neue Folge. Die Politik Maximilians I. von Bayern und seiner Verbündeten 1618–1651, ed. Historische Kommission bei der Bayerischen Akademie der Wissenschaften, bisher 8 Bde., Leipzig–München 1907/82.

25. Documenta Bohemica bellum tricennale illustrantia, ed. Tschechoslowaki-

sche Akademie der Wissenschaften, bisher 7 Bde., ed. J. POLIŠENSKÝ u. a., Prag–Wien 1971/81.

26. Quellen zur Geschichte Wallensteins, ed. G. LORENZ, Darmstadt 1987.

27. Acta Pacis Westphalicae. Im Auftrag der Vereinigung zur Erforschung der Neueren Geschichte, ed. M. BRAUBACH, K. REPGEN, Münster 1962ff. Bisher erschienen:
Serie I: Instruktionen. Bd. 1: Frankreich, Schweden, Kaiser, 1962.
Serie II: Korrespondenzen. Abt. A: Die kaiserlichen Korrespondenzen. Bd. 1: 1643–1644, Bd. 2: 1644–1645, 1976. Bd. 3: 1645–1646, 1985. Bd. 5: 1646/47, 1993. Abt. B. Die französischen Korrespondenzen, Bd. 1: 1644, 1979. Bd. 2: 1645, 1986. – Abt. C: Die schwedischen Korrespondenzen, Bd. 1: 1643–1645, 1965. Bd. 2: 1645–1646, 1971. Bd. 3: 1646–1647, 1975. Bd. 4: 1647–1649, 1994.
Serie III: Protokolle, Verhandlungsakten, Diarien, Varia. Abt. A: Protokolle: Bd. 1: Die Beratungen der kurfürstlichen Kurie 1645–1647, 1975. Bd. 4/1: Die Beratungen der katholischen Stände 1645–1647, 1970. Bd. 6: Die Beratungen der Städtekurie Osnabrück 1645–1649, 1981. – Abt. C: Diarien. Bd. 1: Diarium Chigi 1639–1651, 1984. Diarium Volmar, 1. Teil: 1643–1647, 2. Teil: 1647–1649, 1984, 3. Teil: Register, 1993. Bd. 3: Diarium Wartenberg, 1. Teil: 1644–1646, 2. Teil: 1647–1648, 1987/88. Bd. 4: Diarium Lamberg 1645–1649, 1986. – Abt. D: Varia. Bd. 1: Stadtmünsterische Akten und Vermischtes, 1964.

c) Kultur- und Wirtschaftsgeschichte

28. Die Chroniken der deutschen Städte vom 14. bis ins 16. Jahrhundert, 32 Bde., Leipzig 1862–1917.

29. Die historischen Volkslieder der Deutschen, ed.: R. v. LILIENCRON, Bd. 3, 4, Leipzig 1867/69.

30. Flugschriften aus der Reformationszeit (in: Neudrucke deutscher Literaturwerke des 16. und 17. Jahrhunderts), ed. W. BRAUNE, Halle 1876ff.

31. Flugschriften aus den ersten Jahren der Reformation, ed. O. CLEMEN, 4 Bde., Halle 1906/11.

32. Die Ordnungen des Reichshofrates 1550–1766. 1. Halbband bis 1626, ed. W. SELLERT, Köln–Wien 1980.

33. A. KERN, Deutsche Hofordnungen des 16. und 17. Jahrhunderts, 2 Bde., Berlin 1905/1907.

34. Politische Testamente und andere Quellen zum Fürstenethos der frühen Neuzeit, ed. H. DUCHHARDT, Darmstadt 1987.

35. Polizei- und Landesordnungen, ed. K. G. SCHMELZEISEN, 2 Bde., Köln 1968/69.

36. Landtafel des Erzherzogtums Österreich ob der Enns, Bd. 1: Verfaßte

Landtafel von 1616 und corrigierte Landtafel von 1629, ed. H.-W. Strätz, Linz 1990.

37. Deutsche Handelsakten des Mittelalters und der Neuzeit, ed. Historische Kommission bei der Bayerischen Akademie der Wissenschaften, bisher 15 Bde., Wiesbaden 1923/74.
38. Monumenta Germaniae Paedagogica, begründet von A. Kehrbach, 62 Bde., Berlin 1886/1939.

d) Karl V., Habsburg

39. Correspondenz des Kaisers Karl V., ed. K. Lanz, 3 Bde., Leipzig 1844/46.
40. Staatspapiere zur Geschichte des Kaisers Karl V., ed. K. Lanz, Stuttgart 1845.
41. Dokumente zur Geschichte Karls V., Philipps II. und ihrer Zeit aus spanischen Archiven, ed. J. J. J. v. Döllinger, Regensburg 1862.
42. Corpus documental de Carlos V., ed. M. Fernandez Alvarez, 5 Bde. (1516–1548), Salamanca 1973/81.
43. Quellen zur Geschichte Karls V., ed. A. Kohler, Darmstadt 1990.
44. A. Morel-Fatio, Historiographie de Charles-Quint, Vol. 1, suivi des memoires de Charles-Quint. Texte portugais et traduction française, Paris 1913.
45. Die Reichsregisterbücher Kaiser Karls V., ed. Haus-, Hof- und Staatsarchiv Wien, 2 Bde., Wien–Leipzig 1913/30.
46. Historia vite et gestorum per dominum magnum cancellarium (Mercurino Arborio di Gattinara), ed. C. Bornate, in: Miscellanea di storia italiana, 3. Ser., 17 (1915) 231–585.
47. Papiers d'Etat du Cardinal de Granvelle, ed. C. Weiss, 9 Bde., Paris 1841/52 (die ersten vier Bände betreffen die Regierungszeit Karls V).
48. Die Korrespondenz Ferdinands I., ed. W. Bauer, A. Lacroix, H. Wolfram, Ch. Thomas, bisher 3 Bde. [bis 1532], Wien 1912/84.
49. D. C. Spielman, Ch. Thomas, Quellen zur Jugend Erzherzogs Ferdinand I. in Spanien. Bisher unbekannte Briefe Karls V. an seinen Bruder (1514–1517), in: MÖStA 37 (1984) 1–34.
50. Die Korrespondenz Maximilians II. 1564–1567, 2 Bde., ed. V. Bibl, Wien 1916/21.
51. Die Krönungen Maximilians II. zum König von Böhmen, Römischen König und König von Ungarn (1562/63) nach der Beschreibung des Hans Habersack, ed. F. Edelmayer, L. Kammerhofer u. a., Wien 1990.

e) Einzelne Reichsstände

52. Fontes Rerum Austriacarum. Österreichische Geschichtsquellen, ed. Historische Kommission der Österreichischen Akademie der Wissenschaf-

ten, bisher 96 Bde., Wien 1855 ff. (zahlreiche Bände betreffen die Zeit 1520 bis 1648).

53. Publicationen aus den preußischen Staatsarchiven, 94 Bde., Leipzig 1878–1938 (darin zahlreiche Quellenbände für die Zeit von 1520–1650, betreffend Territorien, die damals und später zu Brandenburg-Preußen gehörten).

54. Kurmärkische Ständeakten aus der Regierungszeit Kurfürst Joachims II. 1535–1570, ed. W. Friedensburg, 2 Bde., München–Leipzig 1913/16.

55. Ältere Pfälzische Korrespondenzen, ed. Historische Kommission bei der Königl. Akademie der Wissenschaften:
Briefe Friedrich des Frommen, Kurfürsten von der Pfalz mit verwandten Schriftstücken, 1559–1576, ed. A. Kluckhohn, 2 Bde., Braunschweig 1867/72.
Briefe des Pfalzgrafen Johann Casimir mit verwandten Schriftstücken, 1576–1592, ed. F. v. Bezold, 3 Bde., München 1882/1903.

56. Moritz von Sachsen, Politische Korrespondenz, ed. E. Brandenburg, J. Hermann, G. Wartenberg, 4 Bde., Leipzig 1900/04, Berlin 1978/92.

57. Akten und Briefe zur Kirchenpolitik Herzog Georgs v. Sachsen, ed. F. Gess, 2 Bde., Leipzig 1905/17.

58. Briefwechsel Landgraf Philipps des Großmüthigen von Hessen mit Martin Bucer, ed. M. Lenz, 3 Bde., Berlin 1880/91.

59. G. Blarer, Briefe und Akten, ed. H. Guenter, Stuttgart 1914/21.

60. Briefwechsel des Herzogs Christoph von Wirtemberg, ed. V. Ernst, 4 Bde., Stuttgart 1899/1907.

61. Die politische Correspondenz der Stadt Straßburg im Zeitalter der Reformation, 5 Bde., ed. H. Virck, O. Winckelmann, I. Bernays, W. Friedensburg, Straßburg–Heidelberg 1882/1933.

2. England

62. English Historical Documents, Bd. 5 (1485–1558), ed. Ch. Williams, London 1967.

63. Calendar of State Papers, [zahlreiche Bände in mehreren Serien; für die Epoche Karls V. am wichtigsten]:
Calendar of letters, foreign and domestic, relating to the Reign of Henry VIII., 21 Bde., London 1882 ff.
Calendar of Letters, Despatches and State Papers, relating to the negotiations between England and Spain, 13 Bde., London 1862/1954.

64. Tudor Royal Proclamations, ed. P. L. Hughes, J. F. Larkin, 3 Bde., New Haven–London 1964/69.

65. Tudor Economic Documents, ed. R. H. Tawney, E. Power, 3 Bde., London 1924.

3. Frankreich

66. Collection de documents inédits sur l'histoire de France, Paris 1835 ff. Zahlreiche Einzelreihen, besonders wichtig:
    Negotiations diplomatiques de la France avec la Toscane, ed. A. Desjardins, 6 Bde., Paris 1859/86.
    Negotiations de la France dans le Levant, ed. E. Charrièrre, 4 Bde., Paris 1848/60.
    Lettres de Catherine de Médicis, 11 Bde., ed. G. Baguenault de Puchesse, Paris 1880/1943.
    Lettres, Instructions diplomatiques et papiers d'Etat du Cardinal de Richelieu, ed. D. L. M. Avenel, 8 Bde., Paris 1853/77.
    Negotiations diplomatiques entre la France et l'Autriche, durant les trente premieres années du XVIe, siècle, ed. A. D. Le Glay, 2 Bde., Paris 1845.
67. Ordonnances des rois de France. Règne de François Ier, bisher 9 Bde., Paris 1902/73.
68. Documents pour servir à l'histoire des guerres d'Italie, ed. A. Lublinskaja, Bd. 1, Moskau–Leningrad 1963 (für die Jahre 1547/48).
69. Memoires du Cardinal de Richelieu, ed. H. de Beaucaire, 10 Bde., Paris 1907/31.
70. Les papiers de Richelieu. Section politique intérieure, correspondance et papiers d'Etat, 5 Bde., ed. P. Grillon, Paris 1975/82.

4. Spanien

71. Colección de documentos indéditos para la historia de España [enthält zahlreiche Bände zur Geschichte des 16. und 17. Jahrhunderts], Madrid 1842/95.
72. Collección de documentos para la historia de la formación social de Hispanoamerica 1493–1810, ed. R. Konetzke, 3 Bde., Madrid 1953/62.

5. Italien

73. Le Relazioni degli ambasciatori Veneti al senato durante il secolo 16., ed. E. Alberi, 15 Bde., Florenz 1839/63.
74. Die Relationen der venezianischen Botschafter über Deutschland und Österreich im 16. Jahrhundert, ed. J. Fiedler, Wien 1870.
75. Venetianische Depeschen vom Kaiserhof. Dispacci di Germania, ed. G. Turba, 3 Bde., Wien 1889/96.
76. R. Rainer, Die venetianischen Gesandtschaftsberichte vom Hof Karls V.

in Villach im Jahre 1552, in: Neues aus Alt-Villach, 28. Jahrbuch des Stadtmuseums, Villach 1991, 59–109.

77. Fonti per la storia d'Italia, ed. Istituto Storico Italiano per l'età moderna e contemporanea, Bologna–Rom 1935 ff. (zahlreiche Einzelserien, u. a. Nunziature d'Italia, siehe unten Nr. 94):
Carteggi di Francesco Guicciardini, ed. R. PALMAROCCHI, 13 Bde., Bologna–Rom 1938/68.
Istruzioni e relazioni degli ambasciatori genovesi, 6 Bde. [Spanien 1494–1745], ed. R. CIASCA, Rom 1951/67.

78. Quellen zur Reformation, ed. R. WOHLFEIL, Darmstadt 1993.

6. QUELLEN ZUR KIRCHENGESCHICHTE

79. Quellen zur Geschichte der Täufer, bisher 15 Bde., Leipzig–Gütersloh 1930 ff.

80. Quellen zur Geschichte der Täufer in der Schweiz, bisher 4 Bde., Zürich 1952 ff.

81. Die Bekenntnisschriften der evangelisch-lutherischen Kirche, 8. Aufl., Göttingen 1979 (u. a. Confessio Augustana, Apologie, Konkordienformel).

82. Die evangelischen Kirchenordnungen des 16. Jahrhunderts, ed. E. SEHLING, bisher 15 Bde., Leipzig–Tübingen 1920 ff.

83. Repertorium der Kirchenvisitationsakten aus dem 16. und 17. Jahrhundert in Archiven der Bundesrepublik Deutschland, Bd. 1: Hessen, ed. C. REINHARDT, H. SCHNABEL-SCHÜLE, Stuttgart 1982, Bd. 2: Baden-Württemberg, ed. E. W. ZEEDEN, P. T. LANG, Stuttgart 1984.

84. Correspondance des réformateurs dans les pays de langue française, ed. A. L. HERMINJARD, 9 Bde., Genf 1878/98.

85. Acta Reformationis catholicae ecclesiam Germaniae concernentia saec. XVI. Die Reformverhandlungen des deutschen Episkopats von 1520 bis 1570, ed. G. PFEILSCHIFTER, 6 Bde., Regensburg 1959/74.

86. Concilium Tridentinum. Diariorum, actorum, epistularum, tractatuum nova collectio, ed. Societas Goerresiana, 18 Bde., Freiburg 1901 ff. (Teilnachdruck als 2. Aufl., Freiburg 1963 ff.).

87. Corpus catholicorum. Werke katholischer Schriftsteller im Zeitalter der Glaubensspaltung, bisher 32 Bde., Münster 1919 ff. (u. a. Schriften von J. Eck, J. Cochlaeus, H. Emser, K. Schatzgeyer, G. Contarini, B. Latomus, J. Fisher, Th. de Vio Caietanus, Augustin von Alfeld, N. Herborn, G. Witzel, J. Hoffmeister, Th. Murner, J. Fabri [Faber], A. Catharinus, G. Seripando, A. Engelbrecht, J. Gropper).

88. Monumenta Historica Societatis Jesu, bisher 75 Bände in mehreren Reihen,

Madrid–Rom 1894 ff. (beste Übersicht bei H. Rahner (Ed.), Ignatius von Loyola, Briefwechsel mit Frauen, Freiburg 1956, 563 f.).

89. Nuntiaturberichte aus Deutschland.
Erste Abteilung (1533–1559), ed. Deutsches [früher Preußisches] Historisches Institut in Rom, 18 Bde., und 2 Erg.-Bde., Gotha, dann Tübingen 1892–1981 (teilweise Nachdruck Frankfurt 1968).
Zweite Abteilung (1560–1572), ed. Historische Kommission der Österreichischen Akademie der Wissenschaften, 8 Bde., Wien 1897–1967.
Dritte Abteilung (1572–1585), ed. Deutsches [früher Preußisches] Historisches Institut in Rom, bisher 6 Bde., Berlin 1892 ff.
Vierte Abteilung [Siebzehntes Jahrhundert, ohne Bandzählung], ed. Deutsches [früher Preußisches] Historisches Institut in Rom, bisher 3 Bde., Gotha 1895–1913.

90. Nuntiaturberichte aus Deutschland, ed. Görresgesellschaft, bisher 8 Bde., teilweise in Halbbänden, Paderborn–München 1895 ff., teilweise Nachdruck Paderborn 1969 ff. – (Nicht in die Allgemeine Abteilungszählung eingereiht, betrifft die Nuntiatur am Kaiserhof 1585 bis 1592 – 3 Bde. – und, mit fortgesetzter Bandzählung, die Kölner Nuntiatur ab 1584).

91. Nuntiaturberichte, Sonderreihe: Grazer Nuntiatur, ed. Österreichisches Kulturinstitut in Rom und Österreichische Akademie der Wissenschaften, bisher 2 Bde.: Nuntiatur des Germanico Malaspina, Sendung des Antonio Possevino 1580–1582, Nuntiatur des Germanico Malaspina und des Giovanni Andrea Caligari 1582–1587, ed. J. Rainer, Wien 1973/81.

92. Nuntiatureditionen der Görresgesellschaft, die außerhalb der Reihe „Nuntiaturberichte aus Deutschland“ erschienen sind:
Nuntiaturberichte Giovanni Morones vom deutschen Königshofe 1539, 1540, ed. F. Dittrich, Paderborn 1892.
Die Nuntiaturkorrespondenz Kaspar Groppers nebst verwandten Aktenstücken, ed. W. E. Schwarz, Paderborn 1896.

93. Epistulae et Acta nuntiorum apostolicorum apud imperatorem 1592–1628, curis Instituti historici Bohemo-slovenici Romae et Pragae, 5 Bde. erschienen [für die Jahre 1604–1611], Prag 1932/46: 5 Bde. für die Jahre 1592–1598, Brescia 1966/67.

94. Nunziature d'Italia. Secoli XVI–XVIII, ed. Istituto Storico Italiano per l'età moderna et contemporanea, bisher 9 Bde., Rom 1958 ff. (Nuntiaturen in Venedig, Neapel, Savoyen).

95. Acta Nuntiaturae Gallicae, ed. Faculté d'Histoire Ecclésiastique de l'Université Pontificale Grégorienne et l'Ecole Française de Rome, bisher 14 Bde., Rom–Paris 1961 ff. (ab 1535, geplant bis zur Französischen Revolution).

96. Nonciature de Flandre, ed. Institut Historique Belge de Rome, bisher 14 Bde., Brüssel–Rom 1924 ff. (beginnt 1596).

97. Monumenta Poloniae Vaticana, Bd. 4–7, Krakau 1915/50 (enthalten Nuntiaturberichte aus Polen).

98. Litterae Nuntiorum Apostolicorum historiam Ucrainae illustrantes (1550–1850), bisher 14 Bde., ed. A. G. WELYKYJ, Rom 1959ff.

99. Die Hauptinstruktionen Clemens' VIII. für Nuntien und Legaten an europäischen Fürstenhöfen 1592–1605, 2 Bde., ed. K. JAITNER, Tübingen 1984.

7. KORRESPONDENZEN, WERKAUSGABEN UND AUTOBIOGRAPHISCHE SCHRIFTEN

100. GEORGIUS AGRICOLA, Ausgewählte Werke. Gedenkausgabe des staatlichen Museums für Mineralogie und Geologie zu Dresden, ed. H. PRESCHER, 10 Bde., Berlin 1956/74.

101. Die AMERBACHKORRESPONDENZ, bisher 8 Bde., ed. B. R. JENNY, Basel 1942/74.

102. JOHANN VALENTIN ANDREAE, Christianopolis 1619. Originaltext und Übertragung nach D. S. Georgi 1741, ed. R. VAN DÜLMEN, Stuttgart 1972.

103. JOHANNES TURMAIR's gen. AVENTINUS, Sämtliche Werke, ed. Bayerische Akademie der Wissenschaften, 6 Bde., München 1881/1906.

104. Lord BACON's Works, ed. J. SPEDDING u. a., 14 Bde., London 1857/74.

105. FRANCIS BACON, Das neue Organon-Novum Organon, deutsche Übersetzung ed. R. HOFFMANN, Berlin 1962.

106. PIERRE DE BÉRULLE. Correspondance, ed. J. DAGENS, 3 Bde., Paris 1937/39.

107. Correspondance de THÉODORE DE BÈZE, ed. H. AUBERT, u. a., bisher 8 Bde., Genf 1960/73.

108. C. WEINMANN, Die Katechismen des Johannes Brenz, Bd. 1: Die Entstehungs-, Text- und Wirkungsgeschichte, Berlin New York 1990.

109. BEZA, BRUTUS, HOTMAN. Calvinistische Monarchomachen, übers. H. KLINGENHÖFER, ed. J. DENNERT, Köln–Opladen 1968.

110. Briefwechsel der Brüder AMBROSIUS UND THOMAS BLAURER 1509–1548, ed. T. SCHIESS, 3 Bde., Freiburg 1908/12.

111. JEAN BODIN, Colloquium heptaplomeres, ed. L. NOACK, Schwerin 1857.

112. GIOVANNI BOTERO, Della Ragion di Stato, ed. L. FIRPO, Turin 1948.

113. MARTIN BUCERS Deutsche Schriften, ed. R. STUPPERICH, W. BELLARDI, bisher 6 Bde., Gütersloh 1960/87.

114. Martini Buceri Opera latina, Bd. 1., ed. C. AUGUSTIJN, P. FRAENKEL, M. LIENHARD, Leiden 1982.

115. Heinrich Bullingers unveröffentlichte Werke der Kappeler Zeit. Theologica, Heinrich Bullingers Theologische Schriften 2, ed. H.-G. VOM BERG, B. SCHNEIDER, E. ZSINDELY (†), Zürich 1991.

116. Calvini Opera, ed. J. W. Baum, E. Cunitz, E. Reuss, 59 Bde., Braunschweig–Berlin 1863/1900.

117. Tommaso Campanella, Theologicorum libri triginta, ed. R. Amerio, bisher 21 Bde., Rom 1949/70.

118. Tommaso Campanella, Tutte le opere, ed. L. Firpo, Bd. 1, Mailand 1954.

119. Beati Petri Canisii Epistolae et Acta, ed. O. Braunsberger, 8 Bde., Freiburg 1896/1923.

120. Johann Amos Comenius, Pampaedia, mit deutscher Übersetzung ed. D. Tschižewskij, Heidelberg 1960.

121. Nicolai Copernici Opera Omnia, ed. Polnische Akademie der Wissenschaften, bisher 2 Bde., Warszawa-Krakow 1973/75 (gleichzeitig beginnt eine deutsche Ausgabe zu erscheinen: Nicolaus Copernicus. Gesamtausgabe, ed. H. M. Nobis, bisher ein Band, Hildesheim 1974).

122. Quellen zur Geschichte der Täufer, Bd. 6 (in 3 Teilen): Hans Denck, Schriften, ed. G. Baring, W. Fellmann, Gütersloh 1955/56/60.

123. Albrecht Dürers schriftlicher Nachlaß, ed. H. Rupprich, 3 Bde., Berlin 1956/69.

124. Opera Omnia Desiderii Erasmi Roterodami, recognita et adnotatione critica instructa notisque illustrata, ed. J. H. Waszink, u. a., bisher 16 Bde., Amsterdam–Oxford 1968/87.

125. Opus Epistolarum Des. Erasmi Roterodami, ed. P. S. Allen, 12 Bde., Oxford 1906/58.

126. Collected Works of Erasmus, ed. University of Toronto, bisher 18 Bde., Toronto 1974 ff.

127. Edizione nazionale delle Opere di Galileo Galilei, 20 Bde., Florenz 1890/1909.

128. Galileo Galilei, Schriften, Briefe, Dokumente, 2 Bde., ed. A. Mudry, München 1987.

129. Briefwisseling van Hugo Grotius, ed. Ph. Ch. Molhuysen, bisher 10 Bde. 's.-Gravenshage 1928/76.

130. Ulrichi Hutteni equitis Germani opera quae reperiri potuerunt omnia ed. E. Böking, 7 Bde., Leipzig 1859/70.

131. Johannes Kepler, Gesammelte Werke, ed. F. Hammer, bisher 19 Bde., München 1937/75.

132. Bartolomé de Las Casas, Obras, 5 Bde., Madrid 1957/58.

133. Martin Luther, Werke. Kritische Gesamtausgabe, über 100 Bände in 4 Reihen, Weimar 1883/1970.

134. Dokumente zur Causa Lutheri (1517–1521). Teil 1: Das Gutachten des Prierias und weitere Schriften gegen Luthers Ablaßthesen (1517–1518), ed. P. Fabisch, E. Iserloh; Münster 1988.

135. Tutte le Opere di NICCOLÒ MACHIAVELLI, ed. F. FLORA, C. CORDIÉ, 2 Bde., 2./3. Aufl., Verona 1967/68.

136. BENEDETTO DA MANTEVA, Il beneficio di Cristo, con le versioni del secolo XVI. Documenti e testimonianze, ed. S. CAPONETTO, Florenz–Chicago 1972.

137. PETER MARTYR von Anghiera, Acht Dekaden über die Neue Welt, ed. H. KLINGELHÖFER, 2 Bde., Darmstadt 1972/73.

138. PHILIPPI MELANTHONIS Opera quae supersunt omnia, ed. C. G. BRETSCHNEIDER, H. E. BINDSEIL, 28 Bde., Halle 1834/52.

139. Supplementa MELANCHTHONIANA, 5 Bde., Leipzig 1910/28.

140. MELANCHTHONS Briefwechsel, Kritische und kommentierte Gesamtausgabe, ed. H. SCHEIBLE, bisher 2 Bde. [Regesten 1514–1539], Stuttgart-Bad Cannstatt 1977/78.

141. The Yale Edition of the Complete Works of. St. THOMAS MORE, bisher 9 Bde., New Haven Conn. 1963/76.

142. THOMAS MÜNTZER, Schriften und Briefe. Kritische Gesamtausgabe, ed. P. KIRN, G. FRANZ, Gütersloh 1968.

143. THOMAS NAOGEORG, Sämtliche Werke, ed. H. ROLOFF, bisher ein Bd., Berlin 1975.

144. ANDREAS OSIANDER D. Ä., Gesamtausgabe ed. G. MÜLLER, G. SEEBASS, bisher 8 Bde., Gütersloh 1975/90.

145. THEOPHRAST VON HOHENHEIM genannt PARACELSUS, Sämtliche Werke, bisher 20 Bde. in 2 Abt., München–Berlin–Wiesbaden 1929 ff.

146. KONRAD PEUTINGERS Briefwechsel, ed. E. KÖNIG, München 1928.

147. JULIUS PFLUG, Correspondance, ed. J. V. POLLET, bisher 6 Bde., Leiden 1969/83.

148. WILLIBALD PIRCKHEIMERS Briefwechsel, ed. A. REIMANN, E. REICKE, bisher 2 Bde., München 1940/56.

149. Corpus SCHWENKFELDIANORUM, 19 Bde., Leipzig–Pennsburg 1907/61.

150. SLEIDANS Briefwechsel, ed. H. BAUMGARTEN, Straßburg 1881.

151. FRIEDRICH VON SPEE, Cautio Criminalis, deutsch von J. F. RITTER, Weimar 1939.

152. JOACHIM VON WATT (VADIAN), Deutsche historische Schriften, ed. E. GÖTZINGER, 3 Bde., St. Gallen 1875/79.

153. FRANCISCUS DE VITORIA, Relectiones theologicae, ed. L. G. CETINO, 3 Bde., Madrid 1933/35.

154. Das Buch WEINSBERG, ed. K. HÖHLBAUM, F. LAU, J. STEIN, 5 Bde., Leipzig 1886/1926 (Hermann Weinsberg Autobiographie, 1518–1597).

155. GEORG WICKRAM, Sämtliche Werke, ed. H.-G. ROLOFF, bisher 2 Bde., Berlin–New York 1972/73.

156. Die Chronik der Grafen von Zimmern, ed. H. Decker-Hauff, bisher 3 Bde., Konstanz–Stuttgart 1964/72.

157. Huldreich Zwinglis sämtliche Werke, ed. E. Egli, G. Finsler u. a., 14 Bde., Berlin–Zürich 1905/63.

158. T. u. F. Platter, Zur Sittengeschichte des XVI. Jahrhunderts, ed. H. Boos, Leipzig 1878.

159. F. Platter, Tagebuch (Lebensbeschreibung) 1536–1567, ed. V. Lötscher, Basel–Stuttgart 1976.

160. Bartholomäi Sastrowen Herkommen, Geburt und Lauf seines ganzen Lebens..., 3 Teile, ed. G. C. F. Mohnicke, Greifswald 1823/24.

161. Götz von Berlichingen, Mein Fehd und Handlungen, ed. H. Ulmschneider, Sigmaringen 1981.

162. Leben des Benvenuto Cellini, ed. J. W. Goethe, Frankfurt am Main 1981.

163. Ein Söldnerleben im Dreißigjährigen Krieg. Eine Quelle zur Sozialgeschichte, ed. J. Peters, Berlin 1993.

B. DARSTELLUNGEN

1. Hilfsmittel, Periodisierung, Interpretation

a) Hifsmittel

164. Bibliographie de la Réforme, 1450–1648, ed. Commission Internationale d'Histoire Ecclésiastique, 7 Bde. [nach Ländern geordnet, für die Jahre 1940 bis 1955/60: Deutschland, Niederlande, Belgien, Schweden, Norwegen, Dänemark, Irland, USA, Italien, Spanien, Portugal, Frankreich, England, Schweiz, Polen, Ungarn, Tschechoslowakei, Finnland, Österreich, Schottland], Leiden 1958/70.

165. The Bibliography of the Reform 1450–1648 relating to the United Kingdom and Ireland for the Years 1955–70, ed. D. Baker, Oxford 1975.

166. K. Schottenloher, Bibliographie der deutschen Geschichte im Zeitalter der Glaubensspaltung 1517–1585, 7 Bde., 2. Aufl., Stuttgart 1956/66 (reicht bis 1960).

167. H. J. Köhler, Bibliographie der Flugschriften des 16. Jahrhunderts, Teil 1: Das frühe 16. Jahrhundert (1501–1530): Bd. 1,2, Tübingen 1991/92.

168. G. Wolf, Quellenkunde der deutschen Reformationsgeschichte, 3 Bde., Gotha 1915/22 (Nachdruck Nieuwkoop–Hildesheim 1966).

169. F. Schnabel, Deutschlands geschichtliche Quellen und Darstellungen in

der Neuzeit. Erster Teil: Das Zeitalter der Reformation 1500–1550, Leipzig–Berlin 1931 (Nachdruck Darmstadt 1972).

170. Quellenkunde zur deutschen Geschichte der Neuzeit von 1500 bis zur Gegenwart: Bd. 1: Das Zeitalter der Glaubensspaltung (1500–1618), ed. W. Dotzauer, Darmstadt 1987.

171. Archiv für Reformationsgeschichte, Beihefte (Literaturberichte), redigiert von H.-C. Rublack, Gütersloh 1972 ff.

b) Periodisierung, Interpretation

172. E. Hassinger, Die weltgeschichtliche Stellung des 16. Jahrhunderts, in: GWU 2 (1951) 705–718.

173. W. K. Ferguson, The Church in a Changing World: A Contribution to the Interpretation of the Renaissance, in: AHR 59 (1953) 1–18.

174. D. Cantimori, La periodizzazione dell'étà del Rinascimento nella storia d'Italia e in quella d'Europa, in: X Congresso Internazionale di Scienze Storiche, Roma 4–11 Settembre 1955, Bd. 4., Florenz 1955, 307–334.

175. D. Gerhard, Alte und neue Welt in vergleichender Geschichtsschreibung, Göttingen 1962.

176. I. Mieck, Periodisierung und Terminologie der Frühen Neuzeit. Zur Diskussion der letzten beiden Jahrzehnte, in: GWU 19 (1968) 357–373.

177. H. Lutz, Zum heutigen Stand der Periodisierungsdiskussion, in: Bericht über den dreizehnten österreichischen Historikertag, 18.–21. Mai 1976, 314–322.

178. J. Kunisch, Über den Epochencharakter der frühen Neuzeit, in: Die Funktion der Geschichte in unserer Zeit. Festschrift K. D. Erdmann, Stuttgart 1975, 150–161.

179. S. Skalweit, Der Beginn der Neuzeit, Epochengrenzen und Epochenbegriff, Darmstadt 1982.

180. W. Schulze, Einführung in die Neuere Geschichte, Stuttgart 1987.

181. Alteuropa – Ancien Régime – Frühe Neuzeit. Probleme und Methoden der Forschung, ed. H. E. Bödeker, E. Hinrichs, Stuttgart 1991.

182. Reformation oder frühbürgerliche Revolution?, ed. R. Wohlfeil, München 1972.

183. Die frühbürgerliche Revolution in Deutschland, ed. M. Steinmetz, Berlin 1985.

184. H. G. Koenigsberger, L. Stone, Early Modern Revolution: An Exchange, in: Journ. of Mod.Hist. 46 (1974) 99–110.

185. M. Steinmetz, Die historische Bedeutung der Reformation und die Frage nach dem Beginn der Neuzeit in der deutschen Geschichte, in: R. Wohlfeil, Reformation oder frühbürgerliche Revolution?, München 1972, 56–79.

186. G. Vogler, Friedrich Engels zur internationalen Stellung der deutschen frühbürgerlichen Revolution, in ZfG 20 (1972) 444–457.

187. E. Engelberg, Nochmals zur ersten bürgerlichen Revolution und weltgeschichtlichen Periodisierung, in: ZfG 20 (1972) 1285–1305.

188. A. Friesen, Reformation and Utopia. The Marxist interpretation of the Reformation and its antecedents, Wiesbaden 1974.

189. Th. Nipperdey, Die Reformation als Problem der marxistischen Geschichtswissenschaft, in: ders., Reformation, Revolution, Utopie. Studien zum 16. Jahrhundert, Göttingen 1975, 9–37.

190. J. Foschepoth, Reformation und Bauernkrieg im Geschichtsbild der DDR. Zur Methodologie eines gewandelten Geschichtsverständnisses, Berlin 1976.

191. B. Moeller, Probleme der Reformationsgeschichtsforschung, in: ZKG 76 (1965) 246–257.

192. H. Lutz, Zum Wandel der katholischen Lutherinterpretation, in: Objektivität und Parteilichkeit, ed. R. Koselleck, W. J. Mommsen, J. Rüsen, München 1977, 173–198.

193. H. Lutz, „Ursprung der Spaltung in der Nation". Bemerkungen zu einem Kapitel aus Rankes Reformationsgeschichte, in: Festschrift für Hermann Heimpel, Bd. 1, Göttingen 1971, 140–160.

194. H. A. Oberman, Reformation: Epoche oder Episode, in: ARG 68 (1977) 56–111.

2. Allgemeines: Reihenwerke und Handbücher

Handbuch der mittelalterlichen und neueren Geschichte, ed. G. v. Below, F. Meinecke

195. E. Fueter, Geschichte des europäischen Staatensystems von 1492–1559, München–Berlin 1919.

196. W. Platzhoff, Geschichte des europäischen Staatensystems von 1559–1660, München–Berlin 1928 (2. Nachdruck München–Wien 1968).

Historia mundi, begründet von F. Kern u. a., ed. F. Valjavec

197. O. Berkelbach van der Sprenkel u. a., Die überseeische Welt und ihre Erschließung, Bern 1959.

198. A. Bombaci, K. Eder, W. Hubatsch u. a., Übergang zur Moderne, Bern 1957.

Geschichte der Neuzeit, ed. G. Ritter

199. E. Hassinger, Das Werden des neuzeitlichen Europa 1300–1600, 2. Aufl., Braunschweig 1964.

200. W. Hubatsch, Das Zeitalter des Absolutismus 1600–1789, 4. Aufl., Braunschweig 1975.

Propyläen Weltgeschichte, ed. G. Mann

201. H. LUTZ, G. MANN, I. ROOTS u. a., Von der Reformation zur Revolution, Berlin–Frankfurt–Wien 1964.

Fischer Weltgeschichte

202. R. ROMANO, A. TENENTI, Die Grundlegung der modernen Welt. Spätmittelalter, Renaissance, Reformation, Frankfurt 1967 (= Band 12).

203. R. VAN DÜLMEN, Entstehung des frühneuzeitlichen Europa 1550–1648; Frankfurt 1982 (= Band 24).

204. R. KONETZKE, Süd- und Mittelamerika I. Die Indianerkulturen Altamerikas und die spanisch-portugiesische Kolonialherrschaft, Frankfurt 1965 (= Band 22).

Saeculum Weltgeschichte, ed. H. Franke u. a.

205. H. FRANKE, H. JEDIN u. a., Die Epoche des Mongolensturms. Die Formation Europas. Die neuen islamischen Reiche, Freiburg–Basel–Wien 1970.

206. H. FRANKE, W. FRANKE, u. a., Die Entdeckung der Welt durch Europa. Die Selbstbehauptung der asiatischen Kulturen. Europa im Zeichen der Rationalität, Freiburg i. B.–Basel–Wien 1971.

Handbuch der Europäischen Geschichte, ed. Th. Schieder

207. Handbuch der europäischen Geschichte, ed. TH. SCHIEDER, Bd. 3: J. ENGEL (Ed.), Die Entstehung des neuzeitlichen Europa, Stuttgart 1971.

Propyläengeschichte Europas

208. H. DIWALD, Anspruch auf Mündigkeit, um 1400–1555, Frankfurt–Berlin–Wien 1975.

209. E. W. ZEEDEN, Hegemonialkriege und Glaubenskämpfe 1556–1648, Frankfurt–Berlin–Wien 1977.

The New Cambridge Modern History

210. G. R. ELTON (Ed.), The Reformation 1520–1559, Neuaufl., Cambridge 1975.

211. R. B. WERNHAM (Ed.), The Counter-Reformation and Price Revolution 1559–1610, Cambridge 1968.

212. J. C. COOPER (Ed.), The Decline of Spain and the Thirty Years War 1610–1648/59, Cambridge 1970.

A General History of Europe, ed. D. Hay

213. H. G. KOENIGSBERGER, G. L. MOSSE, Europe in the Sixteenth Century, 5. Aufl., New York 1973.

214. D. H. PENNINGTON, Seventeenth Century Europe, London 1970.

History of Modern Europe, ed. F. Gilbert

215. E. F. RICE, The Foundations of Early Modern Europe 1460–1559, London 1971.

216. R. S. DUNN, The Age of Religious Wars 1559–1689, London 1971.

The Rise of Modern Europe, ed. W. L. Langer

217. M. R. O'Connell, The Counter Reformation 1559–1610. New York 1974.
218. R. S. Dünn, The age of religious war 1559–1689, New York 1971.
219. C. J. Friedrich, The Age of the Baroque 1610–1660, New York 1952.

A History of Europe, ed. H. G. Koenigsberger, A. Briggs

220. H. G. Koenigsberger, Early modern Europe 1500–1789, London 1989.

The Fontana History of Europe, ed. J. H. Plumb

221. G. R. Elton, Reformation Europe 1517–1559, London 1963 (deutsche Übersetzung, 2 Bde., Hamburg 1971).
222. J. H. Elliott, Europe Divided 1559–1598, London 1968.
223. G. Parker, Europe in crisis 1598–1648, London 1979.

Peuples et Civilisations, ed. L. Halphen u. Ph. Sagnac

224. H. Hauser, A. Renaudet, Les débuts de l'âge moderne, 4. Aufl., Paris 1956.
225. J. C. Margolin, J.-F. Berger, J. Boisset, A. Châtelet, Ch. Verlinden, B. Vogler, L'avènement des Temps modernes, Paris 1977.
226. H. Hauser, La préponderance espagnole (1559–1660), 3. Aufl., Paris 1948.

Histoire des relations internationales, ed. P. Renouvin

227. G. Zeller, Les temps modernes. De Christoph Colomb à Cromwell, Paris 1953.

Histoire générale des civilisations, ed. M. Crouset

228. R. Mousnier, Le 16e et 17e siècle. Les progrès de la civilisation européenne et le déclin de l'orient 1492–1715, 3. Aufl., Paris 1961.

Nouvelle Clio, ed. R. Boutruche u. P. Lemerle

229. P. Chaunu, Conquête et exploitation des nouveaux mondes, Paris 1969.
230. F. Mauro, L'expansion européenne 1600–1870, Paris 1964.
231. J. Delumeau, Naissance et affirmation de la Réforme, 2. Aufl., Paris 1973.
232. J. Delumeau, Le catholicisme entre Luther et Voltaire, Paris 1971.
233. H. Lapeyre, Les monarchies européennes du XVIe siècle: les relations internationales, Paris 1967.
234. F. Mauro, Le XVIe siècle européen. Aspects économiques, 2. Aufl., Paris 1970.

3. Allgemeines: Übergreifende Darstellungen und Sammelbände

235. L. v. Ranke, Über die Epochen der Neueren Geschichte, in: ders., Aus Werk und Nachlaß, Bd. 2, ed. Th. Schieder, H. Berding, München 1971.

236. W. Näf, Die Epochen der neueren Geschichte. Staat und Staatengemeinschaft vom Ausgang des Mittelalters bis zur Gegenwart, 2 Bde., München 1970.

237. G. Ritter, Die Neugestaltung Deutschlands und Europas im 16. Jahrhundert, 2. Aufl., Frankfurt–Berlin 1967.

238. G. Gerhard, Gesammelte Aufsätze, Göttingen 1977.

239. E. W. Zeeden, Die Entstehung der Konfessionen. Grundlagen und Formen der Konfessionsbildung im Zeitalter der Glaubenskämpfe, München–Wien 1965.

240. E. W. Zeeden, Das Zeitalter der Gegenreformation, Freiburg i. B. 1967.

241. A. G. Dickens, Reformation and Society in Sixteenth–Century Europe, London 1966.

242. E. Cameron, The European Reformation, Oxford 1991.

243. Crisis in Europe 1560–1660. Essays from Past and Present 1952–1962, ed. T. Aston, London 1965.

244. The General Crisis of the Seventeenth Century, ed. G. Parker, L. M. Smith, London 1978.

245. The European Crisis of the 1590s. Essays in Comparative History, ed. P. Clark, London 1985.

246. H. Hroch, J. Petráň, Das 17. Jahrhundert – Krise der Feudalgesellschaft? Hamburg 1981 (tschechische Originalausgabe, Prag 1976).

247. Spezialforschung und „Gesamtgeschichte“: Beispiele und Methodenfragen zur Geschichte der frühen Neuzeit, ed. G. Klingenstein, H. Lutz, Wien 1982.

248. H. R. Trevor-Roper, Religion, Reformation und sozialer Umbruch. Die Krisis des 17. Jahrhunderts, Frankfurt Berlin 1970.

249. H. G. Koenigsberger, Estates and Revolutions. Essays in Early Modern European History, Ithaca 1971.

250. H. G. Koenigsberger, The Habsburgs and Europe 1516–1660, Ithaca – London 1971.

251. J. Engel, Von der spätmittelalterlichen respublica christiana zum Mächte-Europa der Neuzeit, in: Handbuch der Europäischen Geschichte, Bd. 3, ed. J. Engel, Stuttgart 1971, 1–448.

252. I. Mieck, Europäische Geschichte der Frühen Neuzeit. Eine Einführung, 4. Aufl., Stuttgart 1989.

253. E. Hinrichs, Einführung in die Geschichte der Frühen Neuzeit, München 1980.

254. The Formation of National States in Western Europe, ed. Ch. Tilly, Princeton 1975.

4. Wirtschafts-, Sozial- und Verfassungsgeschichte

a) Wirtschaft

255. The Cambridge Economic History of Europe, Bd. 4: The Economy of Expanding Europe in the Sixteenth and Seventeenth Centuries, ed. E. E. Rich, C. H. Wilson, Cambridge 1967.

256. The Cambridge Economic History of Europe, Bd. 5: The Economic Organization of Early Modern Europe, E. E. Rich, C. H. Wilson, Cambridge 1977.

257. Europäische Wirtschafts- und Sozialgeschichte vom ausgehenden Mittelalter bis zur Mitte des 17. Jahrhunderts, ed. H. Kellenbenz, Stuttgart 1986.

258. Europäische Wirtschaftsgeschichte, ed. C. M. Cipolla, K. Borchardt, Bd. 2: Sechzehntes und siebzehntes Jahrhundert, Stuttgart–New York 1979.

259. H. Aubin, W. Zorn, Handbuch der deutschen Wirtschafts- und Sozialgeschichte, Bd. 1, Stuttgart 1971.

260. F. Mathis, Die deutsche Wirtschaft im 16. Jh., München 1992.

261. C. M. Cipolla, Storia economica dell'Europe pre-industriale, Bologna 1974.

262. M. Malowist, Croissance et régression en Europa XIVe–XVIIe siècles, Paris 1972.

263. Der Außenhandel Ostmitteleuropas 1450 bis 1650. Die ostmitteleuropäischen Volkswirtschaften in ihren Beziehungen zu Mitteleuropa, ed. I. Bog, Köln–Wien 1971.

264. G. Parker, The Emergence of Modern Finance in Europe, 1500–1730, London 1974.

265. J. Strieder, Zur Genesis des modernen Kapitalismus. Forschungen zur Entstehung der großen bürgerlichen Vermögen am Ausgang des Mittelalters und zu Beginn der Neuzeit, 2. Aufl., München 1935.

266. G. v. Pölnitz, Anton Fugger, 4 Bde., Tübingen 1958/71.

267. R. Mandrou, Les Fuggers, propriétaires fonciers en Souabe 1560–1618, Paris 1969.

268. L. Bauer, H. Matis, Geburt der Neuzeit. Vom Feudalsystem zur Marktgesellschaft, München 1988.

269. J. Wallerstein, Das moderne Weltsystem. Kapitalistische Landwirtschaft und die Entstehung der europäischen Weltwirtschaft im 16. Jahrhundert, Frankfurt 1986, (engl. Originalausgabe, New York 1974).

270. E. A. Wrigley, Urban Growth and Agricultural Change: England and the Continent in the Early Period, in: Journal of Interdisciplinary History 15 (1985) 683–728.

271. H. KELLENBENZ, Die Fugger in Spanien und Portugal bis 1560, 3 Bde., Studien zur Fuggergeschichte 32/33, München 1990.

272. H. G. KOENIGSBERGER, Die Krise des 17. Jahrhunderts, in: Zs. f. hist. F. 9 (1982) 143–165.

273. H. KNITTLER, Renten, Erträge. Struktur und Entwicklung frühneuzeitlicher Feudaleinkommen in Niederösterreich, München 1989.

274. L. F. PETERS, Der Handel Nürnbergs am Anfang des Dreißigjährigen Krieges. Strukturkomponenten, Unternehmen und Unternehmer – Eine quantitative Analyse, Stuttgart 1994.

275. P. MÜNCH, Lebensformen in der frühen Neuzeit, Berlin 1992.

b) Gesellschaftlicher Wandel

276. N. ELIAS, Die höfische Gesellschaft. Untersuchungen zur Soziologie des Königtums und der höfischen Aristokratie, mit einer Einleitung: Soziologie und Geschichtswissenschaft, Neuwied–Berlin 1969.

277. O. BRUNNER, Adeliges Landleben und europäischer Geist. Leben und Werk Wolf Helmhards von Hohberg 1612–1688, Salzburg 1949.

278. O. BRUNNER, Das „ganze Haus“ und die alteuropäische Ökonomik, in: ders., Neue Wege der Verfassungs- und Sozialgeschichte, 2. Aufl., Göttingen 1968, 103–127.

279. H. LUTZ, Normen und gesellschaftlicher Wandel zwischen Renaissance und Revolution. – Differenzierung und Säkularisierung, in: Saeculum 26 (1975) 166–180.

280. W. SCHULZE, Die veränderte Bedeutung sozialer Konflikte im 16. und 17. Jahrhundert, in: Der Deutsche Bauernkrieg, 1524–1526, ed. H.-U. WEHLER, Göttingen 1975, 277–302.

281. H. KAMEN, The Iron Century. Social change in Europe 1550–1660, London 1971.

282. L. STONE, The Crisis of Aristocracy 1558–1641, Oxford 1965.

c) Ständewesen

283. O. HINTZE, Weltgeschichtliche Bedingungen der Repräsentativverfassung (zuerst 1931), in: ders., Gesammelte Abh., Bd. 1, ed. G. OESTREICH, Göttingen 1962, 140–185.

284. O. HINTZE, Typologie der ständischen Verfassung des Abendlandes (zuerst 1930), in: ders., Gesammelte Abh., Bd. 1, G. OESTREICH, Göttingen 1962, 120–139.

285. D. GERHARD, Regionalismus und ständisches Wesen als ein Grundthema europäischer Geschichte, in: ders., Alte und Neue Welt in vergleichender Geschichtsbetrachtung, Göttingen 1962.

286. F. L. Carsten, Princes and Parliaments in Germany from the Fifteenth to the Eighteenth Century, Oxford 1959.

287. A. R. Myers, The Parliaments of Europe and the Age of the Estates, in: History 60 (1975) 11–27.

288. R. Jütte, Die ständische Verfassung Frankreichs im Spiegel der Generalstände von 1614, in: Zs. f. hist. F. 12 (1985) 311–331.

289. K. Krüger, Die ständischen Verfassungen in Skandinavien in der frühen Neuzeit. Modelle einer europäischen Typologie, in: Zs. f. hist. F. 10 (1983) 129–148.

290. H. G. Koenigsberger, Dominium regale or dominium politicum et regale? Monarchies and Parliaments in Early Modern Europe, in: Der moderne Parlamentarismus und seine Grundlagen in der ständischen Repräsentation, ed. K. Bosl, K. Möck, Berlin 1977, 43–68.

291. W. Eberhard, Monarchie und Widerstand. Zur ständischen Oppositionsbildung im Herrschaftssystem Ferdinands I. in Böhmen, München 1985.

292. J. Bahlcke, Regionalismus und Staatsintegration im Widerstreit. Die Länder der Böhmischen Krone im ersten Jahrhundert der Habsburgerherrschaft, 1526–1619, München 1994.

293. J. Pánek, Das Ständewesen und die Gesellschaft in den Böhmischen Ländern in der Zeit der Schlacht auf dem Weißen Berg (1526–1620), in: Historica 25 (1985) 73–120.

294. E. Schubert, Steuer, Streit und Stände. Die Ausbildung ständischer Repräsentation in niedersächsischen Territorien des 16. Jhs., in: Niedersächsisches Jahrbuch für Landesgeschichte 63, 1991, 1–58.

295. Ständetum und Staatsbildung in Brandenburg–Preußen. Ergebnisse einer internationalen Fachtagung, ed. P. Baumgart, Berlin 1983.

296. W. Becker, Ständestaat und Konfessionsbildung am Beispiel der böhmischen Konföderationsakte von 1619, in: Politik und Konfession. Festschrift für Konrad Repgen zum 60. Geburtstag, ed. D. Albrecht, H.-H. Hockerts, P. Mickat, R. Morsey, Berlin 1983, 77–99.

297. J. Bahlcke, Konföderation und Widerstand. Die politischen Beziehungen der böhmischen und mährischen Ständegemeinde vom Bruderzwist bis zum Aufstand gegen Habsburg (1608–1619), in: Folia historica bohemica 13, Praha 1990, 235–288.

298. G. Heilingsetzer, Ständischer Widerstand und Unterwerfung. Erasmus von Starhemberg und seine Rechtfertigungsschrift (1621), in: MOÖLA 14 (1984) 268–289.

299. Die Anfänge der ständischen Vertretungen in Preußen und seinen Nachbarländern ed. H. Boockmann, München 1992.

300. J. Małłek, Bikameralismus in Ordenspreußen, Königlich Preußen und Herzogtum Preußen vom 15.–18. Jh., in: Bikameralisme, ed. H. W. Blom, W. P. Blockmans, H. de Schepper, s'Gravenhage 1992, 175–187.

301. G. OESTREICH, I. AUERBACH, Die ständische Verfassung in der westlichen und in der marxistischen Geschichtsschreibung, in: Anciens Pays et Assemblées d'Etats 67 (1976) 5–54.

302. Herrschaftsverträge, Wahlkapitulationen, Fundamentalgesetze, ed. R. VIERHAUS, Göttingen 1977.

303. Der dynastische Fürstenstaat. Zur Bedeutung von Sukzessionsordnungen für die Entstehung des frühmodernen Staates, ed. J. KUNISCH, H. NEUHAUS, Berlin 1982.

304. Klientelsysteme im Europa der frühen Neuzeit, ed. A. MACZÁK, München 1988.

305. Republiken und Republikanismus im Europa der Frühen Neuzeit, ed. H. G. KOENIGSBERGER, München 1988.

306. R. J. W. EVANS, T. V. THOMAS (Ed.), Crown, Church and Estates. Central European Politics in the Sixteenth and Seventeenth Centuries, London 1991.

307. P. BLICKLE, Kommunalismus, Parlamentarismus, Republikantismus, in: HZ 242 (1986) 529–556.

308. P. BLICKLE, Deutsche Untertanen. Ein Widerspruch, München 1981.

309. P. BLICKLE, Untertanen in der Frühneuzeit. Zur Rekonstruktion der politischen Kultur und der sozialen Wirklichkeit Deutschlands im 17. Jahrhundert, in: VSWG 70 (1983) 483–522.

310. W. SCHMALE, Der Prozeß als Widerstandsmittel. Überlegungen zu Formen der Konfliktbewältigung am Beispiel der Feudalkonflikte im Frankreich des Ancien Régime (16.–18. Jh.), in: Zs. f. hist. F. 13 (1986) 385–424.

311. W. SCHULZE, Soziale Bewegungen als Phänomen des 16. Jahrhunderts, in: Nr. 753, 113–130.

312. W. SCHULZE, Bäuerlicher Widerstand und feudale Herrschaft in der frühen Neuzeit, Stuttgart 1980.

313. Europäische Bauernrevolten der frühen Neuzeit, ed. W. SCHULZE, Frankfurt 1982.

314. G. SCHMIDT, Die frühneuzeitlichen Hungerrevolten. Soziale Konflikte und Wirtschaftspolitik im Alten Reich, in: Zs. f. hist. F. 18, 1991, 257–280.

315. Religion, Politics and Social Protest. Three Studies on Early Modern Germany, ed. K. VON GREYERZ, London 1984.

d) Staat und Verwaltung

316. O. BRUNNER, Vom Gottesgnadentum zum monarchischen Prinzip. Der Weg der europäischen Monarchie seit dem Hohen Mittelalter, in: Die Entstehung des modernen souveränen Staates, ed. H. H. HOFMANN, Köln–Berlin 1967, 115–136.

317. G. Oestreich, Geist und Gestalt des frühmodernen Staates, Berlin 1965.

318. Government in Reformation Europe 1520–1560, ed. H. J. Cohn, London 1971.

319. Europäische Herrscher. Ihre Rolle bei der Gestaltung von Politik und Gesellschaft vom 16. bis zum 18. Jahrhundert, ed. G. Vogler, Weimar 1988.

320. Höfische Repräsentanz. Das Zeremoniell und die Zeichen, ed. H. Ragotzky, H. Wenzel, Tübingen 1990.

321. A. Kraus, Le dévelopment de la puissance de l'État dans les principautés allemandes (XVIe–XVII[e]s.), in: Revue, d'histoire diplomatique 89 (1975) 298–319 (Sonderband mit dem Titel: La Croissance de l'état moderne, XVe–XVIIe siècles).

322. A. Kraus, Secretarius und Sekretariat. Der Ursprung der Institution des Staatssekretariats und ihr Einfluß auf die Entwicklung moderner Regierungsformen in Europa, in: Römische Quartalschrift 55 (1960) 43–84.

323. J. Bérenger, Le ministériat au XVII siècle, in: Annales, Écon. 29 (1974) 166–192.

324. Deutsche Verwaltungsgeschichte. Bd. 1: Vom Spätmittelalter bis zum Ende des Alten Reiches, ed. K. G. A. Jeserich, H. Pohl, G.-C. v. Unruh, Stuttgart 1983.

325. H. Sturmberger, Kaiser Ferdinand II. und das Problem des Absolutismus, München–Wien 1957.

326. A. Wandruszka, Zum „Absolutismus" Ferdinands II., in: MOÖLA 14 (1984) 261–268.

327. G. Stourzh, Staatsformenlehre und Fundamentalgesetze in England und Nordamerika im 17. und 18. Jahrhundert, in: Fürst, Bürger, Mensch, Untersuchungen zu politischen und soziokulturellen Wandlungsprozessen im vorrevolutionären Europa, ed. F. Engel-Janosi, G. Klingenstein, H. Lutz, Wien 1975, 97–122.

328. W. Reinhard, Staatsmacht als Kreditproblem. Zur Struktur und Funktion des frühneuzeitlichen Ämterhandels, in: VSWG 61 (1974) 289–319.

329. M. Stolleis, Pecunia Nervus Rerum. Zur Staatsfinanzierung in der frühen Neuzeit, Frankfurt 1983.

330. Finanzen und Staatsräson in Italien und Deutschland in der frühen Neuzeit, ed. A. E. Maddalena, H. Kellenbenz, Berlin 1992.

331. A. Guery, Les finances de la Monarchie française sous l'Ancien Regime, in: Annales, Écon. 33 (1978) 216–239.

332. K. Malettke, „Trésoriers généraux de France" und Intendanten unter Ludwig XIV. Studien zur Frage der Beziehungen zwischen „officiers" und „commissaires" im 17. Jahrhundert, in: HZ 220 (1975) 298–323.

333. Ämterhandel im Spätmittelalter und im 16. Jahrhundert, ed. I. Mieck, Berlin 1984.

334. Die Rolle der Juristen bei der Entstehung des modernen Staates, ed. R. SCHNUR, Berlin 1986.

335. Handbuch der Quellen und Literatur der neuen europäischen Privatrechtsgeschichte, ed. H. COING, 2. Bd.: Neure Zeit (1500–1800). Das Zeitalter des gemeinen Rechts. 2. Teilband: Gesetzgebung und Rechtsprechung, München 1976.

336. L.-TH. MAES, Die drei großen europäischen Strafgesetzbücher des 16. Jahrhunderts, in: ZRG Germ. Abt. 94 (1977) 207–217.

337. W. BRAUNEDER, Der soziale und rechtliche Gehalt der österreichischen Polizeiordnungen des 16. Jahrhunderts, in: Zs. f. hist. F. 3 (1976) 205–219.

338. R. SCHULTZE, Die Polizeigesetzgebung zur Wirtschafts- und Arbeitsordnung der Mark Brandenburg in der frühen Neuzeit, Aalen 1968.

339. W. SELLERT, Die Krise des Straf- und Strafprozeßrechts und ihre Überwindung durch Rezeption und Säkularisation, in: Nr. 753, 27–48.

340. B. DIESTELKAMP, Zur Krise des Reichsrechts im 16. Jahrhundert, in: Nr. 753, 49–64.

341. G. STRAUSS, Law, Resistance, and the State. The Opposition to Roman Law in Reformation Germany, Princeton 1986.

342. B. DIESTELKAMP, Das Reichskammergericht im Rechtsleben des 16. Jahrhunderts, in: Festschrift A. Erler, Aalen 1976, 436–480.

343. I. RANIERI, Recht und Gesellschaft im Zeitalter der Rezeption. Eine rechts- und sozialgeschichtliche Analyse der Tätigkeit des Reichskammergerichts im 16. Jahrhundert, Köln–Wien 1985.

344. Forschungen aus Akten des Reichskammergerichts, ed. B. DIESTELKAMP, Köln–Wien 1984.

345. Strafrecht, Strafprozeß und Rezeption: Grundlagen, Entwicklung und Wirkung der Constitutio Criminalis Carolina, ed. P. LANDAU, F. SCHROEDER, Frankfurt 1984.

e) Kriegswesen

346. H. DELBRÜCK, Geschichte der Kriegskunst im Rahmen der politischen Geschichte, Bd. 3 und 4, Berlin 1907/1920.

347. W. HAHLWEG, Die Heeresreform der Oranier und die Antike, Berlin 1941.

348. P. PIERI, La crisi militare italiana nelle sue relazioni con la crisi politica e economica, 2. Aufl., Neapel 1961.

349. F. REDLICH, The German Military Enterpriser and his Work Force, 2 Bde., Wiesbaden 1964/65.

350. J. R. HALE, Armies, Navies and the Art of War, in: The New Cambridge Modern History, Bd. 3, Cambridge 1968, 171–208.

351. G. PARKER, The Military Revolution' 1560–1660 – a Myth?, in: The Journ. of Mod. Hist. 48 (1976) 195–214.

352. K. Repgen, Kriegslegitimationen in Alteuropa. Entwurf einer historischen Typologie, in: HZ 241 (1985) 27–49.

353. G. Parker, The military revolution: military innovation and the rise of the West 1500–1800, Cambridge 1988.

354. H. Kleinschmidt, „Tragt die Spieß uff Englisch". Quellen zu den Heeresreformen der Oranier mit besonderer Berücksichtigung des Mannsexerzierens, in: Nassauische Annalen 102, 1991, 67–85.

355. J. A. Lynn, Tactical Evolution in the French Army, 1560–1660, in: French History Studies 14 (1985) 176–191.

356. Staatsverfassung und Heeresverfassung in der europäischen Geschichte der frühen Neuzeit, ed. B. Stollberg-Rilinger, J. Kunisch, Berlin 1986.

357. A. Kohler, Kriegsorganisation und Kriegführung in der Zeit Karls V., in: HJb. 111, 1991, 433–451.

f) Städte

358. Ph. Wolff, Structures sociales et morphologies urbaines dans le dévelopement historique des villes (XII–XVIII siècles), in: Reports XIV International Congress of the Historical Sciences, Bd. 3, New York 1977, 1811–1893.

359. B. Roeck, Lebenswelt und Kultur des Bürgertums in der frühen Neuzeit, München 1991.

360. P. Clark, P. Slack, English Towns in Transition 1500–1700, London 1976.

361. K. Sieh-Burens, Oligarchie, Konfession und Politik im 16. Jahrhundert. Zur sozialen Verflechtung der Augsburger Bürgermeister und Stadtpfleger 1518–1618, München 1986.

362. H. Schilling, Bürgerkämpfe in Aachen zu Beginn des 17. Jahrhunderts. Konflikte im Rahmen der alteuropäischen Stadtgesellschaft oder im Umkreis der frühbürgerlichen Revolution? in: Zs. f. hist. F. 1 (1974) 175–231.

363. J. F. Bergier, Genève et l'économie européenne de la Renaissance, Paris 1963.

364. J. F. Bergier, Zu den Anfängen des Kapitalismus – Das Beispiel Genf, Köln 1972.

365. P. Burke, Städtische Kultur in Italien zwischen Hochrenaissance und Barock. Eine historische Anthropologie, Berlin 1986.

366. K. Gerteis, Die deutschen Städte in der Frühen Neuzeit. Zur Vorgeschichte der ‚bürgerlichen Welt', Darmstadt 1986.

367. H. Kramm, Studien über die Oberschichten der mitteldeutschen Städte im 16. Jahrhundert. Sachsen, Thüringen, Anhalt, 2 Bde., Köln–Wien 1981.

368. V. Press, Die Reichsstadt in der altständischen Gesellschaft, in: Zs. f. hist. F., Beiheft 3 (1987) 9–42.

369. R. Jütte, Obrigkeitliche Armenfürsorge in deutschen Reichsstädten der

frühen Neuzeit. Städtisches Armenwesen in Frankfurt am Main und Köln, Köln–Wien 1984.

370. B. ROECK, Eine Stadt in Krieg und Frieden. Studien zur Geschichte der Reichsstadt Augsburg zwischen Kalenderstreit und Parität, Göttingen 1989.

g) Familie und Geschlechterbeziehungen

371. Sozialgeschichte der Familie in der Neuzeit Europas, ed. W. CONZE, Stuttgart 1976.

372. M. MITTERAUER, R. SIEDER, Vom Patriarchat zur Partnerschaft. Zum Strukturwandel der Familie, München 1977.

373. Household and family in past time, ed. P. LASLETT, R. WALL, Cambridge 1972.

374. S. E. OZMENT, When Fathers Ruled. Family Life in Reformation Europe, Cambridge Mass. 1983.

375. M. MITTERAUER, Vorindustrielle Familienformen. Zur Funktionsentlastung des „ganzen Hauses“ im 17. und 18. Jahrhundert, in: Fürst, Bürger, Mensch: Untersuchungen zu politischen und soziokulturellen Wandlungsprozessen im vorrevolutionären Europa, ed. F. ENGEL-JANOSI, G. KLINGENSTEIN, H. LUTZ, Wien–München 1975, 123–185.

376. M. MITTERAUER, Familie und Arbeitsorganisation in städtischen Gesellschaften des späten Mittelalters und der frühen Neuzeit, in: Haus und Familie in der spätmittelalterlichen Stadt, ed. A. HAVERKAMP, Köln–Wien 1984, 1–36.

377. M. MITTERAUER, Zur Frage des Heiratsverhaltens im österreichischen Adel, in: Beiträge zur neueren Geschichte Österreichs, ed. H. FICHTENAU, E. ZÖLLNER, Wien–Köln–Graz 1974, 176–194.

378. P. LASLETT, Family life and illicit love in earlier generations, Cambridge 1977.

379. Geschichte der Frauen, Bd. 3: Frühe Neuzeit, ed. A. FARGE, N. ZEMON DAVIES, Frankfurt am Main – New York 1994.

380. H. WUNDER, „Er ist die Sonn, sie ist der Mond“. Frauen in der Frühen Neuzeit, München 1992.

381. M. L. KLING, Frauen in der Renaissance, München 1993.

382. N. ZEMON DAVIES, Frauen und Gesellschaft am Beginn der Neuzeit. Studien über Familie, Religion und die Wandlungsfähigkeit des sozialen Körpers, Berlin 1986.

383. Frauen in der Ständegesellschaft. Leben und Arbeiten in der Stadt vom späten Mittelalter bis zur Neuzeit, ed. B. VOGEL, U. WECKEL, Hamburg 1991.

384. Wandel der Geschlechterbeziehungen zu Beginn der Neuzeit, ed. H. WUNDER, C. VANJA, Frankfurt am Main 1991.

385. H. WUNDER, „Jede Arbeit ist ihres Lohnes wert". Zur geschlechtsspezifischen Teilung und Bewertung von Arbeit in der Frühen Neuzeit, in: Geschlechterhierarchie und Arbeitsteilung. Zur Geschichte ungleicher Erwerbschancen von Männern und Frauen, ed. H. HANSEN, Göttingen 1993, 19–39.

386. S. BURGHARTZ, Rechte Jungfrauen oder unverschämte Töchter? Zur weiblichen Ehre im 16. Jahrhundert, in: Frauengeschichte – Geschlechtergeschichte, ed. K. HANSEN, H. WUNDER, Frankfurt am Main, New York 1992, 173–183.

387. E. KOCH, Maior dignitas est in sexu virili. Das weibliche Geschlecht im Normensystem des 16. Jahrhunderts, Frankfurt am Main 1991.

388. L. STONE, The Familiy, Sex and Marriage in England 1500–1800, London 1977.

389. R. A. HOULBROOKE, The English Family 1450–1700, London 1984.

390. M. PRIOR (Ed.), Women in English Society 1500–1800, London–New York 1985.

391. R. JÜTTE, Household and Family Life in Late Sixteenth-Century Cologne, in: Sixteenth Century Journal 17 (1986) 165–182.

392. M. KURZEL-RUNTSCHEINER, Glanzvolles Elend. Die Inventare der Herzogin Jacobe von Jülich-Kleve-Berg (1558–1597) und die Bedeutung von Luxusgütern für die höfische Frau des 16. Jahrhunderts, Wien–Köln–Weimar 1993.

393. L. ROPER, Das fromme Haus. Frauen und Moral in der Reformation, Frankfurt am Main – New York 1995 (engl. 1989).

394. A. NOWICKI-PATUSCHKA, Frauen in der Reformation: Untersuchungen zum Verhalten von Frauen in den Reichsstädten Augsburg und Nürnberg zur reformatorischen Bewegung zwischen 1517 und 1537, Pfaffenweiler 1990.

395. P. SCHUSTER, Das Frauenhaus. Städtische Bordelle in Deutschland (1350–1600), Paderborn 1992.

396. La prévention des naissances dans la famille, ed. H. BERGUES, Paris 1960.

397. J. TH. NOONAN JR., Contraception. A History of its Treatments by the Catholic Theologians and Canonists, Cambridge Mass. 1965.

398. A. ARMENGAUD, La famille et l'enfant en France et en Angleterre du XVIe au XVIIIe siècle. Aspects demographiques, Paris 1975.

399. M. KURZEL-RUNTSCHEINER, Töchter der Venus. Die Kurtisanen Roms im 16. Jahrhundert, München 1995.

400. PH. ARIÈS, Geschichte der Kindheit, 2. Aufl., München–Wien 1975.

401. D. HUNT, Parents and Children in History. The Psychology of Family Life in Early France, New York–London 1974.

402. Ehe, Liebe, Tod. Zum Wandel der Geschlechts- und Generationsbeziehungen in der Neuzeit, ed. P. BORSCHEID, H. J. TEUTEBERG, Münster 1983.

403. M. E. MÜLLER (Ed.), Eheglück und Liebesjoch. Bilder von Liebe, Ehe und Familie in der Literatur des 15. und 16. Jahrhunderts, Weinheim 1988.

404. U. HÖRAUF-ERFLE; Wesen und Rolle der Frau in der moralisch-didaktischen Literatur des 16. und 17. Jahrhunderts im Heiligen Römischen Reich deutscher Nation, Frankfurt am Main 1991.

405. M. SIMON, Heilige – Hexe – Mutter. Der Wandel des Frauenbildes durch die Medizin im 16. Jahrhundert, Berlin 1993.

406. L. LEIBROCK-PLEHN, Hexenkräuter oder Arznei. Die Abtreibungsmittel im 16. und 17. Jahrhundert, Stuttgart 1992.

407. E. C. ELLRICHSHAUSEN, Die uneheliche Mutterschaft im altösterreichischen Polizeirecht des 16. bis 18. Jahrhunderts, dargestellt am Tatbestand der Fornication, Berlin 1988.

408. A. CONRAD, Zwischen Kloster und Welt. Ursulinen und Jesuitinnen in der katholischen Reformbewegung des 16./17. Jahrhunderts, Mainz 1991.

h) Kultur, Alltag, Magie

409. F. BRAUDEL, Civilisation materielle et Capitalisme (XVe–XVIIIe siècle), 1. Bd., Paris 1967; deutsche Übersetzung: Die Geschichte der Zivlisation, 15.–18. Jahrhundert, München 1979.

410. Alltag im 16. Jahrhundert. Studien zu Lebensformen in mitteleuropäischen Städten, ed. H. LUTZ, A. KOHLER, Wien 1987.

411. R. VAN DÜLMEN, Kultur und Alltag in der Frühen Neuzeit, 3 Bde., München 1990–1994.

412. J. KUCZYNSKI, Geschichte des Alltags des deutschen Volkes, Bd. 1: 1600–1650, 5. Aufl., Köln 1983.

413. A. HAUSER, Was für ein Leben. Schweizer Alltag vom 15.–18. Jahrhundert, Zürich 1990.

414. H. LANGER, Krieges Alltag und die Bauern. Bemerkungen und Ergänzungen zu Jürgen Kuczynskis „Geschichte des Alltags des deutschen Volkes", in: ZfG 30 (1982) 1094–1119.

415. P. BURKE, Helden, Schurken und Narren. Europäische Volkskultur in der frühen Neuzeit, Stuttgart 1981.

416. R. MUCHEMBLED, Kultur des Volks – Kultur der Eliten. Die Geschichte einer erfolgreichen Verdrängung, Stuttgart 1982.

417. Armut, Liebe, Ehre. Studien zur historischen Kulturforschung, ed. R. VAN DÜLMEN, Frankfurt 1988.

418. Geschichte des privaten Lebens, Bd. 3: Von der Renaissance zur Aufklärung, ed. PH. ARIÈS, G. DUBY, Frankfurt am Main 1991.

419. P. ZSCHUNKE, Konfession und Alltag in Oppenheim. Beiträge zur Ge-

schichte von Bevölkerung und Gesellschaft einer gemischt-konfessionellen Kleinstadt in der frühen Neuzeit, Wiesbaden 1984.

420. W. G. SOLDAN, H. HEPPE, Geschichte der Hexenprozesse, ed. M. BAUER, 2 Bde., München 1912.

421. J. R. TREVOR-ROPER, Der europäische Hexenwahn des 16. und 17. Jahrhunderts, in: ders., Religion, Reformation und sozialer Umbruch, Berlin 1970, 95–180.

422. G. SCHORMANN, Hexenprozesse in Deutschland, Göttingen 1981.

423. Hexenprozesse. Deutsche und skandinavische Beiträge, ed. C. DEGN, H. LEHMANN, D. UNVERHAU, Neumünster 1983.

424. B. ROECK, Wahrnehmungsgeschichtliche Aspekte des Hexenwahns – ein Versuch, in: HJb. 112, 1992, 72–103.

425. C. GINZBURG, Die Benandanti. Feldkulte und Hexenwesen im 16. und 17. Jahrhundert, Frankfurt 1980.

426. C. LARNER, Witchcraft and Religion. The politics of popular belief, Oxford 1984.

427. G. HEISS, Konfessionelle Propaganda und kirchliche Magie, in: Römische historische Mitteilungen 32/33, 1990/91, 103–152.

428. R. VAN DÜLMEN, Die Dienerin des Bösen. Zum Hexenbild in der frühen Neuzeit, in: Zs. f. hist. F. 18, 1991, 385–398.

429. E. HABERLING, Der Hebammenstand in Deutschland von den Anfängen bis zum 30jährigen Krieg, Berlin 1940.

430. R. L. PETRELLI, The Regulation of French Midwifery during the Ancien Régime, in: Journal of the History of Medicine and Allied Sciences 26 (1971) 276–292.

431. PH. ARIÈS, L'homme devant la mort, Paris 1977 (deutsche Übersetzung, München–Wien 1980).

432. R. CHARTIER, Les arts de mourir 1450–1600, in: Annales, Écon., 31 (1976) 51–75.

433. M. FOUCAULT, Überwachen und Strafen. Die Geburt des Gefängnisses, Frankfurt 1976.

434. R. VAN DÜLMEN, Das Schauspiel des Todes. Hinrichtungsrituale in der frühen Neuzeit, in: Volkskultur. Zur Wiederentdeckung des vergessenen Alltags (16.–20. Jahrhundert), ed. R. VAN DÜLMEN, N. SCHINDLER, Frankfurt 1984, 203–245.

435. R. VAN DÜLMEN, Theater des Schreckens. Gerichtspraxis und Strafrituale in der frühen Neuzeit, München 1985.

436. H. v. WEBER, Die Entwicklung des Zuchthauswesens in Deutschland im 17. und 18. Jahrhundert, in: Abh. zur Rechts- und Wirtschaftsgeschichte – Festschrift A. Zycha, Weimar 1941, 427–468.

437. Culture et marginalité au XVIe siècle. Documents et travaux de l'Équipe de Recherche „Culture et Société au XVIe siècle", Paris 1973.

438. Leib und Leben in der Geschichte der Neuzeit. L'homme et son corps dans l'histoire moderne, ed. A. E. Imhof, Berlin 1983.

439. J. Delumeau, Angst im Abendland. Die Geschichte kollektiver Ängste in Europa des 14. bis 18. Jahrhunderts, Reinbek 1986.

440. M. Schär, Seelennöte der Untertanen. Selbstmord, Melancholie und Religion im Alten Zürich, 1500–1800, Zürich 1985.

441. H. Talkenberger, Sintflut. Prophetie und Zeitgeschehen in Texten und Holzschnitten astrologischer Flugschriften 1488–1528, Tübingen 1990.

442. B. Roeck, Außenseiter, Randgruppen, Minderheiten. Fremde im Deutschland der frühen Neuzeit, Göttingen 1993.

443. N. Schindler, Widerspenstige Leute. Studien zur Volkskultur in der frühen Neuzeit, Frankfurt am Main 1992.

5. Kirchengeschichte

a) Allgemeines

444. E. Troeltsch, Gesammelte Schriften, Bd. 1: Die Soziallehren der christlichen Kirchen und Gruppen, Tübingen 1919.

445. R. Kottje, B. Moeller, Ökumenische Kirchengeschichte, Bd. 1: Mittelalter und Reformation, Mainz 1970.

446. H. Tüchle, Reformation und Gegenreformation, Einsiedeln–Köln–Zürich 1965.

447. E. Iserloh, J. Glazik, H. Jedin, Reformation, katholische Reform und Gegenreformation, Freiburg–Basel–Wien 1967.

448. J. Lortz, E. Iserloh, Kleine Reformationsgeschichte. Ursachen – Verlauf – Wirkung, Freiburg i. Br. 1969.

449. M. Greschat (Ed.), Gestalten der Kirchengeschichte 5,6: Die Reformationszeit, 2 Bde., Stuttgart–Berlin–Köln–Mainz 1981.

450. W. Ziegler, Die Hochstifte des Reiches im konfessionellen Zeitalter, 1520–1618, in: Römische Quartalschrift für christliche Altertumskunde und Kirchengeschichte 87, 1992, 252–281.

451. W. Reinhard, Möglichkeiten und Grenzen der Verbindung von Kirchengeschichte mit Sozial- und Wirtschaftsgeschichte, in: Nr. 231, 243–278.

b) Humanismus und Reformation

452. The Pursuit of Holiness in Late Medieval and Renaissance Religion, ed. C. Trinkaus, Leiden 1974.

453. C. TRINKAUS, Humanism, Religion and Society: Concepts and Motivations of Some Recent Studies, in: Reports XIV International Congress of the Historical Sciences, Bd. 3., New York 1977, 1894–1932.

454. J. M. KITTELSON, Humanism and the Reformation in Germany, in: Centr. Eur. Hist. 9 (1976) 303–322.

455. D. CANTIMORI, Umanèsimo e Religione nel Rinascimento, Rom 1975.

456. A. DUFOUR, Humanisme et Reformation. État de la question, in: XIIe Congres International des Sciences Historique, Vienne, 29 Août – 5 Septembre 1965, Bd. 3, Horn – Wien 1967, 57–74.

457. R. STUPPERICH, Humanismus und Reformation in ihren gegenseitigen Beziehungen, in: Humanismusforschung seit 1945, Bonn–Bad Godesberg 1975, 41–58.

458. H. LUTZ, Humanismus und Reformation, in: Wort und Wahrheit 27 (1972) 65–77.

459. E. MEUTHEN, Charakter und Tendenzen des deutschen Humanismus, in: Nr. 753, 217–266.

460. A. SCHMID, Humanistenbischöfe. Untersuchungen zum vortridentinischen Episkopat in Deutschland, in: Römische Quartalschrift für christliche Altertumskunde und Kirchengeschichte 87, 1992, 159–192.

461. L. W. SPITZ, The Religious Renaissance of the German Humanists, Cambridge Mass. 1963.

462. H. A. ENNO VAN GELDER, The two Reformations in the 16th Century. A Study of the Religious Aspects and Consequences of Renaissance and Humanism, Den Haag 1961.

463. C. AUGUSTIJN, Erasmus von Rotterdam. Leben – Werk –Wirkung, München 1986.

464. E. RUMMEL, Erasmus and his Catholic Critics, 2 Bde. (1515–1536), Nieuwkoop 1989.

465. R. J. SCHOECK, Erasmus of Europe. The Making of a Humanist 1467–1500, Edinburgh 1990.

466. M. DOWLING, Humanism and the Age of Henry VIII., Beckenham 1986.

467. Religiöse Toleranz. Dokumente zur Geschichte einer Forderung, ed. H. R. GUGGISBERG, Stuttgart-Bad Cannstatt 1984.

468. Humanismus und Ökonomie, ed. H. LUTZ, Weinheim 1983.

469. A. BUCK, Humanismus. Seine europäische Entwicklung in Dokumenten und Darstellungen, München 1987.

c) Reformation und Reformatoren

470. E. TROELTSCH, Die Bedeutung des Protestantismus für die moderne Welt, München 1906.

471. H. A. OBERMAN, Werden und Wertung der Reformation. Vom Wegestreit zum Glaubenskampf, Tübingen 1977.

472. Weltwirkungen der Reformation, ed. M. STEINMETZ, Berlin 1969.

473. The early Reformation in Europe, ed. A. PETTEGREE, Cambridge 1992.

474. H.-J. GOERTZ, Religiöse Bewegungen in der frühen Neuzeit, München 1993.

475. Wirkungen der deutschen Reformation, ed. W. HUBATSCH, Darmstadt 1967.

476. Zugänge zur bäuerlichen Reformation, ed. P. BLICKLE, Zürich 1987.

477. F. CONRADS, Reformation in der bäuerlichen Gesellschaft. Zur Rezeption reformatorischer Theologie im Elsaß, Stuttgart 1984.

478. V. VINAY, La Riforma protestante, Brescia 1970.

479. D. CANTIMORI, Italienische Häretiker der Spätrenaissance, Basel 1949.

480. C. GINZBURG, Il nicodemismo. Simulazione e dissimulazione religiosa nel Europa del'500, Turin 1970.

481. E. LÉONARD, Histoire générale du protestantisme, 2 Bde., Paris 1961/64.

482. R. WOHLFEIL, Einführung in die Geschichte der deutschen Reformation, München 1982.

483. P. BLICKLE, Die Reformation im Reich, 2. Aufl., Stuttgart 1992.

484. H. R. SCHMIDT, Konfessionalisierung im 16. Jahrhundert, Enzyklopädie deutscher Geschichte 12, München 1992.

485. P. BLICKLE, Gemeindereformation. Die Menschen des 16. Jahrhunderts auf dem Weg zum Heil, München 1985.

486. H. SCHILLING, Die deutsche Gemeindereformation. Ein oberdeutsch-zwinglianisches Ereignis vor der „reformatorischen Wende" des Jahres 1525, in: Zs. f. hist. F. 14, 1987, 325–332.

487. H.-J. GOERTZ, Pfaffenhaß und groß Geschrei. Die reformatorischen Bewegungen in Deutschland 1517–1529, München 1987.

488. R. W. SCRIBNER, For the Sake of the Simple Folk. Popular Propaganda for the German Reformation, Cambridge 1981.

489. H.-J. GOERTZ, „Bannwerfer des Antichrist" und „hetzhunde des Teufels". Die antiklerikale Spitze der Bildpropaganda in der Reformation, in: ARG 82, 1991, 5–38.

490. Flugschriften als Massenmedium der Reformationszeit. Beiträge zum Tübinger Symposion 1980, ed. H.-J. KOEHLER, Stuttgart 1981.

491. R. W. SCRIBNER, Popular Culture and Popular Movements in Reformation Germany, London 1988.

492. O. E. STRASSER-BERTRAND, O. J. DE JONG, Geschichte des Protestantismus in Frankreich und den Niederlanden, Göttingen 1975.

493. KARL HOLL, Gesammelte Aufsätze zur Kirchengeschichte, Bd. 1: Luther, 6. Aufl., Tübingen 1932.

494. F. LAU, Luther, 2. Aufl., Berlin 1966.

495. B. LOHSE, Martin Luther. Eine Einführung in sein Leben und sein Werk, München 1981.

496. Leben und Werk Martin Luthers von 1526 bis 1546. Festgabe zu seinem 500. Geburtstag, 2 Bde., ed. H. JUNGHANS, Berlin 1983.

497. Martin Luther, 1483–1546, Dokumente seines Lebens und Wirkens, Weimar 1983.

498. I. HÖSS, Das Lutherjahr 1983. Versuch einer Bilanz, in: Z. f. hist. F. 15 (1988) 316–345.

499. Luther und die Obrigkeit, ed. G. WOLF, Darmstadt 1972.

500. A. G. DICKENS, The German Nation and Martin Luther, London 1974.

501. H. JUNGHANS (ed.), Das Jahrhundert der Reformation in Sachsen. Festgabe zum 450jährigen Bestehen der Ev.-luth. Landeskirche Sachsens, Berlin 1989.

502. K.-V. SELGE, Das Autoritätengefüge der westlichen Christenheit im Lutherkonflikt 1517 bis 1521, in: HZ 223 (1976) 591–617.

503. W. ELLIGER, Thomas Müntzer. Leben und Werk, Göttingen 1975.

504. E. WOLGAST, Thomas Müntzer. Ein Verstörer der Ungläubigen, Göttingen–Zürich 1981.

505. E. WOLGAST, Die Obrigkeits- und Widerstandslehre Thomas Müntzers, in: Der Theologe Thomas Müntzer. Untersuchungen zu seiner Entwicklung und Lehre, Berlin 1989.

506. G. SEEBASS, Reich Gottes und Apokalyptik bei Thomas Müntzer, in: Luther-Jahrbuch 58, 1991, 75–99.

507. H. JUNGHANS, Die Theologie Thomas Müntzers: Die Bibel als Spiegel der Zeit, in: ARG 82, 1991, 107–122.

508. S. WIEDENHOFER, Formalstrukturen humanistischer und reformatorischer Theologie bei Philipp Melanchthon, 2 Bde., Bern–Frankfurt 1976.

509. C. PETERS, Johann Eberlin von Günzburg, ca. 1465–1533, franziskanischer Reformer, Humanist und konservativer Reformator, Gütersloh 1994.

510. Bucer und seine Zeit. Forschungsbeiträge und Bibliographie, ed. M. DE KROON, F. KRÜGER, Wiesbaden 1976.

511. M. GRESCHAT, Martin Bucer. Ein Reformator und seine Zeit, 1491–1551, München 1990.

512. J. V. POLLET, H. Zwingli et la Réforme en Suisse, Paris 1963.

513. B. MOELLER, Zwinglis Disputationen. Studien zu den Anfängen der Kirchenbildung und des Synodalwesens im Protestantismus, in: ZRG, Kan. Abt. 56 (1970) 275–324 und 60 (1974) 213–364.

514. G. W. Locher, Die zwinglische Reformation im Rahmen der europäischen Kirchengeschichte, Göttingen 1979.

515. W. F. Dankbaar, Calvin, sein Weg und sein Werk, 2. Aufl., Neukirchen 1966.

516. W. J. Bouwsma, John Calvin: a sixteenth-century portrait, Oxford 1989.

517. A. Ganoczy, Le jeune Calvin. Genèse et évolution de sa vocation réformatrice, Wiesbaden 1966.

518. J. Bohatec, Calvins Lehre von Staat und Kirche, Breslau 1937.

519. Calvinus Ecclesiae Genevensis Custos. Die Referate des Congrès International des Recherches Calviniennes, ed. W. H. Neuser, Frankfurt–Bern–New York 1984.

520. B. Hamm, Von der spätmittelalterlichen reformatio zur Reformation: der Prozeß normativer Zentrierung von Religion und Gesellschaft in Deutschland, in: ARG 84, 1993, 7–82.

521. B. Hamm, Reformation als normative Zentrierung von Religion und Gesellschaft, in: Jahrbuch für Biblische Theologie 7, 1992, 241–279.

522. H. Klueting, Gab es eine „Zweite Reformation"? Ein Beitrag zur Terminologie des Konfessionellen Zeitalters, in: GWU 38 (1987) 261–279.

523. Die reformierte Konfessionalisierung in Deutschland – Das Problem der „Zweiten Reformation", ed. H. Schilling, Gütersloh 1986.

524. H. Schilling, „Konfessionsbildung" und „Konfessionalisierung", in: GWU 42, 1981, 447–463, 779–794.

525. Die Reformation in Deutschland und Europa. Interpretationen und Debatten. Beiträge zur gemeinsamen Konferenz der Society for Reformation Research und des Vereins für Reformationsgeschichte, 25.–30.9.1990 im Deutschen Historischen Institut, Washington D.C., ed. H. R. Guggisberg, G. G. Krodel, Gütersloh 1993.

d) Täufer

526. H.-J. Goertz, Die Täufer. Geschichte und Deutung, München 1980.

527. R. H. Bainton, The left Wing of the Reformation, in: Journal of Religion 21 (1941) 124–134.

528. C.-P. Clasen, Anabaptism. A Social History 1525–1618: Switzerland, Austria, Moravia and South and Central Germany, Ithaca–London 1972.

529. The Origins and Characteristics of Anabaptism. Proceeding of the Colloquium organized by the Faculty of Protestant Theology of Strasbourg (20.–22. Februar 1975), ed. M. Lienhard, Den Haag 1977.

530. G. Megenseffy, Der gegenwärtige Stand der Täuferforschung, in: Miscellanea Historiae Ecclesiasticae Bd. 2, Löwen 1967, 59–69.

531. R. Landfester, Frühneuzeitliche Häresien und koloniale Protestkulte:

Möglichkeiten eines historisch-komparativen Zugangs, in: ARG 67 (1976) 117–153.

532. C.-P. Clasen, Medieval Heresies in the Reformation, in: Church History 32 (1963) 392–414.

533. G. H. Williams, The Radical Reformation, Philadelphia 1962.

534. H. J. Hillerbrand, Anabaptism and Reformation: Another Look, in: Church History 29 (1960) 404–423.

535. B. Lohse, Die Stellung der „Schwärmer" und Täufer in der Reformationsgeschichte, in: ARG 60 (1969) 5–26.

536. Umstrittenes Täufertum 1525–1975. Neue Forschungen, ed. H.-J. Goertz, Göttingen 1975.

537. E. Laubach, Reformation und Täuferherrschaft, in: Geschichte der Stadt Münster, ed. F.-J. Jakobi, Bd. 1, Münster 1993, 145–216.

538. H. S. Bender, Täufer und Religionsfreiheit im 16. Jahrhundert, in: H. Lutz (Ed.), Zur Geschichte der Toleranz und Religionsfreiheit, Darmstadt 1977, 111–134.

e) Papsttum, katholische Reform, Gegenreformation, Inquisition

539. L. v. Ranke, Die römischen Päpste in den letzten vier Jahrhunderten, Neuausgabe Stuttgart 1953.

540. L. v. Pastor, Geschichte der Päpste seit dem Ausgang des Mittelalters, 16 Bde., Freiburg i. Br. 1886/1933.

541. F. X. Seppelt, G. Schwaiger, Geschichte der Päpste von den Anfängen bis zur Mitte des 20. Jahrhunderts, Bd. 4 und 5, München 1957/59.

542. K. Repgen, Die römische Kurie und der Westfälische Friede. Idee und Wirklichkeit des Papsttums im 16. und 17. Jahrhundert, Bd. 1,1 und 1,2: Papst, Kaiser und Reich 1521–1644, Tübingen 1962/65.

543. W. Reinhard, Pius papa. Prolegomena zu einer Sozialgeschichte des Papsttums, in: Von Konstanz nach Trient. Festschrift A. Franzen, Paderborn 1972, 261–299.

544. H. Jedin, Katholische Reformation oder Gegenreformation? Ein Versuch zur Klärung der Begriffe, Luzern 1946.

545. K. D. Schmidt, Die katholische Reform und die Gegenreformation, Göttingen 1975.

546. Gegenreformation, ed. E. W. Zeeden, Darmstadt 1973.

547. J. Bossy, The Counter-Reformation and the People of Catholic Europe, in: Past and Present 47 (1970) 51–70.

548. W. Reinhard, Gegenreformation als Modernisierung? Prolegomena zu einer Theorie des konfessionellen Zeitalters, in: ARG 68 (1977) 226–252.

549. W. Reinhard, Zwang zur Konfessionalisierung? Prolegomena zu einer Theorie des konfessionellen Zeitalters, in: Zs. f. hist. F. 10 (1983) 257–277.

550. H. Schilling, Die Konfessionalisierung im Reich. Religion und gesellschaftlicher Wandel in Deutschland zwischen 1555 und 1620, in: HZ 246 (1988) 1–45.

551. G. Maron, Das Schicksal der katholischen Reform im 16. Jahrhundert. Zur Frage der Kontinuität der Kirchengeschichte, in: ZKG 88 (1977) 219–229.

552. Estratto dal processo di Pietro Carnesecchi, ed. G. Manzoni, in: Miscellenea di Storia Italiana 10 (1870) 187ff.

553. W. Reinhard, Nepotismus. Der Funktionswandel einer papstgeschichtlichen Konstanten, in: ZKG 86 (1975) 145–185.

554. G. Müller, Die römische Kurie und die Reformation 1523–1534, Gütersloh 1969.

555. H. Lutz, Papsttum, europäische Staatenwelt und Kirchenreform um die Mitte des 16. Jahrhunderts, in: Jahres- und Tagungsbericht der Görres-Gesellschaft 1964, Köln 1965, 1–14.

556. P. Prodi, Il sovrano pontefice. Un corpo e due anime: la monarchia papale nella prima età moderna, Bologna 1982.

557. M. Monaco, Le finanze pontificie al tempo di Paolo V (1605–1621). La fondazione del primo banco publico in Roma, Lecce 1974.

558. V. Reinhardt, Kardinal Scipione Borghese 1605–1633. Vermögen, Finanzen und sozialer Aufstieg eines Papstnepoten, Tübingen 1984.

559. W. Reinhard, Kardinalseinkünfte und Kirchenreform, in: Römische Quartalschrift für christliche Altertumskunde und Kirchengeschichte 77 (1982) 157–194.

560. W. Reinhard, Freunde und Kreaturen. „Verflechtung" als Konzept zur Erforschung historischer Führungsgruppen; römische Oligarchie um 1600, München 1979.

561. B. Roberg, Päpstliche Politik am Rhein. Die römische Kurie und der Jülich-klevische Erbfolgestreit, in: Rhein. Vjbll. 41 (1977) 63–87.

562. D. Albrecht, Die deutsche Politik Papst Gregors XV. 1621–1623, München 1956.

563. G. Lutz, Rom und Europa während des Pontifikats Urbans VIII. Politik und Diplomatie – Wirtschaft und Finanzen – Kultur und Religion, in: Rom in der Neuzeit. Politische, kirchliche und kulturelle Aspekte, ed. R. Elze, H. Schmidinger, H. Schulte Nordholt, Wien–Rom 1976, 72–185.

564. G. Lutz, Kardinal Giovanni Francesco Guidi di Bagno. Politik und Religion im Zeitalter Richelieus und Urbans VIII., Tübingen 1971.

565. P. Blet, La congregation des Affaires de France de 1640 in: Mel. Eug. Tisserant, Bd. 4, Rom 1964, 59–105.

566. J. Grisar, Päpstliche Finanzen, Nepotismus und Kirchenrecht unter Urban VIII., in: Miscellanea Historiae Pontificiae 14 (1943) 205–366.

567. A. KRAUS, Das päpstliche Staatssekretariat unter Urban VIII. (1623–1644), Freiburg 1964.

568. Nuntiaturberichte und Nuntiaturforschung. Kritische Bestandsaufnahme und neue Perspektiven, Tübingen 1976 (Sonderausgabe der in QuFiAB 53, 1973, 152–275 gesammelten Aufsätze von H. JEDIN, H. GOETZ, G. MÜLLER, G. LUTZ, H. LUTZ).

569. G. MÜLLER, Nuntiaturberichte aus Mittel- und Osteuropa, in: QuFiAB 57 (1977) 163–197.

570. P. PRODI, Note sulla genesi del diritto nella chiesa post-tridentina, in: Legge evangelo, Brescia 1971, 191–223.

571. Das Weltkonzil von Trient, sein Werden und Wirken, ed. G. SCHREIBER, 2 Bde., Freiburg i. Br. 1951.

572. H. JEDIN, Geschichte des Konzils von Trient, 4 Bde., Freiburg i. Br. 1949/75.

573. G. ALBERIGO, I vescovi Italiani al concilio di Trento (1545–1547), Florenz 1959.

574. Il concilio di Trento e la riforma tridentina, Atti del Convegno Storico Internationale, 2–6 sett. 1963, 2 Bde., Rom–Freiburg i. Br. 1965.

575. H. JEDIN, Girolamo Seripando, 2 Bde., Würzburg 1937.

576. F. C. CESAREO, Humanism and Catholic Reform. The Life and Work of Gregorio Cortese (1483–1548), New York–Bern 1990.

577. D. FENLON, Heresy and Obedience in Tridentine Italy. Cardinal Pole and the Counter Reformation, Cambridge 1972.

578. J. I. TELLECHEA IDIGORAS, Fray Bartolomé Carranza y el Cardenal Pole. Un Navarro en la restauración catolica de Inglaterra (1554–1558), Pamplona 1977.

579. H. RAHNER, Ignatius von Loyola als Mensch und Theologe, Freiburg i. Br. 1964.

580. B. DUHR, Geschichte der Jesuiten in den Ländern deutscher Zunge, 4 Bde., Freiburg i. Br. 1907/28.

581. G. HEISS, Konfessionsbildung, Kirchenzucht und frühmoderner Staat, in: Volksfrömmigkeit. Von der Antike bis zum 18. Jahrhundert, ed. H. C. EHALT, Wien–Köln 1989, 191–220.

582. TH. WINKELBAUER, Sozialdisziplinierung und Konfessionalisierung durch Grundherren in den österreichischen und böhmischen Ländern im 16. und 17. Jh., in: Zs. f. hist. F. 19, 1992, 317–339.

583. Die Visitation im Dienst der kirchlichen Reform, mit einer Bibliographie gedruckter und einem archivalischen Verzeichnis ungedruckter Visitationsquellen, ed. E. W. ZEEDEN, H. MOLITOR, 2. Aufl., Münster 1977.

584. J. KRASENBRINK, Die Congregatio Germanica und die katholische Reform in Deutschland nach dem Tridentinum, Münster 1972.

585. M. Hroch, A. Skýbová, Die Inquisition im Zeitalter der Gegenreformation, Stuttgart 1985.

586. Inquisition and Society in Early Modern Europe, ed. S. Haliczer, Bekkenham 1986.

587. Il Processo Inquisitoriale del Cardinale Giovanni Morone, 3 Bde., ed. M. Firpo, D. Marcatto, Roma 1981/85.

588. L'Inquisizione Romana in Italie nell'età moderna. Archivi, problemi di metodo e nuove ricerche. Atti del seminario internazionale, Trieste, 18–20 maggio 1988, ed. A. del Col, G. Paolin, Roma 1991.

589. A. del Col, L'Inquisizione romana e il potere politico nella repubblica di Venezia (1540–1560), in: Critica Storica 28,2, 1991, 189–250.

590. La inquisición española: nueva visión, nuevos horizontes, ed. J. Pérez Villanueva, Madrid 1980.

591. R. L. Kagan, Lucrezia's Dreams. Politics and Prophecy in 16th-century Spain, Berkeley – Los Angeles – Oxford 1990.

f) Toleranz

592. J. Lecler, Geschichte der Religionsfreiheit im Zeitalter der Reformation, 2 Bde., Stuttgart 1965.

593. H. Kamen, Intoleranz und Toleranz zwischen Reformation und Aufklärung, München 1967.

594. Zur Geschichte der Toleranz und Religionsfreiheit, ed. H. Lutz, Darmstadt 1977.

595. Tolerance and Movements of Religious Dissent in Eastern Europe, ed. B. K. Kiraly, New York–London 1975.

596. R. Aubert, Das Problem der Religionsfreiheit in der Geschichte des Christentums, in: Nr. 594, 422–454.

597. E. W. Böckenförde, Einleitung zur Textausgabe der ‚Erklärung über die Religionsfreiheit', in: Nr. 594, 401–421.

598. E. Hassinger, Wirtschaftliche Motive und Argumente für religiöse Duldsamkeit im 16. und 17. Jahrhundert, in: ARG 49 (1958) 226–245.

599. H. R. Guggisberg, Wandel der Argumente für religiöse Toleranz und Glaubensfreiheit im 16. und 17. Jahrhundert, in: Nr. 594, 455–482.

600. L. Blaschke, Der Toleranzgedanke bei Sebastian Franck, in: Nr. 594, 42–63.

601. H. Lutz, Das Toleranzproblem im konfessionellen Zeitalter und die Folgen, in: Bericht über den fünfzehnten österreichischen Historikertag in Salzburg, 15.–18. September 1981, 67–73.

602. P. Warmbrunn, Zwei Konfessionen in einer Stadt. Das Zusammenleben von Katholiken und Protestanten in den paritätischen Reichsstädten Augs-

burg, Biberach, Ravensburg und Dinkelsbühl von 1548 bis 1648, Wiesbaden 1983.

603. H. R. Guggisberg, Sebastian Castellio im Urteil seiner Nachwelt vom Späthumanismus bis zur Aufklärung, Basel–Stuttgart 1956.

604. L. Moore, Religionsfreiheit: Roger Williams und die revolutionäre Ära, in: Nr. 594, 276–307.

605. H. Schilling, Die niederländischen Exulanten des 16. Jhs. Ein Beitrag zum Typus der frühneuzeitlichen Konfessionsmigration, in: GWU 43, 1992, 67–78.

606. W. W. Schnabel, Oberösterreichische Protestanten in Regensburg. Materialien zur bürgerlichen Immigration im ersten Drittel des 17. Jhs., in: MOÖLA 16, 1990, 65–133.

g) Wirkungen des Calvinismus

607. M. Weber, Die protestantische Ethik und der Geist des Kapitalismus, in: ders., Die protestantische Ethik, 2 Bde., ed. J. Winckelmann [Sammlung einschlägiger Aufsätze Webers und zeitgenössischer und späterer Aufsätze anderer Autoren], 2. Aufl., Hamburg 1972.

608. R. H. Tawney, Religion and the Rise of Capitalism. A Historical Study (zuerst 1926), Neuausgabe, New York 1947; deutsche Übersetzung unter dem Titel: Religion und Frühkapitalismus, Bern 1946.

609. E. Fischoff, Die protestantische Ethik und der Geist des Kapitalismus. Die Geschichte einer Kontroverse, in: M. Weber, Die protestantische Ethik, ed. J. Winckelmann, Bd. 2, Hamburg 1972, 346–379.

610. Seminar: Religion und gesellschaftliche Entwicklung, Studien zur Protestantismus-Kapitalismus-These Max Webers, ed. C. Seyfart, W. M. Sprondel, Frankfurt 1973.

611. H. Kretzer, Calvinismus und französische Monarchie. Die politische Lehre der Akademien Sedan und Saumur, Berlin 1975.

612. H. Vahle, Calvinismus und Demokratie im Spiegel der Forschung, in: ARG 66 (1975) 182–212.

6. Kultur- und Ideengeschichte

a) Humanismus, Buchdruck

613. W. Dilthey, Gesammelte Schriften, Bd. 2: Weltanschauung und Analyse des Menschen seit Renaissance und Reformation, 6. Aufl., Stuttgart–Göttingen 1960.

614. H. Lutz, Humanismus am Vorabend der Reformation: Konzeptionen, Kräfte, Probleme, in: Humanismus und Reformation. Martin Luther und

Erasmus von Rotterdam in den Konflikten ihrer Zeit, ed. O. H. Pesch, München 1985, 12–32.

615. W. Kaegi, Humanistische Kontinuität im konfessionellen Zeitalter, Basel 1954.

616. Classical Influences on European Culture 1500–1700, ed. R. R. Bolgar, Cambridge 1976.

617. R. W. Evans, Rudolf II. and his World. A Study in Intellectual History, Oxford 1973. Deutsch unter dem Titel: Rudolf II: Ohnmacht und Einsamkeit, Graz–Wien–Köln 1980.

618. L. Febvre, H. Martin, L'apparition du livre, Paris 1958.

619. E. Eisenstein, L'avènement de l'imprimerie et de la Réforme, in: Annales, Écon. 26 (1971) 1355–1382.

620. R. Engelsing, Analphabetentum und Lektüre. Zur Sozialgeschichte des Lesens in Deutschland zwischen feudaler und industrieller Gesellschaft, Stuttgart 1973.

621. R. Chartier, Lesewelten. Buch und Lektüre in der frühen Neuzeit, Frankfurt am Main, New York 1990.

622. M. Giesecke, Der Buchdruck in der frühen Neuzeit. Eine historische Fallstudie über die Durchsetzung neuer Informations- und Kommunikationstechnologie, Frankfurt am Main 1991.

b) Universität, Schule

623. J. Le Goff, Les Universités et les Pouvoirs Publics au Moyen Age et à la Renaissance, in: XIIe Congrès International des Sciences Historiques, Vienne, 29 Aout – 5 Septembre 1965, Bd. 3, Horn–Wien 1967, 189–206.

624. D. Hay, Schools and Universities, in: New Cambridge Modern History, Bd. 2, Cambridge 1975, 427–452.

625. H. Engelbrecht, Geschichte des österreichischen Bildungswesens. Erziehung und Unterricht auf dem Boden Österreichs, Bd. 2: Das 16. und 17. Jahrhundert, Wien 1983.

626. F. Paulsen, Geschichte des gelehrten Unterrichts auf den deutschen Schulen und Universitäten vom Ausgang des Mittelalters bis zur Gegenwart, Bd. 1, 3. Aufl., Leipzig 1919.

627. A. Schindling, Die reichsstädtische Hochschule in Straßburg 1538–1621, in: Stadt und Universität im Mittelalter und in der frühen Neuzeit, ed. E. Maschke, J. Sydow, Sigmaringen 1977, 71–83.

628. A. Schindling, Humanistische Hochschule und Freie Reichsstadt. Gymnasium und Akademie in Straßburg 1538–1621, Wiesbaden 1977.

629. V. Morgan, Approaches to the History of the English Universities in the Sixteenth and Seventeenth Centuries, in: Bildung, Politik, Gesellschaft, ed. G. Klingenstein, H. Lutz, G. Stourzh, Wien–München 1978, 138–164.

630. Beiträge zu Problemen deutscher Universitätsgründungen der frühen Neuzeit, ed. P. Baumgart, N. Hammerstein, Bremen–Wolfenbüttel 1978.

631. P. Baumgart, Universitätsautonomie und landesherrliche Gewalt im späten 16. Jahrhundert. Das Beispiel Helmstedt, in: Zs. f. hist. F. 1 (1974) 23–53.

632. A. Kohler, Bildung und Konfession. Zum Studium der Studenten aus den habsburgischen Ländern an Hochschulen im Reich (1560–1620), in: Bildung, Politik, Gesellschaft, ed. G. Klingenstein, H. Lutz, G. Stourzh, Wien–München 1978, 64–123.

633. G. Heiss, Konfession, Politik und Erziehung. Die Landschaftsschulen in den nieder- und innerösterreichischen Ländern vor dem Dreißigjährigen Krieg, in: Bildung, Politik, Gesellschaft, ed. G. Klingenstein, H. Lutz, G. Stourzh, Wien–München 1978, 13–63.

634. G. Heiss, Bildungsverhalten des niederösterreichischen Adels im gesellschaftlichen Wandel: zum Bildungsgang im 16. und 17. Jahrhundert, in: Nr. 247, 139–157.

635. I. Sinkovics, Die akademische Bildung in Ungarn im 17. Jahrhundert, in: Études Historiques 1970, 301–332.

636. St. Litak, Das Schulwesen der Jesuiten in Polen, in: Bildung, Politik, Gesellschaft, ed. G. Klingenstein, H. Lutz, G. Stourzh, Wien–München 1978, 124–137.

637. N. Conrads, Ritterakademien der Frühen Neuzeit. Bildung als Standesprivileg im 16. und 17. Jahrhundert, Göttingen 1982.

638. M. Csáky, Die ‚Sodalitas litteraria Danubiana': historische Realität oder poetische Fiktion des Conrad Celtis? in: Die österreichische Literatur. Ihr Profil von den Anfängen des Mittelalters bis zum 18. Jh., ed. H. Zeman, Graz 1986, 739–758.

c) Wissenschaft

639. Th. Kuhn, Die Struktur wissenschaftlicher Revolutionen, Frankfurt 1967.

640. R. Toellner, Mechanismus-Vitalismus: ein Paradigmawechsel? Testfall Haller, in: A. Diemer (Ed.), Die Struktur wissenschaftlicher Revolutionen und die Geschichte der Wissenschaften, Meisenheim 1977, 61–72.

641. A. C. Crombie, Von Augustinus bis Galilei. Die Emanzipation der Naturwissenschaft, 2. Aufl., Köln–Berlin 1965.

642. L. Thorndike, History of Magic and Experimental Science, 7 Bde., New York 1941/58.

643. H. Butterfield, The Origins of Modern Science, London 1949.

644. A. R. Hall, The revolution in science 1500–1750, London 1983.

645. M. Boas, Die Renaissance der Naturwissenschaften 1450–1630. Das Zeitalter des Kopernikus, Gütersloh 1965.

646. F. Kraft, Renaissance der Naturwissenschaften – Naturwissenschaften der Renaissance. Ein Überblick über die Nachkriegsliteratur, in: Humanismusforschung seit 1945. Ein Bericht aus interdisziplinärer Sicht, ed. Deutsche Forschungsgemeinschaft, Bonn 1975, 111–184.

647. A. Carugo, La nuova scienza – Le origini della rivoluzione scientifica e dell'età moderna, in: Nuove Questioni di Storia Moderna, Bd. 1, Milano 1966, 1–165.

648. G. Oestreich, Die antike Literatur als Vorbild der praktischen Wissenschaften im 16. und 17. Jahrhundert, in: R. R. Bolgar (Ed.), Classical Influences in European Culture 1500–1700, Cambridge 1976, 315–324.

649. J. Gadol, Die Einheit der Renaissance: Humanismus, Naturwissenschaft und Kunst, in: A. Buck (Ed.), Zu Begriff und Problem der Renaissance, Darmstadt 1969, 395–426.

650. Humanismus und Naturwissenschaft, ed. F. Krafft, R. Schmitz, Boppard 1980.

651. H. E. Troje, Die Literatur des gemeinen Rechts unter dem Einfluß des Humanismus, in: H. Coing, Handbuch der Quellen und Literatur der neueren europäischen Privatrechtsgeschichte, Bd. 2/1, München 1977, 615–796.

652. I documenti del processo di Galileo Galilei, ed. S. M. Pagano, Città del Vaticano 1984.

d) Politische Ideen

653. J. W. Allen, A History of Political Thought in the Sixteenth Century, London 1957.

654. F. Chabod, Scritti su Machiavelli, Turin 1964.

655. H. Münkler, Machiavelli. Die Begründung des politischen Denkens der Neuzeit aus der Krise der Republik Florenz, Frankfurt 1984.

656. R. De Mattei, Dal Premachiavellismo all' Antimachiavellismo europeo del Cinquecento, Rom 1956.

657. H. Lutz, Antimachiavellismus im Italien des 16. Jahrhunderts, in: MOÖLA 14 (1984) 5–12.

658. F. Meinecke, Die Idee der Staatsräson in der neueren Geschichte, 4. Aufl., München 1976.

659. Staatsräson. Studien zur Geschichte eines politischen Begriffs, ed. R. Schnur, Berlin 1975.

660. H. Lutz, Erasmus-Machiavelli: Krieg und Frieden im Werden der neuzeitlichen Staaten, in: Tätigkeitsbericht der Österreichischen Akademie der Wissenschaften 1984/85, Wien 1986, 21–35.

661. H. Lutz, Friedensideen und Friedensprobleme in der Frühen Neuzeit, in: Friedensbewegungen: Bedingungen und Wirkungen, ed. G. Heiss, H. Lutz, Wien 1984, 28–54.

662. H. Lutz, Ragione di Stato und christliche Staatsethik im 16. Jahrhundert. Mit einem Textanhang: Die Machiavellikapitel aus Kardinal Reginald Pole's „Apologia ad Carolum Quintum Caesarem", 2. Aufl., Münster 1977.

663. R. Saage, Herrschaft, Toleranz, Widerstand. Studien zur politischen Theorie der Niederländischen und Englichen Revolution, Frankfurt 1981.

664. E. Thuau, Raison d'État et pensée politique à l'époque de Richelieu, Paris 1966.

665. E.-L. Etter, Tacitus in der Geistesgeschichte des 16. und 17. Jahrhunderts, Basel 1966.

666. M. Stolleis, Arcana imperii und Ratio status. Bemerkungen zur politischen Theorie des 17. Jahrhunderts, Göttingen 1980.

667. M. Behnen, „Arcana – haec sunt ratio status". Ragion di Stato und Staatsraison, Probleme und Perspektiven (1589–1651), in: Zs. f. hist. F. 14 (1987) 129–195.

668. Les utopies de la Renaissance (Sammelband), Brüssel–Paris 1963.

669. G. Bock, Thomas Campanella. Politisches Interesse und philosophische Spekulation, Tübingen 1974.

670. M. Brecht, Johann Valentin Andreae. Weg und Programm eines Reformers zwischen Reformation und Moderne, in: M. Brecht (Ed.), Theologen und Theologie an der Universität Tübingen. Beiträge zur Geschichte der Evangelisch-Theologischen Fakultät, Tübingen 1977, 270–343.

671. Politische Theorie des Johannes Althusius, ed. K.-W. Dahm, W. Krawietz, D. Wyduckel, Berlin 1988.

672. Zur Geschichte der Erklärung der Menschenrechte, ed. R. Schnur, Darmstadt 1964.

e) *Völkerrecht, Europagedanke und Nationsbegriff*

673. E. Reibstein, Völkerrecht. Eine Geschichte seiner Ideen in Lehre und Praxis, Bd. 1, Freiburg i. Br.–München 1958.

674. W. Janssen, Die Anfänge des modernen Völkerrechts und der neuzeitlichen Diplomatie. Ein Forschungsbericht, Stuttgart 1965.

674a. A. Kohler, „Tu felix Austria nube..." Vom Klischee zur Neubewertung dynastischer Politik in der neueren Geschichte Europas, in: Zs. f hist. F. 21 (1994) 461–482.

675. G. Mattingly, Renaissance Diplomacy, 2. Aufl., London 1962.

676. B. Picard, Das Gesandtschaftswesen Ostmitteleuropas in der frühen Neuzeit. Beiträge zur Geschichte der Diplomatie in der ersten Hälfte des sechzehnten Jahrhunderts nach den Aufzeichnungen des Freiherrn Sigmund von Herberstein, Graz–Wien–Köln 1967.

677. J. Žontar, Obveščevalna služba in diplomacija avstrijskih habsburgzanov

v boju proti Turkom v 16. stoletju, Ljubljana 1973. Mit einer deutschen Zusammenfassung (191–242).

678. A. A. Schaendlinger, La diplomazia ottomano-asburgica nella prima metà del sedicesimo secolo, in: Römische Historische Mitteilungen 26 (1984) 253–265.

679. M. Lunitz, Diplomatie und Diplomaten im 16. Jahrhundert. Studien zu den ständigen Gesandten Kaiser Karls V. in Frankreich, Konstanz 1988.

680. J. ter Meulen, Der Gedanke der internationalen Organisation in seiner Entwicklung 1300–1800, Den Haag 1917.

681. K. v. Raumer, Ewiger Friede. Friedensrufe und Friedenspläne seit der Renaissance, Freiburg i. Br.–München 1953.

682. E. Kaeber, Die Idee des europäischen Gleichgewichts in der publizistischen Literatur vom 16. bis zur Mitte des 18. Jahrhunderts, Berlin 1907.

683. L. Dehio, Gleichgewicht oder Hegemonie. Betrachtungen über ein Grundproblem der neueren Staatengeschichte, Krefeld o. J. [1948].

684. G. Livet, L'équilibre européen de la fin du XVe à la fin du XVIIIe siècle, Paris 1976.

685. F. Chabod, Der Europagedanke. Von Alexander dem Großen bis Zar Alexander I., Stuttgart 1963.

686. B. Voyenne, Historie de l'idée européenne, 3. Aufl., Paris 1964.

687. M. Csáky, Populus, Patria, Natio: Zur Entwicklung des neuzeitlichen Nationsbegriffs, in: Bericht über den 13. österreichischen Historikertag in Klagenfurt. Veröffentlichungen des Verbandes Österreichischer Geschichtsvereine 21, Wien 1977, 57–64.

688. H. Schilling, Nationale Identität und Konfession in der europäischen Neuzeit, in: Nationale und kulturelle Identität. Studien zur Entwicklung des kollektiven Bewußtseins, ed. G. Giesen, Frankfurt am Main 1991, 192–252.

7. Entdeckungen und Kolonien

689. G. Friederici, Der Charakter der Entdeckung Amerikas durch die Europäer, 3 Bde., Stuttgart–Gotha 1925/36.

690. A. Rein, Die europäische Ausbreitung über die Erde, Potsdam 1931.

691. W. Reinhard, Geschichte der europäischen Expansion, 2 Bde., Stuttgart–Berlin–Köln–Mainz 1983/85.

692. B. W. Diffie, G. D. Winius, Foundations of the Portoguese Empire, 1415–1580, Minneapolis 1977.

693. L. N. McAlister, Spain and Portugal in the New World 1492–1700, Minneapolis 1984.

694. Die Entdeckung und Eroberung der Welt. Dokumente und Berichte, 2 Bde., ed. U. Bitterli, München 1980/81.

695. Dokumente zur Geschichte der europäischen Expansion, Bd. 2: Die großen Entdeckungen, ed. M. MEYN, M. MIMLER, A. PARTENHEIMER-BEIN, E. SCHMITT, München 1984.

696. J. H. PARRY, Zeitalter der Entdeckung, Zürich 1963.

697. B. PENROSE, Travel and Discovery in the Renaissance 1420–1620, Cambridge Mass. 1960.

698. C. R. BOXER, The Portuguese Seaborne Empire 1415–1825, London 1969.

699. S. SUBRAHMANYAM, The Portuguese Empire in Asia, 1550–1700. A Political and Economic History, London 1993.

700. R. KONETZKE, Entdecker und Eroberer Amerikas, Frankfurt 1963.

701. Historia de las Américas, ed. L. NAVARRO GARCIA, 2 Bde., Madrid 1991.

702. M. GIMÉNEZ FERNÁNDEZ, Bartolomé de Las Casas, 2 Bde., Sevilla 1953/60.

703. A. REIN, Über die Bedeutung der überseeischen Ausdehnung für das europäische Staatensystem, in: HZ 137 (1928) 28–90.

704. D. F. LACH, Asia in the Making of Europe, 4 Teilbde., Chicago 1965/77.

705. Die Neue in der Alten Welt. 1492–1650. Folgen einer Eroberung, Berlin 1982 (engl. 1970).

706. H. W. GENSICHEN, Missionsgeschichte der neueren Zeit, Göttingen 1961.

707. H. GRÜNDER, Welteroberung und Christentum. Ein Handbuch zur Geschichte der Neuzeit, Gütersloh 1992.

708. U. BITTERLI, Die ‚Wilden' und die ‚Zivilisierten'. Grundzüge einer Geistes- und Kulturgeschichte der europäisch-überseeischen Begegnung, München 1976.

709. U. BITTERLI, Alte Welt – neue Welt. Formen des europäischen-überseeischen Kulturkontakts vom 15. bis zum 18. Jahrhundert, München 1986.

710. H. POHL (ed.), The European Discovery of the World and its economic effects on pre-industrial Society: 1500–1800. Papers of the 10th International Economic History Congress, Stuttgart 1990.

711. F. GEWECKE, Wie die neue Welt in die alte kam, München 1992.

712. W. REINHARD, Gelenkter Kulturwandel im siebzehnten Jahrhundert. Akkulturation in den Jesuitenmissionen als universalgeschichtliches Problem, in: HZ 223 (1976) 529–590.

713. Humanismus und Neue Welt, ed. W. REINHARD, Weinheim 1987.

8. Römisch-Deutsches Reich

a) *Allgemeines: Reichsgeschichte, Verfassung, Bikonfessionalismus, Territorien*

714. J. JANSSEN, Geschichte des deutschen Volkes seit dem Ausgang des Mittelalters, 8 Bde., Freiburg i. Br. 1878/94.

715. M. RITTER, Deutsche Geschichte im Zeitalter der Gegenreformation und des Dreißigjährigen Krieges 1555–1648, 3 Bde., Stuttgart 1889/1908.

716. E. W. ZEEDEN, Deutschland von der Mitte des 15. Jahrhundert bis zum Westfälischen Frieden, in: Handbuch der Europäischen Geschichte, Bd. 3, ed. J. ENGEL, Stuttgart 1971, 449–585.

717. Deutsche Geschichte. Bd. 3: Die Epoche des Übergangs vom Feudalismus zum Kapitalismus von den siebziger Jahren des 15. Jahrhunderts bis 1789, Berlin 1983.

718. H. LUTZ, Das Ringen um deutsche Einheit und kirchliche Erneuerung. Von Maximilian I. bis zum Westfälischen Frieden 1490 bis 1648, Frankfurt–Berlin–Wien 1983, Studienausgabe 1987.

719. A. KOHLER, Das Reich im Kampf um die Hegemonie in Europa, 1521–1648, München 1990.

720. H. R. SCHMIDT, Konfessionalisierung im 16. Jh., München 1992.

721. W. SCHULZE, Deutsche Geschichte im 16. Jahrhundert. 1500–1618, Frankfurt 1987.

722. H. SCHILLING, Aufbruch und Krise. Deutschland 1517–1648, Berlin 1988.

723. H. KLUETING, Das konfessionelle Zeitalter 1525–1648, Stuttgart 1989.

724. H. RABE, Reich und Glaubensspaltung. Deutschland 1500–1600, München 1989.

725. V. PRESS, Kriege und Krisen. Deutschland 1600–1715, München 1991.

726. A. SCHINDLING, W. ZIEGLER (Ed.), Die Territorien des Reichs im Zeitalter der Reformation und Konfessionalisierung. Land und Konfession 1500–1650. Bd. 1: Der Südosten, Bd. 2: Der Nordosten, Bd. 3: Der Nordwesten, Bd. 4: Mittleres Deutschland, Münster 1991/92.

727. R. J. W. EVANS, Das Werden der Habsburger Monarchie 1550–1700. Gesellschaft, Kultur, Institutionen, Wien–Köln 1986.

728. G. VOGLER, Ulrich von Hutten und sein „Vaterland". Überlegungen aus Anlaß des 500. Geburtstages, in: ZfG 36 (1988) 410–427.

729. H. LUTZ, „Ursprung der Spaltung in der Nation". Bemerkungen zu einem Kapitel aus Rankes Reformationsgeschichte, in: Festschrift für Hermann Heimpel zum 70. Geburtstag am 19.9.1979, Bd. 1 (Göttingen 1971) 140–160.

730. H. ANGERMEIER, Die Reichsreform 1410–1555. Die Staatsproblematik in Deutschland zwischen Mittelalter und Gegenwart, München 1984.

731. H. ANGERMEIER, Reichsreform und Reformation (= Schriften des Historischen Kollegs, Vorträge 3) München 1983

732. E. W. ZEEDEN, Die Einwirkung der Reformation auf die Verfassung des Heiligen Römischen Reiches Deutscher Nation, in: Trierer Theologische Zs. (1950) 207–215.

733. F. DICKMANN, Das Problem der Gleichberechtigung der Konfessionen im Reich im 16. und 17. Jahrhundert, in: Nr. 594, 203–251.

734. A. SCHINDLING, Reichskirche und Reformation. Zu Glaubensspaltung und Konfessionalisierung in den geistlichen Fürstentümern des Reiches, in: Z. f. hist. F., Beiheft 3 (1987) 81–112.

735. W. SCHULZE, Concordia, Discordia, Tolerantia. Deutsche Politik im konfessionellen Zeitalter, in: Zs. f. hist. F., Beiheft 3 (1987) 43–79.

736. H. BORNKAMM, Die religiöse und politische Problematik im Verhältnis der Konfessionen im Reich, in: Nr. 594, 252–262.

737. Die Religionsgespräche der Reformationszeit, ed. G. MÜLLER, Gütersloh 1980.

738. F. WOLFF, Corpus Evangelicorum und Corpus Catholicorum auf dem Westfälischen Friedenskongreß. Die Einfügung der konfessionellen Ständeverbindungen in die Reichsverfassung, Münster 1966.

739. H. HECKEL, Parität, in: ZRG, Kan. Abt. 49 (1963) 261–420.

740. H. HECKEL, Autonomia und Pacis Compositio. Der Augsburger Religionsfrieden in der Deutung der Gegenreformation, in: ZRG, Kan. Abt. 45 (1959) 141–248.

741. H. DIETRICH, Das protestantische Eherecht in Deutschland bis zur Mitte des 17. Jahrhunderts, München 1970.

742. G. OESTREICH, Verfassungsgeschichte vom Ende des Mittelalters bis zum Ende des alten Reiches (= GEBHARDT, Handbuch der deutschen Geschichte, 9. Aufl., Bd. 11), München 1974.

743. P. MORAW, V. PRESS, Probleme der Sozial- und Verfassungsgeschichte des Heiligen Römischen Reiches im späten Mittelalter und in der frühen Neuzeit, in: Zs. f. hist. F. 2 (1975) 95–108.

744. V. PRESS, Das römisch-deutsche Reich – ein politisches System in verfassungs- und sozialgeschichtlicher Fragestellung, in: Nr. 247, 221–242.

745. Politics and Society in the Holy Roman Empire 1500–1806 (= The Journ. of Mod. Hist. 50, Supplement) 1986.

746. F. H. SCHUBERT, Die deutschen Reichstage in der Staatslehre der frühen Neuzeit, Göttingen 1966.

747. R. AULINGER, Das Bild des Reichstages im 16. Jahrhundert. Beiträge zu einer typologischen Analyse schriftlicher und bildlicher Quellen, Göttingen 1980.

748. H. NEUHAUS, Reichsständische Repräsentationsformen im 16. Jahrhundert. Reichstag – Reichskreistag – Reichsdeputationstag, Berlin 1982.

749. H. NEUHAUS, Wandlungen der Reichstagsorganisation in der ersten Hälfte des 16. Jahrhunderts, in: Z. f. hist. F., Beiheft 3 (1987) 113–140.

750. H. NEUHAUS, Reichstag und Supplikationsausschuß. Ein Beitrag zur Reichsverfassungsgeschichte der ersten Hälfte des 16. Jahrhunderts, Berlin 1977.

751. Aus Reichstagen des 15. und 16. Jahrhunderts. Festgabe dargebracht der Historischen Kommission zur Feier ihres hundertjährigen Bestehens von den Herausgebern der deutschen Reichstagsakten, Göttingen 1958.

752. Reichstage und Kirche, ed. E. MEUTHEN, Göttingen 1991.

753. Säkulare Aspekte der Reformationszeit, ed. H. ANGERMEIER, München–Wien 1983.

754. Aus der Arbeit an den Reichstagen unter Kaiser Karl V. Sieben Beiträge zu Fragen der Forschung und Edition, ed. H. LUTZ, A. KOHLER, Göttingen 1986.

755. Die geschichtlichen Grundlagen der modernen Volksvertretung, ed. H. RAUSCH, 2. Bd.: Reichsstände und Landstände, Darmstadt 1974.

756. A. SCHINDLING, Reichstagsakten und Ständeforschung. Aus der Arbeit der Historischen Kommission bei der Bayerischen Akademie der Wissenschaften, in: GWU 24 (1973) 427–434.

757. H. LUTZ, A. LUTTENBERGER, Zur Arbeit an den Reichstagsakten unter Karl V.: Aus einem Editionsunternehmen der Historischen Kommission bei der Bayerischen Akademie der Wissenschaften, in: Jahrbuch der Historischen Forschung in der Bundesrepublik 1980 (Stuttgart 1981) 55–57.

758. G. KLEINHEYER, Die kaiserlichen Wahlkapitulationen. Geschichte, Wesen und Funktion, Karlsruhe 1968.

759. U. EISENHARDT, Die kaiserlichen Pivilegia de non appellando, Köln–Wien 1980.

760. F. BLAICH, Die Wirtschaftspolitik des Reichstags im Hl. Röm. Reich. Ein Beitrag zur Problemgeschichte wirtschaftlichen Gestaltens, Stuttgart 1970.

761. P. SCHMID, Reichssteuern, Reichsfinanzen und Reichsgewalt in der ersten Hälfte des 16. Jahrhunderts, in: Nr. 753, 153–198.

762. Finanze e ragion di Stato in Italie e in Germania nella prima Età moderna, ed. A. DE MADDALENA, H. KELLENBENZ, Bologna 1984.

763. W. BECKER, Der Kurfürstenrat. Grundlagen seiner Entwicklung in der Reichsverfassung und seine Stellung auf dem Westfälischen Friedenskongreß, Münster 1973.

764 K. SCHLAICH, Maioritas – protestatio – itio in partes – Corpus Evangelicorum, in: ZRG, Kan. Abt. 61 (1977) 264–299.

765. H. DUCHHARDT, Protestantisches Kaisertum und altes Reich. Die Diskussion über die Konfession des Kaisers in Politik, Publizistik und Staatsrecht, Wiesbaden 1977.

766. G. BUCHSTAB, Reichsstädte, Städtekurie und Westfälischer Friedenskongreß. Zusammenhänge von Sozialstruktur, Rechtsstatus und Wirtschaftskraft, Münster 1976.

767. K. HÄRTER, Entwicklung und Funktion der Policeygesetzgebung des Heiligen Römischen Reiches Deutscher Nation im 16. Jahrhundert, in: IUS COMMUNE. Zeitschrift für Europäische Rechtsgeschichte 20, 1993, 61–141.

768. H. Maier, Die ältere deutsche Staats- und Verwaltungslehre (Polizeiwissenschaft). Ein Beitrag zur Geschichte der politischen Wissenschaft in Deutschland, Neuwied 1966.

769. Deutsche Verwaltungsgeschichte, Bd. 1: Vom Spätmittelalter bis zum Ende des Reiches, ed. K. G. A. Jeserich, H. Pohl, G.-C. von Unruh, Stuttgart 1983.

770. H. Gross, Empire and Sovereignity. A History of the Public Law Literature in the Holy Roman Empire 1599–1804, Chicago–London 1973.

771. D. Willoweit, Rechtsgrundlagen der Territorialgewalt, Wien–Köln 1975.

772. F. Uhlhorn, W. Schlesinger, Die deutschen Territorien (= Gebhardt, Handbuch der deutschen Geschichte, 9. Aufl., Bd. 13), München 1974.

773. G. Köbler, Historisches Lexikon der deutschen Länder. Die deutschen Territorien vom Mittelalter bis zur Gegenwart, München 1988.

774. W. Heinemeyer, Die Territorien zwischen Reichstradition, Staatlichkeit und politischen Interessen, in: Nr. 753, 77–89.

775. Handbuch der bayerischen Geschichte, ed. M. Spindler, 4 Bde., verbesserter Nachdruck, München 1971/77.

776. F. Petri, Rheinische Geschichte im Zeitalter der Glaubenskämpfe (1500–1648), in: ders. und G. Droege (Ed.), Rheinische Geschichte, Bd. 2, Düsseldorf 1976.

777. Geschichte Schlesiens, Bd. 2: Die Habsburger Zeit 1526–1740, ed. L. Petry u. J. J. Menzel, Darmstadt 1973.

778. M. Weber, Das Verhältnis Schlesiens zum Alten Reich in der Frühen Neuzeit, Köln–Weimar–Wien 1992.

779. A. Laufs, Der schwäbische Kreis, Aalen 1971.

780. P. Blickle, Landschaften im Alten Reich. Die staatliche Funktion des gemeinen Mannes in Oberdeutschland. Münster 1975.

781. V. Press, Herrschaft, Landschaft und „gemeiner Mann“ in Oberdeutschland vom 15. bis zum frühen 19. Jahrhundert, in: ZFGO 123 (1975) 169–214 (kritisch weiterführend zu Nr. 780).

782. K. Blaschke, Bevölkerungsgeschichte von Sachsen bis zur Industriellen Revolution, Weimar 1967.

783. J. Bücking, Frühabsolutismus und Kirchenreform in Tirol (1565–1665). Ein Beitrag zum Ringen zwischen „Staat“ und „Kirche“ in der frühen Neuzeit, Wiesbaden 1972.

784. K. Krüger, Finanzstaat Hessen 1500–1567. Staatsbildung im Übergang vom Domänenstaat zum Steuerstaat, Marburg 1980.

785. V. Press, Calvinismus und Territorialstaat. Regierung und Zentralbehörden der Kurpfalz 1559–1619, Stuttgart 1970.

786. R. A. Kann, Geschichte des Habsburgerreiches 1526–1918, Wien–Graz–Köln 1982.

787. W. SCHULZE, Landesdefension und Staatsbildung. Studien zum Kriegswesen des innerösterreichischen Territorialstaates (1564–1619), Wien–Köln–Graz 1973.

788. R. REINHARDT, Die Beziehungen von Hochstift und Diözese Konstanz zu Habsburg-Österreich in der Neuzeit. Gleichzeitig ein Beitrag zur archivalischen Erforschung des Problems „Kirche und Staat", Wiesbaden 1966.

788a. H. DOPSCH, H. SPATZENEGGER, Geschichte Salzburgs, Stadt und Land, Bd. 2: Neuzeit und Zeitgeschichte, Salzburg 1988/1991.

789. G. BENECKE, Society and Politics in Germany 1500–1750, London–Toronto 1974.

790. Deutscher Adel 1430–1555, ed. H. RÖSSLER, Darmstadt 1965.

791. Deutscher Adel 1555–1740, ed. H. RÖSSLER, Darmstadt 1965.

792. R. ENDRES, Adel in der frühen Neuzeit, München 1993.

793. TH. WINKELBAUER, Krise der Aristokratie? Zum Strukturwandel in den böhmischen und niederösterreichischen Ländern im 16. und 17. Jh., in: MIÖG 100, 1992, 328–353.

794. TH. WINKELBAUER, Wandlungen des mährischen Adels um 1600, in: Jan Amos Comenius und die Politik seiner Zeit, ed. K. MACK, Wien–München 1992, 16–36.

795. V. PRESS, Die Reichsritterschaft im Reich der frühen Neuzeit, in: Nassauische Annalen 87 (1976) 101–122.

796. E. BÖHME, Das fränkische Reichsgrafenkollegium im 16. und 17. Jahrhundert. Untersuchungen zu den Möglichkeiten und Grenzen der korporativen Politik mindermächtiger Reichsstände, Stuttgart 1989.

797. M. JAHSS LE GATES, The Knights and the Problems of Political Organizing in Sixteenth-Century Germany, in: Centr. Eur. History 7 (1974) 99–136.

b) 1520–1555/56

Reichsgeschichte

798. L. v. RANKE, Deutsche Geschichte im Zeitalter der Reformation, ed. P. JOACHIMSEN, 6 Bde., München 1925/26.

799. F. v. BEZOLD, Geschichte der deutschen Reformation, Berlin 1890.

800. P. JOACHIMSEN, Die Reformation als Epoche der deutschen Geschichte, ed. O. SCHOTTENLOHER, München 1951.

801. J. LORTZ, Die Reformation in Deutschland, 2 Bde., 4 Aufl., Freiburg i. Br. 1962.

802. F. LAU, E. BIZER, Reformationsgeschichte Deutschlands bis 1555, Göttingen 1964.

803. ST. SKALWEIT, Reich und Reformation, Berlin 1967.

804. B. MOELLER, Deutschland im Zeitalter der Reformation, Göttingen 1977.

805. Der Reichstag zu Worms 1521, ed. F. Reuter, Worms 1971.

806. A. P. Luttenberger, Glaubenseinheit und Reichsfriede. Konzeption und Wege konfessionsneutraler Reichspolitik 1530–1552 (Kurpfalz, Jülich, Kurbrandenburg), Göttingen 1982.

807. W. Steglich, Die Reichstürkenhilfe in der Zeit Karls V., in: Militärgeschichtliche Mitteilungen I (1972) 7–55.

808. P. Schulz, Die politische Einflußnahme auf die Entstehung der Reichskammergerichtsordnung 1548, Köln–Wien 1980.

809. A. Laufs, Die Reichskammergerichtsordnung von 1555, Köln–Wien 1976.

810. W. Schmidt, Der Städtetag in der Reichsverfassung. Eine Untersuchung zur korporativen Politik der freien und Reichsstädte in der ersten Hälfte des 16. Jahrhunderts, Stuttgart 1984.

811. H. R. Schmidt, Reichsstädte, Reich und Reformation. Korporative Religionspolitik 1521–1529/30, Stuttgart 1986.

Stadt und Reformation

812. H. Baron, Religion and Politics in the German Imperial Cities during the Reformation, in: EHR 52 (1937) 405–427, 614–633.

813. B. Moeller, Reichsstadt und Reformation, Gütersloh 1962. Neuausgabe Berlin 1987.

814. Stadt und Kirche im 16. Jahrhundert, ed. B. Moeller, Gütersloh 1978.

815. O. Brunner, Souveränitätsprobleme und Sozialstruktur in den deutschen Reichsstädten der Frühen Neuzeit, in: ders., Neue Wege der Verfassungs- und Sozialgeschichte, 2. Aufl., Göttingen 1968, 294–321.

816. Deutsches Patriziat 1430–1740, ed. H. Rössler, Limburg 1968.

817. H. Lutz, Conrad Peutinger. Beiträge zu einer politischen Biographie, Augsburg 1958.

818. R. W. Scribner, Civic Unity and the Reformation in Erfurt, in: Past and Present 66 (1975) 29–60.

819. St. E. Ozment, The Reformation in the Cities: An Appeal of Protestantism to Sixteenth Century Germany and Switzerland, New Haven–London 1975.

820. M. Brecht, Die gemeinsame Politik der Reichsstädte und die Reformation, in: ZRG Kan. Abt. 63 (1977) 180–263.

821. G. Pfeiffer, Der Augsburger Religionsfrieden und die Reichsstädte, in: Zs. des historischen Vereins für Schwaben 61 (1955) 211–320.

822. S. Jahns, Frankfurt, Reformation und Schmalkaldischer Bund. Die Reformations-, Reichs- und Bündnispolitik der Reichsstadt Frankfurt am Main 1525–1536, Frankfurt 1976.

823. Ch. R. Friedrichs, Capitalism, Mobility and Class Formation in the Early Modern German City, in: Past and Present 69 (1975) 24–49.

824. H.-Ch. Rublack, Die Einführung der Reformation in Konstanz von den Anfängen bis zum Abschluß 1531, Gütersloh 1971.

825. H.-Ch. Rublack, Gescheiterte Reformation. Frühreformatorische und protestantische Bewegungen in süd- und westdeutschen geistlichen Residenzen, Stuttgart 1978.

826. F. Rapp, Reformes et Réformation à Strasbourg. Église et Société dans le diocèse de Strasbourg (1450–1525), Paris 1974.

827. E. Weyrauch, Konfessionelle Krise und soziale Stabilität. Das Interim in Straßburg (1548–1562), Stuttgart 1978.

828. Th. A. Brady, Ruling Class, Regime and Reformation at Strasbourg, 1520–1555, Leiden 1978.

829. G. Vogler, Nürnberg 1524/25. Studien zur Geschichte der reformatorischen und sozialen Bewegung in der Reichsstadt, Berlin 1982.

830. O. Mörke, Rat und Bürger in der Reformation. Soziale Gruppen und kirchlicher Wandel in den welfischen Hansestädten Lüneburg, Braunschweig und Göttingen, Hildesheim 1983.

831. The German People and the Reformation, ed. R. Po-Chia Hsia, Ithaca–London 1988.

832. U. Weiss, Die frommen Bürger von Erfurt. Die Stadt und ihre Kirchen im Spätmittelalter und in der Reformationszeit, Weimar 1988.

833. R. Po-Chia Hsia, Gesellschaft und Religion in Münster 1535–1618, Münster 1989.

Bauernkrieg

834. G. Franz, Der deutsche Bauernkrieg, 10. Aufl., Darmstadt 1975.

835. H. Buszello, Der deutsche Bauernkrieg als politische Bewegung, Berlin 1969.

836. W. Becker, Reformation und Revolution, Münster 1974.

837. Reformation und Revolution. Beiträge zum politischen Wandel und den sozialen Kräften am Beginn der Neuzeit, ed. R. Postel, F. Kopitzsch, Wiesbaden 1989.

838. A. Stella, La rivoluzione contadina del 1525 e l'utopia di Michael Gaismayr, Padua 1975.

839. V. Press, Der Bauernkrieg als Problem der deutschen Geschichte, in: Nassauische Annalen 86 (1975) 158–177.

840. P. Blickle, Die Revolution von 1525, München 1975.

841. Bauernkriegs-Studien, ed. B. Moeller, Gütersloh 1975.

842. Revolte und Revolution in Europa, ed. P. Blickle, München 1975.

843. Der deutsche Bauernkrieg 1524/26, ed. H. A. Oberman, in: ZKG 85 (1974) 147–316.

844. Der Deutsche Bauernkrieg 1524–1526, ed. H. U. Wehler, Göttingen 1975.

845. Der Bauernkrieg 1524–1526. Bauernkrieg und Reformation, ed. R. Wohlfeil, München 1975.

846. Illustrierte Geschichte der deutschen frühbürgerlichen Revolution, ed. G. Vogler, A. Laube, M. Steinmetz, Berlin 1974.

847. Der Deutsche Bauernkrieg und Thomas Müntzer, ed. M. Steinmetz, Leipzig 1976.

848. Der deutsche Bauernkrieg 1524/25. Geschichte –Traditionen – Lehren, ed. G. Brendler, A. Laube, Berlin 1977.

849. H. C. E. Midelfort, The Revolution of 1525? Recent Studies of the Peasent's War, in: Centr. Eur. Hist. 11 (1978) 189–206.

850. Der Deutsche Bauernkrieg von 1525, ed. P. Blickle, Darmstadt 1985.

851. P. Blickle, Die Revolution von 1525, München–Wien, 2. Aufl. 1983.

852. Die Bauernkriege und Michael Gaismair. Protokoll des internationalen Symposions vom 15. bis 19. November 1976 in Innsbruck–Vill, ed. F. Dörrer, Innsbruck 1982.

853. Bauer, Reich und Reformation. Festschrift für Günther Franz zum 80. Geburtstag am 23. Mai 1982, ed. P. Blickle, Stuttgart 1982.

Täufer

854. G. Seebass, Bauernkrieg und Täufertum in Franken, in: ZKG 85 (1974) 284–300.

855. J. C. Stalnaker, Anabaptism, Martin Bucer, and the Shaping of the Hessian Protestant Church, in: Journ. of Mod. Hist. 48 (1976) 601–643.

856. W. Kirchner, State and Anabaptists in the Sixteenth Century: An Economic Approach, in: Journ. of Mod. Hist. 46 (1974) 1–25.

857. H. Schilling, Aufstandsbewegungen in der Stadtbürgerlichen Gesellschaft des Alten Reiches. Die Vorgeschichte des Münsteraner Täuferreiches, 1525–1534, in. H.-U. Wehler (Ed.), Der deutsche Bauernkrieg 1524–1526, Göttingen 1975, 193–238.

858. G. Brendler, Das Täuferreich zu Münster 1534/35, Berlin 1966.

859. G. Vogler, Das Täuferreich zu Münster als Problem der Politik im Reich. Beobachtungen anhand reichsständischer Korrespondenzen der Jahre 1534/35, in: Mennonitische Geschichtsblätter 42 (1985) 7–23.

860. K.-H. Kirchhoff, Die Täufer in Münster. Untersuchungen zum Umfang und zur Sozialstruktur der Bewegung. Münster 1973.

861. R. Klötzer, Die Täuferherrschaft von Münster. Stadtreformation und Welterneuerung, Münster 1992.

Karl V., Habsburg

862. E. Armstrong, The Emperor Charles V., 2. Aufl., London 1910.

863. K. BRANDI, Kaiser Karl V. Werden und Schicksal einer Persönlichkeit und eines Weltreiches, 2. Bde., München 1937/41 (Neuauflagen des 1. Bandes).

864. P. RASSOW, Die Kaiser-Idee Karls V., dargestellt an der Politik der Jahre 1528 bis 1540, Berlin 1932.

865. P. RASSOW, Die politische Welt Karls V., München 1942.

866. R. MENÉNDEZ PIDAL, La idea imperial de Carlos V., Madrid 1945.

867. Karl V. Der Kaiser und seine Zeit, Kölner Colloquium 26.–29.11.1958, ed. P. RASSOW, F. SCHALK, Köln–Graz 1960.

868. R. TYLER, Kaiser Karl V., 3. Aufl., Stuttgart 1961

869. H. LAPEYRE, Charles Quint, 2. Aufl., Paris 1973.

870. A. KOHLER, Karl V., in: NDB 11, Berlin 1978, 191–211.

871. A. KOHLER, Karl V. (1500–1558), in: A. SCHINDLING, W. ZIEGLER (Ed.), Die Kaiser der Neuzeit 1519–1918, München 1990, 33–54, 471 f.

872. F. SEIBT, Karl V. Der Kaiser und die Reformation, München 1990.

873. H. LUTZ, Karl V. – Biographische Probleme, in: Biographie und Geschichtswissenschaft. Aufsätze zur Theorie und Praxis biographischer Arbeit, ed. G. KLINGENSTEIN, H. LUTZ, G. STOURZH, Wien 1979, 151–182.

874. J. M. HEADLEY, The Emperor and his Chancellor. A Study of the Imperial Chancellery under Gattinara, Cambridge 1983.

875. U. CZERNIN, Gattinara und die Italienpolitik Karls V. Grundlagen, Entwicklung und Scheitern eines politischen Programmes, Frankfurt am Main 1993.

876. J. M. HEADLEY, Germany, the Empire and Monarchia in the Thought and Policy of Gattinara, in: Nr. 880, 15–33.

877. F. WALSER, Die spanischen Zentralbehörden und der Staatsrat Karls V., ed. R. WOHLFEIL, Göttingen 1959.

878. R. CARANDE, Carlos V y sus banqueros, 3 Bde., Madrid 1943/68, 2. Aufl., Barcelona 1987.

879. P. G. GIMENEZ, El Consejo Real de Carlos V., Granada 1988.

880. Das römisch-deutsche Reich im politischen System Karls V., ed. H. LUTZ, München–Wien 1982.

881. V. PRESS, Kaiser Karl V., König Ferdinand und die Entstehung der Reichsritterschaft, Wiesbaden 1976.

882. H. LUTZ, Karl V. und Bayern. Umrisse einer Entscheidung, in: Zs. f. bayer. LG 22 (1959) 13–41.

883. M. CSÁKY, Karl V., Ungarn, die Türkenfrage und das Reich, in: Das römisch-deutsche Reich im politischen System Karls V., ed. H. LUTZ, München–Wien 1982, 223–237.

884. L. CARDAUNS, Von Nizza bis Crépy. Europäische Politik in den Jahren 1534 bis 1544, Rom 1923.

885. H. Duchhardt, Das Tunisunternehmen Karls V. 1535, in: MÖStA 37 (1984) 35–72.

886. A. Kohler, Die innerdeutsche und außerdeutsche Opposition gegen das politische System Karls V., in: Nr. 880, 107–127.

887. A. Kohler, Antihabsburgische Politik in der Epoche Karls V. Die reichsständische Opposition gegen die Wahl Ferdinands I. zum römischen König und gegen die Anerkennung seines Königtums, Göttingen 1982.

888. Verdrag en Tractaat van Venlo. Herdenkingsbundel, 1543–1993, ed. F. Keverling Buisman, O. Moorman van Kappen, H. de Schepper, M. van Driel, Hilversum 1993.

889. H. Rabe, Reichsbund und Interim. Die Verfassungs- und Religionspolitik Karls V. und der Reichstag von Augsburg 1547/48, Köln–Wien 1971.

890. V. Press, Die Bundespläne Kaiser Karls V. und die Reichsverfassung, in: Nr. 880, 55–106.

891. H. Lutz, Christianitas afflicta. Europa, das Reich und die päpstliche Politik im Niedergang der Hegemonie Kaiser Karls V. (1522–1556), Göttingen 1964.

892. A. Luttenberger, Landfriedensbund und Reichsexekution, in: MÖStA 35 (1982) 1–34, 36 (1983) 1–30.

893. H. Lutz, Kardinal Reginald Pole und die Friedensvermittlung zwischen Habsburg und Frankreich (1555/56). Von der Friedenskonferenz von Marcq zum Waffenstillstand von Vaucelles, in: Nr. 1025, 137–161.

894. M. J. Rodríguez-Salgado, The Changing Face of Empire. Charles V, Philipp II and Habsburg Authority, 1551–1559, Cambridge 1988.

895. H. Rabe, H. Stratenwerth, Ch. Thomas, Stückverzeichnis zum Bestand Belgien PA des Haus-, Hof- und Staatsarchivs Wien, Teil 1–9, in: MÖStA 29–37,39 (1976–1984, 1986).

896. I. Ludolphy, Die Voraussetzungen der Religionspolitik Karls V., Stuttgart 1965.

897. H. Jedin, Die Päpste und das Konzil in der Politik Karls V., in: Karl V. Der Kaiser und seine Zeit, ed. P. Rassow, F. Schalk, Köln–Graz 1960, 104–117.

898. H. Lutz, Das Reich, Karl V. und der Beginn der Reformation. Bemerkungen zu Luther in Worms 1521, in: Beiträge zur neueren Geschichte Österreichs, ed. H. Fichtenau, E. Zöllner, Wien 1974, 47–70.

899. D. Cantimori, L'influenza del manifesto di Carlo V contro Clemente VII (1526), e di alcuni documenti analoghi nella letteratura filoprotestante e anticuriale italiana, in: ders., Umanèsimo e Religione nel Rinascimento, Rom 1975, 182–192.

900. H. Immenkötter, Um die Einheit des Glaubens. Die Unionsverhandlungen des Augsburger Reichstages im August und September 1530, 2. Aufl., Münster 1974.

901. E. Honée, Zur Vorgeschichte des ersten Augsburger Reichsabschieds.

Kardinal Lorzenzo Campeggio und der Ausgang der Glaubensverhandlungen mit den Protestanten im Jahre 1530, in: Nederlands Archief vor Kerkgeschiedenis, N. S. 54 (1973) 1–63.

902. E. Honée, Der Libell des Hieronymus Vehus zum Augsburger Reichstag 1530. Untersuchung und Texte zur katholischen Concordia-Politik, Münster 1988.

903. H. Lutz, Kaiser, Reich und Christenheit. Zur weltgeschichtlichen Würdigung des Augsburger Reichstages 1530, in: HZ 230 (1980) 89–106.

904. A. P. Luttenberger, Glaubenseinheit und Reichfriede. Konzeptionen und Wege konfessionsneutraler Reichspolitik (1530–1552) (Kurpfalz, Jülich, Kurbrandenburg), Göttingen 1982.

905. Confessio Augustana und Confutatio. Der Augsburger Reichstag 1530 und die Einheit der Kirche, ed. E. Iserloh, Münster 1980.

906. W. Reinhard, Die kirchenpolitischen Vorstellungen Kaiser Karls V., ihre Grundlagen und ihr Wandel, in: Nr. 905, 62–100.

907. L. Cardauns, Zur Geschichte der kirchlichen Unions- und Reformbestrebungen von 1538 bis 1542, Rom 1910.

908. E. Laubach, „Nationalversammlung“ im 16. Jahrhundert. Zu Inhalt und Funkton eines politischen Begriffes, in: MÖStA 38 (1985) 1–48.

909. J. Müller, Die Politik Karls V. am Trienter Konzil 1545, in: ZKG 44 (1925) 225–275.

910. A. P. Luttenberger, Konfessionelle Parteilichkeit und Reichspolitik: Zur Verhandlungsführung des Kaisers und der Stände in Regensburg 1541, in: Fortschritte in der Geschichtswissenschaft durch Reichstagsaktenforschung, ed. H. Angermeier, E. Meuthen, Göttingen 1988, 65–101.

911. H. Lutz, Carlo V e il Concilio di Trento. In: Il Concilio di Trento come crocevia della politica europea, ed. H. Jedin, P. Prodi, Bologna 1979, 33–63.

912. F. B. v. Bucholtz, Geschichte der Regierung Ferdinand des Ersten, 9 Bde., Wien 1831/38 (Neudruck mit Einleitung von B. Sutter, Graz 1968/71).

913. P. Sutter Fichtner, Ferdinand I. Wider Türkennot und Glaubensspaltung, Graz 1986.

914. G. Rill, Fürst und Hof in Österreich von den habsburgischen Teilungsverträgen bis zur Schlacht von Mohács (1521/22 bis 1526), Bd. 1: Außenpolitik und Diplomatie, Forschungen zur Europäischen und Vergleichenden Rechtsgeschichte 7, Wien–Köln–Weimar 1993.

915. Ch. Thomas, „Moderación del poder“. Zur Entstehung der geheimen Vollmacht für Ferdinand I., in: MÖStA 27 (1974) 102–140.

916. E. Laubach, Karl V., Ferdinand I. und die Nachfolge im Reich, in: MÖStA 29 (1976) 1–51.

917. Bernardo Clesio e il suo tempo, 2 Bde., ed. P. Prodi, Roma 1987.

918. G. Rill, Ch. Thomas, Bernhard Cles als Politiker. Kriterien für das Verhaltensbild eines frühneuzeitlichen Staatsmannes, Graz 1987.

919. A. Kohler, Karl V., Ferdinand I. und das Reich. Bemerkungen zur Politik der habsburgischen Brüder, in: Nr. 319, 58–70.

920. G. Heiss, Politik und Ratgeber der Königin Maria von Ungarn in den Jahren 1521–1531, in: MIÖG 82 (1974) 119–180.

921. G. Heiss, Die ungarischen, böhmischen und österreichischen Besitzungen der Königin Maria (1505–1558), in: MÖStA 27 (1974) 61–100, 29 (1976) 52–121.

c) 1555/56–1600

922. M. Heckel, Deutschland im konfessionellen Zeitalter, Göttingen 1983.

923. B. Vogler, Le Monde Germanique et Helvétique a l'Epoque des Réformes 1517–1618, Paris 1981.

924. H. Rabe, Der Augsburger Religionsfriede und das Reichskammergericht 1555–1600, in: Festgabe für E. W. Zeeden zum 60. Geburtstag, Münster 1976.

925. B. v. Bundschuh, Das Wormser Religionsgespräch von 1557 unter besonderer Berücksichtigung der kaiserlichen Religionspolitik, Münster 1988.

926. V. Press, Wilhelm von Grumbach und die deutsche Adelskrise der 1560er Jahre, in: Bll. f. dt. LG 113 (1977) 396–431.

927. W. Hollweg, Der Augsburger Reichstag von 1566 und seine Bedeutung für die Entstehung der Reformierten Kirche und ihres Bekenntnisses, Neukirchen–Vlynn 1964.

928. W. Schulze, Reich und Türkengefahr im späten 16. Jahrhundert. Studien zu den politischen und gesellschaftlichen Auswirkungen einer äußeren Bedrohung, München 1978.

929. W. Lanzinner, Friedenssicherung und Zentralisierung der Reichsgewalt. Ein Reformversuch auf dem Reichstag zu Speyer 1570, in: Z. f. hist. F. 12 (1985) 287–310.

930. Kaiser Maximilian II. Kultur und Politik im 16. Jahrhundert, ed. F. Edelmayer, A. Kohler, Wien 1992.

931. R. Schnur, Lazarus von Schwendi (1522–1583). Ein unerledigtes Thema der historischen Forschung, in: Z. f. hist. F. 15 (1987) 27–46.

932. M. Lanzinner, Die Denkschrift des Lazarus von Schwendi zur Reichspolitik (1570), in: Zs. f. hist. F., Beiheft 3 (1987) 141–185.

933. W. Mogge, Nürnberg und der Landsberger Bund (1556–1598). Ein Beitrag zur Geschichte des konfessionellen Zeitalters, Nürnberg 1976.

934. H. Noflatscher, Glaube, Reich und Dynastie: Maximilian der Deutschmeister (1558–1618), Marburg 1987.

935. K. Vocelka, Die politische Propaganda Kaiser Rudolfs II. 1576–1612, Wien 1981.

936. J. B. Götz, Die religiösen Wirren in der Oberpfalz von 1576 bis 1620, München 1937.

937. J. Moltmann, Christoph Pezel (1539–1604) und der Calvinismus in Bremen, Bremen 1958.

938. H. Schilling, Konfessionskonflikt und Staatsbildung. Eine Fallstudie über das Verhältnis von religiösem und sozialem Wandel in der Frühneuzeit am Beispiel der Grafschaft Lippe, Gütersloh 1981.

939. S. Ehrenpreis, „Wir sind mit blutigen Köpfen davongelaufen...“ Lokale Konfessionskonflikte im Herzogtum Berg 1550–1700, Bochum 1993.

d) 1600–1648 (mit Dreißigjährigem Krieg)

940. O. Hintze, Kalvinismus und Staatsräson in Brandenburg zu Beginn des 17. Jahrhunderts, in: HZ 144 (1931) 229–286.

941. M. Heckel, Staat und Kirche nach den Lehren der evangelischen Juristen Deutschlands in der ersten Hälfte des 17. Jahrhunderts, München 1968.

942. J. Rainer, Der Prozeß gegen Kardinal Klesl, in: Römische Historische Mitteilungen 5 (1961/62) 35–163.

943. Der Dreißigjährige Krieg, Perspektiven und Strukturen, ed. H. U. Rudolf, Darmstadt 1977.

944. R. Huch, Der Dreißigjährige Krieg, 2 Bde., Neudruck Frankfurt 1974.

945. C. V. Wedgwood, Der Dreißigjährige Krieg, Bibliographische Note von D. Albrecht, München 1967.

945a. H. Steinberg, Der Dreißigjährige Krieg und der Kampf um die Vorherrschaft in Europa, 1600–1660, Göttingen 1967.

946. J. V. Polišensky, The Thirty Years War, London 1971.

947. Krieg und Politik 1618–1648. Europäische Probleme und Perspektiven, ed. K. Repgen, München 1988.

948. G. Parker, Der Dreißigjährige Krieg, Frankfurt–New York 1987, (Engl. Originalausgabe, London 1984).

949. J. Burkhardt, Der Dreißigjährige Krieg, Frankfurt am Main 1992.

950. H. Langer, Kulturgeschichte des 30jährigen Krieges, Leipzig–Stuttgart 1978.

951. H. Sturmberger, Aufstand in Böhmen. Der Beginn des 30jährigen Krieges, München 1959.

952. J. Franzl, Ferdinand II. Kaiser im Zwiespalt der Zeit, Graz–Wien–Köln 1978.

953. R. Bireley, Religion and Politics in the Age of the Counterreformation. Emperor Ferdinand II., William Lamormaini S. J. and the Formation of Imperial Policy, Chapel Hill 1981.

954. H. Sturmberger, Georg Erasmus Tschernembl. Religion, Libertät und Widerstand. Ein Beitrag zur Geschichte der Gegenreformation und des Landes ob der Enns, Graz–Köln 1953.

955. H. Sturmberger, Adam Graf Herberstorff. Herrschaft und Freiheit im konfessionellen Zeitalter, München–Wien 1976.

956. F. H. Schubert, Ludwig Camerarius 1573–1651, Kallmünz 1955.

957. D. Albrecht, Die auswärtige Politik Maximilians von Bayern 1618–1635, Göttingen 1962.

958. A. Kraus, Kurfürst Maximilian I. von Bayern. Das neue Bild eines großen Fürsten, in: HJb. 97/98 (1978) 505–526.

959. R. Bireley, Maximilian von Bayern, Adam Contzen S. J. und die Gegenreformation in Deutschland 1624–1635, Göttingen 1975.

960. H. Schmidt, Wallenstein als Feldherr, in: MOÖLA 14 (1984) 241–260.

961. G. Lutz, Wallenstein, Ferdinand II. und der Wiener Hof. Bemerkungen zu einem erneuten Beitrag zur alten Wallensteinfrage, in: QuFiAB 48 (1968) 207–243.

962. J. Pekař, Wallenstein 1630/34. Geschichte der Wallensteinschen Verschwörung, 2 Bde., Berlin 1937.

963. H. v. Srbik, Wallensteins Ende. Ursachen, Verlauf und Folgen der Katastrophe, 2. Aufl., Salzburg 1952.

964. G. Mann, Wallenstein, Frankfurt 1971.

965. B. Stadler, Pappenheim und die Zeit des 30jährigen Krieges, Winterthur 1991.

966. A. Wandruszka, Reichspatriotismus und Reichspolitik zur Zeit des Prager Friedens von 1635, Graz–Köln 1955.

967. H. Haan, Der Regensburger Kurfürstentag von 1636/37, Münster 1967.

968. J. F. Foerster, Kurfürst Ferdinand von Köln. Die Politik seiner Stifter in den Jahren 1634–1650, Münster 1976.

969. F. Dickmann, Der Westfälische Frieden, 3. Aufl., Münster 1972.

970. K. Ruppert, Die kaiserliche Politik auf dem Westfälischen Friedenskongreß (1643–1648), Münster 1979.

971. G. Immler, Kurfürst Maximilian I. und der Westfälische Friedenskongreß: die bayerische auswärtige Politik von 1644 bis zum Ulmer Waffenstillstand, Münster 1992.

972. F. Bosbach, Die Kosten des Westfälischen Friedenskongresses. Eine strukturgeschichtliche Untersuchung, Münster 1984.

9. Niederlande

973. H. Lademacher, Geschichte der Niederlande. Politik – Verfassung – Wirtschaft, Darmstadt 1983.

974. J. D. TRACY, Holland under Habsburg Rule, 1506–1566. The Formation of a Body Politic, Berkeley–Los Angeles 1990.

975. P. GEYL, The revolt of the Netherlands (1555–1609), 2. Aufl., London 1958.

976. G. PARKER, Der Aufstand der Niederlande. Von der Herrschaft der Spanier zur Gründung der Niederländischen Republik 1549–1609, München 1979.

977. A. DUKE, Reformation and Revolt in the Low Countries, London 1990.

978. J. W. KOOPMANS, De Staten van Holland en de Opstand. De ontwikkeling van hun functies en organisatie in de periode 1544–1588, 's-Gravenhage 1990.

979. The Dutch Revolt, ed. M. VAN GELDEREN, Cambridge 1993.

980. M. VAN GELDEREN, The Political Thought of the Dutch Revolt, 1555–1590, Cambridge 1992.

981. J. WOLTJER, Der niederländische Bürgerkrieg und die Gründung der Republik der Vereinigten Niederlande (1555–1648), in: Nr. 207, 664–690.

982. H. SCHILLING, Der Aufstand der Niederlande: Bürgerliche Revolution oder Elitenkonflikt?, in: 200 Jahre amerikanische Revolution und moderne Revolutionsforschung, ed. H.-U. WEHLER, Göttingen 1976, 177–231.

983. L. BLOK, K. VETTER, Die Unabhängigkeitserklärung der Niederlande von 1581, in: ZfG 34 (1986) 708–720.

984. K. VETTER, Wilhelm von Oranien. Eine Biographie, Berlin 1987.

985. H. SCHILLING, Niederländische Exulanten im 16. Jahrhundert. Ihre Stellung im Sozialgefüge und im religiösen Leben deutscher und englischer Städte, Gütersloh 1972.

986. G. GLAWISCHNIG, Niederlande, Kalvinismus und Reichsgrafenstand 1559–1584. Nassau-Dillenburg unter Graf Johann VI., Marburg 1973.

987. G. PARKER, Spain and the Netherlands 1559–1659, London 1979.

988. J. I. ISRAEL, The Dutch Republic and the Hispanic World 1606–1661, Oxford 1982.

989. J. I. ISRAEL, A Conflict of Empires: Spain and the Netherlands 1618–1648, in: Past and Present 76 (1976) 34–74.

990. CH. WILSON, Die Früchte der Freiheit. Holland und die europäische Kultur des 17. Jahrhunderts, München 1968.

991. H. SCHILLING, Der libertär-radikale Republikanismus der holländischen Regenten. Ein Beitrag zur Geschichte des politischen Radikalismus in der frühen Neuzeit, in: Geschichte und Gesellschaft 10 (1984) 498–533.

992. H. SCHILLING, Die Geschichte der nördlichen Niederlande und die Modernisierungstheorie, in: Geschichte und Gesellschaft 8 (1982) 475–517.

993. Bürgerliche Eliten in den Niederlanden und in Nordwestdeutschland. Studien zur Sozialgeschichte des europäischen Bürgertums im Mittelalter und in der Neuzeit, ed. H. SCHILLING, H. DIEDERIKS, Köln–Wien 1985.

10. England, Schottland und Irland

994. G. R. Elton, England under the Tudors 1485–1603, 2. Aufl., London 1974 (Deutsche Übersetzung, München 1983).

995. H. Haan, G. Niedhart, Geschichte Englands vom 16. bis zum 18. Jh., München 1993.

996. A. Fox, J. Guy, Reassessing the Henrician Age. Humanism, Politics and Reform 1500–1550, Oxford 1986.

997. Revolution Reassessed. Revisions in the History of Tudor Government and Administration, ed. C. Coleman, D. Starkey, Oxford 1986.

998. The Estates of the English Crown, 1558–1640, ed. R. W. Hoyle, Cambridge 1992.

999. E. Schulin, England und Schottland vom Ende des Hundertjährigen Krieges bis zum Protektorat Cromwells (1455–1660), in: Nr. 207, 902–961.

1000. P. Hughes, The Reformation in England, 3 Bde., London 1950/54.

1001. A. G. Dickens, The English Reformation, 3. Aufl., London–Glasgow 1966.

1002. G. R. Elton, Policy and Police. The Enforcement of the Reformation in the Age of Thomas Cromwell, Cambridge 1972

1003. J. J. Scarisbrick, Henry VIII., London 1968.

1004. R. M. Warnicke, The Rise and Fall of Anne Boleyn. Family Politics at the Court of Henry VIII, Cambridge 1989.

1005. J. E. Neale, Königin Elisabeth, München 1967.

1006. E. Schulin, Handelsstaat England. Das politische Interesse der Nation am Außenhandel vom 16. bis ins frühe 18. Jahrhundert, Wiesbaden 1969.

1007. G. Mattingly, Die Armada. Sieben Tage machen Weltgeschichte, München 1960.

1008. L. Stone, Social Mobility in England 1500–1700, in: Past and Present 33 (1966) 16–55.

1009. H. Miller, Henry VIII and the English Nobility, Oxford 1986.

1010. D. M. Palliser, The Age of Elisabeth under the later Tudors 1547–1603, London–New York 1983.

1011. T. E. Hartley, Elizabeth's Parliaments: Queen, Lords and Commons 1559–1601, Manchester 1992.

1012. C. Hill, Society and Puritanism in Pre-Revolutionary England, London 1966.

1013. C. Carlton, Charles I, the personal monarch, London 1983.

1014. J. Davies, The Caroline Captivity of the Church. Charles I and the Remoulding of Anglicism, 1625–1641, Oxford 1992.

1015. The Origins of the English Civil War, ed. C. Russel, London 1973.

1016. L. Stone, Ursachen der Englischen Revolution 1529–1642, Frankfurt–Berlin–Wien 1983.

1017. C. Hill, Puritanism and Revolution. Studies in Interpretation of the English Revolution of the 17th Century, London 1965.

1018. Radical Religion in the English Revolution, ed. J. F. McGregor, B. Reay, Oxford 1984.

1019. K. H. Metz, „Providence" und politisches Handeln in der englischen Revolution (1640–1660). Eine Studie zu einer Wurzel moderner Politik, dargestellt am politischen Denken Oliver Cromwells, in: Zs. f. hist. F. 12 (1985) 43–84.

1020. Natives and Newcomers. Essays on the making of Irish colonial society, 1534–1641, ed. C. Brady, R. Gillespie, Dublin 1986.

1021. S. G. Ellis, Tudor Ireland. Crown, Community and the Conflict of Cultures, 1470–1603, London–New York 1985.

1022. A New History of Ireland, ed. T. W. Moody, F. X. Martin, F. J. Byrne, Bd. 3: Early Modern Ireland 1534–1691, Oxford 1976.

11. Frankreich

1023. A. Bourde, É. Témime, Frankreich vom Ende des Hundertjährigen Krieges bis zum Beginn der Selbstherrschaft Ludwigs XIV. (1453–1661), in: Nr. 207, 714–851.

1024. J. Voss, Geschichte Frankreichs 2: Von der frühneuzeitlichen Monarchie zur Ersten Republik, 1500–1800, München 1980.

1025. Deutschland und Frankreich in der frühe Neuzeit. Festschrift für Hermann Weber zum 65. Geburtstag, ed. H. Duchhardt, E. Schmitt, München 1987.

1026. H. Lutz, F. H. Schubert, H. Weber, Frankreich und das Reich im 16. und 17. Jahrhundert, Göttingen 1968.

1027. G. Zeller, Les institutions de la France aux 16e siècle, Paris 1948.

1028. E. Hinrichs, Fürstenlehre und politisches Handeln im Frankreich Heinrichs IV., Göttingen 1969.

1029. I. Cloulas, Henri II, Paris 1985.

1030. I. Mieck, Die Bartholomäusnacht als Forschungsproblem, in: HZ 216 (1973) 73–110.

1031. B. Diefendorf, Prologue to a Massacre: Popular Unrest in Paris, 1557–1572 in: AHR 90 (1985) 1067–1091.

1032. B. B. Diefendorf, Beneath the Cross: Catholics and Huguenots in Sixteenth-Century Paris, Oxford 1991.

1033. P. Benedict, The Huguenot Polulation of France 1600–1685: The Demographic Fate and Customs of a Religious Minority, Philadelphia 1991.

1034. R. M. Kingdon, Geneva and the Consolidation of the French Protestant Movement, Genf 1967.

1035. R. Schnur, Die französischen Juristen im konfessionellen Bürgerkrieg des 16. Jahrhunderts. Ein Beitrag zur Entstehungsgeschichte des modernen Staates, Berlin 1962.

1036. Henri IV. Le roi et la reconstruction du royaume. Actes du colloque Pau-Nérac 1989, Pau 1989.

1037. R. Mousnier, Ein Königsmord in Frankreich. Die Ermordung Heinrichs IV., Berlin 1970.

1038. V.-L. Tapié, La France de Louis XIII et de Richelieu, Paris 1952.

1039. B. F. Porchnev, Die Volksaufstände in Frankreich vor der Fronde, 1623–1648. Leipzig 1954.

1040. R. Mousnier, Recherches sur les soulevements populaires en France avant la Fronde, in: Revue d'historie moderne et contemporaine 5 (1958) 81–113.

1041. R. Mousnier, État et commissaire: recherches sur la création des intendants des Provinces 1634–1648, in: Forschungen zu Staat und Verfassung: Festgabe für F. Hartung, ed. R. Dietrich, Berlin 1958, 325–344.

1042. G. Livet, L'intendance d'Alsace sous Louis XIV, 1648–1715, Paris 1956.

1043. G. Zeller, La réunion de Metz à la France 1552/1648, 2 Bde., Paris 1926.

1044. P. E. Hübinger, Die Anfänge der französischen Rheinpolitik als historisches Problem, in: HZ 171 (1951) 21–45.

1045. H. Weber, Frankreich, Kurtrier, der Rhein und das Reich 1623–1635, Bonn 1969.

1046. B. Kroener, Les Routes et les Etappes. Die Versorgung der französischen Armeen in Nordostfrankreich 1635–1641. Ein Beitrag zur Verwaltungsgeschichte des Ancien Régime, 2 Bde., Münster 1980.

1047. W. H. Stein, Protection Royale. Eine Untersuchung zu den Protektionsverhältnissen im Elsaß zur Zeit Richelieus, Münster 1978.

1048. H. Hauser, La pensée et l'action économiques du Cardinal de Richelieu, Paris 1944.

1049. A. D. Lublinskaya, French Absolutism: The Crucial Phase 1620–1629 Cambridge 1968.

1050. O. A. Ranum, Richelieu and the Councillors of Louis XIII., Oxford 1963.

1051. F. Dickmann, Rechtsgedanke und Machtpolitik bei Richelieu. Studien an neu entdeckten Quellen, in: HZ 196 (1963) 265–319.

1052. H. Weber, Vom verdeckten zum offenen Krieg. Richelieus Kriegsgründe und Kriegsziele 1634/35, in: Nr. 947, 203–217.

1053. C. J. Burckhardt, Richelieu, 4 Bde., München 1967.

1054. W. F. Church, Publications on Cardinal Richelieu since 1945: a Bibliographical Study, in: Journ. of Mod. Hist. 37 (1965) 421–444.

1055. D. P. O'CONNELL, Richelieu. Kardinal–Staatsmann–Revolutionär, München 1978.

1056. W. F. CHURCH, Richelieu and Reason of State, Princeton 1972.

1057. P. BLET, Le plan de Richelieu pour la réunion des protestants, in: Gregorianum 48 (1967) 100–129.

1058. P. BLET, Le Clergé de France et la Monarchie. Étude sur les assemblées générals du clergé, de 1615 à 1666, 2 Bde., Rom 1959.

1059. A. M. BATTISTA, Morale „privée" et utilitarisme politique en France au XVIIe siècle, in: R. SCHNUR (Ed.), Staatsräson. Studien zur Geschichte eines politischen Begriffs, Berlin 1975, 87–120.

12. SPANIEN

1060. R. B. MERRIMAN, The Rise of the Spanish Empire in the Old World and in the New, 4 Bde., New York 1918/34.

1061. J. LYNCH, Spain under the Habsburgs, 2 Bde., Oxford 1964/69.

1062. J. LYNCH, Spain 1516–1598, from Nation State to World Empire, Oxford 1992.

1063. B. CHUDOBA, Spain and the Empire 1519–1643, Chicago 1952.

1064. Hispania – Austria. Die Katholischen Könige, Maximilian I. und die Anfänge der Casa de Austria in Spanien. Akten des Historischen Gespräches – Innsbruck, Juli 1992, ed. A. KOHLER, F. EDELMAYER, Studien zur Geschichte und Kultur der Iberischen und Iberoamerikanischen Länder, Bd. 1, Wien–München 1993.

1065. A. W. LOVETT, Early Habsburg Spain 1517–1598, Oxford 1986.

1066. H. RABE, Die iberischen Staaten im 16. und 17. Jahrhundert, in: Nr. 207, 586–662.

1067. J. VAN KLAVEREN, Europäische Wirtschaftsgeschichte Spaniens im 16. und 17. Jahrhundert, Stuttgart 1960.

1068. Historia de España, ed. M. TUÑON DE LARA, Bd. 5: La frustración de un imperio (1476–1714), Barcelona 1982.

1069. H. KAMEN, Die spanische Inquisition, München 1967.

1070. A. REDONDO, Antonio de Guevara (1480?–1545) et l'Espagne de son temps. De la carrière officielle aux œuvres politico-morales, Genf 1976.

1071. A. C. HESS, The Moriscos: An Ottoman Fifth Column in Sixteenth Century Spain, in: AHR 75 (1970) 1892–1919.

1072. L. PFANDL, Philipp II. Gemälde eines Lebens und einer Zeit, 7. Aufl., München 1973.

1073. C. PETRIE, Philipp II. von Spanien, Stuttgart–Berlin 1965.

1074. P. PIERSON, Philipp II. Vom Scheitern der Macht, Graz–Wien–Köln 1985 (engl. Originalausgabe, London 1975).

1075. F. FERNANDEZ-ARMESTO, The Spanish Armada: the Experience of War in 1588, Oxford 1989.

1076. R. A. STRADLING, The Armada of Flanders. Spanish Maritime Policity and European War, 1568–1668, Cambridge 1992.

1077. E. STRAUB, Pax et Imperium. Spaniens Kampf um seine Friedensordnung in Europa zwischen 1617 und 1635, Paderborn 1980.

1078. R. A. STRADLING, Olivares and the Origins of the Franco-Spanish War, 1627–1635, in: EHR 101 (1986) 68–94.

1079. J. H. ELLIOTT, The Count-Duke of Olivares. The Statesman in an Age of Decline, New Haven–London 1986.

1080. J.- H. ELLIOTT, Richelieu and Olivares, Cambridge 1984.

1081. J. I. ISRAEL, Mexico and the „General Crisis" of the Seventeenth Century, in: Past and Present 63 (1974) 33–57.

1082. J. H. ELLIOTT, Self-Perception and Decline in Early Seventeenth-Century Spain, in: Past and Present 74 (1977) 40–61.

1083. R. A. STRADLING, Europe and the Decline of Spain. A Study of the Spanish system 1580–1720, London 1981.

1084. J. H. ELLIOTT, The Revolt of the Catalans, Cambridge 1969.

13. ITALIEN

1085. A. VISCONTI, L'Italia nell'epoca della Controriforma 1516–1713, Verona 1958.

1086. H. LUTZ, Italien vom Frieden von Lodi bis zum Spanischen Erbfolgekrieg (1454–1700), in: Nr. 207, 851–901.

1087. D. HAY, Geschichte Italiens in der Renaissance, Stuttgart 1962.

1088. G. DE LEVA, Storia documentata di Carlo V. in correlazione all'Italia, 5 Bde., Padova 1863/94.

1089. G. GALASSO, La crisi italiana e il sistema politico europeo nella prima metà del secolo XVI., in: Atti dell'Accad. naz. die Scienze morali e politiche 73 (1962) 101–138.

1090. M. MONACO, Lo stato della chiesa. Dalla pace di Cateau–Cambrésis alla pace di Aquisgrana (1559–1748), Lecce 1975.

1091. R. BOLZERN, Spanien, Mailand und die katholische Eidgenossenschaft. Militärische, wirtschaftliche und politische Beziehungen zur Zeit des Gesandten Alfonso Casati (1594–1621), Luzern–Stuttgart 1983.

1092. D. SELLA, Lo stato di Milano in età spagnola, Torino 1987.

1093. E. GRENDI, La repubblica aristocratica dei genovesi. Politica, carità e commercio fra Cinque e Seicento, Bologna 1987.

1094. F. DIAZ, Il Granducato di Toscana – I Medici, Torino 1987.

1095. E. Romero García, El imperialismo hispánico en la Toscana durante el siglo XVI., Lleida 1986.

1096. F. Edelmayer, Maximilian II., Philipp II. und Reichsitalien. Die Auseinandersetzungen um das Reichslehen Finale in Ligurien, Stuttgart 1988.

1097. K. O. von Aretin, Reichsitalien von Karl V. bis zum Ende des Alten Reiches. Die Lehensordnungen in Italien und ihre Auswirkungen auf die europäische Politik, in: ders., Das Reich. Friedensgarantie und europäisches Gleichgewicht 1648–1806, Stuttgart 1986, 76–163.

1098. E. Cochrane, Florence in the Forgotten Centuries 1527–1800, Chicago–London 1973.

1099. V. de Cadneas y Vicent; El fin de la República florentina. Segunda reposición de los Médicis en Florencia por los ejércitos españoles, Madrid 1976.

1100. W. Bouwsma, Venice and the Defense of Republican Liberty: Renaissance Values in the Age of the Counter Reformation, Berkeley 1968.

1101. F. Chabod, La politica di Paolo Sarpi, Venedig–Rom 1962.

1102. R. Quazza, La guerra per la successione di Mantova e del Monferrato, 2 Bde., Mantua 1925.

1103. G. Quazza, La decadenza italiana nella storia europea, Rom 1971.

14. Schweiz

1104. H. v. Greyerz, Die Schweiz von 1499 bis 1648; in: Nr. 207, 689–713.

1105. Handbuch der Schweizer Geschichte, Bd. 1, Zürich 1972; darin: L. v. Muralt, Renaissance und Reformation (S. 389–570) und P. Stadler, Das Zeitalter der Gegenreformation (S. 571–672).

1106. O. Vasella, Reform und Reformation in der Schweiz. Zur Würdigung der Anfänge der Glaubenskrise, Münster 1958.

1107. U. Plath, Calvin und Basel in den Jahren 1552–1556, Zürich 1974.

1108. L. v. Muralt, Stadtgemeinde und Reformation in der Schweiz, in: Zs. für schweizerische Geschichte 10 (1930) 349–384.

1109. P. Stadler, Eidgenossenschaft und Reformation, in: Nr. 753, 91–99.

15. Skandinavien

1110. A. v. Brandt, Die nordischen Länder von 1448 bis 1654, in: Nr. 207, 962–1005.

1111. G. Schwaiger, Die Reformation in den nordischen Ländern, München 1962.

1112. Die dänische Reformation vor ihrem internationalen Hintergrund, ed. L. Grane, K. Horby, Göttingen 1990.

1113. M. ROBERTS, The early Vasas. A history of Sweden 1523–1611, Cambridge 1968.

1114. K. ZERNACK, Schweden als europäische Großmacht der Frühen Neuzeit, in: HZ 232 (1981) 327–357.

1115. J.-P. FINDEISEN, Das Ringen um die Ostseeherrschaft. Schwedens Könige der Großmachtzeit, Berlin 1992.

1116. M. ROBERTS, The Swedish Imperial Experience, 1560–1718, Cambridge 1979.

1117. M. ROBERTS, Gustavus Adolphus. A History of Sweden 1611–1632, 2 Bde., London 1953/58.

1118. G. BARUDIO, Gustav Adolf – der Große. Eine politische Biographie, Frankfurt am Main 1982.

1119. Queen Christina of Sweden. Documents and Studies, ed. M. VON PLATEN, Stockholm 1966.

1120. M. ROBERTS, Oxenstierna in Germany, 1633–1636, in: Scandia 48 (1982) 61–105.

16. UNGARN, POLEN, RUSSLAND

1121. M. BUCSAY, Geschichte des Protestantismus in Ungarn, Bd. 1, Wien–Köln–Graz 1978.

1122. A History of Hungary ed. E. PAMLENYI, London 1975.

1123. Die Geschichte Ungarns. Von den Anfängen bis zur Gegenwart, ed. P. HANAK, Essen 1988.

1124. Kurze Geschichte Siebenbürgens, ed. B. KÖPECZI, Budapest 1990.

1125. E. ROTH, Die Reformation in Siebenbürgen. Ihr Verhältnis zu Wittenberg und der Schweiz, 2 Bde., Köln–Graz 1962/64.

1126. F. HAUPTMANN, Ungarn, Habsburg und die kroatische Staatsidee im 16. und 17. Jahrhundert, in: Südostdeutsches Archiv 12 (1969) 62–72.

1127. Z. P. PACH, Die ungarische Agrarentwicklung im 16. und 17. Jahrhundert. Abbiegen vom westeuropäischen Entwicklungsgang, Budapest 1964.

1128. G. EMBER, Zur Geschichte des Außenhandels Ungarns im 16. Jahrhundert, Budapest 1960.

1129. G. ROHDE, Polen–Litauen vom Ende der Verbindung mit Ungarn bis zum Ende der Vasas (1444–1669), in: Nr. 207, 1003–1060.

1130. G. RHODE, Geschichte Polens. Ein Überblick, 3. Aufl., Darmstadt 1980.

1131. M. BISKUP, Polen an der Ostsee im 16. Jahrhundert, in: Z. f. hist. F. 5 (1978) 293–314.

1132. B. STASIEWSKI, Reformation und Gegenreformation in Polen. Neue Forschungsergebnisse, Münster 1960.

1133. A. K. Grassmann, Preußen und Habsburg im 16. Jahhrundert, Berlin 1986.

1134. I. Höss, Das Reich und Preußen in der Zeit der Umwandlung der Ordenslandes in das Herzogtum, in: Nr. 754, 130–157.

1135. J. Małłek, Preußen und Polen. Politik, Stände, Kirche und Kultur vom 16. bis zum 18. Jahrhundert, Stuttgart 1992.

1136. A. Bues, Die habsburgische Kandidatur für den polnischen Thron während des Ersten Interregnums in Polen 1572/73, Wien 1984.

1137. O. Halecki, From Florence to Brest 1439–1596, Rom 1958.

1138. A. Jobert, De Luther à Mohila. La Pologne dans la crise de la chrétienté 1517–1648, Paris 1974.

1139. G. Schramm, Der polnische Adel und die Reformation 1548–1607, Wiesbaden 1965.

1140. G. Stöckl, Rußland von 1462 bis 1689, in: Nr. 207, 1135–1169.

1141. E. Donnert, Rußland an der Schwelle der Neuzeit. Der Moskauer Staat im 16. Jahrhundert, Berlin 1972.

1142. W. Leitsch, Moskau und die Politik des Kaiserhofes im XVII. Jahrhundert. Teil 1: 1604–1654, Wien 1960.

1143. E. Donnert, Das russische Zarenreich: Aufstieg und Untergang einer Weltmacht, München 1992.

1144. Handbuch der Geschichte Rußlands, Bd. 1: Bis 1613, ed. M. Hellmann, Stuttgart 1989.

17. Osmanen, Mittelmeer

1145. H. Jansky, Das Osmanische Reich in Südosteuropa von 1453 bis 1648, in: Nr. 207, 1170–1188.

1146. N. Jorga, Geschichte des Osmanischen Reiches, 5 Bde., Gotha 1908/13.

1147. J. Matuz, Das Osmanische Reich. Grundlinien seiner Geschichte, Darmstadt 1985.

1148. M. Köhbach, Das Osmanische Reich im 16. und 17. Jahrhundert, in: Österreich und die Osmanen – Prinz Eugen und seine Zeit. ed. E. Zöllner, K. Gutkas, Wien 1988, 5–19.

1149. D. M. Vaughan, Europe and the Turc. A Pattern of Alliances 1350–1700. Liverpool 1954.

1150. St. A. Fischer-Galati, Ottoman Imperialism and German Protestantism 1521–1555, Cambridge 1959.

1151. K. Vocelka, Die inneren Auseinandersetzungen Österreichs mit den Osmanen, in: Südostforschungen 36 (1977) 13–34.

1152. M. Csáky, Ideologie oder ‚Realpolitik'? Varianten der europäischen Türkenpolitik im 16. und 17. Jh., in: Anzeiger der phil.-hist. Klasse der Österreichischen Akademie der Wissenschaften 120, 1983, 176–195.

1153. W. Hummelberger, Wiens erste Belagerung durch die Türken 1529, Wien 1976.

1154. A. C. Schaendlinger, Die Feldzugstagebücher des ersten und zweiten ungarischen Feldzugs Suleymans I., Wien 1978.

1155. E. D. Petritsch, Der habsburgisch-osmanische Friedensvertrag des Jahres 1547, in: MÖStA 38 (1988) 49–80.

1156. B. Roberg, Türkenkrieg und Türkenpolitik. Die Sendung Kardinal Madruzzos an den Kaiserhof 1593 und zum Reichstag von 1594, in: QuFiAB 65 (1985) 192–305, 66 (1986) 192–268.

1157. J. P. Niederkorn, Die europäischen Mächte und der „Lange Türkenkrieg" Kaiser Rudolfs II. (1593–1606), Wien 1993.

1158. K. Nehring, Adam Freiherr zu Herbersteins Gesandtschaftsreise nach Konstantinopel. Ein Beitrag zum Frieden von Zsitvatorok (1606), München 1983.

1159. C. Finkel, The Administration of Warfare: the Ottoman Military Campaigns in Hungary, 1593–1606, Wien 1988.

1160. H. Sturmberger, Das Problem der Vorbildhaftigkeit des türkischen Staatswesens im 16. und 17. Jahrhundert und sein Einfluß auf den europäischen Absolutismus, in: XII. Congrès International des Sciences Historiques, Bd. 4. Horn–Wien 1967, 201–209.

1161. F. Braudel, Die Welt des Mittelmeeres. Zur Geschichte und Geographie kultureller Lebensformen, 3 Bde., Frankfurt am Main 1987 (frz., 2. Aufl. Paris 1966).

1162. F. Lane, The Mediterranean Spice Trade: Further Evidence of its Revival in the Sixteenth Century, in: B. Pullan (Ed.), Crisis and Change in the Venetian Economy in the 16th and 17th Centuries, London 1968.

1163. A. C. Hess, The Battle of Lepanto and its Place in Mediterranean History, in: Past and Present 57 (1972) 53–73.

1164. Il Mediterraneo nella seconda metà del cinquecento alla luce di Lepanto, ed. G. Benzoni, Florenz 1974.

ANHANG

Abkürzungsverzeichnis

Abh.	Abhandlungen
AHR	American Historical Review
Annales, Écon.	Annales, Économies, Sociétés, Civilisations
ARG	Archiv für Reformationsgeschichte
Bll. f. dt. LG	Blätter für deutsche Landesgeschichte
Centr. Eur. Hist.	Central European History
EHR	English Historical Review
GWU	Geschichte in Wissenschaft und Unterricht
HJb.	Historisches Jahrbuch
HZ	Historische Zeitschrift
Journ. of Mod. Hist.	Journal of Modern History
JGMOD	Jahrbuch für die Geschichte Mittel- und Ostdeutschlands
Mel.	Mélanges
MOÖLA	Mitteilungen des Oberösterreichischen Landesarchivs
MIÖG	Mitteilungen des Instituts für Österreichische Geschichtsforschung
MÖStA	Mitteilungen des Österreichischen Staatsarchivs
NDB	Neue Deutsche Biographie
QuFiAB	Quellen und Forschungen aus italienischen Archiven und Bibliotheken
Rhein. Vjbll.	Rheinische Vierteljahresblätter
VSWG	Vierteljahrsschrift für Sozial- und Wirtschaftsgeschichte
ZfG	Zeitschrift der Geschichtswissenschaft
ZfGO	Zeitschrift für die Geschichte des Oberrheins
ZKG	Zeitschrift für Kirchengeschichte
ZRG, Germ. Abt.	Zeitschrift der Savigny-Stiftung für Rechtsgeschichte, Germanistische Abteilung
ZRG, Kan. Abt.	ditto, Kanonistische Abteilung
Zs.	Zeitschrift
Zs. f. bayer. LG	Zeitschrift für bayerische Landesgeschichte
Zs. f. hist. F.	Zeitschrift für historische Forschung

Zeittafel

1515	Regierungsantritt Franz' I. von Frankreich, Eroberung Mailands Karl als Herzog von Burgund für volljährig erklärt
1516	Tod Ferdinands II. von Aragon, Karl wird König von Kastilien und Aragon
1517	Abreise Karls aus den Niederlanden nach Spanien 31.10. (?): Luthers 95 Thesen gegen den Ablaß
1519	12.1.: Tod Kaiser Maximilians I. 28.6.: Wahl Karls V. zum Römischen König
1520	Aufstand der Comuneros, Karl V. verläßt Spanien Luthers drei große reformatorische Schriften
1521	Januar: Luther im Kirchenbann Februar–Mai: Reichstag zu Worms, Wormser Edikt
1521/22	Habsburgische Erbteilung: Ferdinand erhält die deutschen Erblande, wird kaiserlicher Statthalter im Reich
1521–1526	Erster Krieg Karls V. mit Frankreich
1522/23	Sickingensche Fehde (Aufstand von Teilen der Reichsritterschaft)
1522/24	Drei Reichstage in Nürnberg
1523	Zwinglis Disputationen in Zürich
1524/26	Bauernkrieg in Deutschland
1526	Friede von Madrid 29.8.: Schlacht bei Mohács, Tod Ludwigs II. von Ungarn Ferdinand wird König von Ungarn und Böhmen
1526–1529	Zweiter Krieg Karls V. mit Frankreich
1527	Sacco di Roma
1529	Zweiter Reichstag zu Speyer, Protestation Türken vor Wien Friede von Barcelona, Friede von Cambrai
1530	Kaiserkrönung Karls V. durch Clemens VII. in Bologna Reichstag zu Augsburg: Confessio Augustana
1531	Wahl Ferdinands zum Römischen König Gründung des Schmalkaldischen Bundes 11.10.: Schlacht bei Kappel, Tod Zwinglis
1532	Nürnberger Anstand
1533	Heinrich VIII. heiratet Anne Boleyn
1534	Die englische Kirche von Rom getrennt Wiedertäuferreich in Münster Loyola gründet die Gesellschaft Jesu
1534–1549	Papst Paul III.
1535	Karl V. erobert Tunis
1536	Erste Ausgabe der „Institutio Religionis Christianae" Calvins, Luthertum Staatsreligion in Schweden
1536–1538	Dritter Krieg Karls V. mit Frankreich

1539	Frankfurter Anstand
1541	Regensburger Reichstag, Scheitern des Religionsgesprächs
1542–1544	Vierter Krieg Karls V. mit Frankreich
1543	Bündnis Karls V. mit Heinrich VIII., Sieg in Geldern
1544	Friede von Crépy
1545	Eröffnung des Konzils von Trient (erste Sessionsperiode in Trient bis 1547)
1546/47	Schmalkaldischer Krieg
1547	24.4.: Schlacht bei Mühlberg
	Tod Heinrichs VIII., Regentschaft für Eduard VI. († 1553)
	Tod Franz' I., es folgt Heinrich II.
1547/48	„Geharnischter Reichstag" (Augsburg): Interim „Formula Reformationis"
1548	Burgundischer Vertrag: weitgehende Lösung der Niederlande aus dem Reichsverband
1549	„Consensus Tigurinus" (Verbindung Genfs mit der eidgenössischen Reformation)
1551/52	Zweite Sessionsperiode des Konzils von Trient (Julius III.)
1551–1559	Fünfter Krieg Karls V. mit Frankreich (fortgesetzt von Philipp II.)
1552	Allianz Heinrichs II. mit den deutschen protestantischen „Kriegsfürsten"
	Erhebung und Sieg der „Kriegsfürsten" unter Moritz von Sachsen
	Passauer Vertrag (Ferdinand als Vermittler)
1552/53	Niederlage Karls V. vor Metz
1553	Maria Tudor Königin von England, Beginn der katholischen Restauration
1554	Heirat Philipps von Spanien mit Königin Maria
1555	Augsburger Reichstag: Religionsfriede
1556	Abdankung Karls V., Abreise nach Spanien, Krieg Philipps II. mit Papst Paul IV.
1557	Sieg Philipps II. bei St. Quentin
1558	Ferdinand I. zum Kaiser gewählt
	Zar Iwan IV. erobert Livland
	Elisabeth I. folgt Maria als Königin von England
	21.9.: Tod Karls V.
1559	Friede von Cateau-Cambrésis
	Tod Heinrichs II., Regentschaft für Franz II.
	„Act of Uniformity" (anglikanische Staatskirche)
1560	Toleranzedikt in Frankreich, Regentschaft der Königinmutter Katharina von Medici für Karl IX.
1561	Religionsgespräch in Poissy
1562	Beginn des ersten Hugenottenkriegs
1562/63	Dritte (letzte) Sessionsperiode des Konzils von Trient
1563	Heidelberger Katechismus (Calvinismus im Reich)
1564	Tod Kaiser Ferdinands I., es folgt Maximilian II.
	Kardinal Granvella verläßt die Niederlande, Beginn der Unruhen
1566	Aufstand in den Niederlanden

1567	Herzog von Alba beginnt die Unterdrückungsmaßnahmen
1568	Hinrichtung von Egmont und Hoorne in Brüssel
	Aufstand der Moriscos in Granada
	Maria Stuart flieht aus Schottland zu Elisabeth
1569	Union von Lublin (Polen – Litauen)
1570	Friede von St. Germain (Zugeständnisse an Hugenotten)
	Pius V. exkommuniziert Elisabeth von England
1571	Seesieg der christlichen Flotte bei Lepanto über die Türken
1572	Bartholomäusnacht
	Seeland und Holland in der Hand der Aufständischen
1573	Religionsfrieden in Warschau
	Wilhelm von Oranien tritt zum Calvinismus über
1575	Stephan Báthory zum König von Polen gewählt
1576	Genter Pazifikation, Einheitsprogramm für die Niederlande
1576–1612	Kaiser Rudolf II.
1578	Wiederausbruch des Krieges in den Niederlanden, Alessandro Farnese als spanischer Oberbefehlshaber
1579	Union von Arras, Union von Utrecht
1580	Philipp II. erobert Portugal, Zusammenschluß des portugiesischen und des spanischen Überseebesitzes
1581	Sieben nördliche Provinzen der Niederlande kündigen Philipp II. den Gehorsam auf
1584	Durch den Tod des Herzogs von Anjou wird der Hugenottenführer Heinrich v. Navarra Anwärter auf den Thron Frankreichs
1585	Bündnis Philipps II. mit der französischen Liga
1587	Maria Stuarts Hinrichtung
	Sigismund III. Wasa wird zum polnischen König gewählt
1588	Niederlage der spanischen Armada
	Heinrich III. läßt den Herzog von Guise, Führer der Liga, ermorden
1589	Heinrich III. vereinigt seine Armee mit den Hugenotten, wird ermordet
1593	Heinrich IV. tritt zur katholischen Kirche über
	Beginn des Türkenkriegs in Ungarn
1595	Absolution Heinrichs IV. durch Papst Clemens VIII., französische Kriegserklärung an Spanien
	Karl von Södermanland wird Regent von Schweden
1596	Bündnis Frankreichs mit England und den Vereinigten Niederlanden gegen Spanien
	Union von Brest (griechisch-katholische Kirche in Polen)
1598	Edikt von Nantes
	Friede von Vervins zwischen Frankreich und Spanien
	Tod Philipps II.
	Tod Zar Fedors (Ende des Hauses Rurik), Beginn der „Zeit der Wirren“
1601	Frieden von Lyon zwischen Frankreich und Savoyen
1603	Auftreten des „falschen Demetrius“, Eingreifen Polens in Rußland
1604	Karl von Södermanland wird als Karl IX. König von Schweden

1605	Tod des Boris Godunov, Demetrius wird zum Zaren gekrönt
1606	Friede von Wien (Ende des ungarischen Aufstandes unter Stefan Bocskay); Friede von Zsitva-Torok (Ende des Türkenkrieges)
1607/08	Streit um Donauwörth
1608	Gründung der protestantischen „Union“
1609	Böhmischer Majestätsbrief (politische und konfessionelle Zugeständnisse des Kaisers an den Adel) Zwölfjähriger Waffenstillstand zwischen Spanien und den Niederlanden Gründung der katholischen „Liga“
1609/14	Jülich-clevischer Erbfolgekrieg
1610	Ermordung Heinrichs IV.
1611	In Schweden folgt auf Karl IX. sein Sohn Gustav II. Adolf
1612–1619	Kaiser Matthias
1613	Michail Fedorowič Romanov zum Zaren erhoben
1615/17	Österreichisch-venezianischer Krieg
1617	Oñate-Vertrag Friede von Stolbova (Schweden gewinnt von Rußland Ingermanland) Friede von Paris (Ende des Gradisca-Krieges)
1618	Prager Fenstersturz, Beginn des Dreißigjährigen Krieges
1619	Wahl Friedrichs V. von der Pfalz zum König von Böhmen
1619–1637	Kaiser Ferdinand II.
1620	8.11.: Schlacht am Weißen Berge, Flucht des „Winterkönigs“
1621	Wiederbeginn des spanisch-niederländischen Krieges Intervention Frankreichs im Veltlin
1623	Eroberung der Pfalz durch Liga und Spanien, Übertragung der pfälzischen Kur an Maximilian von Bayern
1624	Richelieu führend im königlichen Rat
1625	Protestantisches Bündnis in Den Haag: England, Dänemark, Niederlande und deutsche Fürsten
1625/28	Hugenottenkrieg Richelieus
1627	Besetzung Jütlands durch Tilly und Wallenstein
1627/31	Mantuanischer Erbfolgekrieg
1629	Friede zu Lübeck zwischen Kaiser und Dänemark Restitutionsedikt
1630	Landung Gustav Adolfs in Pommern Regensburger Kurfürstentag (Entlassung Wallensteins)
1631	Vertrag von Bärwalde (französische Subsidien für Schweden) Sieg Gustav Adolfs bei Breitenfeld
1632	Zweites Generalat Wallensteins Schlacht bei Lützen: schwedischer Sieg, Tod Gustav Adolfs
1633	Heilbronner Bund
1634	Ermordung Wallensteins Spanisch-kaiserlicher Sieg bei Nördlingen
1635	Französische Kriegserklärung an Spanien Prager Friede
1637	Kölner Friedenskongreß (Urban VIII.)

1637–1657	Kaiser Ferdinand III.
1640	Aufstände in Portugal und Katalonien Beginn des „Langen Parlaments“ in England
1641/44	Castro-Krieg Urbans VIII.
1642	Tod Richelieus, Mazarin als Nachfolger
1642/46	Bürgerkrieg in England: Parlamentsheer unter Oliver Cromwell siegt über König Karl I.
1643	Sturz Olivarez’
1644	Beginn der Friedensverhandlungen in Münster und Osnabrück
1644–1654	Königin Christine von Schweden
1645	Schwedische Siege in Böhmen unter Torstenson
1647	Aufstände in Neapel und Messina
1648	Westfälischer Friede

Personen- und Ortsregister

(Die Namen von Forschern des 19. und 20. Jahrhunderts sind kursiv gesetzt.)

Sachregister

(Sehr häufig wiederkehrende Begriffe, wie Reformation, Gegenreformation, Konfession, Protestanten, Katholiken, werden nicht aufgenommen. Verträge, Friedensschlüsse, Bündnisse und dergleichen – nicht aber Schlachten – sind hier unter dem betreffenden Ort aufgeführt.)